●収録内容一覧

■2025年度中学受験用

十文字中学校

3年間スーパー過去問

入試問題と解説・解答の収録内容

2024年度　1回	算数・社会・理科・国語
2024年度　2回	算数・国語
2023年度　1回	算数・社会・理科・国語
2023年度　2回	算数・国語
2023年度　思考力型	理科系・社会系（解答のみ）
2023年度　得意型	算数・英語・国語（解答のみ）
2022年度　1回	算数・社会・理科・国語
2022年度　2回	算数・国語
2022年度　思考力型	理科系・社会系（解答のみ）
2022年度　得意型	算数・英語・国語（解答のみ）

～本書ご利用上の注意～　以下の点について，あらかじめご了承ください。

★別冊解答用紙は巻末にございます。本書に収録している試験の実物解答用紙は，弊社サイトの各校商品情報ページより，一部または全部をダウンロードできます。

★編集の都合上，学校実施のすべての試験を掲載していない場合がございます。

★当問題集のバックナンバーは，弊社には在庫がございません（ネット書店などに一部在庫あり）。

合格を勝ち取るための
『スーパー過去問』の使い方

本書に掲載されている過去問をご覧になって,「難しそう」と感じたかもしれません。でも,多くの受験生が同じように感じているはずです。なぜなら,中学入試で出題される問題は,小学校で習う内容よりも高度なものが多く,たくさんの知識や解き方のコツを身につけることも必要だからです。ですから,初めて本書に取り組むさいには,点数を気にしすぎないようにしましょう。本番でしっかり点数を取れることが大事なのです。

過去問で重要なのは「まちがえること」です。自分の弱点を知るために,過去問に取り組むのです。当然,まちがえた問題をそのままにしておいては意味がありません。

本書には,長年にわたって中学入試にたずさわっているスタッフによるていねいな解説がついています。まちがえた問題はしっかりと解説を読み,できるようになるまで何度も解き直しをしてください。理解できていないと感じた分野については,参考書や資料集などを活用し,改めて整理しておきましょう。

このページも参考にしてみましょう!

◆どの年度から解こうかな 「入試問題と解説・解答の収録内容一覧」

本書のはじめには収録内容が掲載されていますので,収録年度や収録されている入試回などを確認できます。

※著作権上の都合によって掲載できない問題が収録されている場合は,最新年度の問題の前に,ピンク色の紙を差しこんでご案内しています。

◆学校の情報を知ろう!! 「学校紹介ページ」

このページのあとに,各学校の基本情報などを掲載しています。問題を解くのに疲れたら息ぬきに読んで,志望校合格への気持ちを新たにし,再び過去問に挑戦してみるのもよいでしょう。なお,最新の情報につきましては,学校のホームページなどでご確認ください。

◆入試に向けてどんな対策をしよう? 「出題傾向&対策」

「学校紹介ページ」に続いて,「出題傾向&対策」ページがあります。過去にどのような分野の問題が出題され,どのように対策すればよいかをアドバイスしていますので,参考にしてください。

◇別冊「入試問題解答用紙編」

本書の巻末には,ぬき取って使える別冊の解答用紙が収録してあります。解答用紙が非公表の場合などを除き,(注)が記載されたページの指定倍率にしたがって拡大コピーをとれば,実際の入試問題とほぼ同じ解答欄の大きさで,何度でも過去問に取り組むことができます。このように,入試本番に近い条件で練習できるのも,本書の強みです。また,データが公表されている学校は別冊の1ページ目に過去の「入試結果表」を掲載しています。合格に必要な得点の目安として活用してください。

本書がみなさんの志望校合格の助けとなることを,心より願っています。

株式会社　声の教育社　編集部

十文字中学校

所在地 〒170-0004 東京都豊島区北大塚1-10-33

電　話 03-3918-0511（代表），03-3918-3977（入試広報部 直通）

ホームページ https://js.jumonji-u.ac.jp/

交通案内 JR山手線・都営三田線「巣鴨駅」，JR山手線「大塚駅」，東京さくらトラム「大塚駅前」より徒歩約5分

くわしい情報はホームページへ

トピックス

★思考作文を除くすべての入試において,成績優秀者は特待生合格となる（参考：昨年度）。
★得意型入試の試験科目は英語・国語・算数より2科選択（参考：昨年度）。

創立年 大正11年

女子校

高校募集あり

▌応募状況

年度	募集数		応募数	受験数	合格数	倍率
2024	①	約50名	2科　68名	66名	50名	1.3倍
			4科　71名	65名	53名	1.2倍
	英検	約10名	14名	14名	14名	1.0倍
	思考	約10名	30名	30名	20名	1.5倍
	②	約50名	280名	262名	173名	1.5倍
	③	約20名	2科　67名	34名	19名	1.8倍
			4科 106名	52名	31名	1.7倍
	④	約20名	208名	108名	55名	2.0倍
	得意	約10名	214名	88名	52名	1.7倍
	⑤	約10名	169名	45名	19名	2.4倍

※ほかに，帰国生入試を実施。

▌本校の特色

2016年より，「Move onプロジェクト」が始動しました。大学入試改革も見据えた教育プログラムで，確かな基礎学力を構築し，未来にいきる普遍的な学力を身につけます。また，21世紀型教育の充実を図るため，アクティブラーニングを通して能動的に学ぶ姿勢を身につけ，他者と協働する精神を育みます。さらに，理数教育環境を充実させ，理数的思考力を身につけることで，多様化する社会への対応力を育みます。

▌2025年度入試対象の説明会等日程（※予定）

【学校説明会】〔要予約〕
①６月22日　13:30～
②８月24日　９:30～
③９月28日　13:30～
④10月26日　13:30～
⑤11月10日　13:30～
⑥11月30日　13:30～
⑦12月15日　13:30～
⑧１月11日　10:00～
⑨１月11日　13:30～
【オープンスクール】〔要予約〕
①７月14日　②９月８日／９:00～
【イブニング説明会】〔要予約〕
①10月19日　②11月20日／17:00～
【入試体験会】〔要予約〕
①11月10日　②12月15日／10:00～
【桐輝祭（体育祭）】
６月24日　９:00～
【十文字祭（文化祭）】
９月21日　10:00～／９月22日　９:00～

▌2023年度の主な大学合格実績

＜国公立大学＞
北海道大，東京外国語大，東京医科歯科大，埼玉大，東京農工大，電気通信大，埼玉県立大
＜私立大学＞
慶應義塾大，早稲田大，上智大，東京理科大，明治大，青山学院大，立教大，中央大，法政大，学習院大，津田塾大，東京女子大，日本女子大

編集部注一本書の内容は2024年4月現在のものであり，変更されている場合があります。正確な情報は，学校のホームページ等で必ずご確認ください。

算数 出題傾向＆対策

◆基本データ(2024年度１回)

試験時間／満点	50分／100点
問題構成	・大問数…６題 計算・応用小問１題(８問) ／応用問題５題 ・小問数…18問
解答形式	応用問題の一部は，答えだけでなく式や考え方も書くようになっている。
実際の問題用紙	Ｂ５サイズ，小冊子形式
実際の解答用紙	Ｂ４サイズ

◆出題傾向と内容

▶過去３年の出題率トップ３
１位：四則計算・逆算16％　２位：角度・面積・長さ15％　３位：割合と比８％
▶今年の出題率トップ３
１位：角度・面積・長さ，四則計算・逆算21％　３位：割合と比10％

はば広い分野の問題が出題されていて，柔軟な思考力が要求されますが，全体的には，若干の応用問題が見られるものの，ほとんどの問題は，基本を確実にマスターしていれば十分合格点に到達できるものになっています。

１題めは計算・応用小問で，四則計算・逆算に続いて，整数の性質，和と差，割合や比の基本的な計算，速さ，平均とのべ，複合図形の角度や面積の問題などが出されます。

２題め以降は応用問題で，図形と特殊算，速さや水の深さの変化をグラフに表した問題などがよく取り上げられています。

◆対策～合格点を取るには？～

受験算数の基礎をおさえることが大切です。まず，計算力を養うこと，次に，特殊算などの基本的な解き方を身につけることが重要です。図形では，角度，面積，複雑な周の長さ，グラフでは，速さに関するグラフ，水の深さの変化に関するグラフなど過去の出題形式は確実に押さえておきましょう。本校の入試問題は基本的なものが中心ですが，基礎がしっかりしていないと手も足も出ないことになりかねません。教科書や参考書などのすべての例題・類題・基本問題に取り組み，重要なことがらをしっかり身につけておきましょう。

分野 ＼ 年度		2024		2023		2022	
		１回	２回	１回	２回	１回	２回
計算	四則計算・逆算	●	●	●	◎	◎	●
	計算のくふう				○	○	
	単位の計算		○		○		
和と差	和差算・分配算				○		
	消去算					○	
	つるかめ算	○			○		
	平均とのべ			○		○	
	過不足算・差集め算						
	集まり						
	年齢算						
割合と比	割合と比	◎	○	○	○	○	◎
	正比例と反比例						
	還元算・相当算						
	比の性質		○				
	倍数算						
	売買損益						
	濃度			○		○	
	仕事算			○			
	ニュートン算						
速さ	速さ	○	○	○		○	○
	旅人算					○	
	通過算						○
	流水算						
	時計算						
	速さと比						○
図形	角度・面積・長さ	●	●	●	●	●	◎
	辺の比と面積の比・相似		○				
	体積・表面積			○	○	○	
	水の深さと体積	○	○		○		○
	展開図				○		
	構成・分割	○					
	図形・点の移動					○	○
表とグラフ		○		○	○		
数の性質	約数と倍数						
	N進数						
	約束記号・文字式	○	○	○	○		
	整数・小数・分数の性質	○	○	○	○		
規則性	植木算						
	周期算				○	○	○
	数列						
	方陣算						
	図形と規則						
場合の数				○	○	○	○
調べ・推理・条件の整理							○
その他							

※　○印はその分野の問題が１題，◎印は２題，●印は３題以上出題されたことをしめします。

社会　出題傾向＆対策

◆基本データ(2024年度１回)

試験時間／満点	25分／50点
問題構成	・大問数…５題 ・小問数…35問
解答形式	記号選択と適語の記入が中心となっているが，短文記述も見られる。
実際の問題用紙	Ｂ５サイズ，小冊子形式
実際の解答用紙	Ｂ４サイズ

分野＼年度			2024	2023	2022
日本の地理		地図の見方	○		
日本の地理		国土・自然・気候	○	○	
日本の地理		資源			
日本の地理		農林水産業	○	○	★
日本の地理		工業	○	○	
日本の地理		交通・通信・貿易		○	○
日本の地理		人口・生活・文化		○	
日本の地理		各地方の特色	★	★	
日本の地理		地理総合			
世界の地理					★
日本の歴史	時代	原始～古代	○	○	★
日本の歴史	時代	中世～近世	○	○	★
日本の歴史	時代	近代～現代	★	★	
日本の歴史	テーマ	政治・法律史			○
日本の歴史	テーマ	産業・経済史			○
日本の歴史	テーマ	文化・宗教史			○
日本の歴史	テーマ	外交・戦争史			
日本の歴史	テーマ	歴史総合	★	★	
世界の歴史					
政治		憲法			★
政治		国会・内閣・裁判所	○	★	○
政治		地方自治			
政治		経済			
政治		生活と福祉	★		
政治		国際関係・国際政治	○	○	○
政治		政治総合			
環境問題					
時事問題			★	★	★
世界遺産					
複数分野総合					

※　原始～古代…平安時代以前，中世～近世…鎌倉時代～江戸時代，近代～現代…明治時代以降
※　★印は大問の中心となる分野をしめします。

◆出題傾向と内容

地理・歴史・政治の各分野から出題されています。また，時事問題についての出題も多く見られます。

●地理…日本各地の地勢と農林水産業，工業，気候，人口，資料の読み取り問題，世界地理に関する問題などが出題されています。また，特定の地方に限定した大問が出題されることも多く，都道府県の形を問う問題や，各地の文化に関する問題なども見られます。

●歴史…あるテーマに沿ってそれに関連することがらをはば広く問うものとなっており，各地の遺跡，戦争・戦乱の歴史，文化史，戦後史，歴史上で活躍した人物などが取り上げられています。設問の内容は基本的なもので，細かい知識を必要とする問題はあまりありません。

●政治…日本の国会や内閣，裁判所，選挙，国際政治などのしくみや特定の地域やことがらをテーマにした政治総合問題などが出題されています。このほか，時事問題について問うものが見られるので注意が必要です。

◆対策～合格点を取るには？～

問題のレベルは標準的ですから，基礎を固めることを心がけてください。教科書のほかに，説明がていねいでやさしい標準的な参考書を選び，基本事項をしっかりと身につけましょう。

地理分野では，まず，地形図の地図記号の読み取り方を確かめておいてください。つぎに，日本地図とグラフを参照し，白地図作業帳を利用して地形と気候などの国土のようすをまとめ，そこから産業(統計表も使います)へと学習を広げていきましょう。なお，小学校では学習しない世界地理の問題が出題されることもあるので，世界地理の基本的な内容を学習しておいてください。

歴史分野では，教科書や参考書を読むだけでなく，自分で年表をつくってみましょう。できあがった年表は，各時代，各テーマのまとめに活用できます。本校では，古代から近代までの広い時代にわたって，さまざまな分野から出題されているので，この学習方法は威力を発揮するはずです。

政治分野では，日本国憲法の基本的な内容，特に大日本帝国憲法とのちがいについて，また，三権分立について必ずおさえておいてください。時事問題については，新聞やテレビ番組などのニュースで，国の政治や経済の動き，世界各国の情勢などをノートにまとめておきましょう。

理科　出題傾向＆対策

◆基本データ(2024年度1回)

試験時間／満点	25分／50点
問題構成	・大問数…4題 ・小問数…18問
解答形式	記号選択や適語・数値の記入のほかに，短文記述の問題も見られる。
実際の問題用紙	B5サイズ，小冊子形式
実際の解答用紙	B4サイズ

分野＼年度		2024	2023	2022
生命	植物	★	★	○
	動物			
	人体			
	生物と環境			
	季節と生物			
	生命総合			
物質	物質のすがた			
	気体の性質		★	
	水溶液の性質			★
	ものの溶け方			
	金属の性質			
	ものの燃え方	★		○
	物質総合			
エネルギー	てこ・滑車・輪軸			★
	ばねののび方			
	ふりこ・物体の運動			
	浮力と密度・圧力	★	★	
	光の進み方			
	ものの温まり方			
	音の伝わり方			
	電気回路			
	磁石・電磁石			
	エネルギー総合			
地球	地球・月・太陽系			
	星と星座			
	風・雲と天候	★		★
	気温・地温・湿度		★	
	流水のはたらき・地層と岩石			
	火山・地震			
	地球総合			
実験器具				
観察				
環境問題				○
時事問題				
複数分野総合				★

※　★印は大問の中心となる分野をしめします。

◆出題傾向と内容

本校の理科は，実験・観察をもとにした問題が多くなっています。また，各分野から幅広く出題されており，内容のかたよりは見られません。苦手を作らないことが合格のカギとなりそうです。

●生命…過去には，植物(植物と環境，蒸散と光合成など)，動物(こん虫のからだのつくりと育ち方など)，人体(心臓のつくりとはたらき，だ液のはたらき，骨と筋肉など)，生物と環境(食物連鎖など)の出題が見られました。

●物質…実験器具，気体の性質，ものの溶け方，ものの燃え方(計算問題)，水の状態変化，水溶液の性質などが取り上げられています。

●エネルギー…てこを利用した道具，ふりこの運動を応用した遊び，空気や水の体積変化，浮力，密度，豆電球のつなぎ方と明るさなどが出題されています。

●地球…岩石のでき方，天気，天体(太陽や月，星座の動き方)，流水のはたらき(岩石にふくまれるつぶの特ちょう，火成岩と堆積岩のちがい)などが出されています。

◆対策〜合格点を取るには？〜

本校の理科は，実験・観察のようすを述べた文章が図，写真，グラフなどとともにあたえられ，それにそって問題に答えるというスタイルがほとんどです。問題文，図やグラフなどの読み取りに慣れておくことが大切です。

「生命」は身につけなければならない基本知識の多い分野ですが，ヒトや動物のからだのしくみ，植物の成長などを中心に，基本事項をノートにまとめながら知識を深めましょう。

「物質」では気体や水溶液の性質を中心に学習してください。そのさい，中和反応や濃度など，表やグラフをもとに計算させる問題にも積極的に取り組むことが必要です。

「エネルギー」では，よく出題されるてんびんとものの重さ，てこ，輪軸，滑車，ふりこ，電気回路などについて，それぞれの基本的な考え方をしっかりマスターし，さまざまなパターンの計算問題にチャレンジしてください。

「地球」では，太陽・月と地球の動きの関係，季節と星座の動き，天気と気温，湿度の変化などが重要なポイントですが，近年は時事的な話題とからめた出題も目立ちます。

国語 出題傾向＆対策

◆基本データ(2024年度１回)

試験時間／満点	50分／100点
問題構成	・大問数…２題 　文章読解題２題 ・小問数…24問
解答形式	記号選択と適語・適文の書きぬきが大半をしめるが，25～35字程度の記述問題なども見られる。知識問題では漢字の読みと書き取りが５問ずつ出されている。
実際の問題用紙	Ｂ５サイズ，小冊子形式
実際の解答用紙	縦約257mm×横約420mm

◆出題傾向と内容

▶近年の出典情報(著者名)
説明文：中島隆博　梶原三恵子　納富信留
小　説：乾　ルカ　辻村深月　紙上ユキ

●読解問題…受験生より年上の年代を対象とした文章が出されることが多いですが，難しいことばには注釈がついています。設問は，文脈や内容をとらえさせるものをはじめ，ぬき出し，指示語・接続語，脱語のそう入，文の並べかえ，段落区分，全体の要旨など，読解力があらゆる角度からためされます。

●知識問題…独立した大問として，漢字の読みと書き取り，文章読解の中で，語句の意味，慣用句の完成，ことばの用法(「ない」の識別など)，ことばのきまりなどが出されます。

◆対策～合格点を取るには？～

読解力を中心にことばの知識や漢字力もあわせ見るという点では，実にオーソドックスな問題ということができますが，その中でも大きなウェートをしめるのは，長文の読解力です。したがって，読解の演習のさいには，以下の点に気をつけましょう。①「それ」や「これ」などの指示語は何を指しているのかを考える。②段落や場面の構成を考える。③筆者の主張や登場人物の性格，心情の変化などに注意する。④読めない漢字，意味のわからないことばが出てきたら，すぐに辞典で調べ，ノートにまとめる。

また，知識問題は，漢字・語句(四字熟語，ことわざ・慣用句など)の問題集を一冊仕上げるとよいでしょう。

分野＼年度			2024		2023		2022	
			1回	2回	1回	2回	1回	2回
読	文章の種類	説明文・論説文	★	★	★	★	★	★
		小説・物語・伝記	★	★	★	★	★	★
		随筆・紀行・日記						
		会話・戯曲						
		詩						
		短歌・俳句						
	内容の分類	主題・要旨	○	○	○	○	○	
		内容理解	○	○	○	○	○	○
解		文脈・段落構成						
		指示語・接続語	○	○	○		○	○
		その他	○	○	○	○	○	○
知	漢字	漢字の読み	○	○	○	○	○	○
		漢字の書き取り	○	○	○	○	○	○
		部首・画数・筆順						
	語句	語句の意味	○	○	○	○	○	○
		かなづかい						
		熟語	○		○		○	
		慣用句・ことわざ	○		○	○		○
	文法	文の組み立て			○		○	○
		品詞・用法		○	○		○	
		敬語						
識	形式・技法							
	文学作品の知識							
	その他							
	知識総合							
表現	作文							
	短文記述							
	その他							
放送問題								

※　★印は大問の中心となる分野をしめします。

カコを追いかけ
ミライをつかめ
「今の説明、もう一回」を何度でも
web過去問
ストリーミング配信による入試問題の解説動画
もっと古いカコモンないの?
カコ過去問
「さらにカコの」過去問をHPに掲載(DL)
声の教育社
詳しくはこちらから

2024年度 十文字中学校

【算　数】 〈第１回試験〉 (50分) 〈満点：100点〉

〔注意〕 1．**5**(2)，**6**(2)は，式や考え方を解答用紙に記入すること。
2．円周率は3.14として計算すること。

1 次の□にあてはまる数を答えなさい。

(1) $(3+10\div 2)\times 7=$□

(2) $1\frac{1}{4}-\left(\frac{1}{2}-\frac{1}{6}\right)\times 0.75=$□

(3) $28-(2+$□$)\times 5=3$

(4) 57，83，107をそれぞれ□でわると，余りは順に２，６，８になります。

(5) ９時ちょうどにＡ駅を出発した電車が，時速66kmで33km先にあるＢ駅に向かうと，９時□分にＢ駅に到着します。

(6) ある商品を定価の１割引きで購入したところ，10％の消費税がかかったので1782円支払いました。この商品の定価は□円です。

(7) 右の図のように１組の三角定規が重なっているとき，あの角の大きさは□度です。

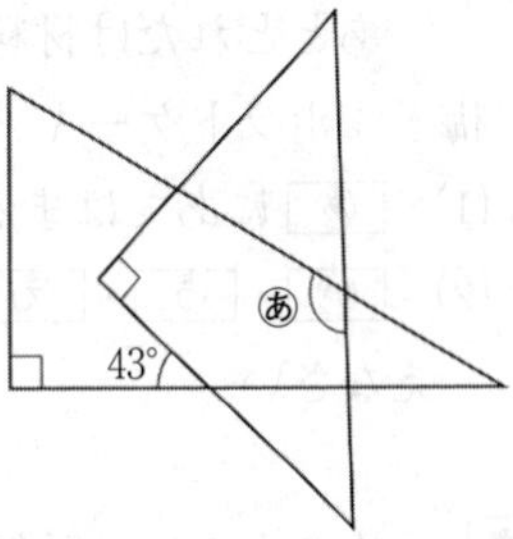

(8) 下の図は，正方形とおうぎ形を組み合わせてできたものです。
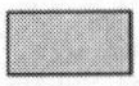の部分の面積は□cm^2です。

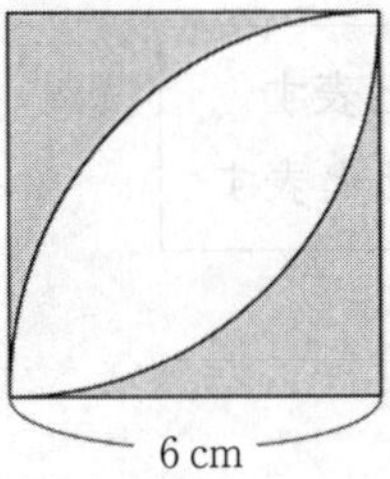

2 梅子さんがボールを右の図のような的に当てるゲームをします。１回投げて，内側に当たった場合は３点，外側に当たった場合は２点，的に当たらずに失敗した場合は０点とします。このとき，次の問いに答えなさい。

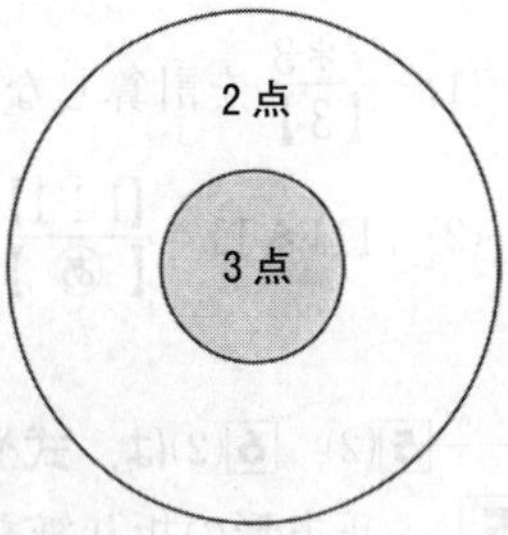

(1) 30回投げて，１回も失敗することなく合計67点を獲得《かくとく》したとき，３点の部分と２点の部分にそれぞれ何回当たりましたか。

(2) 30回投げて，合計67点獲得するためには，最大で何回まで失敗することができますか。

3 文化祭でホットケーキを作ることになりました。梅子さんと松子さんの会話を読み，下の問いに答えなさい。ただし，作る際に失敗はしないものとします。

～ホットケーキ３枚の分量～	
ホットケーキミックス	150ｇ
卵	１個
牛乳	120mL

梅子：さあ，準備を始めよう。

松子：分量は袋に書いてあるね。

梅子：ホットケーキ３枚分の分量が表示されているのはどうしてだろう。

松子：卵を割った後に均等に分けるのは難しいから，卵１個あたりで作れる枚数で表示していると思うよ。

梅子：たしかにそうだね。では，私たちも割った卵は使い切れるように，袋に書いてある通りに作ることにしよう！

松子：そうしよう。今ここには，ホットケーキミックス２kg，卵20個，牛乳２Ｌがあるよ。

梅子：今ある材料で，できるだけたくさんのホットケーキを作ろうとすると，[あ]枚作れるね。

松子：予想されているお客さんの人数を考えると足りないなぁ。ホットケーキを57枚作るには，あとどれだけ材料を追加する必要があるかな。

梅子：ホットケーキミックス[い]ｇ，卵[う]個，牛乳[え]mLが必要ね。

(1) [あ]にあてはまる数を答えなさい。

(2) [い]・[う]・[え]にあてはまる数を答えなさい。ただし，材料が足りている場合は０を答えなさい。

4 次のように，計算記号を約束します。

> aから始まり，１つずつ数を減らしながら１までかける計算を，【a】と表す
> aから始まり，１つずつ数を減らしながらb個だけかける計算を$a * b$と表す

例えば，

【６】$=6\times5\times4\times3\times2\times1=720$

$6*3=6\times5\times4=120$

となります。この約束にしたがって計算するとき，次の問いに答えなさい。

(1) $\dfrac{7*3}{\text{【3】}}$を計算しなさい。

(2) $111*11=\dfrac{\text{【111】}}{\text{【あ】}}$であるとき，あにあてはまる数を答えなさい。

――**5**(2)，**6**(2)**は，式や考え方を解答用紙に書きなさい**――

5 正方形の折り紙を使って〈図１〉の①～③の手順で作業を進め，最後に折り紙を広げるとある図形を作ることができます。このとき，下の問いに答えなさい。

〈**図１**〉

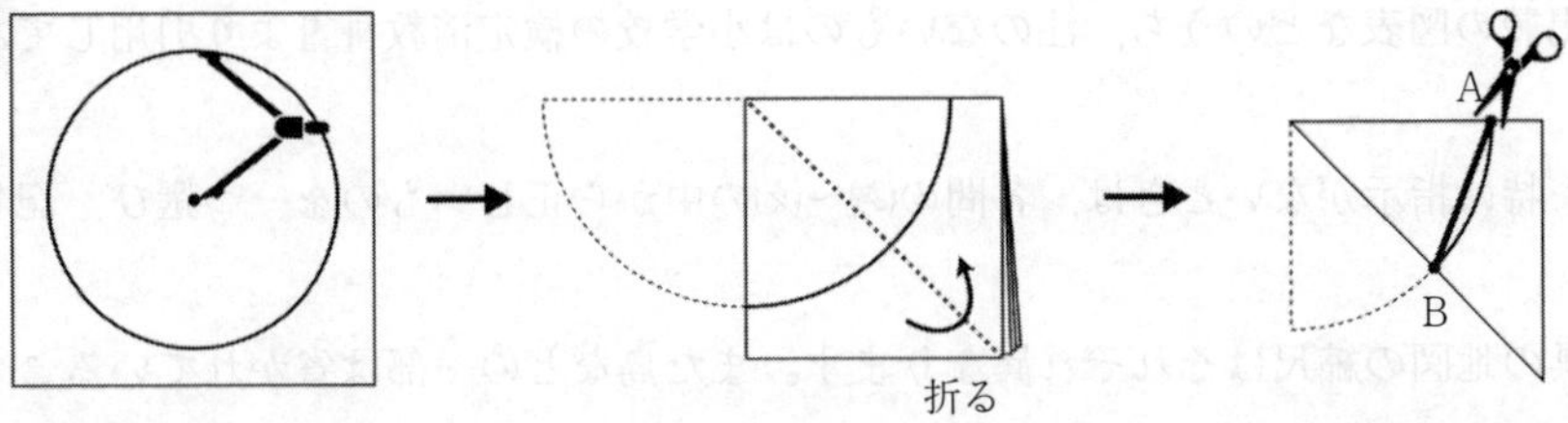

①　コンパスで折り紙の中央に円をかく

②　折り紙を半分に折る作業を３回くり返す

③　太線ABをはさみで切り，三角形を作る

(1)　〈**図１**〉の③で作った三角形を広げた後の図形はどのような形になりますか。

(2)　〈**図２**〉は〈**図１**〉の③を拡大したものです。(1)で答えた図形の面積が50.4cm^2，〈**図２**〉の㋐の長さが３cm のとき，最初にかいた円の半径は何 cm ですか。

〈**図２**〉

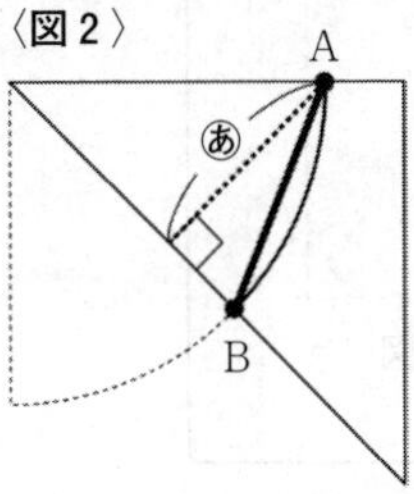

6　次の〈**図１**〉のような直方体を組み合わせた形をした水槽《すいそう》があります。この水槽に，蛇口《じゃぐち》から一定の割合で水を入れます。〈**図２**〉はそのときの時間と水面の高さの関係を表したものです。水槽の厚みは考えないものとして，下の問いに答えなさい。

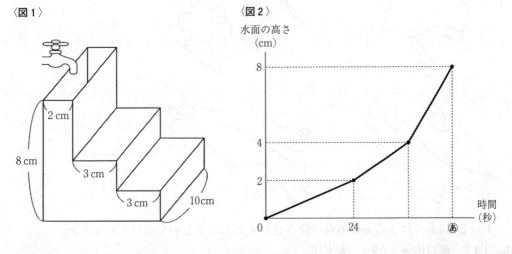

〈**図１**〉

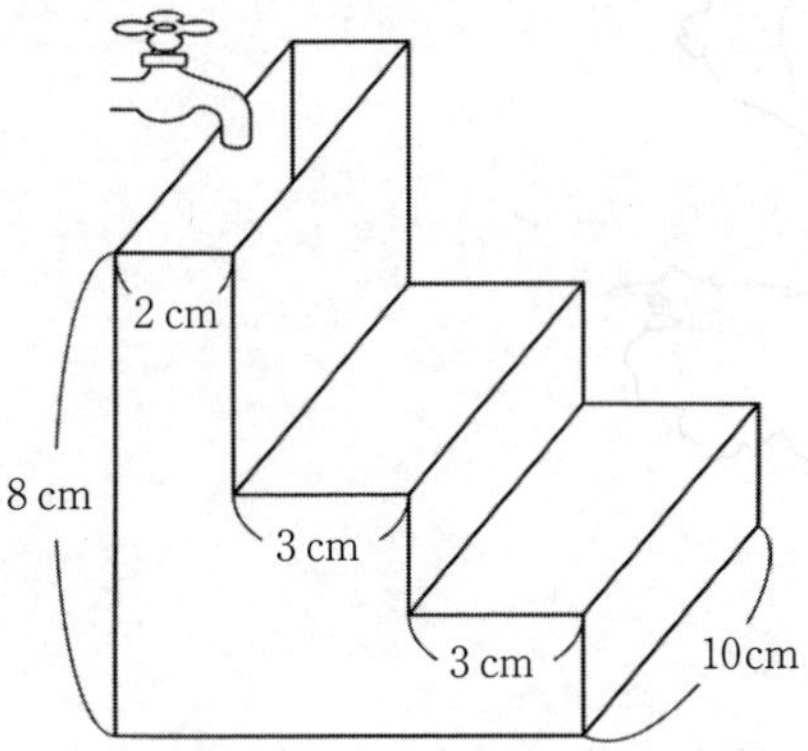

〈**図２**〉

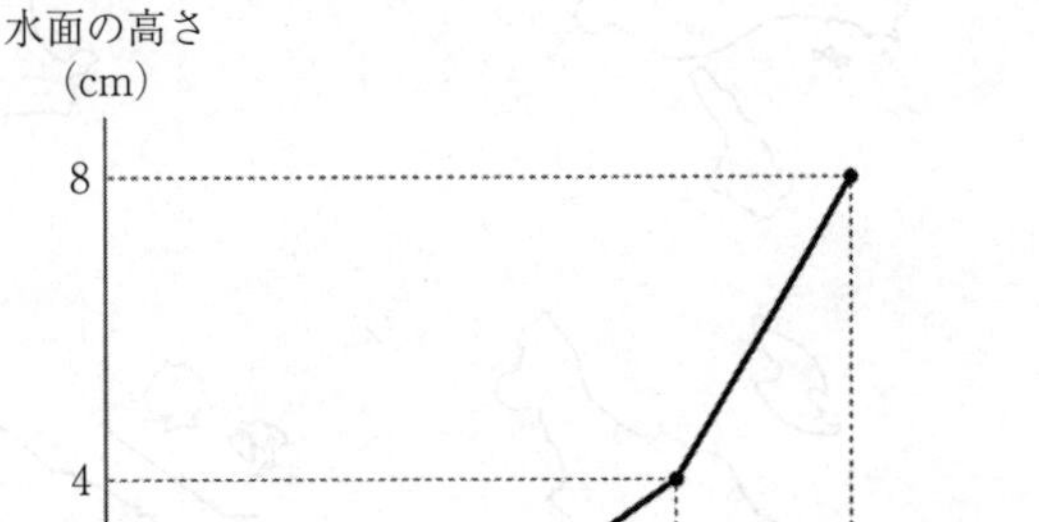

(1)　水槽の容積は何 cm^3 ですか。容積とは容器の中にいっぱいに入れた水の体積のことです。

(2)　〈**図２**〉の㋐にあてはまる数を答えなさい。

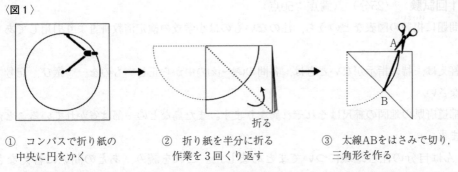

【社　会】〈第1回試験〉(25分)〈満点：50点〉

〔注意〕 1．問題に掲載《けいさい》の図表などのうち，注のないものは小学校の検定済教科書より引用してあります。

2．答えは，特に指示《しじ》がないときは，各問の(あ)～(え)の中から正しいものを一つ選び，記号で答えなさい。

3．都道府県の地図の縮尺はそれぞれ異なります。また島などの一部は省かれていることがあります。

1 けいこさんは自分の住む地域についてまとめました。これを読み，あとの問いに答えなさい。

私は兵庫《ひょうご》県に住んでいます。兵庫県は北部が(1)，南部は(2)に面しています。

？

［問1］

兵庫県の地図

問1　兵庫県の形として正しいものはどれですか。

(あ)

(い)

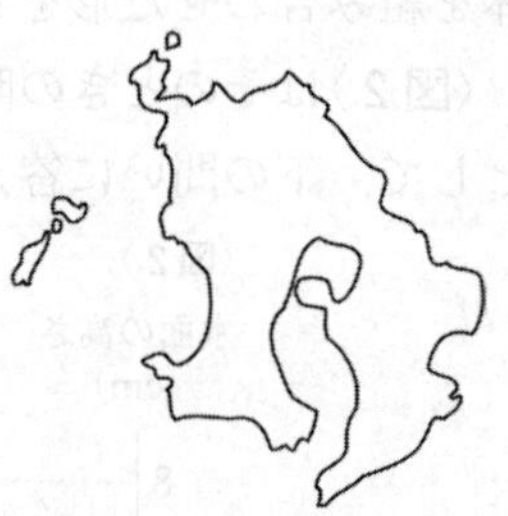

(う)

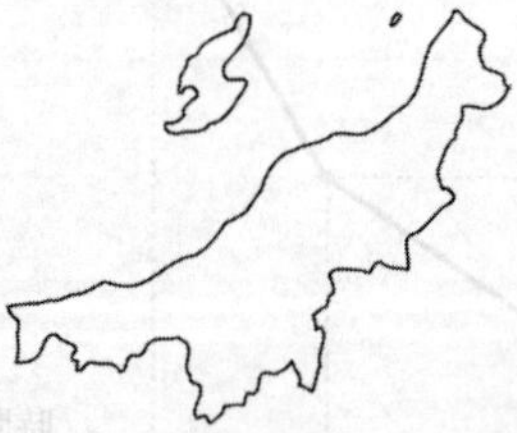

(え)

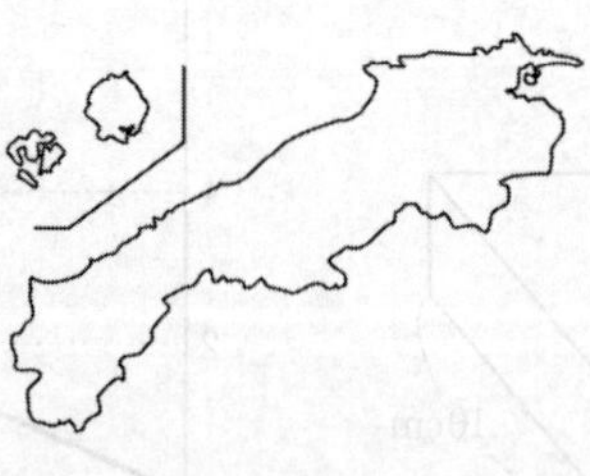

問2　(1)(2)にあてはまる海の名前の組み合わせとして正しいものはどれですか。

(あ) (1) 瀬《せ》戸内海　(2) 太平洋
(い) (1) 太平洋　(2) 日本海
(う) (1) 日本海　(2) 瀬戸内海
(え) (1) 東シナ海　(2) 太平洋

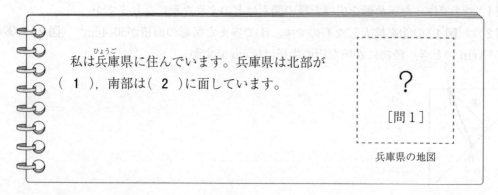

兵庫県には淡路《あわじ》島という大きな島があります。

写真は，本州と淡路島をつなぐ(**3**)を建設していた時のものです。

(兵庫県HP「ヒョーゴアーカイブス」より引用)

問３　(**3**)にあてはまる橋の名前はどれですか。

(あ)　レインボーブリッジ　　(い)　しまなみ海道

(う)　瀬戸大橋　　(え)　明石海峡《きょう》大橋

淡路島では(**4**)の栽培がさかんです。淡路島でつくられる(**4**)はやわらかくて辛い成分が少ないのが特徴《ちょう》です。収穫《かく》したあと，干して乾燥《かんそう》させてから出荷されます。兵庫県は(**4**)の収穫量は全国で３位でした。

順位	都道府県	収穫量(トン)	作付《さくづけ》面積(ヘクタール)
1	北海道	665 800	14 600
2	佐賀	100 800	2 100
3	兵庫	100 200	1 650
4	長崎	32 600	803
5	愛知	26 900	500

(農林水産省令和３年産統計データより作成)

問４　(**4**)にあてはまる農作物はどれですか。

(あ)　ブロッコリー　　(い)　にんじん

(う)　たまねぎ　　(え)　ピーマン

問５　(**4**)の作付面積と収穫量の表から読み取れることとして，正しいものはどれですか。

(あ)　北海道の収穫量は兵庫県の収穫量の６倍以上ある。

(い)　兵庫県の作付面積は長崎県の作付面積の約２倍であり，収穫量も兵庫県は長崎県の約２倍である。

(う)　北海道と佐賀県の作付面積と収穫量はともに10倍以上の差がある。

(え)　上位５位に，東北地方の県が入っている。

兵庫県南部の海岸線沿いには工場がたくさんあります。兵庫県南部から大阪府に広がる工業地帯を(**5**)と呼んでいます。①他の地域と比べると，金属工業と化学工業の割合が大きくなっています。

問６　(**5**)にあてはまる工業地帯はどれですか。

(あ)　阪神工業地帯　　(い)　京浜《ひん》工業地帯

(う)　中京工業地帯　　(え)　北九州工業地帯

問７　下線部①について，(**５**)の工業出荷額の割合として正しい円グラフを，下の(あ)～(う)の中から選び，記号で答えなさい。

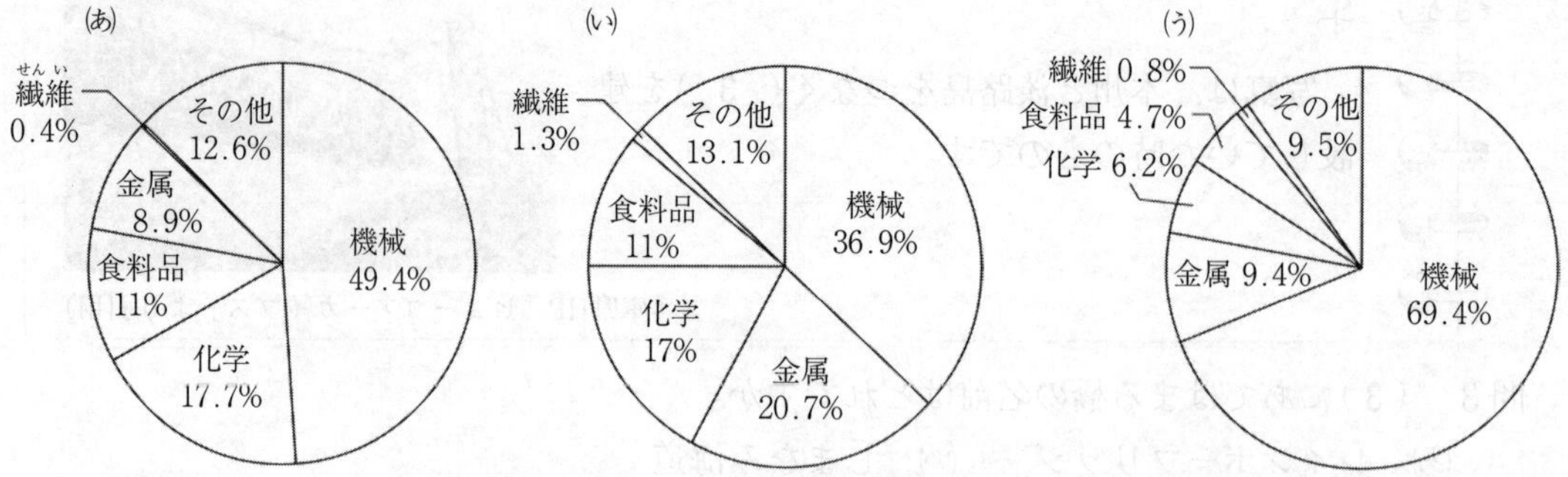

(『日本国勢図会』2020/21年版より作成)

兵庫県では，②1995年１月17日に最大震《しん》度７の地震が発生しました。大きな被害をもたらしたこの地震をきっかけに，消防庁は(　**６**　)をつくりました。

現在，兵庫県だけでなく，全国の地方公共団体では③ハザードマップをつくって，災害に備えています。

問８　下線部②について，この地震の名前はどれですか。

(あ)　東日本大震災　　(い)　十勝沖《とかちおき》地震

(う)　南海地震　　(え)　阪神・淡路大震災

問９　(**６**)にあてはまる組織はどれですか。

(あ)　自衛隊　　(い)　緊《きん》急消防援《えん》助隊

(う)　こども園　　(え)　サイバー警察局

問10　下線部③について，**正しくない文章**はどれですか。

(あ)　ハザードマップを見れば，犯罪の発生率が高いところがわかる。

(い)　ハザードマップを見れば，災害が起きた時の避《ひ》難場所がわかる。

(う)　ハザードマップを見れば，自然災害で予測される被害がわかる。

(え)　ハザードマップを見れば，災害が起きた時の避難経路がわかる。

地理院地図(電子国土Web《ウェブ》)を使って，さらに身近な地域について調べてみました。

地形図を読んでみると，山の高さや，ケーブルカーや道路が通っている場所，主な施《し》設がある場所などがわかりました。

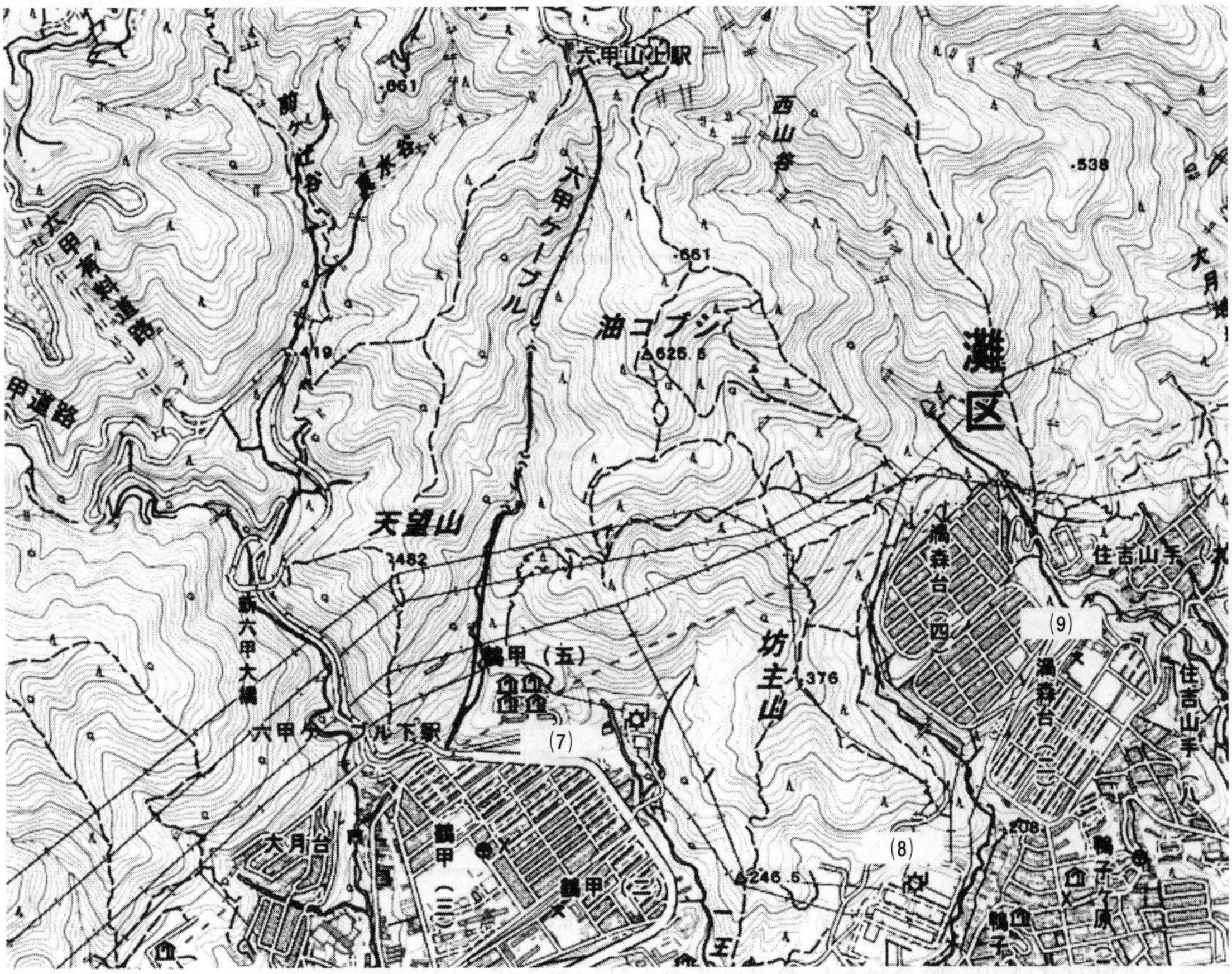

（電子地形図25000（国土地理院）を加工して作成）

問11　油コブシ，坊主《ぼうず》山，天望山《てんぼうやま》の中で，一番標高が高い山はどれですか。

(あ)　油コブシ　　(い)　坊主山　　(う)　天望山

問12　六甲《ろっこう》ケーブル下駅から見て，六甲山上駅はどの方角にありますか。

(あ)　東　　(い)　西　　(う)　南　　(え)　北

問13　地図中の(7)(8)(9)が示している施設はそれぞれ何ですか。

(7)

(8)

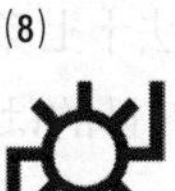

(9)

(あ)　老人ホーム　　(い)　発電所・変電所

(う)　小・中学校　　(え)　図書館

2　はるかさんは，歴史上で活躍した人物のカードをつくりました。それをクラスで発表することになり，テーマを「それぞれの時代を率いた人たち」としました。

①

藤原《ふじわらの》道長《みちなが》
平安時代の
貴族

②

平《たいらの》　清盛《きよもり》
平安時代の
武士

③

徳川《とくがわ》家康《いえやす》
江戸幕府の
初代将軍

④

徳川《とくがわ》家光《いえみつ》
江戸幕府の
三代将軍

⑤

大隈《おおくま》重信《しげのぶ》
明治時代の
政治家

⑥

吉田《よしだ》　茂《しげる》
昭和時代の
政治家

問１　①の人物と，その息子が政治をおこなった時期が全盛期《ぜんせいき》となった政治を，その職名から何と呼びますか。解答らんにあてはまるように答えなさい。

問２　②の人物について，この人物が権力をふるった時の役職(立場)はどれですか。

㈠　征夷大将軍《せいいたいしょうぐん》　㈡　天皇《てんのう》　㈢　関白《かんぱく》　㈣　太政大臣《だじょうだいじん》

問３　③の人物が江戸幕府を開くきっかけとなった，1600年に起こった戦いは何ですか。解答らんにあてはまるように答えなさい。

問４　③の人物と，その子である将軍は，大名に向けたきまりをつくらせました。それは何ですか。

㈠　御成敗式目《ごせいばいしきもく》　㈡　武家諸法度《ぶけしょはっと》　㈢　大宝律令《たいほうりつりょう》　㈣　憲法十七条

問５　④の人物は，鎖国《さこく》政策をおこなったことで知られています。その目的はどのようなことでしたか。15字程度で答えなさい。

問６　④の人物は，問４のきまりに，ある制度を加えました。それは何ですか。

㈠　生類《しょうるい》憐《あわ》れみの令　㈡　徳政令　㈢　目安箱　㈣　参勤交代

問７　⑤の人物は，明治政府の財政を担当し，のちに内閣総理大臣となりました。この人物がつくった大学はどれですか。

㈠　早稲田《わせだ》大学　㈡　慶応義塾《けいおうぎじゅく》大学

㈢　津田塾《つだじゅく》大学　㈣　同志社《どうししゃ》大学

問８　⑥の人物は，日本が独立を回復した，サンフランシスコ平和条約を結んだ時の内閣総理大臣です。サンフランシスコは，次のうちどの国にありますか。

㈠　スペイン　㈡　イギリス　㈢　アメリカ　㈣　ポルトガル

問９　⑥の人物が，問８の他に結んだ条約は何ですか。

(あ)　日米修好通商《しゅうこうつうしょう》条約

(い)　日米安全《あんぜん》保障《ほしょう》条約

(う)　日米和親《わしん》条約

(え)　日米同盟《どうめい》

3　次の①～④の人物について，もっともふさわしい文章を，下の(あ)～(か)の中からそれぞれ１つずつ選び，記号で答えなさい。

①　**大塩平八郎《おおしおへいはちろう》**　②　**高野《たかの》長英《ちょうえい》**　③　**井伊《いい》直弼《なおすけ》**　④　**本居宣長《もとおりのりなが》**

(あ)　「夢物語」を書いて，幕府を批判《ひはん》し開国を説いたために弾圧された。

(い)　日本全国を旅して測量し，正確な日本地図を完成させた。

(う)　天保《てんぽう》のききんをきっかけに，大阪で打ちこわしを起こした。

(え)　松下《しょうか》村塾《そんじゅく》の塾長として，多くの明治維新《いしん》で活躍する人物を育てた。

(お)　幕末期の大老で，桜田門外の変で水戸浪士《ろうし》らに暗殺《あんさつ》された。

(か)　「古事記」などを分析《ぶんせき》し，国学《こくがく》を発展させた。

4　つむぎさんは，2023年の夏，マイナンバーカードをつくりました。下の絵を見て，あとの問いに答えなさい。

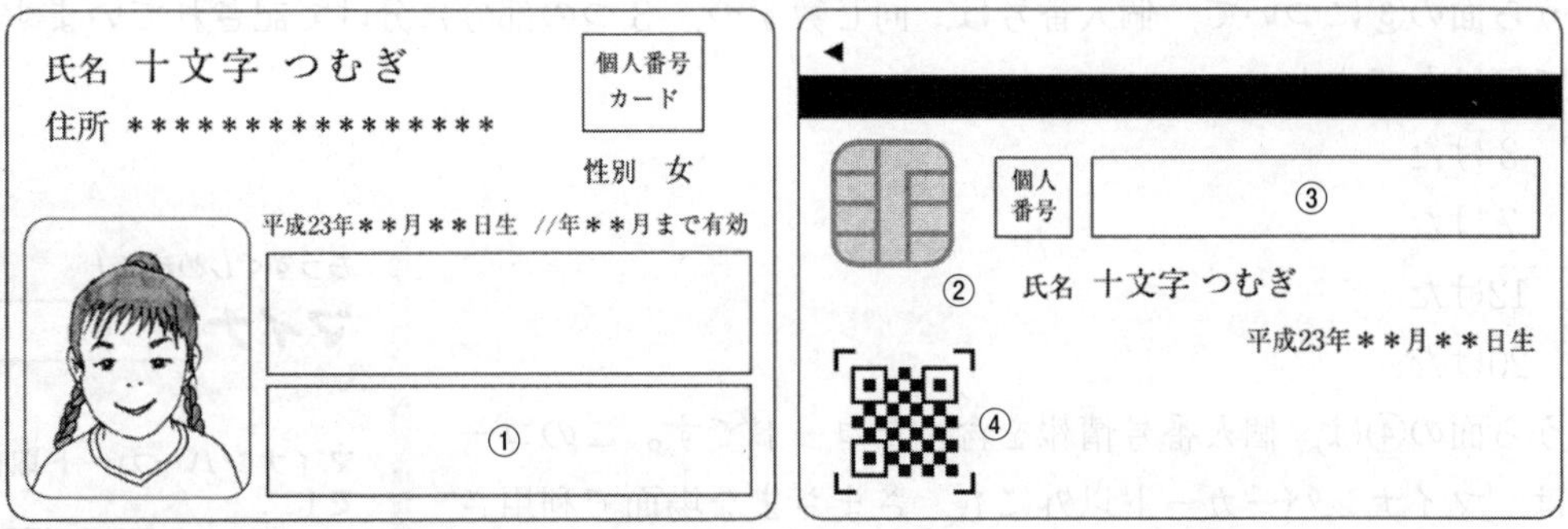

おもて面　　　　うら面

問１　マイナンバーカードを発行できる機関として，ふさわしいものはどれですか。

(あ)　警察署(交番)

(い)　駅

(う)　区役所(市役所)

(え)　水道局

問２　おもて面の①に，下のような文が書かれていました。

●臓器提供意思《ぞうきていきょういし》【１ 脳死《のうし》後及び心停止《しんていし》した死後 ／２ 心停止した死後のみ ／３ 提供せず】
《１・２で提供したくない臓器があれば×》【心臓・肺《はい》・肝臓《かんぞう》・腎臓《じんぞう》・膵臓《すいぞう》・小腸《しょうちょう》・眼球《がんきゅう》】
署名年月日　　年　　月　　日
〔特記欄《らん》：　　　　　〕　署名＿＿＿＿＿＿＿＿

マイナンバーカードは，上の文のような役割も持っています。つまり，１つのカードに，２つの役割があるということです。もう１つのカードの名前は何ですか。

(あ)　プリペイドカード　(い)　クレジットカード
(う)　レッドカード　(え)　ドナーカード

問３　ある日，病院へ行ったつむぎさんは，受付で，右の絵のような機械を見つけました。この機械に，うら面の②と，患者《かんじゃ》さんの顔を読み取らせることで，病院で必要な「あるもの」の提出をしています。「あるもの」とはどれですか。

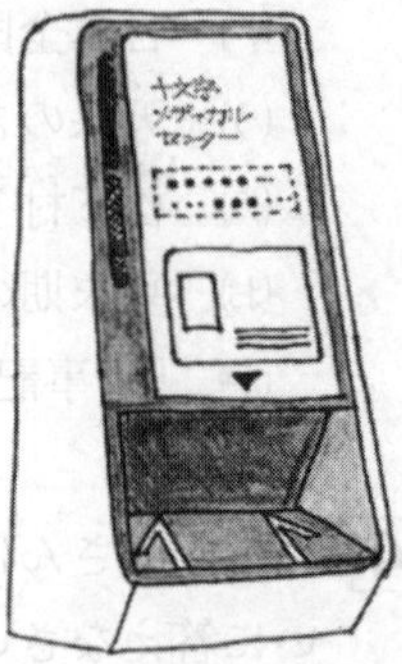

(あ)　運転免許《めんきょ》証
(い)　健康保険《ほけん》証
(う)　住民票《じゅうみんひょう》
(え)　公共料金払込《はらいこみ》票

問４　うら面の③について，個人番号は，同じ数ずつ，３つの部分に分けて記《しる》されています。全部で何けたですか。

(あ)　３けた
(い)　７けた
(う)　12けた
(え)　20けた

問５　うら面の④は，個人番号情報を含《ふく》んだコードです。このコードは，マイナンバーカード以外にも，さまざまな場面で利用されています。何といいますか。

(あ)　ＣＤ《シーディー》コード　(い)　ＪＫ《ジェイケイ》コード
(う)　ＮＯ《エヌオー》コード　(え)　ＱＲ《キューアール》コード

問６　つむぎさんの家族は，カードが発行されたあと，スマートフォンで右のような画面を見ていました。⑤に共通してあてはまる言葉を，**解答らんにカタカナ**で書きなさい。

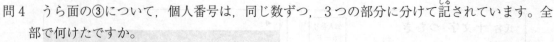

5　2023年のできごとについて，下の絵と情報を見て，あとの問いに答えなさい。

2023年　ニュース「おとなも，こどもも，家族いっしょに」総復習

新しい【 ① 】飛行士候補《こうほ》が決定　日本人初・月に着陸の可能性
（２月28日）

②<u>ＷＢＣ</u>《ダブリュービーシー》で日本が世界一に　最優秀選手は大谷翔平《おおたにしょうへい》（３月22日）

農林水産省で③<u>ChatＧＰＴ</u>《チャットジーピーティー》を導入の動き（４月17日）

山口県　【 ④ 】状降水帯の影響で「緊急《きんきゅう》安全確保」が発令（７月１日）

世界陸上　⑤<u>北口榛花《きたぐちはるか》選手</u>に金メダル（８月26日）

関東大震災《しんさい》から2023年で【 ⑥ 】年　防災《ぼうさい》意識高まるか（９月１日）

問１　**【①】**にあてはまる言葉は何ですか。解答らんに書きなさい。

問２　下線部②は，何のスポーツの世界大会ですか。

(あ)　サッカー　(い)　柔道《じゅうどう》　(う)　野球　(え)　ラグビー

問３　下線部③は「生成AI《せいせいエーアイ》」と呼ばれるものの１つです。「AI」を日本語に訳すと，「何知能《ちのう》」といいますか。

(あ)　芸術《げいじゅつ》　(い)　人工《じんこう》　(う)　全体《ぜんたい》　(え)　天然《てんねん》

問４　**【④】**にあてはまる漢字１字はどれですか。

(あ)　点　(い)　線
(う)　面　(え)　球

問５　下線部⑤(右の写真)は，何の種目の選手ですか。

(あ)　マラソン
(い)　ハードル
(う)　やり投げ
(え)　走り高跳《たかと》び

（サンケイスポーツ　2023年８月26日記事より引用）

問６　**【⑥】**にあてはまる数を，**算用数字**で解答らんに書きなさい。

【理　科】〈**第１回試験**〉（25分）〈満点：50点〉

〈編集部注：実物の入試問題では，写真と図の大半はカラー印刷です。〉

1　春子さんは，夏休みに大型ショッピングモールに行きました。そのときの会話とエアープランツに関するプリントを読み，あとの問いに答えなさい。

春子さん「見て見てお父さん！　エアープランツって何？」

お父さん「エアープランツは，土がなくても育つめずらしい植物で，ひもでつるして育てることができるんだよ。」

春子さん「え⁉　じゃあ，水はどうやってあげたらいいのかしら？」

お父さん「そうだね。土に水をかけることができないからきりふきでエアープランツに直接水をかけてやるんだ。」

春子さん「不思議な植物がいるのね。エアープランツもほかの植物と同じように生きているの？」

お父さん「もちろん生きているよ。いくつか買って実験してみようか！」

春子さん「学校で習った植物の実験をやってみたいわ！」

家にエアープランツ〈**図１**〉を持ち帰った春子さんは，次のような**実験１**を行いました。

実験１　密閉できる袋《ふくろ》を２つ用意し，エアープランツを入れて息を吹《ふ》き込んで閉じたものと，エアープランツを入れずに息を吹き込んだものを用意し，日当りのよい室内で２日間放置した〈**図２**〉。その後，それぞれの袋へ気体検知管を差し込み，中の袋の二酸化炭素と酸素の濃《のう》度を測定した。

〈**図１**〉 購《こう》入したエアープランツ

〈**図２**〉 **実験１**の様子

問１　**実験１**で確かめることのできる，植物のはたらきを何というか漢字３文字で答えなさい。

問２　**実験１**の結果，エアープランツを入れた袋《ふくろ》は，エアープランツを入れていない袋と比べて，二酸化炭素と酸素の濃《のう》度はどのように変化しましたか。最も適当な説明を(あ)～(え)から１つ選び，記号で答えなさい。

(あ)　どちらの気体も濃度が高くなった。

(い)　どちらの気体も濃度が低くなった。

(う)　二酸化炭素の濃度は低くなり，酸素の濃度は高くなった。

(え)　二酸化炭素の濃度は高くなり，酸素の濃度は低くなった。

問３　**実験１**で用意したエアープランツが入っている袋を室内の暗いところで３日間放置すると，袋の内側に水滴《てき》がついた。袋の内部に水滴がついた理由を「気こう」という言葉を使って説明しなさい。

実験を終えた春子さんは，購《こう》入時にもらったプリント〈**図３**〉を読み，エアープランツを〈**図４**〉のように育てることにしました。

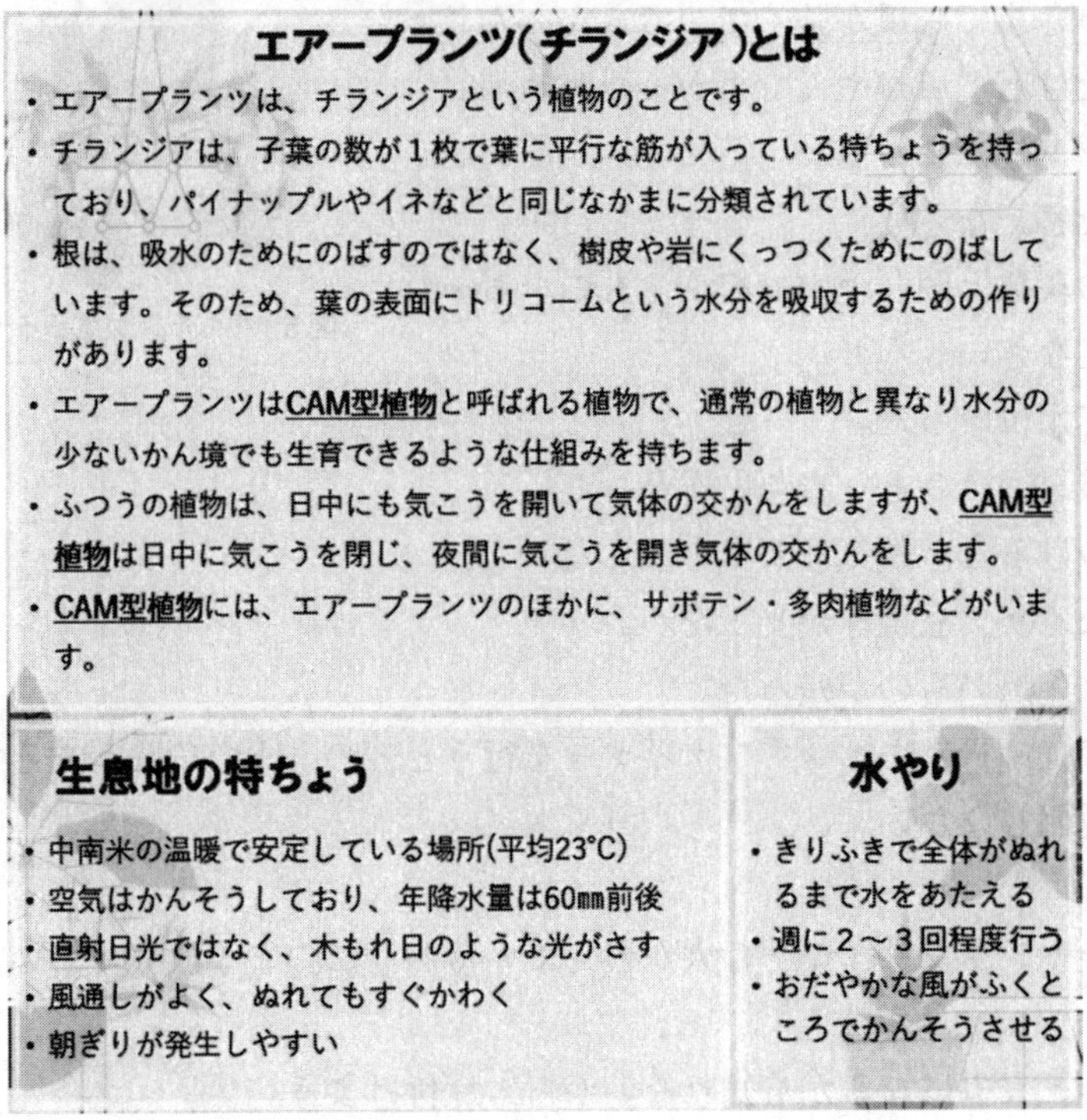

エアープランツ(チランジア)とは

- エアープランツは、チランジアという植物のことです。
- チランジアは、子葉の数が１枚で葉に平行な筋が入っている特ちょうを持っており、パイナップルやイネなどと同じなかまに分類されています。
- 根は、吸水のためにのばすのではなく、樹皮や岩にくっつくためにのばしています。そのため、葉の表面にトリコームという水分を吸収するための作りがあります。
- エアープランツは<u>CAM型植物</u>と呼ばれる植物で、通常の植物と異なり水分の少ないかん境でも生育できるような仕組みを持ちます。
- ふつうの植物は、日中にも気こうを開いて気体の交かんをしますが、<u>CAM型植物</u>は日中に気こうを閉じ、夜間に気こうを開き気体の交かんをします。
- <u>CAM型植物</u>には、エアープランツのほかに、サボテン・多肉植物などがいます。

生息地の特ちょう

- 中南米の温暖で安定している場所(平均23℃)
- 空気はかんそうしており、年降水量は60㎜前後
- 直射日光ではなく、木もれ日のような光がさす
- 風通しがよく、ぬれてもすぐかわく
- 朝ぎりが発生しやすい

水やり

- きりふきで全体がぬれるまで水をあたえる
- 週に２～３回程度行う
- おだやかな風がふくところでかんそうさせる

〈**図３**〉　エアープランツ購入時にもらったプリント

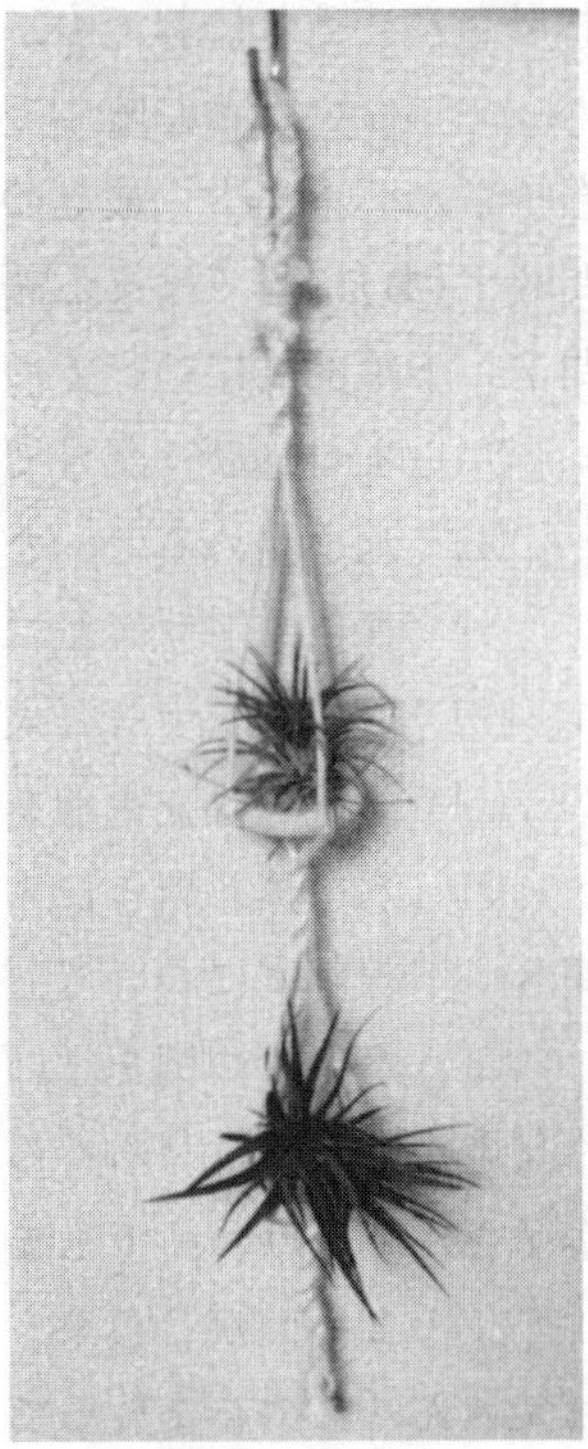

〈**図４**〉　育てる様子

問４　〈**図３**〉のプリントにあるように，子葉の枚数が１枚で葉に平行な筋が入っている植物のなかまとして適切な植物を(あ)～(お)から全て選び，記号で答えなさい。

(あ)　トウモロコシ　　(い)　インゲン　　(う)　ヒマワリ

(え)　ススキ　　(お)　アサガオ

問５　〈**図３**〉にあるようにCAM型植物は，夜間にのみ気こうを開いて必要な気体を吸収し昼に向けて蓄《たくわ》えておく性質を持っています。その理由について〈**図３**〉を参考に考え，説明しなさい。

2　春子さんは，夏休みにキャンプに行きました。そのときの会話を読み，あとの問いに答えなさい。

春子さん「これからキャンプファイヤーをするのよね！　初めてだから楽しみだわ。」
お父さん「じゃあ一緒《しょ》に準備をしようか。薪《まき》を並べてくれる？」
春子さん「任せて！」
お父さん「おっ！　上手に並べられたね。なんでこんなふうに薪を並べたの？」
春子さん「ものが燃えるためには，燃えるもの，熱，（　**あ**　）の３つが必要だと習ったわ。こうやって並べることで，（　**あ**　）が十分にいきわたるわ。」
お父さん「なるほど，学校で勉強したことが活かせているね！」
お母さん「じゃあ早速燃やしてみようか。」

春子さん「わぁ！　煙《けむり》と炎《ほのお》がすごい！」

お父さん「①煙も炎も上の方に向かってのぼっていくね。」

お母さん「それにしても，さっきまで②風が強くて，できないんじゃないかと心配していたけど，風がやんでよかったわね。」

春子さん「本当！　最高のキャンプになったわ！」

〈**図5**〉　キャンプファイヤーの様子

問6　(**あ**)に当てはまる語句を答えなさい。

問7　下線部①について，この現象と同じ理由で起こるものを(あ)～(お)から1つ選び，記号で答えなさい。

(あ)　氷を温めると，とけて水になった。
(い)　青色リトマス紙に塩酸をつけると，赤色に変わった。
(う)　ガスバーナーに火をつけると，熱気球が空を飛んだ。
(え)　豆電球に乾《かん》電池をつなぐと，豆電球が光った。
(お)　木を蒸し焼きにすると，黒いものが残った。

問8　下線部②について，風が強い日はキャンプファイヤーを行うとどのような危険があるでしょうか。1つ例を挙げて説明しなさい。

お父さん「さぁ，そろそろねようか。」

春子さん「そうね。でもまだキャンプファイヤーの火が燃えているわ。このまま放っておいてもよいのかしら？」

お父さん「このまま放っておくと火事になるかも知れないから，片付けよう。」

問9　キャンプファイヤーの火を片付けるときの記述として正しいものを(あ)～(お)から全て選び，記号で答えなさい。

(あ)　早く燃やしきるために，灯油をかける。
(い)　ゴミを持ち帰らないようにするために，火にゴミを入れる。
(う)　燃えている薪を，壺《つぼ》の中に入れてフタを閉める。
(え)　少しずつ砂をかける。
(お)　水の中に燃えている薪を入れる。

3　春子さんの家に，田舎から様々な種類の野菜が送られてきました。春子さんが野菜を水洗いしたところ，水面に浮《う》くものと底に沈《しず》むものがあり，中でも重いカボチャが浮くことにおどろきました。春子さんは，身の回りにある重さの等しい様々なものが，浮くか沈むかを確かめ，〈**表1**〉のようにまとめました。また，なぜそのようになるのか不思議に思った春子さんは，ものの浮き沈みについて調べてみることにしました。あとの問いに答えなさい。

〈**表1**〉　春子さんがまとめたこと

調べたもの	木	鉄	プラスチック	固形石けん	ロウ
重さ[g]	10	10	10	10	10
大きさ[cm^3]	14.5	1.3	10.5	9.2	11.8
浮き沈み	浮いた	沈んだ	浮いた	①	②

問10　〈**表1**〉の下線部のような，ものの大きさを表し，単位が[cm^3]である量のことを何というか，2文字で答えなさい。

〔春子さんが調べたこと〕

水にものを入れると，ものは水を押《お》しのける。ものが水に入っている部分の大きさと，押しのけた水の量は等しい〈**図６**〉。

ものが水に入っている部分の大きさ[cm^3]＝押しのけた水の量[cm^3]

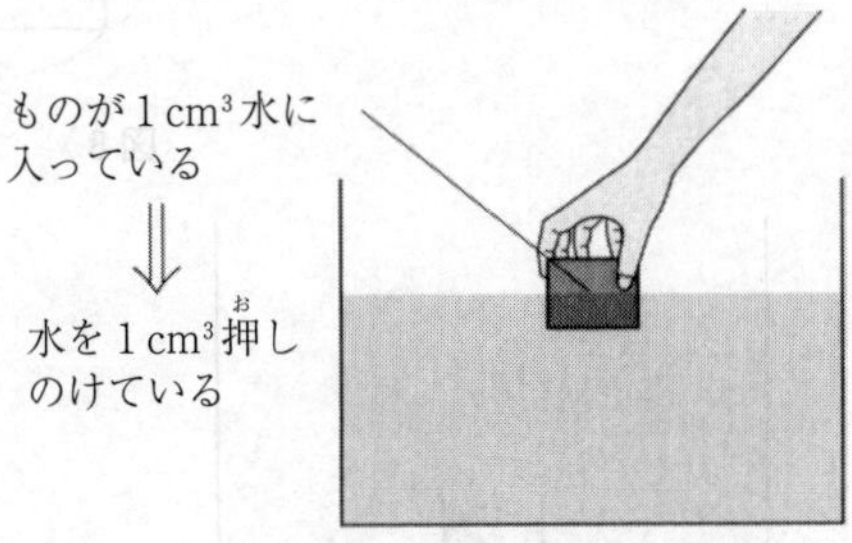
ものが１cm^3水に入っている
水を１cm^3押《お》しのけている

〈**図６**〉　ものが水に入っているときの様子

水中にあるものには，「上向きの力」と「下向きの力」がはたらいており〈**図７**〉のように矢印で表すことができる。「上向きの力」は「ものが押しのけた水の重さ」で決まり，「下向きの力」は「ものの重さ」で決まる。また，「上向きの力」と「下向きの力」の大小関係は，「ものが押しのけた水の重さ」と「ものの重さ」の大小関係と同じになる。

水に対するものの浮き沈みは，この「上向きの力」と「下向きの力」のどちらが大きいかで決まる。

１cm^3の水の重さは１ｇである。

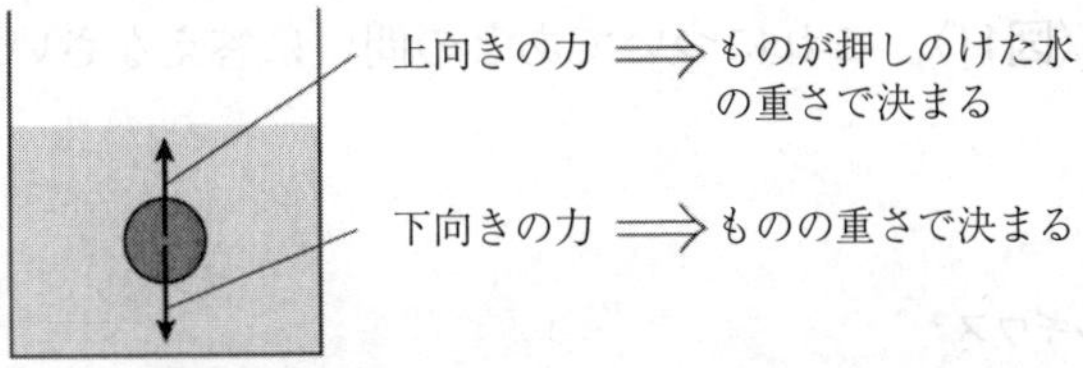
上向きの力 ⟹ ものが押しのけた水の重さで決まる
下向きの力 ⟹ ものの重さで決まる

〈**図７**〉　水中にあるものが受ける力を矢印で表した様子

問11　〈**表１**〉の①，②の結果として正しいものは，「浮いた」「沈んだ」のどちらになるか，それぞれ答えなさい。ただし，調べるものの全体を水に入れたとき，ものが押しのけた水の量は，ものの大きさと等しくなることとします。

問12　次の(あ)～(お)は，〈**表１**〉の木が水中にあるときに，木にはたらく「上向きの力」と，「下向きの力」を矢印で表した図です。木にはたらく力を表した図として最も適当なものを，次の(あ)～(お)から１つ選び，記号で答えなさい。ただし，矢印の長短は力の大小を表しており，(お)は上下２つの矢印の長さが等しいものとします。

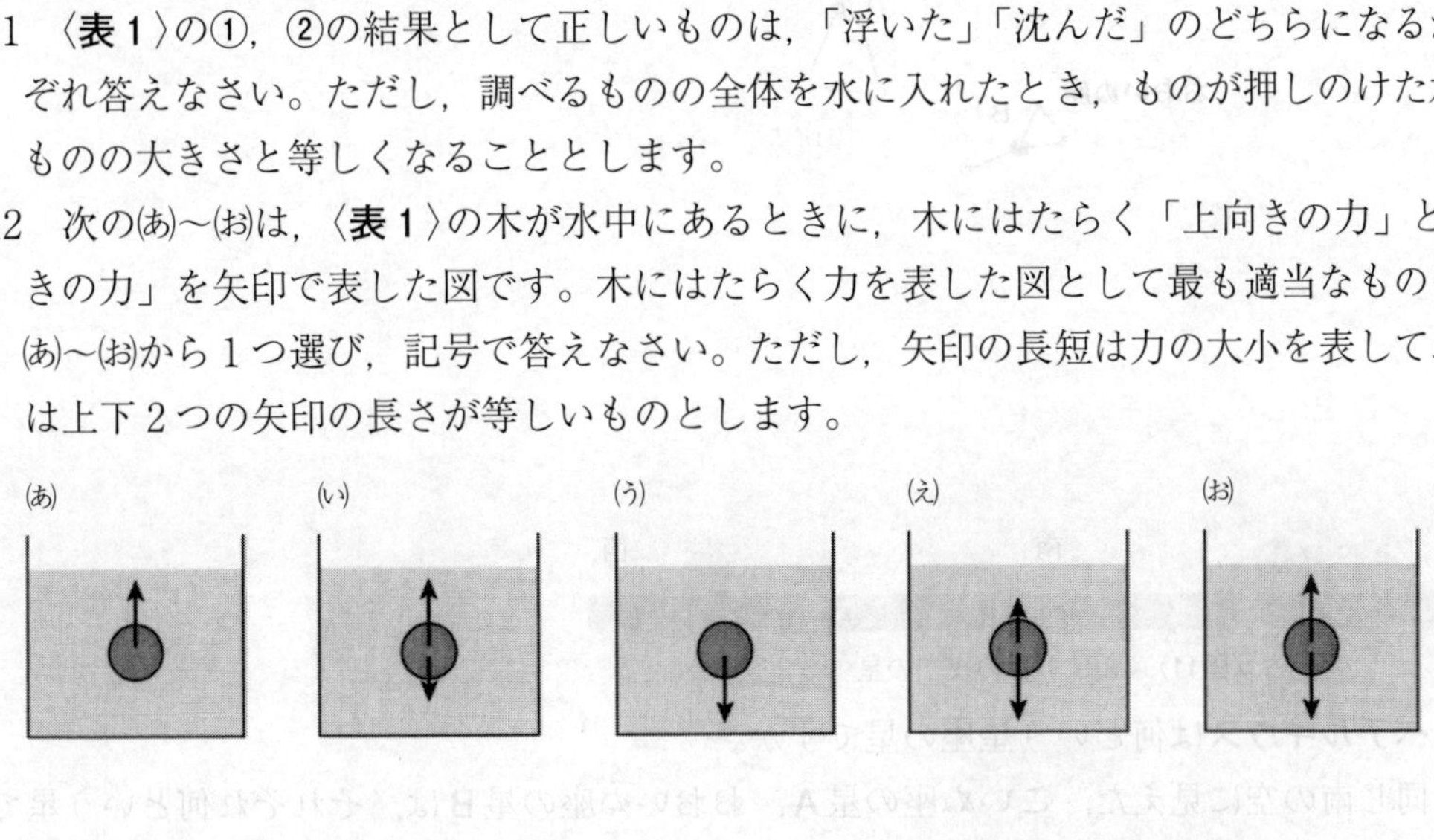
(あ)
(い)
(う)
(え)
(お)

次に，春子さんは一辺の長さが３cm のプラスチック容器〈**図８**〉を水に浮かべました。そこに１円玉を〈**図９**〉のように１枚ずつ入れていくと，ある枚数でプラスチック容器に水が流れ込み，〈**図10**〉のように沈んでしまいました。

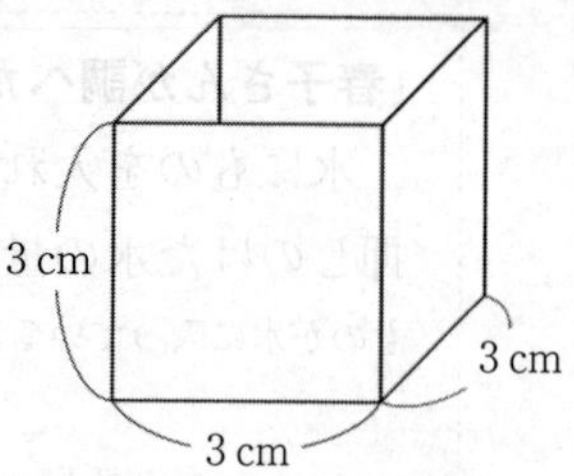

〈**図８**〉 プラスチック容器

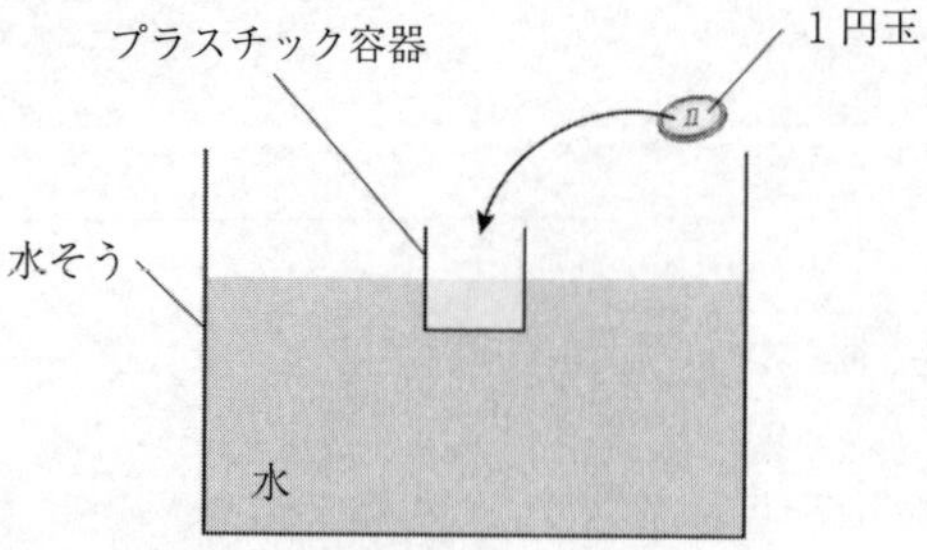

〈**図９**〉 水にプラスチック容器を浮かべ，１円玉を入れる様子

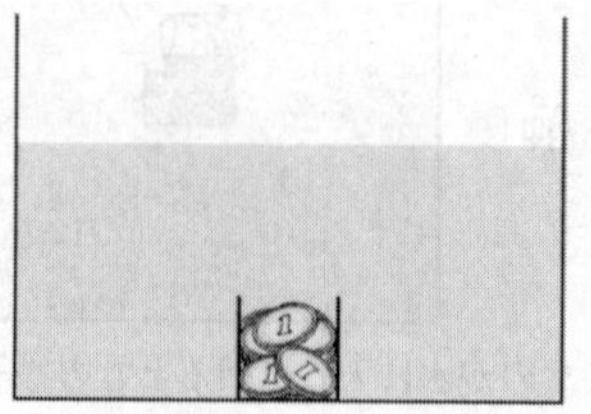

〈**図10**〉 プラスチック容器に水が流れ込み，沈んだ様子

問13　何枚目の１円玉を入れたときにプラスチック容器は沈みましたか。考えた過程も言葉や式で示して答えなさい。ただし，プラスチック容器の質量を4.5ｇ，１円玉１枚の重さを１ｇ，$1\ cm^3$ の水の重さを１ｇとする。また，プラスチック容器の厚さは考えなくてよいこととします。

4　春子さんは，お父さんと星座の観察を行いました。３月１日の午後８時に空を見ると，学校で学習した星座を見ることができました〈**図11**〉。これについてあとの問いに答えなさい。

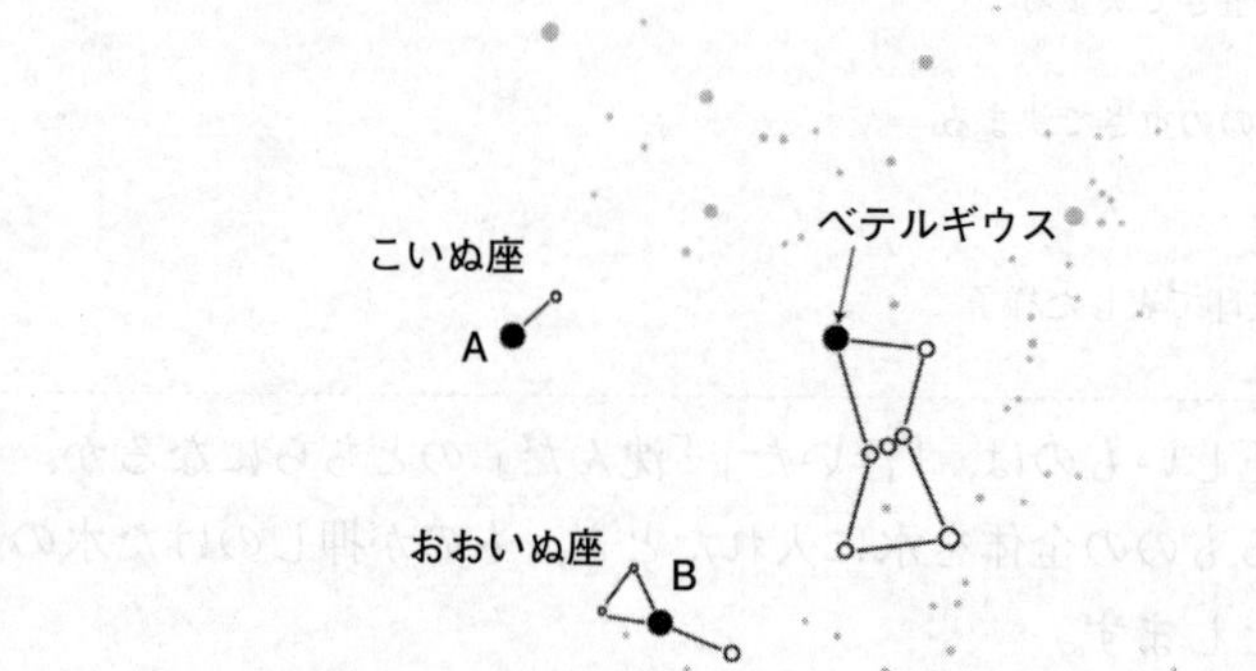

〈**図11**〉　３月１日の夜空の星

問14　**ベテルギウス**は何という星座の星ですか。

問15　同じ南の空に見えた，こいぬ座の星**A**，おおいぬ座の星**B**は，それぞれ何という星ですか。次のページの(あ)～(お)から１つ選び，記号で答えなさい。

(あ)　アルタイル　　(い)　シリウス　　(う)　デネブ
(え)　プロキオン　　(お)　ベガ

春子さんは**ベテルギウス**，**A**，**B**の３つの星に注目して観察を続けました。右の〈**図12**〉はその３つの星をつないだ図です。

問16　３つの星をつないだ三角形は何と呼ばれますか。

問17　〈**図12**〉は，午後８時に観察したときの様子です。１時間後，星をつないだ三角形はどの方向に移動しますか。最も適当なものを，(あ)～(え)から１つ選び，記号で答えなさい。

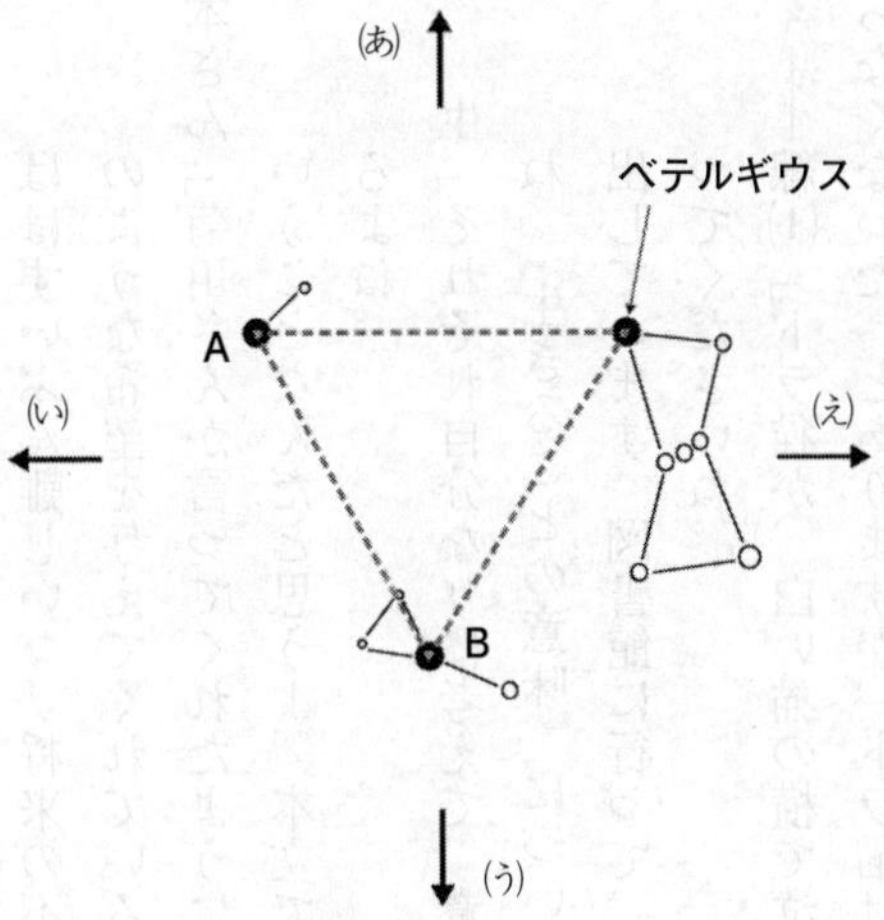

〈**図12**〉　**ベテルギウス，A，Bをつないだ三角形**

春子さんはその１カ月後の４月１日の午後８時に，もう一度星空の観察を行いました。すると，１カ月前の３月１日とは３つの星の位置が変わっていました。

問18　４月１日の星の位置として最も適当なものを，次の(あ)～(え)から１つ選び，記号で答えなさい。ただし，中央が３月１日の星の位置です。

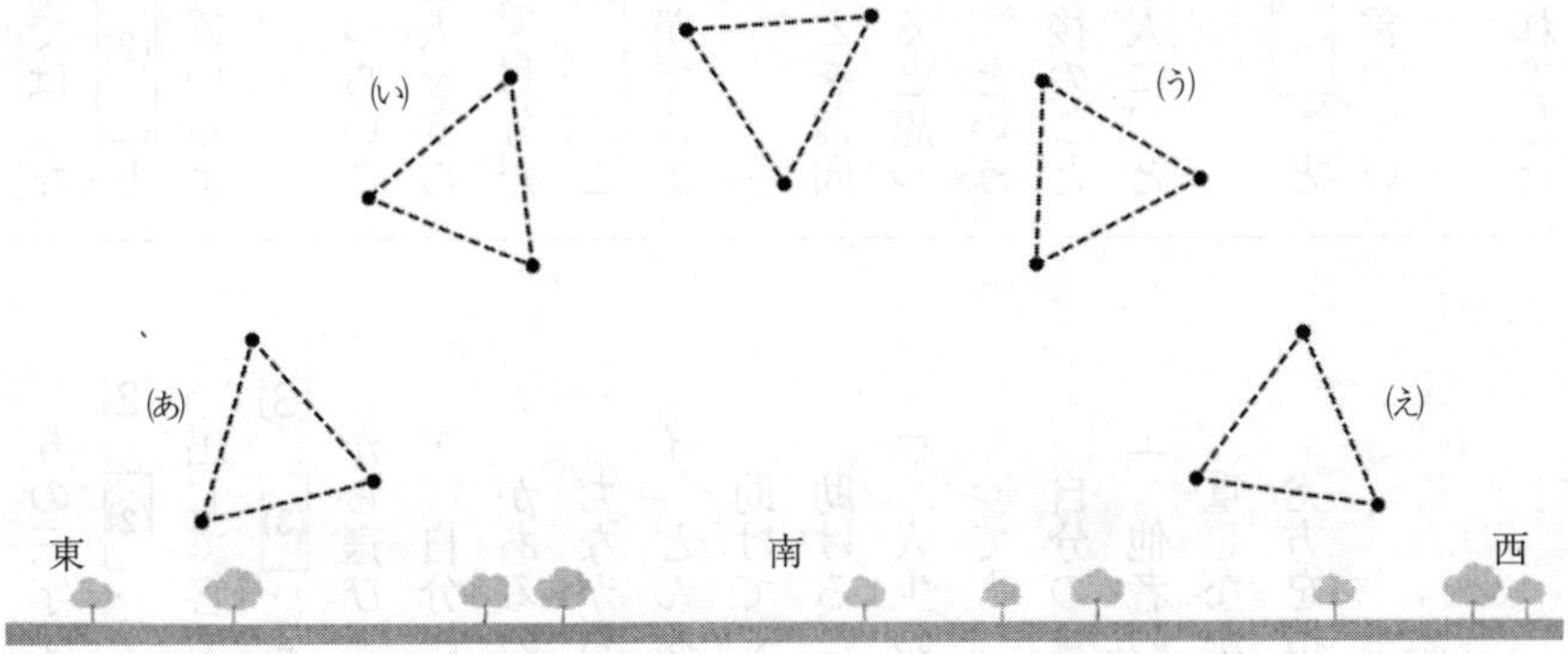

分の未来は自分の手で切り開きなさい』つまり、『自分だけの人生を作り出しなさい』と言っているんだよ。」

梅田さん「たしかに。桜木さんの言うとおり、Ⅱの文章では、『なんのために生きているか』というよりは、『［(2)］して生きていくのか』ということに重点を置いているよね。」

菊川さん「生きていれば、楽しいことばかりではなく、つらいこともたくさんある。自分がいやになったり、他人をうらやんだりしてしまうこともあるよね。『なんで自分だけ』って思ってしまうことも。でも、［(3)］ことによって、自分の人生をより豊かにすることができるのね。」

竹井さん「そうか。Ⅰの文章もⅡの文章も、生きることを前向きにとらえているんだね。逆のことを言っていると思ったけど、どっちも『自分の人生を大切に生きる』ということに変わりはないんだね。それにしても、最後のことばはずいぶん難しいな。将来の不安に思い悩む人に、どのような希望を与えてくれているの？」

松本さん「菊川さんが言ってくれたように、『［(3)］』ということなんだと思うよ。本文でも、くり返し言っているよね。」

先　生「それぞれ自分なりに考えて、意見を言ってくれましたね。『生きることの意味』については、多くの人が本を出しています。図書館に行って、たくさんの作品に出会ってくださいね。」

〔1〕――線⑴「トラ猫が、白い猫の横で泣き、二度と生まれ変わらなくなった」とありますが、トラ猫はなぜこの時に限って生まれ変わらなかったのでしょうか。その理由をⅠの本文中から二十字以内で探し、「…から。」に続くように、はじめと終わりの三字ずつを抜き出して答えなさい。

〔2〕［(2)］に入ることばをⅡの本文中から探し、五字以内で抜き出して答えなさい。

〔3〕［(3)］に共通して入ることばとして最も適当なものを次の中から選び、記号で答えなさい。

ア　自分には、ほかの誰も持っていないようなすばらしい才能があるのだということを固く信じ、その才能が花開く日を待ちながら、ひたすら努力し続ける

イ　どんなにつらい運命に見舞われたとしても、自分を支え、助けてくれた人たちのことを思い出し、一人でも多くの人を助けることによって恩返しする

ウ　人生の中でつらく苦しい出来事に直面し、逃げ出したくなっても、自分の人生をまるごと受け入れ、迷ってもよいので、自分の意志で選びながら前に進む

エ　他者の短所よりも長所に目を向けて、おたがいの個性を尊重しながら、よりよい社会を作り出すために、さまざまな考え方を積極的に取り入れる

くれるかもしれないと期待したから。

ウ　自分のせいで僧が殺されるかもしれないと知り、これ以上僧に迷惑《わく》をかけたくないと思ったから。

エ　僧はかけがえのない友人なので、いま自分ができるかぎりのことをしてあげたいと思ったから。

問六　――線④「そこ」が指し示す内容を本文中から十一字で探し、そのまま抜き出して答えなさい。

問七　――線⑤「それは空しいことです」とありますが、なぜ空しいのですか。その理由として最も適当なものを次の中から選び、記号で答えなさい。

ア　他人と生活を共にしていても、ほんとうに自分の心を理解できる人間は、自分以外にはいないから。

イ　どんなに今の自分や自分の生き方が好きになれなくても、別の人間として生きることはできないから。

ウ　どんなに自分の人生を後悔しても、生まれ変わってもう一度人生をやり直すことはできないから。

エ　他人の考えをすべて受け入れていると、自分自身を見失い、生きがいを感じられなくなってしまうから。

問八　[A]～[C]に入ることばとして最も適当なものをそれぞれ次の中から選び、記号で答えなさい。

ア　しかし　　イ　つまり

ウ　そして　　エ　むしろ

問九　――線⑥「前途」の後に同じ漢字を二字書き、「未来が明るく開けている」という意味の四字熟語を完成させなさい。

問十　――線⑦「いまわたしは君たちに命令する」とありますが、ニーチェは「君たち」に何を求めているのでしょうか。最も適当なものを次の中から選び、記号で答えなさい。

ア　他人から教えを受ける段階から抜けだし、自分自身とまっすぐ向き合い、自分だけの人生を見つけるために行動すること。

イ　他人から教えを受けた恩をけっして忘れず心にとどめ、いつの日か、自分が他人を教え導くための知恵として生かすこと。

ウ　自分と他者、または自分と社会との関係性に目を向け、社会貢献《こうけん》という視点に立って、自分という存在を見つめ直すこと。

エ　これまでになかったような新しい考え方を見つけ出し、これから生きる人々を一人でも多く救済するよう努力すること。

問十一　[Ⅰ]と[Ⅱ]の文章を読んだ後に生徒が感想を話し合いました。次の文を読み、後の〔1〕～〔3〕の問いに答えなさい。

先　生「今日はみなさんに『人はなんのために生きるのでしょうか』という問いに対して、二人の哲学者が答えた文章を読んでもらいました。どのように感じましたか？」

梅田さん「[Ⅰ]も[Ⅱ]も、深く考えさせられる文章でした。普段の生活の中では、『生きる意味』について自分から考えたことなどなかったので。」

松本さん「私は、『１００万回生きたねこ』を読んだことがあるので、[Ⅰ]の文章が心に残りました。(1)トラ猫が、白い猫の横で泣き、二度と生まれ変わらなくなった場面では、涙が止まりませんでした。また、『今昔物語集』では、龍と僧の厚《あつ》い友情が胸に迫りました。」

竹井さん「でも、龍は僧のために命を捧《ささ》げたんでしょ？　私は他人のために自分を犠牲《ぎせい》にしたくはないから、『他人のことなど考えずに、自分の好きなように生きなさい』って応援《えん》している[Ⅱ]の文章のほうが好きだな。」

桜木さん「それは違うよ。たしかに[Ⅱ]の文章では、『自由』ということばが何度も使われているけど、ニーチェは、『自は経典を読むことである。

（注5）畿内…現在の近畿地方のあたり。

（注6）フリードリヒ・ニーチェ…ドイツの哲学者（一八四四〜一九〇〇）。

（注7）思索の遍歴…「思索」は、本質を知るために深く考えること。「遍歴」はその経験を重ねること。

（注8）回顧…ふり返ること。

（注9）エッセンス…物事の最も重要な部分。

（注10）境涯…ふり返って見た、これまでの人生。

（注11）飛翔…羽ばたくこと。

（注12）奔流…激しく流れる水。

（注13）苛烈…厳しく激しい様子。

（注14）然り…そうだ。その通りだ。

（注15）窮極的な…おし進めた結果、最後まで行き着いたさま。

問一　══線ⓐ〜ⓔの漢字はひらがなに、カタカナは漢字にそれぞれ直して書きなさい。

問二　──線①「猫はその様子を冷ややかに眺めるだけでした」とありますが、なぜトラ猫は「冷ややかに眺めて」いたのでしょうか。その理由として最も適当なものを次の中から選び、記号で答えなさい。

ア　いくらなげき悲しんでも生き返るはずはないのに、泣き続けているのは幼稚《ようち》だと思うから。

イ　トラ猫にとって死ぬということは、次に生まれ変わることへの喜びを意味していたから。

ウ　そのうち次の猫に出会えるのに、その場かぎりの感情で悲しむ人間をおろかだと思うから。

エ　生まれ変わることのできるトラ猫にとって、「死」はまったく悲しい出来事ではないから。

問三　〜〜線（あ）「鍵になる」・（い）「意気盛んな」の意味として最も適当なものをそれぞれ後の中から選び、記号で答えなさい。

（あ）「鍵になる」

ア　重要な手がかりとなっている

イ　新しい情報を与えてくれている

ウ　内容が完全に一致《ち》している

エ　ほんとうの答えが隠《かく》れている

（い）「意気盛んな」

ア　とても迫《はく》力がある

イ　誰よりもすぐれている

ウ　気力にあふれている

エ　どんな困難にも打ち勝つ

問四　──線②「このこと」とありますが、天皇が僧に話した内容として最も適当なものを次の中から選び、記号で答えなさい。

ア　龍と暮らしたければ、守護神に命じて雨を降らせよ。

イ　このまま日本にいたいならば、龍に頼んでこの地に雨を降らせよ。

ウ　龍の力が本物であるならば、雨を降らせるよう、龍に命じよ。

エ　ほんとうに龍と仲がよいのならば、守護神と力を合わせて雨を降らせよ。

問五　──線③「天に昇っていきました」とありますが、龍はなぜ天の「雨戸」を開けに行ったのでしょうか。その理由として最も適当なものを次の中から選び、記号で答えなさい。

ア　天界に住む守護神に頼んで大雨を降らせ、思い上がった人間たちに仕返ししようと考えたから。

イ　守護神に事情を話せば、天の「雨戸」を開いて雨を降らせてているのは、「どのようにしてこの自分を生き抜《ぬ》くか」ということにほかならないのです。

そうした私たちのⓓソウゾウ的な生き方を可能にするのは、精神の自由な（注11）飛翔《ひしょう》であり、それは自分に対する確固たる自信と信頼によってますます輝かしいものとなります。「『このことができるのはわたしだけだ』と認識する」自由において、私たちはもっとも生き生きとした精神的活動ができるのだと、ニーチェは述べています。さまざまな可能性があるなかで、ⓔ自らの主体的選択により本来的な自分を切り開こうとするとき、みなさんの未来は実り豊かなものとなり得《う》るのです。「わたしは自分の未来を――ひろびろとした未来を！――静かな海を見るような気持ちで見ている」。

とはいえ、みなさんはこれから先の人生において、さまざまな挫《ざ》折《せつ》を味わい、苦い涙をいくたびも流すかもしれません。「今までよりいっそうおぼつかなく、いっそう感じやすく、いっそうもろく、いっそう打ちくだかれた状態」になって、⑥前途《ぜんと》に希望を感じられなくなることもあるでしょう。［Ｃ］、みなさんは自身で選択した進路を戸惑《とまど》いながらも歩み続けることで、「いっそう豊かになり、新しい自分になり」、「まだ名づけようもない希望にみち、新しい意志と（注12）奔流《ほんりゅう》」にみちた自分を感じ取って、より高い自己への向上を目指すようになるはずです。

今ある自分とその境涯がまさに現にある通りでしかないことを受け入れたうえで、それを自らの充《じゅう》実した生を実現する方向へと意志的に変えていくことによって、みなさんの人生に「なんのために生きていくのか」という意味を与えることができるのです。たとえ「生のもっとも異様な、そして（注13）苛烈《かれつ》な諸問題」に見舞《ま》われても、自分自身の「生に対して『（注14）然《しか》り』ということ」が、「（注15）窮《きゅう》極《きょく》的な、この上なく喜びにあふれた、過剰《かじょう》なまでの(い)意気盛《さか》んな生命肯定」なのだと、ニーチェは訴《うった》えかけます。今を生きるこの自分自身の生命を肯定することこそが、なんのために生きていくのかの大前提です。

ニーチェは、「君たちはまだ君たち自身をさがし求めなかった。さがし求めぬうちにわたしを見いだした。（中略）⑦いまわたしは君たちに命令する。わたしを捨て、君たち自身を見いだすことを」と述べ、ニーチェを乗り越《こ》えて自己探求していくことを読者に対して求めます。古典と出会い、それに感銘《かんめい》を受けた後には、その感銘を手がかりにして私たちは自己探求をはじめなければなりません。古典を読むことの意義は、「見いだした」古典を捨てて自分自身をさがし求めはじめることにあります。

なんのために生きているのかという疑問を、なんのために生きていくのかという主体的な問いとして受けとめ直し、これからの人生行路を前向きに切り開いていくことが重要です。「いっさいの『そうであった』を『わたしはそう欲《ほっ》したのだ』に造り変えること――これこそはじめて救済の名に値《あたい》しよう」というニーチェのメッセージは、将来への不安に思い悩《なや》むみなさんへの励《はげ》ましとなるのではないでしょうか。「約束の中にこもる大いなる安らぎ、単なる約束で終《おわ》るはずのない未来へのこの幸福な展望！」こそ、『この人を見よ』から私たちが読みとるべき希望の伝言なのです。

（中島隆博・梶原三恵子・納富信留・吉水千鶴子『扉をひらく哲学―人生の鍵は古典のなかにある』）

（注１）悼んで…悲しみなげいて。
（注２）満喫…心ゆくまで十分に味わうこと。
（注３）示唆…それとなく示すこと。
（注４）法華経…経典（仏の教えをまとめたもの）の一つ。なお、「読経」

私は、自身より価値あるものの探求と発見こそが、何のために生きるのかという問いに対する一つの答えではないかと思っています。古典には、それを(注3)示唆《しさ》するようなたくさんのエピソードが綴《つづ》られています。

平安時代の説話文学『今昔物語集《こんじゃくものがたりしゅう》』の一話です。昔、ある寺に一人の僧《そう》が住んでいて、『(注4)法華経《ほけきょう》』を読むことをⓐ日課としていました。いつしかそこに龍《りゅう》がⓑタズねてきて、読経《どきょう》を聴《き》くようになりました。僧と龍はとても仲のいい友人になりました。

ある年、(注5)畿内《きない》はひどい日照りに襲《おそ》われました。まったく雨が降らず、すべての穀物《こくもつ》は枯《か》れてしまいそうになりました。この当時、雨を司《つかさど》っているのは龍であると信じられていました。龍と仲のいい僧の話を聞いた天皇は彼《かれ》を呼び出し、龍に頼《たの》んで雨を降らせるようⓒ厳命し、それができないなら僧が日本にいられなくすると申し渡《わた》しました。

寺に帰った僧が②このことを龍に話すと、龍は実は雨を支配しているのは自分ではなく、天界に住む守護神であること、もし自分が勝手に天の「雨戸《あまど》」を開いて雨を降らせれば、神々に殺されてしまうと話しました。その上で、長年の恩《おん》に報《むく》いるためにあえて雨戸を開けるが、自分の死体のある池のほとりに供養《くよう》のために寺を建てて欲《ほ》しいと告げて、③天に昇《のぼ》っていきました。

果たして龍の言葉通り、すぐに雨が降り始め、三日三晩止《や》むことはありませんでした。雨が上がった後、龍が話した山上の池をタズねると、水は紅《あか》く染まり、池のなかにはばらばらになった龍の死骸《しがい》がありました。僧は龍の願い通りそこに寺を建て、冥福《めいふく》を祈《いの》りました……。

〈中略〉

Ⅱ　なんのためにという問いは、私たちに選択《たく》と決断を迫《せま》るものであり、私たちはその答えを自分自身で追求していくしかないのです。重要なことは、「なんのために生きているのか」ではなく、「どのように生きていくのか」にほかなりません。

このことを考える手がかりとして、(注6)フリードリヒ・ニーチェの自伝『この人を見よ』を紹介《しょうかい》します。ニーチェが自身の(注7)思索《しさく》の遍歴《へんれき》と主要な著作について(注8)回顧《かいこ》したこの著作には、彼の思想の(注9)エッセンスがつまっています。題名の「この人を見よ」は新約聖書に由来しますが、注目すべきことはニーチェがこれに「ひとはいかにして本来のおのれになるか」(手塚富雄《てづかとみお》訳)という副題をつけていることで、この言葉こそが全篇《ぺん》を貫《つらぬ》くテーマとなっています。

〈中略〉

ニーチェのこの問いは、「自分自身を一個の運命のように受けとること、自分が『別のあり方』であれと望まぬこと」、すなわち「運命愛」によって今の自分自身を全面的に肯定《こうてい》することを、私たちに促《うなが》すものです。私たちに与《あた》えられているのは、現に生きているこの人生だけであり、ほかにはなにもありません。そして、④そこでなにをなしとげるかは自分自身の生き方によって確認《にん》していくしかないのです。今の自分の(注10)境涯《きょうがい》を嘆《なげ》いて「別のあり方」を望んだところで、⑤それは空《むな》しいことです。[A]今の自分を「一個の運命」として決然と受け入れることで、積極的で力強い生き方が可能となります。[B]ここでニーチェが私たちに問いかけを証明したい。

イ 心の整理はすでについたので、これからもジャンプを続け、さらに成長したい。

ウ 今後は、自分を支え、勇気づけてくれたみんなのためにジャンプを続けたい。

エ さつきが自分を叱《しか》ってくれたことに、心から感謝の気持ちを伝えたい。

問十一 ――線⑧「これかなって思った」とありますが、理子は、自分の弱点が何であることに気づいたのでしょうか。これより後の本文中にあることばを使って、「〜こと。」に続くように、二十五字以上三十五字以内で答えなさい。

問十二 ――線⑨「理子は、宵の明星が輝く西空を見た」とありますが、この場面から読み取れる理子の気持ちとして最も適当なものを次の中から選び、記号で答えなさい。

ア どん底にいる自分にとって、宵の明星のように自分を照らしてくれるさつきの存在をありがたいと感じている。

イ 自分を追い抜いたさつきに複雑な気持ちを抱きながらも、さつきに追いつきたいという思いを新たにしている。

ウ 以前さつきにかけたことばが、今は自分を励《はげ》まし、導くことばとなって、前向きな気持ちになっている。

エ 自分も誰かを勇気づけ、励ますことができるのだということに気づき、もっと強い人間になろうと誓《ちか》っている。

問十三 ――線「向かい風は、大きく飛ぶためのチャンスなんだよ」ということばの意味として最も適当なものを次の中から選び、記号で答えなさい。

ア いつスランプが来てもいいように心の準備をすることが、勝利に近づくための大切な一歩となる。

イ ライバルが多ければ多いほど「負けたくない」という気持ちが強くなり、心も体も鍛《きた》えることができる。

ウ 誰もわかってくれないと思っているときでも、自分を理解してくれる人は必ずいて、自分を助けてくれる。

エ 困難な状況《じょうきょう》から目をそむけずに立ち向かい、乗り越えることによって、ひと回り成長することができる。

二

次の文章は、「人はなんのために生きるのでしょうか」という問いに対して、二人の哲学者《てつがくしゃ》が答えたものです。Ⅰ と Ⅱ の文章を読み、後の問いに答えなさい。

Ⅰ

佐野洋子の『100万回生きたねこ』という絵本があります。主人公のトラ猫《ねこ》は、何度死んでも生まれ変わることのできる猫でした。死ぬたびに飼い主たちは猫の死を(注1)悼《いた》んで涙《なみだ》を流しますが、①猫はその様子を冷ややかに眺《なが》めるだけでした。あるとき野良《のら》猫に生まれて自由な生活を(注2)満喫《まんきつ》していた主人公は、一匹《ぴき》の白い猫に恋《こい》心を懐《いだ》きます。やがて二匹は結ばれて、たくさんの子猫に恵《めぐ》まれて幸せな日々を過ごしますが、年老いた白猫は先に息を引き取ります。猫は悲しくて、何日も泣いたあげく、白い猫のそばで動かなくなります。猫は、今度ばかりは生き返ることはありませんでした…。

どうして主人公は生まれ変わって、新しい生を求めようとはしなかったのでしょうか。「ねこは、白いねこのたくさんの子ねこを、自分よりもすきなくらいでした」という言葉が(あ)鍵《かぎ》になるように思います。猫は100万回の生死の果てに、その人(猫)なしには生きる意味を見出しえない存在に出会ったのです。初めて自分よりも大切なものを見つけたのです。

ウ　褒められて恥ずかしくなった
エ　場違いな意見にがっかりした

(い)「凛々しく」
ア　落ちつきはらっている
イ　むじゃきで純粋《じゅんすい》である
ウ　強がって無理をしている
エ　姿や態度がひきしまっている

問五　――線②「理子の涼しげな目がまっすぐにさつきに突き刺さってくる」とありますが、この場面における理子の様子の説明として最も適当なものを次の中から選び、記号で答えなさい。
ア　嫌がるようなことをわざと言って、さつきがどのような態度に出るのか見きわめようとしている。
イ　さつきの無神経な態度にすっかり呆れ、さつきとの関係を終わりにしたいという意思を示している。
ウ　感情にまかせるのではなく、ことばを選び、さつきに対して正直な気持ちを伝えようとしている。
エ　素直で正直なさつきの態度に感動し、自分もさつきのように、ありのままの姿を見せようと決めている。

問六　――線③「さつきさえ誘わなければ、こんな思いをしなくてすんだのに――そう後悔してしまうこともあったのだ」とありますが、理子はどのような気持ちを抱《いだ》いていたのでしょうか。「さつきさえ誘わなければ、〜のに、と後悔する気持ち。」の形になるように、二十五字以上三十五字以内で答えなさい。

問七　――線④「さつきは理子の、鞄を持っていない空いている手をきゅっと握った」とありますが、このときのさつきの気持ちとして最も適当なものを次の中から選び、記号で答えなさい。
ア　理子に自分の気持ちを精一杯《せいいっぱい》伝えようとしている。
イ　理子に、本音《ほんね》を話してほしいと思っている。
ウ　理子をなんとかして引きとめようとしている。
エ　理子も自分のことを好きだと知り、ほっとしている。

問八　――線⑤「だって、足を骨折しているボルトに勝ったって、誰も私のほうが足が速いなんて思わないでしょ？」とありますが、このたとえ話の中でさつきが言おうとしていることは何ですか。「〜ということ。」に続くように、三十字以上三十五字以内で答えなさい。

問九　――線⑥「約束がなかったら、だめなの？」とありますが、このとき、さつきが理子に言いたかったこととして最も適当なものを次の中から選び、記号で答えなさい。
ア　オリンピックに出るようなすごい選手になるからジャンプを始めたのではなく、楽しいから始めたはずなので、始めたばかりの頃の気持ちに戻り、ジャンプを続けると決断してほしい。
イ　自分は、理子のような選手になりたいと思ってジャンプを始め、今はジャンプが楽しくてしかたがないので、理子にも自分と同じようにジャンプを楽しんでほしい。
ウ　約束や保証があることによって理子ががんばれるのであれば、オリンピックに出るようなすごい選手になると約束してあげるので、どうか自分と一緒にジャンプを続けてほしい。
エ　あと少しでオリンピック出場の夢がかなうのに、それをあっさりあきらめてしまうのはあまりにもったいないので、ジャンプをやめてしまおうという考えは改めてほしい。

問十　――線⑦「理子の手がさつきの手をぎゅっと握り返してきた」とありますが、このときの理子の意志として最も適当なものを次の中から選び、記号で答えなさい。
ア　自分を追い詰めた斉藤選手に勝って、自分のほんとうの実力

「今はチャンスだったんだね。だから」

もう逃《に》げない。

どんなに辛くても這《は》いあがってみせる。

「さつきは私に勝ったと思っていないと言ってくれたけど、事実私は負けたんだから」

理子の横顔はきりりとⓘ凜々《りり》しく、暗がりの中でもなによりきれいだった。

「今度は私が、さつきを追いかける。そして、追い抜く」

さつきは、まだこんな経験をしていないんだから――理子は語気も強く言い切る。

「これを乗り越えられたら、私は前より強くなる。負けたくない。さつきにも、甲斐さんにも、斉藤さんにも。なにより、逃げたい気持ちにも」

バスの(注11)ヘッドライトが近づいてきた。

(乾　ルカ『向かい風で飛べ！』)

(注1) 煮詰まって…行きづまり、頭が働かなくなって。

(注2) 斉藤さん…スキージャンプの選手で、現在は大学生になっている。以前、体型変化による不調に悩んでいた。

(注3) 甲斐さん…理子やさつきと同級生の選手で、二人のライバルでもある。

(注4) 圭介…理子の幼なじみで、スキージャンプの選手だったが、現在は競技を中断している。

(注5) 「実際、もう負けちゃったし」…理子は、サマージャンプの大会で初めてさつきに負け、優勝をのがした。

(注6) 接地…地面につくこと。ここでは、スキーの板が雪面につくこと。

(注7) サマージャンプ…雪の降らない夏に行うスキージャンプのこと。

(注8) ボルト…ウサイン・ボルト(一九八六～)。中央アメリカのジャマイカ出身の陸上選手で、１００メートル走の世界記録を持っている。

(注9) 山際…山に接している空。

(注10) 宵の明星…日が沈《しず》んでから、西の空に見える金星。

(注11) ヘッドライト…車の前方についているライト。

問一　＝＝線ⓐ～ⓔの漢字はひらがなに、カタカナは漢字にそれぞれ直して書きなさい。

問二　――線①「すごいおせっかいだとはわかってたけど」とありますが、本文中における「おせっかい」の内容として最も適当なものを次の中から選び、記号で答えなさい。

ア　理子を心配するあまり、圭介にまで理子の個人的な事情を聞き出そうとしたこと。

イ　斉藤選手と理子の問題なのに、よけいなことをして二人の関係を悪化させたこと。

ウ　頼《たの》まれてもいないのに、理子に関する話をさつきの両親にしてしまったこと。

エ　両親だけでなく、甲斐さんや圭介にまで理子の秘密を漏《も》らしてしまったこと。

問三　□に入ることばとして最も適当なものを次の中から選び、記号で答えなさい。

ア　腕《うで》　　イ　首　　ウ　目　　エ　肩《かた》

問四　～～線ⓐ「面食らった」・ⓘ「凜々しく」の意味として最も適当なものをそれぞれ後の中から選び、記号で答えなさい。

ⓐ「面食らった」

ア　弱みを突かれてはっとした

イ　突然《とつぜん》のことに驚きあわてた

さつきは思い切って、一番重要な問いを投げかけた。

「理子。ジャンプ、嫌い？」

理子は首を横に振《ふ》った。

「ううん、大好きだよ」

はっきりと、力強く、理子は断じた。「大丈夫。私、もう答えは出してるの。決めたからお礼にも来たんだよ」

やめない。斉藤選手を見返す。
⑦理子の手がさつきの手をぎゅっと握り返してきた。
歩いて帰るはずの道のりの半分くらいで、陽《ひ》はすっかり落ちて、あたりが暗くなってしまった。

歩けないこともないけれど、停留所とⓔ待合小屋《ごや》を見つけて、そこでバスを待つことにする。理子は鞄の中から財布《さいふ》を取り出し、小銭《ぜに》を確認した。

明日から練習に行くと、理子は言った。

「うん、うん。一緒に行こう」

（今までみたいに）

「あのね、おじさんとおばさんは私の『弱点』のヒントをくれたの」

「じゃあ、『弱点』がもしかしてわかった？」

確認《にん》するさつきに、理子はこっくりと首を縦に振った。

「自慢《まん》に聞こえるかもしれないけれど、私、この夏みたいに負けたことってなかった。そうなの、ジャンプを始めてすぐにうまく飛べるようになって、それからなに一つ、つまずかずに来た――ちょうど今のさつきと同じ。おじさんとおばさんに言われて順を追って振り返ってみて、⑧これかな、って思った」

斉藤選手が『弱点』を指摘《てき》したのは、まだ理子が勝ち続けていた冬のシーズンだった。

「もしかして、負ける経験をしていないことがそうかもしれない……ううん、それだけじゃなくて」

理子は自分自身に言い聞かせるような口ぶりだった。

「負けて、スランプの時期を過ごして、辛い思いをして、なおかつそれを乗り越《こ》える、そんな経験のことを、斉藤さんは言ってたのかなって。もちろん、これが本当に正解かどうかはわからないけれど」

理子は待合小屋の中のベンチに腰《こし》かけながら、その場にさつきしかいないのに、満座の聴《ちょう》衆を前にしているかのように、きりりと背を伸ばした。

「負けを知って、それでも諦《あきら》めずに、投げ出さずに練習を続けて、苦しい時期を耐《た》える経験は、絶対マイナスにならないと思うの。たとえ、最終的に報《むく》われなかったとしても」

その言葉は、とてもスムーズにさつきの胸の内に落ちた。

（ああ、そうだ。きっとそのとおりだ。）

そして、さつきの頭に今よりも幼い理子の声がよみがえる。

（あれと同じだ）

「理子は正しいよ」

さつきは心をこめて告げた。

「だって、理子自身が最初に言ってたでしょ？」

なにを？という表情をした理子に、今度はさつきからあの言葉を返す。

「『向かい風は、大きく飛ぶためのチャンスなんだよ』」

理子の唇が、あ、という形に開き、続いてきつく引き結ばれ、それからゆっくりと微笑みを作る。

「忘れてなかったんだ、さつき」

「忘れるわけないよ」
⑨理子は、（注10）宵《よい》の明星《みょうじょう》が輝《かがや》く西空を見た。

風になびく髪《かみ》の毛をそっと押さえた理子に、さつきは訴《うった》える。「私だってわかる。六年生の夏、理子が私のことをお父さんに褒《ほ》めてくれたように、私は理子のすごさがわかる。誰よりわかる。(注7)サマージャンプでは、私は理子より確かに飛んだけど、でも理子に勝ったとは、思ってない」

「どうして？」

「⑤だって、足を骨折《こっせつ》している(注8)ボルトに勝ったって、誰も私のほうが足が速《はや》いなんて思わないでしょ？」

理子は苦笑《くしょう》した。「なにそれ？」

「斉藤さんだって、体型変化で不調になるとしても、それは一時的なものって言ったんだよね？ だったら絶対また飛べるよ」

「絶対なんてことはないよ。もしかしたらこのままかもしれない。誰も保証も約束もしてくれない」

「⑥約束がなかったら、だめなの？」

さつきは立ち止まった。さつきに手を握られている理子も、足を止める。

「一番最初にジャンプしたときは、なんの約束もなかったでしょ？ 理子は誰かに、あなたはすごい選手になる、ずっと勝ち続ける、将来はオリンピック選手になるって約束されたから、ジャンプを始めたわけじゃないよね？」

理子に伝えたいことが心の中でいっぱいになって、さつきはどういう言葉でそれらを表現していいのかわからない。だからせめてとばかりに、握る手に力を込《こ》める。

「理子も最初飛べなくて、永井コーチに背中押されたんだよね。それからどうしてジャンプ続けようって思ったの？」

ⓓイタいと言われるかもしれなかったけれど、さつきは握る力を緩《ゆる》められなかった。

「ただ単純に好きになったからじゃないの？ 楽しかったからじゃないの？ 私はそうだったよ。言ったよね、理子のお母さんの言葉。私が入団した日、理子は嬉しそうに帰ってきたって」

「さっき、聞いた」

「理子のお母さん、まるで、入団したばかりのときに戻ったみたいだったって、言ったんだよ」

町中へ向かうバスが、二人を追いこしていく。

「勝つのも嬉しいけど、それよりもなによりも、私はジャンプが好きで、理子と一緒に飛ぶのが楽しいから飛んでるよ」

「さつき……」

「負けるのって嫌《いや》なことだっていうのはわかるよ。理子の本当の悔《くや》しさとか、辛《つら》さとか、そういうのはなにからなにまでわかってないかもしれないけど、いい気分じゃないことくらいはわかる。でも、それは全部を消しちゃうものなのかな。楽しさや嬉しさも全部消えちゃうの？」

低い(注9)山際《やまぎわ》に落ちるぎりぎり手前の夕日が、理子の顔を横から照らして、その瞳《ひとみ》の色を薄《うす》く透《す》けさせる。

「私は、もう一度理子と飛びたい。理子だって心のどこかでは、このままやめたくないって思っているよね？ お母さんから聞いたの。理子、昨日お母さんが勧《すす》めたお菓子《かし》を食べなかったって。もしやめる気なら、体重とか体型とか、もう気にする必要ないもん。違《ちが》う？」

理子は微笑《ほほえ》んだ。「違わないよ」

「私、理子がいると強くなれる気がするんだ。もっと飛べる気がする。そして、理子がお父さんに言ってくれたことを証明したい。それから……ちゃんと、本当に、理子に勝ちたい。迷っている途《と》中の理子じゃなくて、本当の理子に勝ちたい」

理子は力のある眼差しで、きちんとさつきを見返している。

「そういえば私、理子の家に行くとき、圭介にすごく呆《あき》れられた。ジュニアの合宿前から理子は悩んでいたのに、一番近くにいて気づかないなんて鈍《にぶ》い、みたいな」

「そうだね……圭介みたいにイライラする人もいるかもしれないけれど、私はさつきのそういうところ、嫌《きら》いじゃないよ。私がこんなことで悩んでいるの、本当は誰《だれ》にも知られたくなかったから。どうにもならなくなるまでは、さつきがわりと普段《ふだん》どおりで良かった」

理子は素直《すなお》だった。「私ね。おじさんおばさんと話して、お母さんとも話して、ジャンプを始めたころのことを、思い出せた」

軽トラックがⓑタイコウ車線をかけぬけていく。

「そのころの理子、見たかったな」

本心を打ち明けると、理子は□を竦《すく》めてにこっとした。「どうして?」

「かわいかったんじゃないかなって」

理子は(あ)面食らった表情をしてから、今度は声を出して笑った。

「同じだったと思うよ、少年団にいるその年頃《としごろ》の子たちと」

「そうかあ。じゃあ、やっぱり楽しかったんだね」

「うん、そうだね」

「理子のお母さん、言ってた。私が入団した日、すごく嬉《うれ》しそうに帰ってきたって……私それを聞いて、飛んじゃいそうに嬉しかった」

「……うん。実際、嬉しかったもの」

刈《か》り取りを終えた小麦畑には、転々と巨《きょ》大なロールケーキみたいな麦のⓒ束がある。

「さつきが入ってくれて、嬉しかった。怖《こわ》がっているのに背中を押《お》したのは、ちょっと悪かったかなって思っているけど、すぐに楽しかったって言ってくれて、本当に……。その日のうちに何度も飛んでいるのを見て、この子と一緒に飛べたら楽しいだろうなって、心から思った。でも」

ごめんねと、一言《ひとこと》前置きをして、理子は静かに言った。

「さつきを誘わなければ良かったって思ったことも、あるんだ」

②理子の涼《すず》しげな目がまっすぐにさつきに突《さ》き刺さってくる。

「さつきがあまりにも楽々と飛んで、どんどんうまく、強くなっていくから。いつか追い抜かされるって、焦《あせ》って、怖くて。負けるのが、怖くて」

③さつきさえ誘わなければ、こんな思いをしなくてすんだのに――

そう後悔《こうかい》してしまうこともあったのだと、理子は告げた。

(注5)「実際《じっさい》、もう負けちゃったし」

一瞬《いっしゅん》だけ逸《そ》らした理子の眼差《まなざ》しは、かすかな悲しみの色を帯びていた。

「でもね」理子はまた視線を戻した。「それでも私、さつきのジャンプ、好きだよ」

「理子……」

「ジャンプって、スタートから(注6)接地《せっち》まで神経をいっぱい使って、ほんの何秒《なんびょう》かの間にたくさんのことをしなくちゃいけないのに、さつきはすごく自然にそれをやっているみたいで、まるで、風を友達《ともだち》にして運んでもらっているように見えるの。空中姿勢も私よりいいし」

すごく自由な姿だと、理子は唇《くちびる》をほころばせた。

「だから、大好き」

④さつきは理子の、鞄《かばん》を持っていない空《あ》いている手をきゅっと握《にぎ》った。

「私も理子のジャンプ、大好きだよ。きれいで……本当にきれいで。最初からずっとそう思ってた。吉村杯のテストジャンプのときから」

「ありがとう」

「また、見たいの。一緒に飛びたい」

2024年度

十文字中学校

【国　語】〈第一回試験〉（五〇分）〈満点：一〇〇点〉

◎文中からそのまま抜《ぬ》き出して答える場合、句読点や記号は一字とすること。また、ふりがなのある漢字は、ふりがなをつけなくてもかまいません。

一　次の文章を読み、後の問いに答えなさい。

室井《むろい》さつきは、小学校五年生のときに、両親とともに札幌《さっぽろ》から沢北《さわきた》に引っ越した。しばらくして、同級生の小山内《おさない》理子《りこ》に「ジャンプをやってみない？」と誘《さそ》われた。理子は地元でも有名なスキージャンプの選手で、将来はオリンピック選手候補と言われていた。ある日、さつきは理子に誘われて、ジャンプの大会である「吉村杯《よしむらはい》」を見に行った。そのとき、理子がテストジャンパー（選手の前に飛ぶジャンパー）として飛ぶ姿を見て興味を持ち、少年団に入ってジャンプを始めた。さつきはぐんぐん上達し、中学校二年生になるころには、有力選手の一人となった。一方、理子は、成長にともなって大人の体型になり、記録も伸《の》び悩《なや》んでスランプにおちいった。ジュニア合宿以来、理子が練習に参加しなくなったことを心配したさつきは、理子と直接会って話す決心をした。

「理子、ごめんね」

「なにが？」

「勝手に理子のおうちに行って、理子のお母さんと話して、理子が言ったことも私のお母さんに勝手にばらして」

「ううん、良かったよ。私一人じゃ（注１）煮詰《につ》まってどうにもならなかったもの。体も……ボロボロになってただろうし」理子はいったん言葉を切り、「もしかして、冬に（注２）斉藤《さいとう》さんに言われた弱点とか経験とか、そういうこともおじさんとおばさんに教えた？」と鋭《するど》いところを突《つ》いた。

さつきは嘘《うそ》はつけなかった。「ごめん……①すごいおせっかいだとはわかってたけど」

「あのとき、さつきもいたもんね。でも、本当はあれだけじゃなかったんだ。夏の大会のときにも……」

理子は斉藤選手と施設裏《しせつうら》でかわしたやりとりを、聞こえてしまった部分も含《ふく》めて、さつきに教えてくれた。

「これもあまり驚《おどろ》かないね。もしかして……」

さつきは思い切り謝《あやま》った。「ごめんなさい！　あのときの理子の様《よう》子《す》がどうしても気になって」

「そういえば、斉藤選手を呼んだとき、さつき、後ろにいたね」

「ごめんね。気になったから後を追って……最後のほうの斉藤選手の声しか聞こえなかったけど、（注３）甲斐《かい》さんと一緒《いっしょ》に近くにいたの」

「甲斐さん？」名前を出してから、理子は軽く頷《うなず》いた。「そういえば彼女《かのじょ》もいたね。そっか。じゃあ大体は知っていたんだ。隠《かく》す必要、あまりなかったね」

「どうしても理子に戻《もど》ってきてほしくて、お父さんとお母さんにⓐソウダンしちゃったの。怒《おこ》ってる？」

おそるおそる尋《たず》ねると、「ちょっと目をつぶってくれる？」と言われた。そのとおりにすると、眉間《みけん》を軽くはじかれた。

「このデコピンでちゃらね」理子はくすくす笑った。「そうだね、（注４）圭介《けいすけ》だったら怒るかも。要《い》らないおせっかいはするな、そういうところがわからないから鈍感《どんかん》なんだ、とか」

2024年度
十文字中学校　▶解説と解答

算　数　＜第１回試験＞（50分）＜満点：100点＞

解　答

1 (1) 56　(2) 1　(3) 3　(4) 11　(5) 30分　(6) 1800円　(7) 122度　(8) 15.48cm²　2 (1) **3点**…７回，**2点**…23回　(2) ７回　3 (1) 39枚　(2) (い)…850g，(う)…０個，(え)…280mL　4 (1) 35　(2) 100　5 (1) 正八角形　(2) 4.2cm　6 (1) 340cm³　(2) 51秒

解　説

1 四則計算，逆算，整数の性質，速さ，割合，角度，面積

(1) $(3+10\div 2)\times 7=(3+5)\times 7=8\times 7=56$

(2) $1\frac{1}{4}-\left(\frac{1}{2}-\frac{1}{6}\right)\times 0.75=1\frac{1}{4}-\left(\frac{3}{6}-\frac{1}{6}\right)\times\frac{3}{4}=1\frac{1}{4}-\frac{2}{6}\times\frac{3}{4}=1\frac{1}{4}-\frac{1}{4}=1$

(3) $28-(2+\square)\times 5=3$ より，$(2+\square)\times 5=28-3=25$，$2+\square=25\div 5=5$　よって，$\square=5-2=3$

(4) $57-2=55$，$83-6=77$，$107-8=99$ より，□は55と77と99の公約数のうち余りの８より大きい数とわかる。$5\times 11=55$，$7\times 11=77$，$9\times 11=99$ より，55と77と99の最大公約数は11だから，公約数は１と11である。よって，□は１と11のうち８より大きい11となる。

(5) （道のり）÷（速さ）＝（時間）より，33kmを時速66kmで進むと，かかる時間は，$33\div 66=\frac{1}{2}$（時間），つまり，$60\times\frac{1}{2}=30$（分）になる。よって，Ｂ駅に，９時＋30分＝９時30分に到着《とうちゃく》する。

(6) この商品の定価を１とすると，定価の１割引きは，$1-0.1=0.9$ で，10％の消費税を加えると，$0.9\times(1+0.1)=0.99$ となる。この0.99にあたる金額が1782円だから，この商品の定価は，$1782\div 0.99=1800$（円）と求められる。

(7) 右の図１で，(い)の角の大きさは43度なので，三角形ABCの内角と外角の関係から，(う)の角の大きさは，$43+45=88$（度）とわかる。よって，三角形CDEの内角と外角の関係より，(え)の角の大きさは，$88-30=58$（度）だから，(あ)の角の大きさは，$180-58=122$（度）となる。

図１

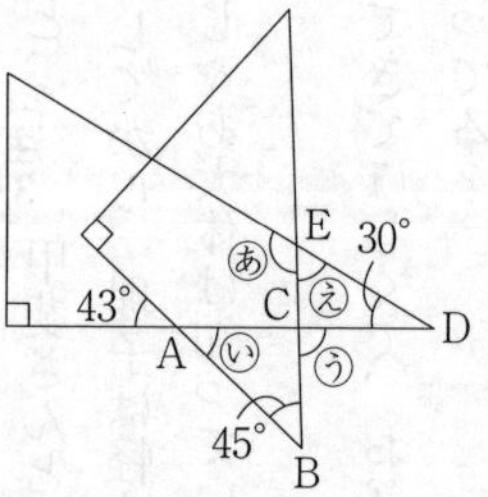

図２

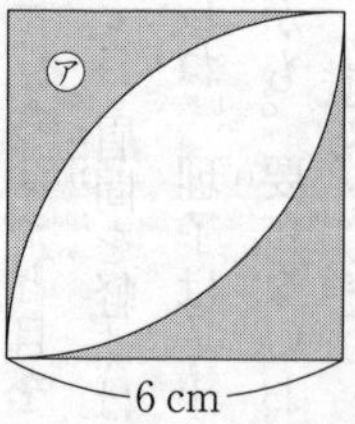

(8) 右上の図２で，(ア)の部分の面積は，一辺の長さが６cmの正方形の面積から，半径が６cmで中心角が90度のおうぎ形の面積を引けば求められるので，$6\times 6-6\times 6\times 3.14\times\frac{90}{360}=36-28.26=7.74$（cm²）である。よって，かげをつけた部分の面積は，(ア)の部分の面積の２倍だから，$7.74\times 2=15.48$（cm²）と求められる。

2 つるかめ算

(1) ２点の部分に30回当たったとすると，得点の合計は，$2\times 30=60$（点）となり，実際よりも，67

−60＝７(点)少なくなる。そこで，２点の部分に当たった回数を減らし，３点の部分に当たった回数を増やすと，得点の合計は１回あたり，３−２＝１(点)ずつ多くなる。よって，３点の部分に当たった回数は，７÷１＝７(回)で，２点の部分に当たった回数は，30−７＝23(回)とわかる。

(2)　３点の部分に当たった回数を□，２点の部分に当たった回数を△とすると，３×□＋２×△＝67と表すことができる。失敗した回数が最大のとき，□と△の和は最小になるので，67÷３＝22余り１，３×21＋２×２＝67(点)より，□＝21，△＝２とわかる。よって，失敗することができる回数は最大で，30−(21＋２)＝７(回)となる。

3　割合

(1)　それぞれの材料で作れるホットケーキの枚数を求める。まず，２kg＝2000ｇで，2000÷150＝13余り50より，ホットケーキミックスの量は，３×13＝39(枚)分になる。また，卵の量は，３×20＝60(枚)分になる。さらに，２L＝2000mLで，2000÷120＝16余り80より，牛乳の量は，３×16＝48(枚)分になる。よって，今ある材料では39枚作れる。

(2)　57÷３＝19(倍)より，ホットケーキミックスは，150×19＝2850(ｇ)必要だから，追加する量は，2850−2000＝850(ｇ)(…㋑)である。卵は足りているので，追加する個数は０個(…㋒)になる。牛乳は，120×19＝2280(mL)必要だから，追加する量は，2280−2000＝280(mL)(…㋓)となる。

4　約束記号

(1)　７＊３＝７×６×５，【３】＝３×２×１より，$\frac{7*3}{【3】}=\frac{7\times6\times5}{3\times2\times1}=35$である。

(2)　111＊11＝111×110×109×…×101になり，【111】＝111×110×109×…×101×100×…×１となる。よって，【㋐】＝100×99×…×１となればよいので，㋐にあてはまる数は100とわかる。

5　平面図形—構成，長さ

(1)　折った折り紙を広げると，下の図アのようになるから，広げた後の図形は正八角形になる。

(2)　下の図イの三角形OABの面積は，50.4÷８＝6.3(cm^2)なので，円の半径(OB)の長さは，6.3×２÷３＝4.2(cm)と求められる。

図ア

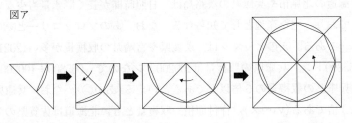

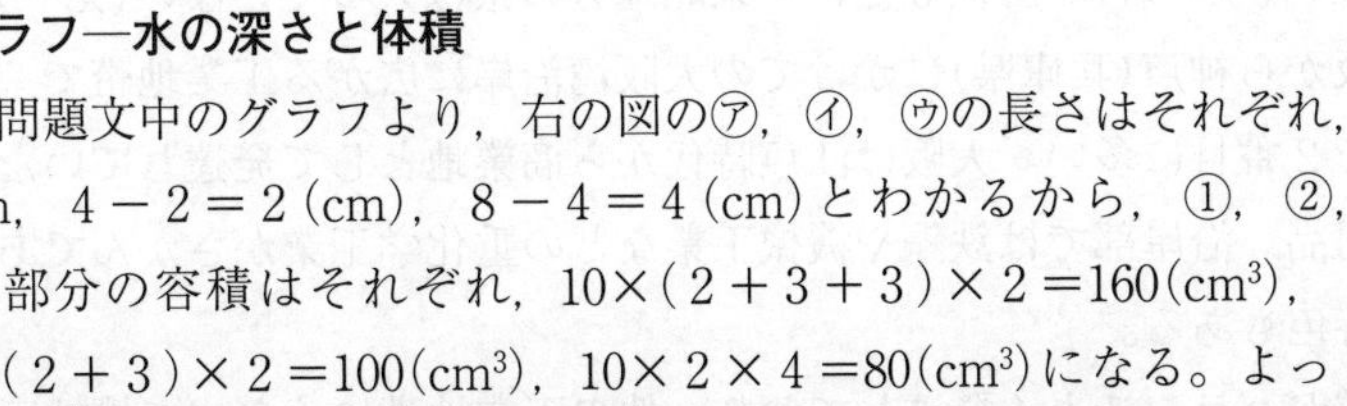

図イ

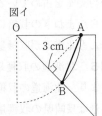

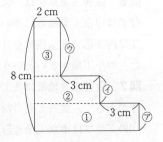

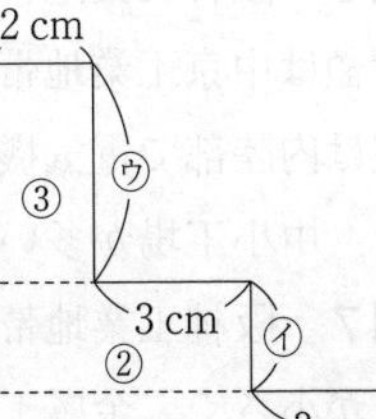

6　グラフ—水の深さと体積

(1)　問題文中のグラフより，右の図の㋐，㋑，㋒の長さはそれぞれ，２cm，４−２＝２(cm)，８−４＝４(cm)とわかるから，①，②，③の部分の容積はそれぞれ，10×(２＋３＋３)×２＝160(cm^3)，10×(２＋３)×２＝100(cm^3)，10×２×４＝80(cm^3)になる。よって，水槽《すいそう》の容積は，160＋100＋80＝340(cm^3)と求められる。

(2)　グラフより，24秒で①の部分に水を160cm^3入れたので，１秒間に入れる水の量は，$160\div24=\frac{20}{3}$(cm^3)とわかる。よって，㋐にあてはまる数は，$340\div\frac{20}{3}=51$(秒)となる。

社　会　＜第１回試験＞（25分）＜満点：50点＞

解　答

1 問１ (あ)　問２ (う)　問３ (え)　問４ (う)　問５ (あ)　問６ (あ)　問７ (い)　問８ (え)　問９ (い)　問10 (あ)　問11 (あ)　問12 (え)　問13　７ (あ)　８ (い)　９ (う)　2 問１　摂関　問２ (え)　問３ 関ヶ原　問４ (い)　問５（例）キリスト教を禁止し，幕府の力を示すこと。（貿易の利益を独占し，幕府の力を示すこと。）　問６ (え)　問７ (あ)　問８ (う)　問９ (い)　3 ① (う)　② (あ)　③ (お)　④ (か)

4 問１ (う)　問２ (え)　問３ (い)　問４ (う)　問５ (え)　問６ ポイント

5 問１ 宇宙　問２ (う)　問３ (い)　問４ (い)　問５ (う)　問６ 100

解　説

1 兵庫県の地形や産業などについての問題

問１　兵庫県は南に淡路《あわじ》島が位置していることから，(あ)とわかる。なお，(い)は２つの半島の間に桜《さくら》島がある鹿児島県，(う)は佐渡《さど(が)》島がある新潟県，(え)は隠岐《おき》諸島がある島根県である。

問２　兵庫県は北部が日本海，南部が瀬戸内海に面した近畿地方に属する県である((う)…◯)。なお，本州に位置する都府県のうち太平洋と日本海の両方に面するのは，青森県だけである。

問３　(え)の明石海峡《かいきょう》大橋は兵庫県神戸市と淡路島をつなぐ全長3911mのつり橋で，1998年に開通した。これにより，淡路島を経由して本州と四国の徳島県を結ぶ神戸―鳴門《なると》ルートが完成した(淡路島と徳島県鳴門市を結ぶ大鳴門橋は1985年に開通)。なお，(あ)のレインボーブリッジは東京都にある橋，(い)のしまなみ海道は広島県尾道市と愛媛県今治《いまばり》市，(う)の瀬戸大橋は岡山県倉敷《くらしき》市の児島《じま》と香川県坂出市をつなぐ橋である。

問４　(う)のたまねぎは，収穫《しゅうかく》量第１位の北海道，第２位の佐賀県，第３位の兵庫県で全国収穫量の約80％を占《し》めている。北海道の北見市や兵庫県の淡路島は，日照時間が長く降水量も少ないことからたまねぎの栽培に適しており，主な産地として知られる。なお，(あ)のブロッコリーと(い)のにんじんも北海道が収穫量日本一である。(え)のピーマンは，茨城県や宮崎県の収穫量が多い(2021年)。

問５　北海道の収穫量は665800トン，兵庫県の収穫量は100200トンなので，665800÷100200＝6.64…より，北海道の収穫量は兵庫県の収穫量の６倍以上であるといえる(あ…◯)。なお，兵庫県の収穫量は長崎県の収穫量の約３倍である(い…×)。作付面積，収穫量ともに北海道は佐賀県の７倍程度なので，10倍以上の差はない(う…×)。上位５位に，東北地方の県は入っていない(え…×)。

問６　阪神工業地帯は，大阪から神戸(兵庫県)にかけての大阪湾沿岸に広がる工業地帯で，工業出荷額は中京工業地帯に次いで２番目に多い。大阪は江戸時代から商業地として発達していたが，現在は内陸部で電気機械や日用品，沿岸部では鉄鋼《てっこう》や機械工業などの重化学工業がさかんである。また，中小工場が多いという特色もある。

問７　阪神工業地帯は各工業がバランスよく発達しており，他の工業地帯にくらべて機械工業の割合が小さく，金属工業の割合が大きい(い)のグラフがあてはまる。なお，(あ)のグラフは京浜工業地帯，(う)のグラフは中京工業地帯を表している。

問８　1995年１月17日，淡路島北部付近の海底を震源《しんげん》とするマグニチュード7.3の兵庫県南部地震が発生し，淡路や神戸では最大震度７を観測した。死者約６千人，家屋の全壊《ぜんかい》10万戸をはじめとして甚大《じんだい》な被害が生じ，(え)の阪神・淡路大震災と命名された。なお，(あ)の東日本大震災は2011年３月11日に起こり，(い)の十勝沖地震と(う)の南海地震は過去に数回発生している。

問９　緊急《きんきゅう》消防援助《えんじょ》隊は，阪神・淡路大震災をきっかけに消防庁に創設された組織である。被災地の消防機関だけでは対処できない大規模な災害が起こったときに，被災地の首長または消防庁長官の要請《ようせい》を受けて出動する。

問10　ハザードマップは，地震・洪水《こうずい》・高潮・津波《つなみ》・土砂《どしゃ》災害・火山の噴火《ふんか》などの災害ごとに，危険区域と被害予測，避難《ひなん》場所や避難経路，防災関連施設《しせつ》の位置などを地図にまとめたものである。したがって，犯罪の発生率については記載《きさい》されていない((あ)…×)。

問11　地形図中に示された標高を表す数値より，油コブシは標高625.5m，坊主《ぼうず》山は標高376m，天望山は標高482mとわかる。したがって，一番標高が高い山は(あ)の油コブシである。

問12　特にことわりのないかぎり，地形図では上が北を示しており，右が東，下が南，左が西となる。「六甲《ろっこう》ケーブル下駅」から見て「六甲山上駅」は上にあるので，４方位では北にあたる。

問13　**７**　家の形の中に杖《つえ》を描《えが》いた(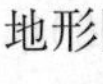)は，(あ)の老人ホームを表している。　**８**　歯車と電気回路が図案化された(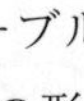)は，(い)の発電所・変電所を表している。　**９**　漢字の「文」を表した形になっている(文)は，(う)の小・中学校を表している。　なお，(え)の図書館は，()で表される。

2　歴史上で活躍《かつやく》した人物についての問題

問１　摂関《せっかん》政治は，藤原氏が娘《むすめ》を天皇に嫁《とつ》がせて生まれた子どもを天皇とし，天皇の外戚《がいせき》として権力をにぎって行った政治である。天皇が幼少のときには摂政，成人後は関白として政治を行い，藤原道長・頼通父子が11世紀前半に全盛期を築いた。

問２　保元の乱(1156年)と平治の乱(1159年)に勝利した平清盛は，後白河上皇の院政を助けて力を持ち，1167年には武士として初めて太政《だいじょう》大臣になった。平氏一族は朝廷の要職を独占《どくせん》することで，栄華《えいが》を極めた。

問３　豊臣秀吉の死後，勢力を強めた徳川家康と豊臣政権を存続させようとした石田三成との対立が深まり，1600年に関ヶ原の戦いが起こった。東軍を率いた家康は，三成を中心とする西軍を破って実権をにぎり，1603年には江戸に幕府を開いた。

問４　将軍職を退いていた徳川家康は，大名を統制するために，江戸幕府の第２代将軍徳川秀忠の名で(い)の武家諸法度を制定した。武家諸法度はその後も将軍の代がわりごとに改定が加えられ，違《い》反《はん》した大名はきびしく処罰《しょばつ》された。なお，(あ)の御成敗式目は鎌倉時代の1232年，(う)の大宝律令は飛鳥時代の701年，(え)の憲法十七条は飛鳥時代の604年に制定された。

問５　キリスト教は神の前にみな平等であるという教えを説いたため，身分制度を確立しようとする江戸幕府にとっては都合が悪く，キリスト教を禁止する必要があった。また，大名が貿易で経済力を高めて強大化することを防ぐために，幕府が貿易の利益を独占する必要もあった。そこで，江戸幕府の第３代将軍徳川家光は，1635年に日本人の海外渡航《とこう》と帰国を禁止し，1639年にはポルトガル船の来航を禁止した。また，1641年には平戸にあったオランダ商館を長崎の出島に移した。

問６　徳川家光は武家諸法度を改定し，(え)の参勤交代を制度化した。これにより，大名は１年おきに江戸と領国に住むことを義務づけられ，大名の妻子は人質として江戸に置くことを命じられた。なお，(あ)の生類憐《あわれ》みの令は江戸幕府の第５代将軍徳川綱吉，(い)の徳政令は鎌倉時代から室町時代にかけて朝廷や幕府などによって出された法令である。(う)の目安箱は江戸幕府の第８代将軍徳川吉宗が設置した。

問７　大隈重信は，肥前国(現在の佐賀県)出身の政治家である。教育者としても活躍し，東京専門学校(現在の早稲田大学)を創設した。なお，(い)の慶應《けいおう》義《ぎ》塾《じゅく》大学は福沢諭吉，(う)の津田塾大学は津田梅子，(え)の同志社大学は新島襄《じょう》がつくった大学である。

問８　サンフランシスコは，アメリカの西海岸に位置する都市である。1951年に第二次世界大戦の講和会議が開かれ，日本はソビエト連邦(ソ連)や中華人民共和国(中国)などをのぞいた48か国との間に平和条約を結んだ。

問９　吉田茂《しげる》は，サンフランシスコ平和条約を結んだ日に(い)の日米安全保障条約にも調印した。これによってアメリカ軍が日本国内に駐留《ちゅうりゅう》し，軍事基地を使用することが認められた。なお，(あ)の日米修好通商条約は大老井伊直弼《なおすけ》，(う)の日米和親条約は老中阿部正弘《まさひろ》によっていずれも江戸時代に結ばれた条約。現在結ばれている(え)の日米同盟は，1960年の新日米安全保障条約にもとづくと考えられている。

3 歴史上の人物とその説明についての問題

①　大阪町奉行所の元役人であった大塩平八郎は，天保のききんにおける幕府の対応に不満を持ち，飢《う》えに苦しむ人々を救うため，1837年に同志の人々や周辺の農民たちと豪商《ごうしょう》を襲《おそ》い，打ちこわしを行った((う)…○)。　②　高野長英は，アメリカ商船のモリソン号が異国船打払《うちはらい》令にもとづいて撃退《げきたい》された事件について『(戊戌《ぼじゅつ》)夢物語』を書き，開国の必要性を述べたため，蛮社《ばんしゃ》の獄《ごく》で処罰された((あ)…○)。　③　天皇の後継問題や日米修好通商条約締結《ていけつ》に反対した前水戸藩主徳川斉《なり》昭《あき》らを安政の大獄で処罰したため，井伊直弼は水戸藩浪士《ろうし》らによって桜田門外で暗殺された((お)…○)。　④　本居宣長は，『古事記』の注釈《ちゅうしゃく》書として『古事記伝』を完成させ，儒教《じゅきょう》や仏教の影響《えいきょう》を受ける前の日本古来の考え方を明らかにしようとする国学を大成した((か)…○)。　なお，(い)は伊能忠敬，(え)は吉田松陰《しょういん》について説明している。

4 マイナンバーカードについての問題

問１　マイナンバーカードは，区役所(市役所)で発行される。おもて面は本人確認書類として利用でき，うら面には国民一人ひとりに割りあてられたマイナンバーが記載されている。

問２　マイナンバーカードには，(え)のドナーカード(臓器提供意思表示カード)としての役割があり，臓器提供に関する自分の意思を生きている間に示すことができるようにしている。なお，(あ)のプリペイドカードは前払い，(い)のクレジットカードは後払いで商品やサービスを購入《こうにゅう》できるカード，(う)のレッドカードはサッカーなどの試合において退場を宣告するときに使用するカードである。

問３　(い)の健康保険証は，社会保険の１つである医療《いりょう》保険の被保険者に配布されるカードである。病院で診察《しんさつ》を受けるときに窓口で提出すると，医療費の一部が助成される。

問４　同じ数ずつ３つの部分に分けて記されていると書かれているので，個人番号のけた数は３の倍数とわかる。(あ)の３けたでは国民一人ひとりに割りあてられないので，(う)の12けたと判断できる。

問５　マイナンバーカードのうら面にはQRコード(二次元コード)が記載されている。大量の情報を暗号化できるQRコードは，工場や物流管理，広告，ポスターなどさまざまな場面で利用されている。

問６　政府はマイナンバーカードを普及《ふきゅう》させるため，マイナンバーカードの申請者に対して一人当たり最大２万円分のマイナポイントを付与《ふよ》する政策を実施した。

5 2023年の出来事についての問題

問１　2023年２月，宇宙航空研究開発機構(JAXA《ジャクサ》)は宇宙飛行士候補者として，諏訪《すわ》理《まこと》と米田あゆの２名の日本人が選抜されたことを発表した。

問２　WBCは，世界野球ソフトボール連盟が公認する野球の世界一決定戦である。2023年３月にアメリカのフロリダ州で日本とアメリカの決勝戦が行われ，日本が世界一になった。

問３　AIは，人工知能と訳される。人工的につくられた知能でありながら，知能を持つだけでなく，自ら学習して分析《ぶんせき》や提案，判断をするなどの能力を持っている。

問４　次々と発生する発達した雨雲が列をなし，数時間にわたってほぼ同じ場所を通過または停滞《ていたい》することでつくり出される，強い降水をともなう雨域を線状降水帯という。気象庁は線状降水帯による大雨が確認された場合，土砂災害や洪水の危険性などを知らせている。

問５　2023年８月にハンガリーの首都ブダペストで世界陸上の選手権大会が開催《かいさい》され，北口榛花《はるか》選手が女子やり投げの種目で優勝し，金メダルを獲得《かくとく》した。

問６　関東大震災は1923年９月１日に発生したので，2023年９月１日はこの日から100年目にあたる。1923年９月１日，関東地方南部を中心に大地震が発生し，ちょうど昼どきで火を使っていたこともあって大規模な火災が起こり，死者・行方不明者が10万人を超《こ》える大災害になった。

理　科　＜第１回試験＞（25分）＜満点：50点＞

解　答

1 **問１**　光合成　**問２**　(う)　**問３**　(例)　気こうから植物の水分が蒸散したため。　**問４**　(あ)，(え)　**問５**　(例)　昼に気こうを開くと，必要以上に水分を失ってしまうため。

2 **問６**　酸素(空気)　**問７**　(う)　**問８**　(例)　火が風で大きく動き，やけどをしてしまう危険がある。　**問９**　(う)，(え)，(お)

3 **問10**　体積　**問11**　①　沈んだ　②　浮いた　**問12**　(い)　**問13**　23枚目

4 **問14**　オリオン座　**問15**　A　(え)　B　(い)　**問16**　冬の大三角　**問17**　(え)　**問18**　(う)

解　説

1 エアープランツについての問題

問１，問２　日光を当てると，植物は光合成を行い，二酸化炭素を吸収して酸素を出す。実験１で，エアープランツを入れた袋《ふくろ》では，二酸化炭素が減少して濃度《のうど》が下がり，酸素が増加して濃度が上がると考えられる。

問３　室内の暗いところに置くと，気こうが開いて気体の交換《かん》が行われるが，このとき水蒸気も出ていく。この水蒸気が冷やされて袋の中に水滴《てき》となって出てくる。このように，植物が気こうから水蒸気を出す現象を蒸散といい，からだの水分量を調節したり，体温の上昇《じょうしょう》を防いだりするはたらきがある。

問４　葉脈が平行になっている植物は単子葉類のなかまで，ここではイネ科のトウモロコシやススキがあてはまる。なお，インゲンはマメ科，ヒマワリはキク科，アサガオはヒルガオ科の植物で，いずれも葉脈が網目《あみめ》状の双子《そうし》葉類である。

問5　図3で，エアープランツは雨が少なくかんそうした場所で生育するために，サボテンなどの多肉植物などと同じCAM型植物の特ちょうをもつと述べられている。CAM型植物は，かんそうした温暖な場所に生息するので，日中に気こうを開くとからだから必要以上に水分を失ってしまう。そのため，昼間は気こうを閉じ，かわりに夜間に光合成に必要な気体の交換を行う。

2　ものの燃え方についての問題

問6　ものが燃えるのに必要な3つの条件は，燃えるものがあること，燃焼がはじまる温度(発火点)以上であること，ものが燃えるのを助けるはたらきのある酸素(空気)があることである。

問7　ものが燃えると熱が発生し，あたためられた空気がぼう張して，周りの空気より軽くなるので上昇する。これと同じ理由で起こるのは(う)の熱気球が空を飛ぶ現象で，ガスバーナーの火で気球内の空気があたためられ，軽くなるため空へ浮《う》き上がる。なお，(あ)は固体から液体への状態変化，(い)はリトマス紙にふくまれる物質の化学変化，(え)は豆電球のフィラメントが高温になって光る現象，(お)は木が熱で分解され黒い木炭ができる現象である。

問8　風が強い日にキャンプファイヤーを行うと，燃えている薪《まき》に多くの酸素が供給され，炎《ほのお》が大きくなりすぎることがあり，風下にいるとやけどするため危険である。また，燃えやすいものに火の粉が飛んで，火事になる可能性もある。

問9　火を消すには，燃焼に必要な条件のどれかを取りのぞけばよい。(あ)は，灯油を火にかけることで燃えるものを加えているので正しくない。(い)は，ゴミが燃えることで有害な物質が発生する可能性があるため，してはいけない。(う)は，燃えるために必要な酸素が入らなくなって薪の火が消えるので，正しい。(え)は砂によって，(お)は水によって温度を下げることができるので，火が消えると考えられる。

3　ものの浮き沈《しず》みについての問題

問10　物体が空間にしめる大きさのことを体積といい，立方センチメートル(cm^3)などの単位で表す。

問11　①　水中の固形石けんにはたらく下向きの力は10g，上向きの力は，1×9.2＝9.2(g)なので，固形石けんは容器の底へ沈む。　②　ロウが水中にあるとき，下向きにロウの重さと同じ10gの力がはたらき，上向きには，1×11.8＝11.8(g)の力がはたらく。このとき，上向きの力が下向きの力より大きくなるので，ロウは浮く。

問12　表1から，10gの木の体積は14.5cm^3である。よって，水中の木には，下向きに10g，上向きに，1×14.5＝14.5(g)の力がはたらくので，上向きの力の方が大きい。したがって，(い)が適当である。

問13　プラスチック容器の体積は，3×3×3＝27(cm^3)である。プラスチック容器が沈みはじめる(すべて水中に入る)とき，上向きにはたらく力は，1×27＝27(g)なので，プラスチック容器と1円玉の重さの合計が，これより大きくなると，プラスチック容器が沈む。プラスチック容器に入れた1円玉の枚数を□枚とすると，4.5＋1×□＝27より，□＝22.5(枚)なので，23枚目を入れたときに沈みはじめるとわかる。

4　星の見え方についての問題

問14　オリオン座の1等星には，赤色のベテルギウスと，青白色のリゲルがある。また，三つ星とよばれる２等星が３つ並んでいるので見つけやすい。

問15，**問16**　こいぬ座の１等星のプロキオン（星Ａ）と，おおいぬ座の１等星のシリウス（星Ｂ），オリオン座のベテルギウスを結ぶ三角形を，冬の大三角と呼ぶ。

問17　南の空に見える星は，東の地平線からのぼり，南の空を通って西の地平線へしずむ。したがって，図の星座は(え)の方向に動いていく。

問18　地球は１年に１回太陽のまわりを，北極側から見て反時計回りに公転する。このため，同じ時刻に見える星の位置は，１カ月に，$360\times\frac{1}{12}=30$（度）ずつ東から西へ動いて見える。３月１日の午後８時の冬の大三角は真南にあるので，１カ月後の冬の大三角は，30度西に動いた(う)の位置にあると考えられる。

国　語　＜第１回試験＞（50分）＜満点：100点＞

解　答

一 **問１**　ⓐ，ⓑ，ⓓ　下記を参照のこと。　ⓒ　たば　ⓔ　まちあい　**問２**　ウ　**問３**　エ　**問４**　(あ)　イ　(い)　エ　**問５**　ウ　**問６**　（例）（さつきさえ誘わなければ，）いつかさつきに負けるのではないかと，焦ったり怖くなったりしないですんだ（のに，と後悔する気持ち。）　**問７**　ア　**問８**　（例）体型変化で不調の理子に勝っても，誰も自分のほうが強いとは思わない（ということ。）　**問９**　ア　**問10**　イ　**問11**　（例）負けて苦しい思いをしても耐え，苦しみを乗り越える経験をしていない（こと。）　**問12**　ウ　**問13**　エ

二 **問１**　ⓐ　にっか　ⓑ，ⓓ　下記を参照のこと。　ⓒ　げんめい　ⓔ　みずか（ら）　**問２**　エ　**問３**　(あ)　ア　(い)　ウ　**問４**　イ　**問５**　エ　**問６**　現に生きているこの人生　**問７**　イ　**問８**　**Ａ**　エ　**Ｂ**　イ　**Ｃ**　ア　**問９**　（前途）洋洋　**問10**　ア　**問11**　〔１〕　初めて～つけた（から。）　〔２〕　どのように　〔３〕　ウ

●漢字の書き取り

一 問１　ⓐ　相談　ⓑ　対向　ⓓ　痛（い）　二 問１　ⓑ　訪（ね）　ⓓ　創造（的な）

解　説

一 **出典：乾《いぬい》ルカ『向かい風で飛べ！』**。さつきは，ともにスキージャンプをしている理子《りこ》が，体型の変化にともなうスランプにおちいっているのを心配し，直接会って自分の思いを伝える。

問１　ⓐ　問題の解決のために話し合うこと。　ⓑ　「対向車線」は，自動車の道路において自分が進んでいる方向と逆に進む車が走る車線。　ⓒ　音読みは「ソク」で，「約束」などの熟語がある。　ⓓ　音読みは「ツウ」で，「苦痛」などの熟語がある。　ⓔ　「待合」は，待ち合わせること。

問２　前にある，さつきと理子の会話に注目する。さつきは，勝手に理子の家に行き，そこで聞いたことを母に話しただけではなく，「斉藤《さいとう》さんに言われた弱点とか経験」なども，両親に話してしまっていた。さつきは，自分でも出しゃばったことをしていると思ったので，理子に謝《あやま》ったのである。

問３　「肩《かた》を竦《すく》める」は，両肩を上げて身を縮こまらせ，はずかしい気持ちなどを表すさま。

問４　㋐「面食らう」は，“不意のことにおどろいてとまどう”という意味。　㋑「凛々《りり》しい」は，表情などがきりっと引きしまっているさま。

問５　理子は，「この子と一緒《いっしょ》に飛べたら楽しいだろうな」という言葉とともに，「さつきを誘《さそ》わなければ良かったって思ったことも，あるんだ」とも言った。自分の正直な気持ちをしっかりと伝えるために，理子は「まっすぐ」にさつきを見て話したと考えられる。

問６　「こんな思い」は，直前の理子の言葉の中にある。「どんどんうまく，強くなっていく」さつきを見て，理子は，さつきさえ誘わなければ「いつか追い抜《ぬ》かされる」という焦《あせ》りや怖《こわ》さを感じないですんだのに，という後悔《こうかい》を覚えたのである。

問７　「まるで，風を友達にして運んでもらっているように見える」さつきのジャンプを「大好き」と言った理子に対して，さつきも，「理子のジャンプ，大好きだよ」という気持ちをしっかり伝えようと思い，理子の手を強く握《にぎ》ったと考えられる。

問８　いくら世界記録を持っていても，足を骨折していれば速くは走れないので，その人に勝っても意味がない。それと同じように，体型の変化でスランプにおちいっている理子に勝つのは当然だから，誰《だれ》も自分のほうが強いとは思っていないということを，さつきは伝えたかったのである。

問９　「もしかしたらこのままかもしれない」し，「誰も保証も約束もしてくれない」と，不安な気持ちを打ち明ける理子に対して，さつきは「一番最初にジャンプしたときは，なんの約束もなかったでしょ？」と問いただしている。さつきは，「単純に好き」になって「楽しかった」からジャンプを始めたという最初の気持ちを理子に取り戻《もど》してほしいと思ったのである。

問10　理子は「明日から練習に行く」と，さつきに言っている。ジャンプが「大好きだよ」と断じ，「もう答えは出してるの」と言った理子は，さつきの手を強く握り返し，ジャンプを続けるという決意を伝えようとしたのだと考えられる。よって，イの内容が合う。

問11　「ジャンプを始めてすぐにうまく飛べる」ようになった理子は，「なに一つ，つまずかず」にジャンプを続けてきた。「スランプの時期を過ごして，辛《つら》い思い」をして，「それを乗り越《こ》える」という経験をしていないことが自分の弱点かもしれないと，理子は思いあたったのである。

問12　「向かい風」は逆境にもなるが，ジャンプの場合は「大きく飛ぶためのチャンス」ともなる。理子は，自分がさつきに言った言葉によって逆境にいる自分が励《はげ》まされたので，明るく輝《かがや》く「宵《よい》の明星《みょうじょう》」を見ながら，前向きな気持ちになっていると考えられる。

問13　「向かい風」が大きな「チャンス」になるということが，逆境にいる自分にあてはまると自覚した理子は，今が成長するチャンスだと感じた。だから，理子は「これを乗り越えられたら，私は前よりも強くなる」という強い気持ちになれたのである。このことから，「向かい風」は理子が直面しているような困難な状況《じょうきょう》を表し，「大きく飛ぶ」というのは大きく成長することを指すと考えられる。よって，エがよい。

二　**出典：中島隆博《なかじまたかひろ》・梶原三恵子《かじはらみえこ》・納富信留《のうとみのぶる》・吉水千鶴子《よしみずちづこ》編著『扉《とびら》をひらく哲学―人生の鍵《かぎ》は古典のなかにある』**。「人はなんのために生きるのでしょうか」という問いかけについて，文学作品をとり上げた二つの文章で説明されている。

問１　ⓐ　毎日すると割りあてたこと。　ⓑ　音読みは「ホウ」で，「訪問」などの熟語がある。訓読みにはほかに「おとず(れる)」がある。　ⓒ　厳しく命令すること。　ⓓ　新しいものを最初につくり出すこと。　ⓔ　音読みは「ジ」「シ」で，「自分」「自然」などの熟語がある。

問２　トラ猫《ねこ》は，「何度死んでも生まれ変わること」ができるので，死ぬことは悲しいことでもつらいことでもなかった。そのため，悲しみで涙《なみだ》を流す飼い主たちを冷たく眺《なが》めていたと考えられるので，エがよい。

問３　㋐「鍵《かぎ》になる」は，“物事を解決したり理解したりするための大切な手がかりとなる”という意味。　㋑「意気盛《さか》んな」は，積極的に何かをしようとする気持ちがあふれているさま。

問４　「このこと」は，直前で天皇が僧《そう》に言ったことを指している。天皇が言った二つの内容を整理すると，一つ目は，龍《りゅう》に命じて「雨を降らせる」こと。二つ目は，雨を降らせることができなければ「僧が日本にいられなく」するということである。よって，イの内容が合う。

問５　龍は，神々に殺されてしまうことを覚悟《かくご》したうえで，僧の「長年の恩に報《むく》いるため」にできる限りのことをしようと思い，「雨戸」を開きに行く決心をしたのである。よって，エが正しい。

問６　「そこ」は「なにをなしとげるか」を「自分自身の生き方によって確認《かくにん》していく」ところなのだから，自分自身の人生を指すと考えられる。これをふまえて前の部分を確認すると，自分に与《あた》えられた「現に生きているこの人生」という言葉があるので，これがぬき出せる。

問７　「別のあり方」の意味をふまえて考える。これまでの人生や今の自分を嘆《なげ》いて「別のあり方」を望んでも何にもならず，「今の自分自身を全面的に肯定《こうてい》」し，「このことができるのはわたしだけだ」と認識することの大切さを筆者は説いている。つまり，別の人間になることなどできないので，自分を「一個の運命」として「決然と受け入れる」ことが大切なのだから，イが合う。

問８　**A**　「自分の境涯《きょうがい》」をなげいて「別のあり方」を望むのは「空《むな》しいこと」であり，それよりも自分を「一個の運命」として「決然と受け入れ」れば，「積極的で力強い生き方が可能」になる，という文脈になる。よって，二つのことを並べて，前のことがらより後のことがらを選ぶ気持ちを表す「むしろ」が入る。　**B**　自分を「一個の運命」として受け入れることで「積極的で力強い生き方が可能」になるということを，簡潔に言いかえれば，ニーチェが私たちに問いかけている「どのようにしてこの自分を生き抜くか」ということにほかならない，という文脈になる。よって，前に述べた内容を“要するに”とまとめて言いかえるときに用いる「つまり」が入る。　**C**　前では，人生で「挫折《ざせつ》」を味わって「前途《ぜんと》に希望を感じられなくなること」があると述べられており，後では，「自身で選択した進路を戸惑《とまど》いながらも歩み続けること」で「より高い自己への向上を目指すようになる」と述べられている。よって，前のことがらを受けて，それに反する内容を述べるときに用いる「しかし」が入る。

問９　「前途洋洋」は，“明るい未来が広々と開けている”という意味で，希望に満ちあふれているさまを表す。

問10　続く文にあるように，ニーチェは，指導者である「わたしを捨て，君たち自身を見いだすこと」を命令している。つまり，他者から教えてもらうのではなく，「自己探求」していくことを求めているので，アがよい。

問11　〔１〕　トラ猫にとって，「白いねことたくさんの子ねこ」は，その存在なしには「生きる意味を見出しえない」くらい，かけがえのないものとなっていた。トラ猫は，「初めて自分よりも大切なものを見つけた」ので，「新しい生を求めようとはしなかった」のである。　〔２〕　Ⅱの文章の最初の部分では，「なんのために生きているのか」ではなく，「どのように生きていくのか」が，重要であると述べられている。〔３〕 菊川《きくかわ》さんの発言が，Ⅱの文章のどこに相当するのかを読み取る。Ⅱの〈中略〉の少し後で，つらいことがあったときや自分がいやになったときに，「自分の人生をより豊かにする」ためには，「自分の境涯《きょうがい》」をなげくのではなく，自分を「一個の運命」として受け入れ，自身で「主体的選択《せんたく》」を行うことで，「未来は実り豊かなもの」になるという内容が述べられているので，ウが合う。

2024年度 十文字中学校

【算　数】〈第２回試験〉（50分）〈満点：100点〉

〔注意〕 1．**5**(2)，**6**(2)は，式や考え方を解答用紙に記入すること。

2．円周率は3.14として計算すること。

1 次の□にあてはまる数を答えなさい。

(1) $20-54\div(8-5)-1=$□

(2) $20\div\left(1\frac{1}{3}+0.75\right)=$□

(3) $\{13-(2\times$□$+4)\}\div3=1$

(4) 梅子さんは午後10時26分に眠《ねむ》り，次の日の午前６時50分に目が覚めました。梅子さんの睡眠《すいみん》時間は□時間□分です。

(5) 牛乳とコーヒーの容積の比が５：３になるようにカフェオレを作ります。カフェオレを200mL 作るとき，牛乳は□mL 使います。

(6) ある水族館では，今年から入場料を20％下げることにしました。来場者数が□％増えれば，売り上げ額が昨年と同じになります。

(7) 右の図の台形において，▨部分の面積は□cm^2です。

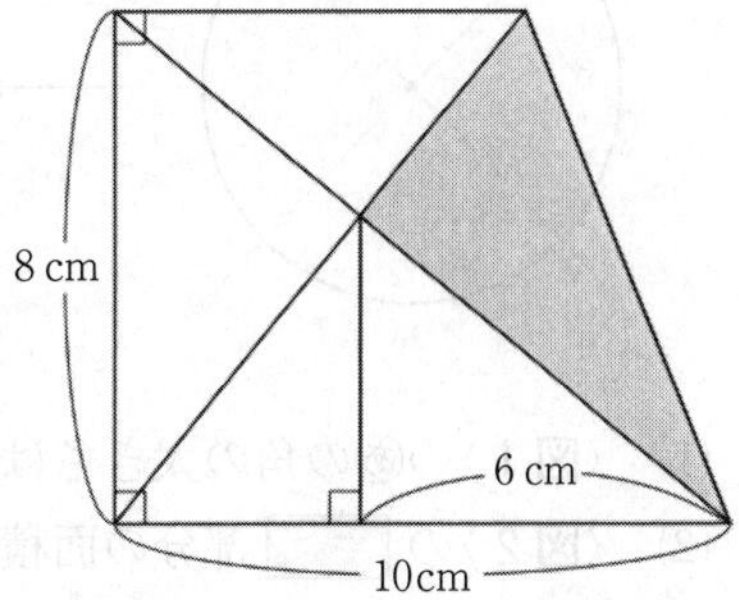

(8) 下の図のように，２つの直角三角形を重ねました。㋐の大きさは□度です。

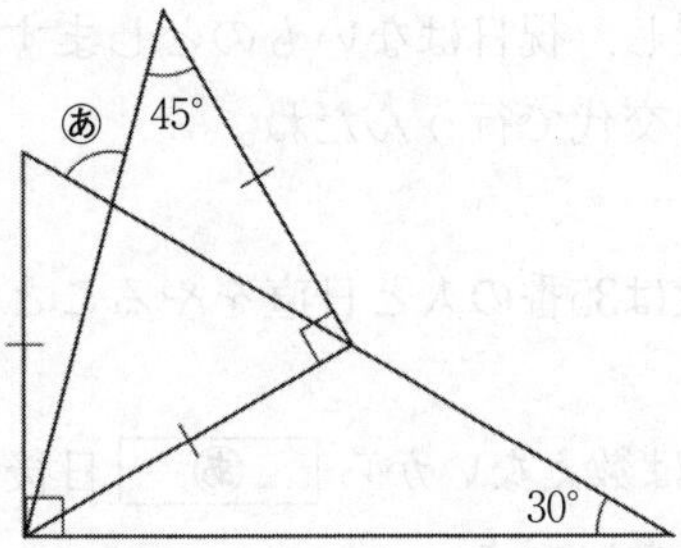

2 分数を用いて，(A○B)の計算を次のように約束します。

分子は，AからAの値を１つずつ小さくしながらB個かけた値です。

分母は，１から１つずつ値を大きくしながらBまでかけた値です。

例えば，

$(5○2)=\frac{5\times4}{1\times2}=10$，$(8○3)=\frac{8\times7\times6}{1\times2\times3}=56$，$(7○5)=\frac{7\times6\times5\times4\times3}{1\times2\times3\times4\times5}=21$

となります。

この約束にしたがって計算するとき，次の問いに答えなさい。

(1)　(4 ○ 2) + (6 ○ 4) を計算しなさい。

(2)　(□ ○ 2) = 78のとき，□にあてはまる数を答えなさい。

3　半径10cm の円を，中心を通る２本の直線で切ります。切り分けた４つのおうぎ形を次の図のように並べたとき，下の問いに答えなさい。

〈**図１**〉

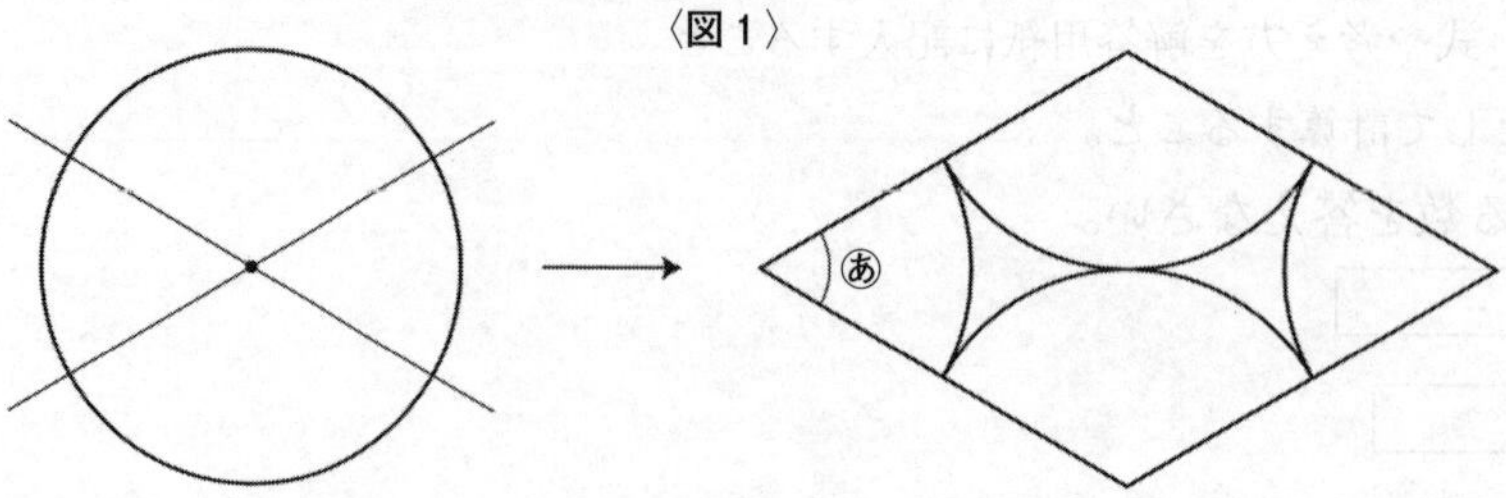

〈**図２**〉

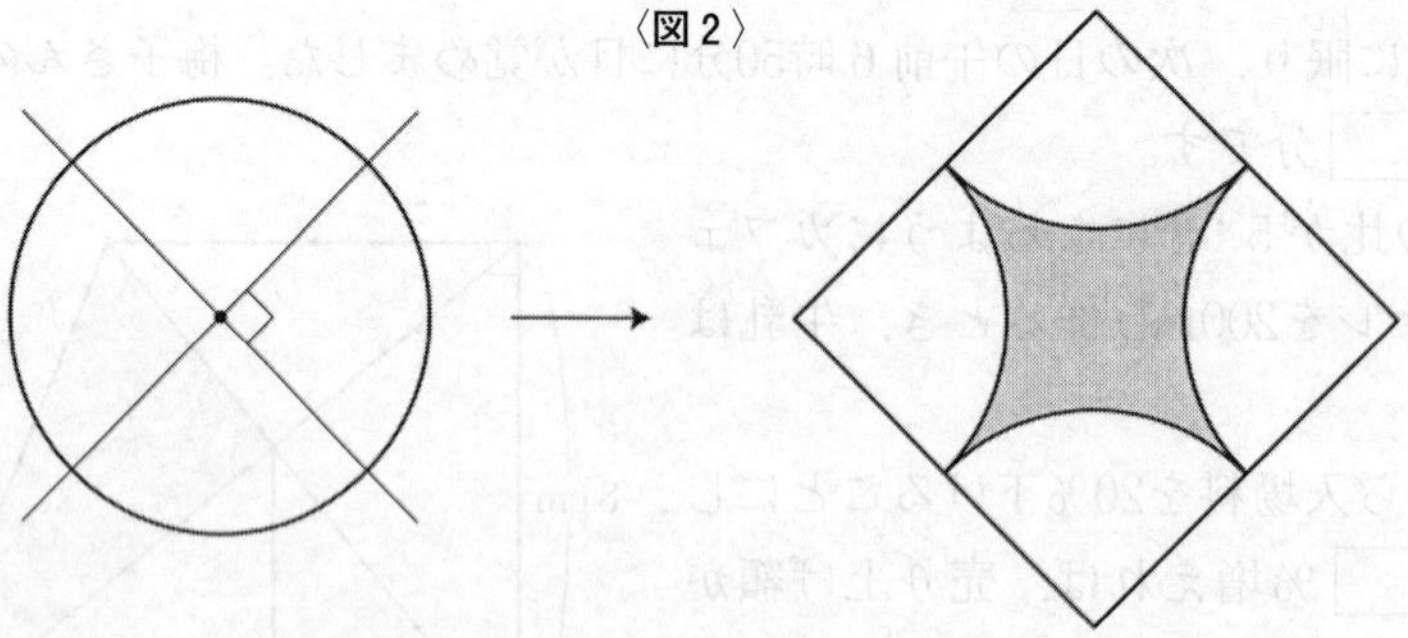

(1)　〈**図１**〉のあの角の大きさは何度ですか。

(2)　〈**図２**〉の　　　部分の面積は何cm^2ですか。

4　梅子さんと松子さんは入学した十文字中学校へ，月曜日から土曜日まで登校します。クラス当番についての，次の会話を読み，問いに答えなさい。ただし，祝日はないものとします。

梅子：日直は出席番号の１番から35番まで順に２人ずつ，毎日交代で行うんだね。

松子：今日は第１週目の月曜日。日直は，私たち２人だよ！

梅子：このクラスは35人いるから，出席番号が１番の私は，次は35番の人と日直をやることになるみたい。

松子：次に１番と２番の私たち２人で日直を行うのは，日曜日は数えないから［あ］日後だね。

梅子：そうだね！　そうじ当番は，５人班で３日間ずつ行うみたいだよ。

松子：ということは，月・火・水曜日は出席番号１～５番の１班で，木・金・土曜日は出席番号６～10番の２班，というように続いていくんだね。

梅子：今日は私たち，そうじ当番でもあるんだ！

松子：次に私たち２人が，日直とそうじ当番を同じ日に行うのは…［い］日後だね。

梅子：誰《だれ》も休まなければ，そうなるね。

(1)　［あ］にあてはまる数を答えなさい。

(2)　［い］にあてはまる数を答えなさい。

──**5**(2)，**6**(2)**は，式や考え方を解答用紙に書きなさい**──

5　〈**図１**〉は，直方体を２つ重ねた立体です。〈**図２**〉は〈**図１**〉と同じ形をした水そうで，全体の高さは20cm です。この水そうに３Ｌの水を入れると，水の深さは８cm になりました。水そうの厚みは考えないものとして，下の問いに答えなさい。

〈**図１**〉

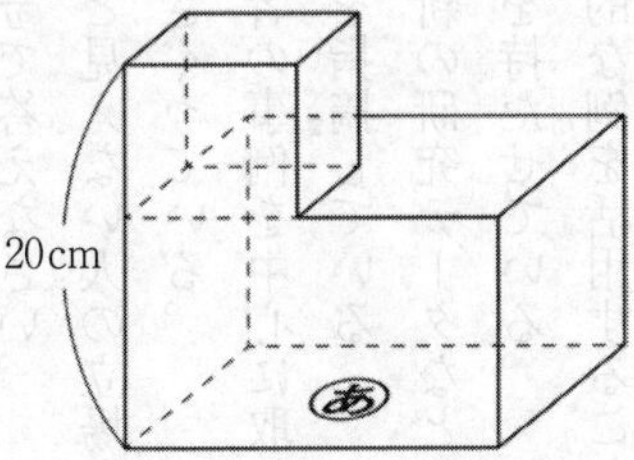

〈**図２**〉

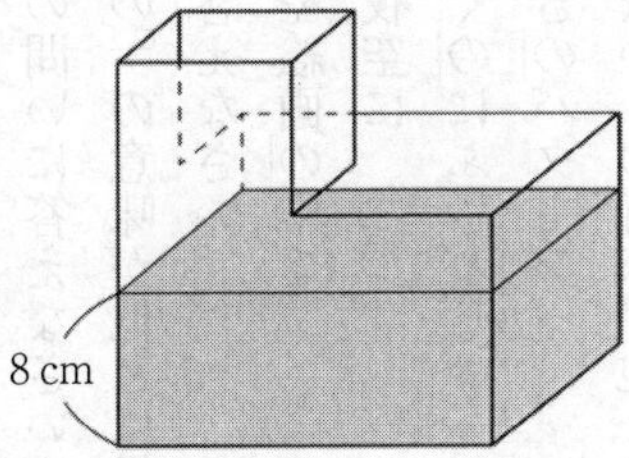

〈**図３**〉

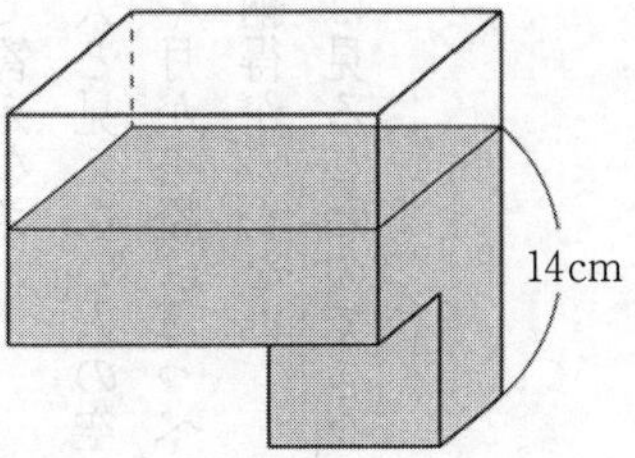

(1)　この水そうのあの面の面積は何 cm^2ですか。

(2)　〈**図２**〉の水そうにふたをして〈**図３**〉のように逆さにしたら，水の深さは14cm になりました。この水そうの容積は何mL ですか。

6　桜子さんはお母さんの運転する車で，家から６km はなれたスイミングスクールに向かいました。２人が出発して34分後，レッスン後に使うタオルを忘れていることにお父さんが気付き，すぐに自転車でスイミングスクールに同じ道で向かいました。車の走る速さを時速40km として，次の問いに答えなさい。

(1)　車がスイミングスクールに着くのは出発してから何分後ですか。

(2)　桜子さんのレッスンが終わるのは，車がスイミングスクールに到着してから50分後です。ちょうどレッスンが終わるときに，お父さんが到着するためには，お父さんは分速何mで向かう必要がありますか。

問八　この文章の特徴を説明したものとして最も適当なものを次の中から選び、記号で答えなさい。

ア　見える人と見えない人の立場を対比的にとらえながら、両者の合意点をさぐっている。

イ　視覚障害者の事例を中心に取り上げることによって、現代社会の問題点を指摘《してき》している。

ウ　数値や最新の研究データなどの客観的な情報を提供することで、説得力を持たせている。

エ　図や具体的な例を活用することによって、読者が内容を理解しやすいように工夫している。

問九　次の(1)・(2)の問いに答えなさい。

(1)　傍線部「の」の意味が他とは異なるものを次の中から一つ選び、記号で答えなさい。

ア　浮世絵や絵画の中で

イ　紺色の夜空に

ウ　月を描くのにふさわしい

エ　描くときのパターン

(2)　傍線部「ない」の意味が他とは異なるものを次の中から一つ選び、記号で答えなさい。

ア　見える人と見えない人の空間把握の違い

イ　富士山や月が実際に薄っぺらいわけではない

ウ　どうも納得がいかない

エ　肉眼では見ることのできない視点

ⓒ「おのずと」

ア　そうしようと思わなくても自然とそうなる様子
イ　乗り気ではないが、関わることで解決する様子
ウ　積極的に必ず求めた結果になるよう努力する様子
エ　自分に関心がないことであっても結果を求める様子

問二　[1]・[2]に入ることばとして最も適当なものをそれぞれ次の中から選び、記号で答えなさい。

ア　あるいは　イ　さらに　ウ　けれども
エ　なぜなら　オ　つまり

問三　――線①「見える人と見えない人では、ある単語を聞いたときに頭の中に思い浮かべるものが違う」とありますが、具体的にはどのように違うのですか。本文中に具体例として出てきた「月」の例を使って説明しなさい。

問四　――線②「三次元を二次元化することは、視覚の大きな特徴のひとつです」について、次の(1)・(2)の問いに答えなさい。

(1)「三次元を二次元化する」とは、ここではどういうことだと筆者は述べていますか。傍線部よりあとの本文中から、「～こと」に続くように八字で抜き出しなさい。

(2)(1)をさらに強める原因となっているものは何だと筆者は述べていますか。本文中から二十字で抜き出し、最初と最後の三字で答えなさい。

問五　――線③「どうしても『混色』が理解できない」とありますが、その理由として最も適当なものを次の中から選び、記号で答えなさい。

ア　それぞれの色を概念として把握しているので、「混色」という色が存在するとは考えられないから。
イ　それぞれの色を概念として把握しているので、それらが混ざる、ということの意味が理解できないから。
ウ　それぞれの色を概念として把握しているので、概念が混ざってしまうと不快な気持ちになってしまうから。
エ　それぞれの色を概念として把握しているので、実際に見たことのない「混色」という現象は想像できないから。

問六　――線④「そもそも空間を空間として理解しているのは、見えない人だけなのではないか」とありますが、なぜそのように考えられるのでしょうか。その理由を説明したものとして最も適当なものを次の中から選び、記号で答えなさい。

ア　見える人には必ず「視点」が存在するが、同時に複数の視点を持つことはできないために、空間を正確に把握することができないから。
イ　見えない人には、見える人にある先入観がないため、一つの「視点」にとらわれることなく、自由に空間を想像することができるから。
ウ　見える人は、同じものであっても、一度に多様な視点で見ることになってしまって、実際の空間をそのままにとらえることができないから。
エ　見えない人は、「視点」が常に一定で「視点」の位置を変えることがないために、空間が実際にそうである通りにとらえることができるから。

問七　□に入ることばとして最も適当なものを次の中から選び、記号で答えなさい。

ア　視点としての空間
イ　空間のなかでの視点
ウ　私の視点から見た空間
エ　私が見たいと思う視点

　もう一度、富士山と月の例にもどりましょう。見える人は三次元のものを二次元化してとらえ、見えない人は三次元のままとらえている。つまり前者は平面的なイメージとして、後者は空間の中でとらえている。

　だとすると、④そもそも空間を空間として理解しているのは、見えない人だけなのではないか、という気さえしてきます。見えない人は、厳密な意味で、見える人が見ているような「二次元的なイメージ」を持っていない。でもだからこそ、空間を空間として理解することができるのではないか。

　なぜそう思えるかというと、視覚を使う限り、「視点」というものが存在するからです。視点、つまり「どこから空間や物を見るか」です。「自分がいる場所」と言ってもいい。もちろん、実際にその場所に立っている必要は必ずしもありません。絵画や写真を見る場合は、画家やカメラが立っていた場所の視点を、その場所ではないところにいながらにして獲得します。顕微鏡《けんびきょう》写真や望遠鏡写真も含《ふく》めれば、肉眼では見ることのできない視点に立つことすらできます。想像の中でその場所に立つこうした場合も含め、どこから空間や物をまなざしているか、その点が「視点」と呼ばれます。

　同じ空間でも、視点によって見え方が全く異なります。同じ部屋でも(注６)上座《かみざ》から見たのと下座《しもざ》から見たのでは見えるものが正反対ですし、はたまたノミの視点で床《ゆか》から見たり、ハエの視点で天井《てんじょう》から見下ろしたのでは全く違う風景が広がっているはずです。けれども、私たちが体を持っているかぎり、一度に複数の視点を持つことはできません。

　このことを考えれば、目が見えるものしか見ていないことを、つまり空間をそれが実際にそうであるとおりに三次元的にはとらえ得ないことは明らかです。それはあくまで「　　　　」でしかありません。（伊藤亜紗《いとうあさ》『目の見えない人は世界をどう見ているのか』）

(注１)難波さん…難波創太さん。３ＤＣＧデザイナーの仕事をしていたが、三十九歳の時にバイク事故で失明し、全盲となる。

(注２)マーブリング…水よりも比重の軽い絵の具を水面にたらし、水面にできた模様を写しとる絵画技法のこと。

(注３)デフォルメ…対象や素材の自然の形を、作家の主観を通して、そのイメージに合うようにとらえて表現すること。

(注４)縁起物…縁起がいいとされるもの。

(注５)概念…「…とは何か」ということについての受け取り方を表す考え。

(注６)上座・下座…上座はお客様や目上の人が座る席、下座はお客様をおもてなしする人が座る席のこと。

問一　～～線ⓐ「一役買って」・ⓑ「まっさらな」・ⓒ「おのずと」のことばの意味として最も適当なものをそれぞれあとの中から選び、記号で答えなさい。

ⓐ「一役買って」
ア　少し無理をして
イ　一言つけ加えて
ウ　困難に飛びこんで
エ　ある役割を担って

ⓑ「まっさらな」
ア　何ごとに対しても疑いを持つさま
イ　よけいなものが混じっていないさま
ウ　ぼうぜんとして何も考えられないさま
エ　自分の意志がはっきりとしているさま

らえる二次元的なイメージが勝ってしまう。このように視覚にはそもそも対象を平面化する傾向《けいこう》があるのですが、重要なのは、こうした平面性が、絵画やイラストが提供する文化的なイメージによってさらに補強されていくことです。

　私たちが現実の物を見る見方がいかに文化的なイメージに染められているかは、たとえば木星を思い描《えが》いてみれば分かります。木星と言われると、多くの人はあの（注２）マーブリングのような横縞《よこじま》の入った茶色い天体写真を思い浮かべるでしょう。あの縞模様《しまもよう》の効果もありますが、木星はかなり三次元的にとらえられているのではないでしょうか。それに比べると月はあまりに平べったい。満ち欠けするという性質も平面的な印象を強めるのにⓐ一役買っていそうですが、なぜ月だけがここまで二次元的なのでしょう。

　その理由は、言うまでもなく、子どものころに読んでもらった絵本やさまざまなイラスト、あるいは浮世絵《うきよえ》や絵画の中で、私たちがさまざまな「まあるい月」を目にしてきたからでしょう。紺色《こんいろ》の夜空にしっとりと浮かびあがる大きくて優《やさ》しい黄色の丸――月を描くのにふさわしい姿とは、およそこうしたものでしょう。

　こうした月を描くときのパターン、つまり文化的に醸成《じょうせい》された月のイメージが、現実の月を見る見方をつくっているのです。私たちはⓑまっさらな目で対象を見るわけではありません。「過去に見たもの」を使って目の前の対象を見るのです。

　富士山についても同様です。風呂屋《ふろや》の絵に始まって、種々のカレンダーや絵本で、（注３）デフォルメされた「八の字」を目にしてきました。そして何より富士山も満月も（注４）縁起物《えんぎもの》です。その福々しい印象とあいまって、「まんまる」や「八の字」のイメージはますます強化されています。

　見えない人、とくに先天的に見えない人は、目の前にある物を視覚でとらえないだけでなく、私たちの文化を構成する視覚イメージをもとらえることがありません。見える人が物を見るときにⓒおのずとそれを通してとらえてしまう、文化的なフィルターから自由なのです。

　つまり、見えない人は、見える人よりも、物が実際にそうであるように理解していることになります。（注５）模型を使って理解していることも大きいでしょう。その理解は、概念《がいねん》的、と言ってもいいかもしれません。直接触《さわ》ることのできないものについては、辞書に書いてある記述を覚えるように、対象を理解しているのです。

　定義通りに理解している、という点で興味深いのは、見えない人の色彩《しきさい》の理解です。

　個人差がありますが、物を見た経験を持たない全盲《ぜんもう》の人でも、「色」の概念を理解していることがあります。「私の好きな色は青」なんて言われるとかなりびっくりしてしまうのですが、聞いてみると、その色をしているものの集合を覚えることで、色の概念を獲得《かくとく》するらしい。たとえば赤は「りんご」「いちご」「トマト」「くちびる」が属していて「あたたかい気持ちになる色」、黄色は「バナナ」「踏切《ふみきり》」「卵」が属していて「黒と組み合わせると警告を意味する色」といった具合です。

　ただ面白《おもしろ》いのは、私が聞いたその人は、③どうしても「混色」が理解できないと言っていたことでした。絵の具が混ざるところを目で見たことがある人なら、色は混ぜると別の色になる、ということを知っています。赤と黄色を混ぜると、中間色のオレンジ色ができあがることを知っています。ところが、その全盲の人にとっては、色を混ぜるのは、机と椅子《いす》を混ぜるような感じで、どうも納得《なっとく》がいかないそうです。赤＋黄色＝オレンジという法則は分かっても、感覚的にはどうも理解できないのだそうです。

る自分の気持ちに正直に向き合いながら打ちこむこと。

ウ　将来の仕事と関連づけることを強く意識しながら、楽しむことも忘れずに、自分のためになるように取り組むこと。

エ　他の人には理解しがたいような分野にあえて関心を持ち、それを通してさまざまな人とつながりを広げようとすること。

問十一　この文章に登場する人物について説明したものとして、あてはまらないものを次の中から一つ選び、記号で答えなさい。

ア　広瀬は、まだ仲間に心を開いておらず、本心をかくしてはいるが、楽しげな様子を見せようとしている。

イ　深野は、周りの環境に物怖《ものお》じすることなく、先輩に対しても単刀直入に自分の言いたいことを言っている。

ウ　凛久は、話の輪に入っていないようでいながら、実は話をよく聞いており、本質をつかんだ発言をしている。

エ　亜紗は、相手の気持ちに寄り添って考えるところがあり、自分の発言や仲間の発言にも注意をはらっている。

問十二　この文章について説明したものとして最も適当なものを次の中から選び、記号で答えなさい。

ア　一つのテーマについて熱心に議論する高校生の姿を描くことで、部員たちの学問に対する情熱を伝えている。

イ　高度な研究に打ちこむ高校生の姿を描くことにより、自分の進むべき方向について若い読者に問いかけている。

ウ　それぞれが抱いていた思いを共有することで関係が深まり、新たな視点に気づいていく高校生の姿を描いている。

エ　コロナ禍という厳しい状況下で、将来の展望を見いだすことができず苦悩する高校生の姿を浮き彫《ぼ》りにしている。

三　次の文章を読み、あとの問いに答えなさい。

見える人と見えない人の空間把握《はあく》の違《ちが》いは、単語の意味の理解の仕方にもあらわれてきます。空間の問題が単語の意味にかかわる、というのは意外かもしれません。けれども、①見える人と見えない人では、ある単語を聞いたときに頭の中に思い浮《う》かべるものが違うのです。

たとえば「富士山」。これは（注１）難波《なんば》さんが指摘《してき》した例です。見えない人にとって富士山は、「上がちょっと欠けた円すい形」をしています。いや、実際に富士山は上がちょっと欠けた円すい形をしているわけですが、見える人はたいていそのようにとらえていないはずです。

見えない人が見た富士山

見える人が見た富士山

見える人にとって、富士山とはまずもって「八の字の末広がり」です。[1]「上が欠けた円すい形」ではなく「上が欠けた三角形」としてイメージしている。平面的なのです。月のような天体についても同様です。見えない人にとって月とはボールのような球体です。では、見える人はどうでしょう。「まんまる」で「盆《ぼん》のような」月、つまり厚みのない円形をイメージするのではないでしょうか。

②三次元を二次元化することは、視覚の大きな特徴《とくちょう》のひとつです。「奥行《おくゆ》きのあるもの」を「平面イメージ」に変換《へんかん》してしまう。とくに、富士山や月のようにあまりに遠くにあるものや、あまりに巨大《きょだい》なものを見るときには、どうしても立体感が失われてしまいます。もちろん、富士山や月が実際に薄《うす》っぺらいわけではないことを私たちは知っています。[2]視覚がと

ア　不完全なものになったとしても、さまざまなイベントを行うこと自体は、コロナ禍でも可能だったということ。

イ　さまざまなイベントを強引に実施していたとしても、感染が拡大し、結局は中止になっていただろうということ。

ウ　コロナ禍でも、全員が感染対策を徹底《てってい》すれば、さまざまなイベントを安全に行うことができたはずだということ。

エ　大人がこぞって反対しても、子どもたちが一致《いっち》団結すれば、さまざまなイベントは開催《かいさい》できたはずだということ。

問五　――線④「あの春の緊張感」とありますが、人々は、「あの春」のどのような状況に対して「緊張感」を抱《いだ》いていたのでしょうか。「～状況」に続くように、本文中のことばを用いて、二十五字以上三十五字以内で答えなさい。

問六　――線⑤「うちはここまでだよ」とありますが、それはどういうことですか。最も適当なものを次の中から選び、記号で答えなさい。

ア　店の経営が苦しく、これ以上バレエそのものを続けさせることがもう難しいということ。

イ　コロナ禍でお客さんが激減してしまい、ついに店をたたまなければならなくなったということ。

ウ　バレエを今以上に本格的にやりたいと思っても、経済的な理由から実現してあげられないということ。

エ　うちの家系ではバレエの才能がそこまであるとは思えず、今の実力で限界なのではないかということ。

問七　――線⑥「あっけらかんとした口調で～という気がした」とありますが、この部分からどのようなことがわかりますか。最も適当なものを次の中から選び、記号で答えなさい。

ア　コロナ禍の影響でバレエをやめざるをえなかったことが、広瀬にとって今でもつらい思い出であること。

イ　広瀬がこの体験を周囲に共有することを通して、少しずつ気持ちを整理し、納得しようと努力してきたこと。

ウ　バレエをやめたことをもったいないと言われるが、広瀬にとってはそれほど大きなできごとではなかったこと。

エ　一度はバレエをやめてしまったものの、コロナ禍が収まったらまたバレエを再開しようと広瀬が考えていること。

問八　――線⑦「かえってよかったかもしれない」とありますが、それはなぜですか。最も適当なものを次の中から選び、記号で答えなさい。

ア　バレエに対する両親の本音を知り、習いごとよりも家族との生活を優先するべきであると気づくことができたから。

イ　両親の経営する飲食店の経済状況が厳しいことを知り、バレエに真剣ではなかった自分を反省することができたから。

ウ　大好きだったバレエをやめたことにより、両親と時間をかけて話す機会が生まれ、互《たが》いに理解し合うことができたから。

エ　両親ともめたことにより、両親の経営する飲食店の経済状況がコロナ禍で厳しくなっていたことを知ることができたから。

問九　――線⑧「圧」とありますが、それはどのようなことですか。「～こと」に続くように傍線部よりあとの本文中から三十五字前後で抜き出し、最初と最後の三字で答えなさい。

問十　――線⑨「あんなふうな好きになり方」とありますが、それはどのようなことを言っているのでしょうか。最も適当なものを次の中から選び、記号で答えなさい。

ア　仲間と苦労しながら取り組み、困難を乗り越えていくことで、それに対する愛着がよりいっそう深まっていくこと。

イ　何のためにという決まった目的にこだわらず、楽しいと感じなふうな好きになり方もあるんだなって、結構、驚きました。それで、いいのかもって」

広瀬が笑って、そう言った。

（辻村深月《つじむらみづき》『この夏の星を見る』）

（注1）ナスミス式望遠鏡…十九世紀のイギリスの発明家、ジェームス・ナスミスが発明した望遠鏡。高さを変えずにのぞきこむことができる。

（注2）訥々と…口ごもりながら話すさま。

（注3）フィッティング…ここでは、服を試着すること。

（注4）塩ビ管…ポリ塩化ビニルでできた配管素材。ここでは手作り望遠鏡の材料となる。

（注5）クラスター…ここでは、小規模な集団感染のこと。

（注6）花井さん…ＪＡＸＡの宇宙飛行士「花井うみか」のこと。

（注7）辛辣…ことばや表現がとてもきびしいこと。

（注8）ステイホーム…新型コロナウイルス感染症の感染拡大を防ぐ目的で、外出をひかえ、家で過ごすように国や自治体が呼びかけたキャンペーンのこと。

（注9）推薦入試…ここでは、高等学校長の推薦を受けて受験する大学入試のこと。

（注10）五島…長崎県の五島列島のこと。

問一　〜〜線ⓐ「おずおずと」・ⓑ「ぶしつけ」・ⓒ「はにかむ」のここでの意味として最も適当なものをそれぞれあとの中から選び、記号で答えなさい。

ⓐ「おずおずと」

ア　遠慮《えんりょ》しながら

イ　がまんしながら

ウ　せき立てられながら

エ　面倒くさがりながら

ⓑ「ぶしつけ」

ア　意地が悪い様子

イ　礼儀《れいぎ》に反する様子

ウ　やり方がへたな様子

エ　おせじを全く言わない様子

ⓒ「はにかむ」

ア　いやな気持ちを笑ってごまかすこと

イ　期待はずれでじれったく感じること

ウ　どうしてよいかわからずうろたえること

エ　うつむき恥《は》ずかしそうな表情をすること

問二　――線①「亜紗が思わず声を上げると」とありますが、この時の亜紗の気持ちとして最も適当なものを次の中から選び、記号で答えなさい。

ア　広瀬のバレエに対する情熱に、上級生として気づけていなかったことに、申し訳なさを感じている。

イ　学校の勉強や自由な時間を犠牲にしてまでバレエに打ちこんでいた広瀬の姿勢に疑問を感じている。

ウ　バレエに真剣に取り組んでいた広瀬と、自分の中学時代の生活を比べて、恥ずかしさを感じている。

エ　広瀬がそこまで熱心にバレエに取り組んでいたことが自分の想像を超えており、驚きを感じている。

問三　――線②「それ」とありますが、ここでは何をさしていますか。十五字前後で答えなさい。

問四　――線③「物理的に『する』ことだったらきっとあの頃だってできた」とありますが、それはどういうことですか。最も適当なものを次の中から選び、記号で答えなさい。

話。その二つは確かに一緒《いっしょ》じゃないこともあるかもしれないけど、向いてないことへの好奇心《こうきしん》も、手放さなくてもいいって聞いて、なんだか、ほっとしたっていうか」

「あ、私もです。実は、私も、親とか、中学の頃の部活仲間から、吹《すい》奏楽《そうがく》続けないのかって、聞かれたりしてて」

深野が隣《となり》で、小さく挙手する。

「みんな結構、(注7)辛辣《しんらつ》なんですよね。楽器やめて後悔しないのか、天文部って、星見るの楽しいかもしれないけど、そんなのただ楽しいだけじゃないかみたいな」

「楽しいだけって、深野さん……！」

言葉を選ばずにズバズバと言う深野に思わず声を上げる。彼女が表情を変えずに言った。

「これでも迷ったんですよ。楽器は確かに目に見えて演奏の技術がつく気がするけど、何のためにやるのかって悩んだこともあって。どんなこともそうだけど、始めたはいいけど、やめる時って、本当に自分で決めるしかないんだなーって。プロだけがそれを仕事にできるんだとしたら、〝何のためにそれをするのか問題〟って、絶対誰にでもあると思うんです。なんか、コロナのあれこれが始まってからは、特にそういう⑧圧を感じる気がする」

圧。

深野の言葉に、その場の全員が彼女を見た。

「これって役に立つのか、何のためなのか。――将来、何かの役に立つのか、受験の足しになるのか、みたいなことを、前より考えるようになっちゃった気がして」

「その感じはよくわかりますね」

晴菜先輩が言った。マスクの上の切れ長の瞳《ひとみ》が鋭《するど》く輝《かがや》く。

「私は受験生だから、特にそうかもしれません。コロナ禍《か》が始まってそうなった気がするという点にも同感です。みんな、(注8)ステイホーム期間があったり、家で時間を持て余した期間もあったはずなのに、不思議なものですけど、今、何が役に立つのか、何をすべきなのかに、より追い立てられるようになった感じは確かにありますね」

「はい。だけど、ここ数日はいろいろ勉強になるなぁって思ってます」

語る深野は、嬉《うれ》しそうだった。

「星の知識とか、望遠鏡作りとか、確かに今すぐ学校の勉強に結びつくってわけじゃないけど、それ知ってる綿引先生とか、すごく楽しそうだし、ああ、なんか別に何のためとか、目的なんかなくてもいいのかなって」

「役には立つし、目的もありますよ」

晴菜先輩が微笑む。

「実際、私は、天文部でこれまでやってきた活動を実績として、(注9)推薦《すいせん》入試を受けたりもしますし」

「あ、だけど」

凛久が横から口を挟む。

「別に晴菜先輩とかオレたちも、進学のためだけでもないっていうか……。遊びながら、ついでにそれが利用できるならしよう、くらいの感覚。つまり、何を『目的』と思うかが違うのかな。受験みたいなものだけを目的と思う人もいれば、遊ぶことそのものが目的の綿引先生みたいな人もいる」

「でも、先生だけじゃないですよね」

広瀬が言った。

「この間のオンライン会議で、中学生の子と、(注10)五島《ごとう》の三年生がキノコのことで盛り上がってるの見て。あの二人も別に将来はキノコ関係の仕事がしたいとか、そういうわけじゃないだろうけど、⑨あん思ってたことと、あとは、その時に思い切って親と話したことで、いろいろ本音が聞けて。――申し訳ないけど、⑤うちはここまでだよって」

口調は明るいけれど、広瀬の目が、微《かす》かに翳《かげ》ったように見えた。

「この先バレエを続けたいって言っても、もっといい先生についたり、留学するのはうちじゃ無理だけど、いつまでやる？ってはっきり聞かれました。今、うちは相当大変だから、気持ちを聞かせてって」

「大変？」

「うち、焼き鳥屋なんですけど……。常連さんとかもそこそこ多いお店で」

「めちゃくちゃおいしくて、結構有名なお店なんですよ。私、ももとかねぎ間《ま》くらいしか食べたことなかったんですけど、中学で広瀬と仲良くなってから、砂肝《すなぎも》とかハツとか、全部食べられるようになりました」

深野が言うと、広瀬が「ありがと」と微笑んだ。凛久や亜紗に向き直る。

「毎日のレッスンは――当然だけど、お金がかかります」

広瀬が微かに首を竦《すく》めたように見えた。

「特に私は、最初に母がなんとなくで連れてってくれた近所のバレエ教室から、もっと大きい教室で習いたいって、別のスクールに移ったんですけど、親たちとしても、ここまでやるとは思ってなくて大誤算だったみたいで」

広瀬の顔が微笑みを絶やさないまま、同時に困ったような表情になっていく。

「将来的にバレエで食べていくわけでもないのに――そこまで一生懸《けん》命《めい》にやることないんじゃないかって、発表会の口論の時にはっきり言われました。私のレベルじゃ、留学なんてまず無理だし、考えてなかったんですけど、母は、私の知らないところで、留学するとしたらどれくらいかかるのか、とかも実は計算してたみたいで、それはうちでは絶対に無理だよって。両親が想像以上に私のバレエのことであれこれ悩んでくれてたことも、その口論で初めて知って、で、反省しました。うち、今、そんなに苦しかったんだって」

⑥あっけらかんとした口調で広瀬が言う。けれど、その口調は、おそらくは彼女《かのじょ》がこの話を繰《く》り返し友達《ともだち》などにする中で徐々《じょじょ》に獲得《かくとく》したものだという気がした。

凛久が尋《たず》ねた。

「それはやっぱり、コロナの影響《えいきょう》でお店が大変になったとか、そういうこと？」

「まあ、そうですね。でも、びっくりしました。うち、人気あるお店だと思ってたから、数ヵ月くらいお客さんが減っても大丈夫《だいじょうぶ》だろうと思ってたとこあったんですけど、飲食店を経営するって、そんな単純なもんじゃないんですよね。たとえ貯金があったとしても、流れてく日々の中で収入がないっていうのは、こんなに大変なことなのかって気づいて。わかってたつもりだったんだけど、これまで見えなかった部分が初めて見えたっていうか。そういう意味では発表会のことで揉《も》めたのは、⑦かえってよかったかもしれないです」

「まあ、それぞれ、いろんな影響あるよな。コロナでは、どんな家も」

凛久が言った。広瀬の話がとても深刻で、簡単に言葉をかけられないと思いながら話を聞いていた亜紗は、凛久があまりにあっさりそう言ったので、「え、お前！」みたいな気持ちになる。

けれど、当の広瀬がすぐに頷いた。

「はい、あります。――だから、さっきの先輩《せんぱい》たちの話には、ちょっと励《はげ》まされました。（注６）花井《はない》さんの、向いてるものと好きなもののはなく、今度も深野が説明する。

「バレエって、ちゃんと体力つけなきゃならないから、本当に続けたいなら、それくらいやらないとダメらしいです。基本は毎日レッスンしないと、トウシューズで自分の体を支えるような体力も筋力もつかないそうで。だから、広瀬は部活には入らないでバレエのレッスン。驚《おどろ》きますよね？」

「ええーっ！　そんなに本格的にやってたのに、今は？」

「春に、やめたんです」

亜紗が咄嗟《とっさ》に思ってしまったのは、「もったいない」ということだった。だけど、それを口に出すほど、亜紗は無神経でもⓑぶしつけでもない。ちょっと間があってから、広瀬が（注2）訥々《とつとつ》と続ける。

「五月に発表会がある予定だったんですけど、それに出るか出ないか、先生が生徒の家に希望をとったんです。休校も決まったし、各家庭に『自己判断してほしい』って。私は、ずっとレッスンしてきたし、衣《い》装《しょう》も借りて、（注3）フィッティングもサイズのお直しも全部済んでたから、当然、自分は出るものだって信じて疑っていなかったんですけど……」

だけど、広瀬の両親が、二人して②それを止めたのだと言う。

「今は危険な時だし、いろんなものが中止になっている。参加して万一のことがあったら、周りにだって何をどう言われるかわからない。先生たちも悩《なや》んでいるけど、私たちも、あなたに何かがあったら、参加を許可したことをすごく後悔《こうかい》すると思う——そんなふうに説得された。

今、コロナの新規感染者は、厳戒《げんかい》態勢だったあの春の最初より人数はむしろ多いくらいで、だけど、亜紗たちはだいぶいろんな活動ができている。——できている、というより、している、というべきか。③物理的に「する」ことだったらきっとあの頃だってできた。

だけど、④あの春の緊張《きんちょう》感は、今思い出しても、やはり特別だった。

「親と、ものすごく言い合っちゃって」

ぽつりぽつり、と広瀬が説明する。

「父と母は、先生に対しても、口には出さないけど、はっきり苛立《いらだ》ってました。『なんで先生が中止の判断をしてくれないんだ』って思ってるのが伝わってきて。家族で散々ケンカして険悪になった後、先生から『やっぱり中止します』って連絡《れんらく》がきて、発表会はなくなりました」

あの頃の——四月の空気を思い出す。プロの世界であっても、コンサートとか演劇とか、さまざまなイベントの実施《じっし》の判断をめぐっていろんなニュースが飛び交《か》っていた。参加するしない、の判断が各自にゆだねられる、その「責任」と「判断」が重苦しく、いっそ誰《だれ》かに決めてほしい——と広瀬の両親が思ったというのも、亜紗自身にそんな場面はなかったけれど、我《わ》がことのように想像できた。

机に置いた（注4）塩《えん》ビ管《かん》を手でさすりながら、広瀬が続けた。

「今考えると、別にやっても平気だったろうな、とは思うんです。（注5）クラスターにも、あの時期だったらきっとならなかった気がする。でも、万一のことがあったらどうしようっていうあの感じとか、ひとまず全部なくしておけば間違《まちが》いないっていう雰囲気《ふんいき》、あの時はありましたよね」

「広瀬さん、それで燃え尽《つ》きちゃったとかそういう感じ？」

横から口を挟《はさ》んだのは凜久だった。

話を聞いていないように思っていたけれど、ナスミス式望遠鏡の設計図に落としていた目線を上げて、広瀬の方を見ていた。広瀬がⓒはにかむように笑って首を振《ふ》る。

「あ、そんなかっこいい感じじゃないです。単純に、毎日のレッスンに見合うほど、自分が周りの子に比べたら才能ないなってその頃もう

2024年度 十文字中学校

【国　語】〈第二回試験〉（五〇分）〈満点：一〇〇点〉

◎文中からそのまま抜《ぬ》き出して答える場合、句読点や記号は一字とすること。また、ふりがなのある漢字は、ふりがなをつけなくてもかまいません。

一　次の①～⑩の――線部について、カタカナは漢字に直し、漢字はその読みをひらがなで書きなさい。

① 地球のオンダン化が進んでいる。
② 相手とコキュウを合わせる。
③ 彼女のセンモンは法律だ。
④ 寝ずにカンゴする。
⑤ 接戦の末、勝負にヤブれる。
⑥ 養蚕は日本の伝統産業だ。
⑦ 幕末の歴史について学ぶ。
⑧ 車窓からの風景を楽しむ。
⑨ 先祖を敬う。
⑩ 教室の環境をきれいに保つ。

二　次の文章を読み、あとの問いに答えなさい。

茨城《いばらき》県立砂浦《すなうら》第三高校の天文部では、毎年他校の生徒と、手作りの望遠鏡で星を見つける速さを競う「スターキャッチコンテスト」を行っていた。コンテストで使用する望遠鏡の設計図を作成したのは、顧問《こもん》の綿引《わたびき》先生だ。綿引先生は、地学や天文に関わる人々に名前が知られているちょっとした有名人でもある。

溪本亜紗《たにもとあさ》は、そんな綿引先生のもとで天文部の活動をしたいと砂浦第三高校に入学した。しかし、高校二年の春、新型コロナウイルス感染症《かんせんしょう》が流行し、天文部でも活動が制限されることになってしまった。そんな中、亜紗たちは、オンラインで他都県の中高生と「スターキャッチコンテスト」を行う企画《きかく》を立ち上げる。砂浦第三高校からは、高校一年生の深野木乃美《ふかのこのみ》と広《ひろ》瀬彩佳《せあやか》が出場することになったが、亜紗も、同級生の飯塚凛久《いいづかりく》、三年生で部長の山崎晴菜《やまざきはるな》らとともに、「（注１）ナスミス式望遠鏡」制作に携《たずさ》わりながら、一年生二人の手伝いをすることになった。以下に続くのは、亜紗たちが、地学室で作業をしている場面である。


「広瀬さんは中学までは何部だったの？」

「あ、私は中学までは部活、入ってなくて」

「バレエ一筋だったんですよ、この子」

二人は同じ中学出身で、その頃《ころ》から親しい付き合いらしい。広瀬が曖昧《あいまい》に微笑《ほほえ》む表情を浮《う》かべると、深野がさらに補足する。

「習い事のバレエが忙《いそが》しくて、部活には入ってなかったんです」

「バレエってあのバレエ？　バレーボールじゃなくて、踊《おど》りの方の？」

「――です。子どもの頃から習ってて」

広瀬がⓐおずおずと頷《うなず》いた。

「小さい頃は週に一回か二回のレッスンだったんですけど、小学校の中学年くらいからは週五で通ってたんで」

「週五！」

では、平日だけなら毎日だ。①亜紗が思わず声を上げると、広瀬で

2024年度

十文字中学校 ▶解説と解答

算　数　＜第２回試験＞（50分）＜満点：100点＞

解　答

1 (1) 1　(2) $9\frac{3}{5}$　(3) 3　(4) ８時間24分　(5) 125mL　(6) 25%　(7) 16cm²　(8) 75度　2 (1) 21　(2) 13　3 (1) 60度　(2) 86cm²　4 (1) 35日後　(2) 105日後　5 (1) 375cm²　(2) 5250mL　6 (1) ９分後　(2) 分速240m

解　説

1 四則計算，逆算，単位の計算，比の性質，割合，面積，相似，角度

(1)　20－54÷（８－５）－１＝20－54÷３－１＝20－18－１＝２－１＝１

(2)　$20\div\left(1\frac{1}{3}+0.75\right)=20\div\left(\frac{4}{3}+\frac{3}{4}\right)=20\div\left(\frac{16}{12}+\frac{9}{12}\right)=20\div\frac{25}{12}=20\times\frac{12}{25}=\frac{48}{5}=9\frac{3}{5}$

(3)　{13－（２×□＋４）}÷３＝１より，13－（２×□＋４）＝１×３＝３，２×□＋４＝13－３＝10，２×□＝10－４＝６　よって，□＝６÷２＝３

(4)　午後10時26分から午後12時までの時間は，12時－10時26分＝１時間34分なので，梅子さんの睡《すい》眠《みん》時間は，１時間34分＋６時間50分＝７時間84分＝８時間24分である。

(5)　牛乳とコーヒーの比を５：３にするから，牛乳は，$200\times\frac{5}{5+3}$＝125(mL)使う。

(6)　今年の入場料は昨年の，１－0.2＝0.8(倍)だから，売り上げ額が昨年と同じになるためには，来場者数は，１÷0.8＝1.25(倍)になればよい。よって，1.25－１＝0.25より，25％増えればよい。

(7)　右の図１で，三角形ABCと三角形EFCは相似であり，EF：FC＝AB：BC＝８：10＝４：５なので，EFの長さは，$6\times\frac{4}{5}$＝4.8(cm)とわかる。よって，かげをつけた部分の面積は，三角形DBCの面積から三角形EBCの面積を引いて，10×８÷２－10×4.8÷２＝40－24＝16(cm²)となる。

図１

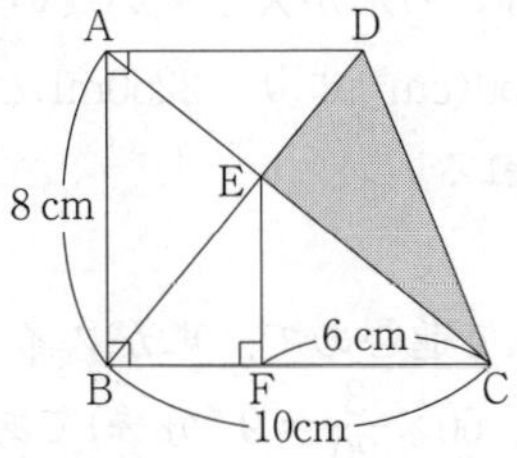

図２

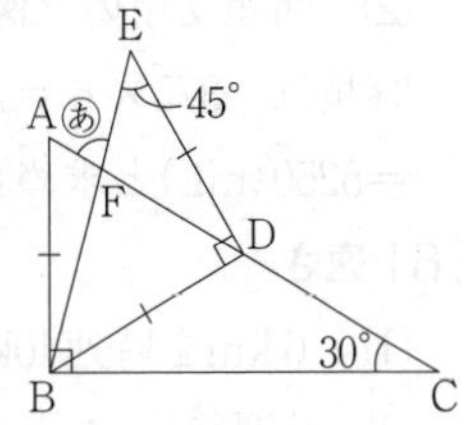

(8)　右上の図２で，BA＝BDより，三角形BADは二等辺三角形で，角BADの大きさが，180－90－30＝60(度)だから，角BDAの大きさも60度となる。また，角DBEの大きさは角DEBの大きさと同じ45度なので，角BFDの大きさ，つまり，角あの大きさは，180－60－45＝75(度)と求められる。

2 約束記号

(1)　$(4\bigcirc2)=\frac{4\times3}{1\times2}=6$，$(6\bigcirc4)=\frac{6\times5\times4\times3}{1\times2\times3\times4}=15$だから，(４○２)＋(６○４)＝６＋15＝21となる。

⑵　$(\square\bigcirc 2)=\frac{\square\times(\square-1)}{1\times2}=78$より，$\square\times(\square-1)=78\times2=156=13\times12$となるので，□にあてはまる数は13である。

3　平面図形―角度，面積

⑴　右の図①で，AB，BC，CA はいずれも円の半径２つ分で同じ長さだから，三角形 ABC は正三角形になる。よって，㋐の角の大きさは60度とわかる。

図①

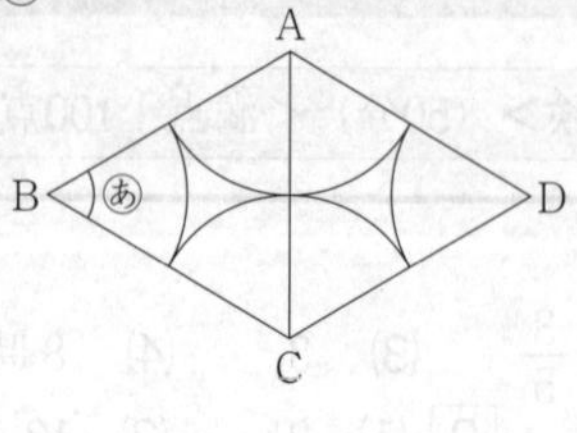

図②

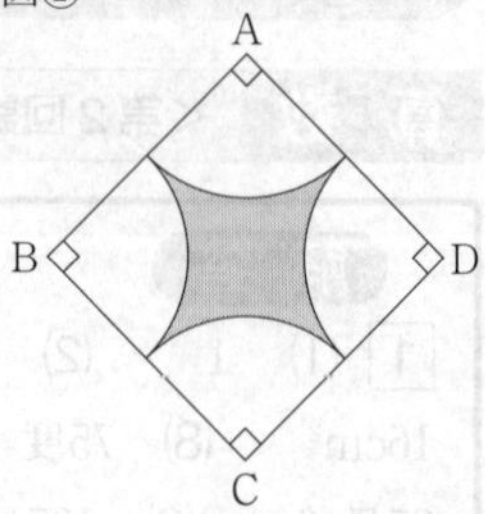

⑵　右の図②で，四角形 ABCD は正方形で，一辺の長さは，$10\times2=20$(cm)なので，その面積は，$20\times20=400$(cm^2)である。また，４つのおうぎ形を合わせると，半径が10cmの円になるから，その面積は，$10\times10\times3.14=314$(cm^2)となる。よって，かげをつけた部分の面積は，$400-314=86$(cm^2)と求められる。

4　整数の性質

⑴　次に１番と２番の２人が日直を行うのは，今日をふくめて，$35\times2=70$(人)が日直を行った後になる。よって，日曜日を数えないとき，この２人が次に日直を行うのは，$70\div2=35$(日後)となる。

⑵　５人班は，$35\div5=7$(班)あるので，１番と２番の２人がそうじ当番になるのは，今日から３日間，$3\times7=21$(日後)から３日間，$21\times2=42$(日後)から３日間，$21\times3=63$(日後)から３日間，$21\times4=84$(日後)から３日間，$21\times5=105$(日後)から３日間，…のようになる。また，⑴より，この２人が日直を行うのは，今日，35日後，$35\times2=70$(日後)，$35\times3=105$(日後)，…となる。よって，この２人が次に日直とそうじ当番を同じ日に行うのは，105日後とわかる。

5　水の深さと体積

⑴　３L＝3000cm^{3}なので，㋐の面の面積は，$3000\div8=375$(cm^2)である。

⑵　問題文中の〈図３〉の水が入っていない部分の高さは，$20-14=6$(cm)だから，その部分の容積は，$375\times6=2250$(cm^3)より，2250mLとわかる。よって，この水そうの容積は，$3000+2250=5250$(mL)と求められる。

6　速さ

⑴　６kmを時速40kmで進むので，車がスイミングスクールに着くのは出発してから，$6\div40=\frac{3}{20}$(時間後)，つまり，$60\times\frac{3}{20}=9$(分後)である。

⑵　お父さんが家からスイミングスクールまで進むのにかかる時間が，$9+50-34=25$(分)になればよいので，お父さんが向かう速さは分速，$6\times1000\div25=240$(m)と求められる。

国　語　＜第２回試験＞（50分）＜満点：100点＞

解　答

一　①～⑤　下記を参照のこと。　⑥　ようさん　⑦　ばくまつ　⑧　しゃそう　⑨　うやま(う)　⑩　たも(つ)　二　**問１**　ⓐ　ア　ⓑ　イ　ⓒ　エ　**問２**　エ　**問**

3 （例） 五月のバレエの発表会に出ること。 **問4** ア **問5** （例） イベントの参加や実施についての「責任」と「判断」が，各自にゆだねられる(状況) **問6** ウ **問7** イ **問8** エ **問9** 今，何〜なった(こと) **問10** イ **問11** ア **問12** ウ

三 **問1** ⓐ エ ⓑ イ ⓒ ア **問2** **1** オ **2** ウ **問3** （例） 見える人は，「月」と聞いて厚みのない円形を思い浮かべるが，見えない人は，ボールのような球体を思い浮かべる。 **問4** ⑴ 対象を平面化する(こと) ⑵ 絵画や〜メージ **問5** イ **問6** ア **問7** ウ **問8** エ **問9** ⑴ ウ ⑵ イ

●漢字の書き取り

一 ① 温暖 ② 呼吸 ③ 専門 ④ 看護 ⑤ 敗(れる)

解説

一 漢字の書き取りと読み

① 「温暖化」は，温室効果ガスによって地球の平均気温が急激に上がり始めている現象のこと。 ② 「呼吸を合わせる」は，“何かをするときに相手と自分の調子を合わせる”という意味。 ③ 限られた分野の仕事や学問に専念して取り組むこと。 ④ けが人や病人の手当てや世話をすること。 ⑤ 音読みは「ハイ」で，「敗北」などの熟語がある。 ⑥ まゆをとる目的でかいこを飼育すること。 ⑦ 江戸幕府の末期のこと。 ⑧ 列車や自動車などの窓。 ⑨ 音読みは「ケイ」で，「尊敬」などの熟語がある。 ⑩ 音読みは「ホ」で，「保存」などの熟語がある。

二 出典：辻村深月《つじむらみづき》『この夏の星を見る』。

高校の天文部に所属する亜紗《あさ》たちは，オンラインで催される「スターキャッチコンテスト」で使う望遠鏡を作りながら，さまざまに思いを語り合う。

問1 ⓐ 「おずおずと」は，相手を恐《おそ》れて，ためらったり遠りょしたりするさま。 ⓑ 「ぶしつけ」は，礼儀《れいぎ》をわきまえないこと。 ⓒ 「はにかむ」は，“はずかしそうな表情をする”という意味。

問2 「平日だけなら毎日」に当たる「週五」で，広瀬《ひろせ》がバレエのレッスンに通っていたと聞き，亜紗は，その熱心さに驚いて，思わず声を出してしまっている。

問3 直前の広瀬の言葉に，五月に予定されていたバレエの発表会に，広瀬が出るつもりだったとある。「広瀬の両親」は，そのバレエの発表会に広瀬が出ることを止めたのである。

問4 直前の「できている」と「している」のちがいに着目して考える。今でもコロナの新規感染者は多く，さまざまなイベントは「している」が，きちんと「できている」とはいえないという意味だと考えられる。つまり，「厳戒《げんかい》態勢」だったときも，内容は完全ではないかもしれないが，イベントを行うこと自体は可能だったということになる。

問5 「あの頃の——」で始まる段落にあるように，「あの春」は，コンサートや演劇など，さまざまなイベントの実施《じっし》についての「責任」と「判断」が，「各自にゆだねられ」ている「重苦し」い状況《じょうきょう》だった。以上の内容を，字数に合うようにまとめる。

問6 広瀬のうちは，常連も多い焼き鳥屋だったが，コロナの影響で経営は苦しい状態だった。広瀬の母は，「もっといい先生」につかせたり「留学」させたりするのは，経済的な理由から「無理」だということを，率直に広瀬に伝えた。

問7 「あっけらかん」は，何もなかったかのように平気でいるさま。また，「獲得《かくとく》」という表現か

らは，広瀬が自分の力で手に入れたと，亜紗が感じたことが読み取れる。広瀬は，バレエをやめなければならなかったというつらい出来事を，あえて友人たちに話すことで，その事実を受け入れようとしてきたのではないかと，亜紗は感じた。よって，イが合う。

問８　広瀬は，「これまで見えなかった部分が初めて見えた」という意味で，「発表会のことで揉《も》め」てよかったと言っている。家族と揉めて本心で話し合う機会をもったことで，「飲食店を経営する」ことの厳しさや，「収入がない」ことの大変さに気づくことができたのだから，エが合う。

問９　コロナ禍《か》になってから，「何のためにそれをするのか問題」の「圧」を感じると深野《ふかの》は言った。その言葉を受けて，晴菜《はるな》先輩も，コロナ禍が始まってから「今，何が役に立つのか，何をすべきなのかに，より追い立てられるようになった」と言い，深野と同じような「圧」を感じているという気持ちを語っている。

問10　凛久《りく》の「遊ぶことそのものが目的の綿引《わたびき》先生みたいな人」という言葉を受けて，広瀬は「中学生の子と，五島《ごとう》の三年生がキノコのことで盛り上がって」いたことを思い出している。二人に共通する「好きになり方」とは，将来のことなどとは関係なく，好きなことに素直に向かい合って楽しんでいる姿なので，イがふさわしい。

問11　広瀬は，バレエをやめた経緯やそのときの率直な思いを，「訥々《とつとつ》と」天文部の仲間たちに語っている。仲間に心を開いていないわけでも楽しげに見せようとしているわけでもないので，アはふさわしくない。なお，深野は天文部のことを「ただ楽しいだけじゃないかみたいな」と先輩の前でも「言葉を選ばずにスバズバと言う」ので，イは合う。また，「話を聞いていないよう」に思えていた凛久は，「横から口を挟《はさ》ん」で広瀬の心情を察したような発言をしている。よって，ウも正しい。さらに，亜紗は，広瀬がバレエをやめたことを聞いて「もったいない」と思ったが，それを「無神経」に口に出すようなことはしないので，エもよい。

問12　亜紗たちは，コロナ禍で経験したことや感じたことなどについてさまざまに言葉を交わしていき，「何が役に立つのか，何をすべきなのか」ということを考えるようになったことや，それに対して「圧」を感じるようになったことなどを語り合った。そして，「目的」は人によってちがうし，いろいろな「好きになり方」があるという新たな視点があることにも気づいた。よって，ウが合う。

三　**出典：伊藤亜紗《いとうあさ》『目の見えない人は世界をどう見ているのか』**。目の見えない人が物体や色をどのように認識しているのかということや，目の見える人の対象の認識の仕方などについて説明されている。

問１　ⓐ「一役買って」は，“一つの役割を進んで引き受けて”という意味。　ⓑ「まっさらな」は，全く使っておらず完全に新しいさま。　ⓒ「おのずと」は，ほかの力が加わることなく自然とそうなるさま。

問２　**１**　富士山が「八の字の末広がり」ということは，言いかえれば，「上が欠けた円すい形」という立体的なものではなく，「上が欠けた三角形」という平面的なものをイメージしていることになる，という文脈なので，前に述べた内容を“要するに”とまとめて言いかえるときに用いる「つまり」が入る。　**２**　前には，私たちは「富士山や月が実際に薄《うす》っぺらいわけではないこと」を知っているとあり，後には，「視覚がとらえる二次元的なイメージが勝ってしまう」とある。よって，前に述べたことと対立することがらを後に続けるときに使う「けれども」がよい。

問3　「月のような天体についても同様です」に続く部分で，「見えない人にとって月とはボールのような球体」だが，「見える人」は「盆《ぼん》のよう」に「厚みのない円形をイメージする」と説明されている。

問4　(1)　続く文で，「三次元を二次元化すること」とは「奥行きのあるもの」を「平面イメージ」に「変換」することだと言いかえられている。さらにその後で，視覚には「対象を平面化する」傾《けい》向《こう》があると同じ内容が述べられているので，そこからぬき出す。　(2)　続く文に，「平面性」は「絵画やイラストが提供する文化的なイメージ」によって「補強されていく」とある。私たちは，子どものころから「絵本やさまざまなイラスト，あるいは浮世絵《うきよえ》や絵画」の中で，「まあるい月」を見てきたので，「文化的に醸成《じょうせい》された月のイメージ」が，「現実の月を見る見方」に影響しているのである。

問5　目の見えない人は，赤は「あたたかい気持ちになる色」，黄色は「黒と組み合わせると警告を意味する色」というように，一つ一つの「色」を，別々の「概念」で理解している。したがって，「色を混ぜるのは，机と椅子を混ぜるような感じ」になってしまい，「感覚的」には理解できないということになる。よって，イが最も近い。

問6　目の見える人は，対象を認識するにあたって「どこから空間や物を見るか」という「視点」を持つ。同じ空間であっても「視点によって見え方が全く異な」るが，「一度に複数の視点を持つこと」はできず，「目が見えるものしか見ていない」ため，空間を実際のとおりの「三次元的」にはとらえられない。これに対して，「視点」を持っていない目の見えない人は，「二次元的なイメージ」を持っていないため，「空間を空間として理解できる」のである。

問7　目の見える人は，「一度に複数の視点を持つこと」ができないので，自分の目で見た一つの見え方でしか認識できない。つまり，「三次元的にはとらえ得ない」のは，それが自分の「視点」から見たただ一つの「空間」でしかないためである。よって，ウが合う。

問8　この文章では，富士山のイラストや，目の見えない人たちの具体的な話を用いて，読者の理解を深めようとする工夫がされている。よって，エがよい。

問9　(1)「月を描《か》くのに」の「の」は，体言の代わりをするはたらきを持つ助詞。「絵画の中で」「紺色《こんいろ》の夜空」「描くときのパターン」の「の」は，連体修飾のはたらきを持つ助詞。　(2)「わけではない」の「ない」は，形容詞。「見えない」「いかない」「できない」の「ない」は，打ち消しの意味を表す助動詞。

Dr.福井の 入試に勝つ！ 脳とからだのウルトラ科学

試験場でアガらない秘けつ

キミたちの多くは，今まで何度か模擬試験（たとえば合不合判定テストや首都圏模試）を受けていて，大勢のライバルに囲まれながらテストを受ける雰囲気を味わっているだろう。しかし，模擬試験と本番とでは雰囲気がまったくちがう。そういうところでも緊張しない性格ならば問題ないが，入試独特の雰囲気に飲みこまれてアガってしまうと，実力を出せなくなってしまう。

試験場でアガらないためには，試験を突破するぞという意気ごみを持つこと。つまり，気合いを入れることだ。たとえば，中学の校門前にはあちこちの塾の先生が激励《げきれい》のために立っている。もし，キミが通った塾の先生を見つけたら，「がんばります！」とあいさつをしよう。そうすれば先生は必ずはげましてくれる。これだけでもかなり気合いが入るはずだ。ちなみに，ヤル気が出るのは，TRHホルモンという物質の作用によるもので，十分な睡眠をとる，運動する（特に歩く），ガムをかむことなどで出されやすい。

試験開始の直前になってもアガっているときは，腹式呼吸が効果的だ。目を閉じ，おなかをふくらませるようにしながら，ゆっくりと大きく息を吸う。ここでは「ゆっくり」「大きく」がポイントだ。そして，ゆっくりと息をはく。これをくり返し何回も行うと，ノルアドレナリンという悪いホルモンが減っていくので，アガりを解消することができる。

よく「手のひらに“人”の字を書いて飲みこむことを3回行う」とアガらないというが，そのようなおまじないを信じて実行し，自分に暗示をかけてもいいだろう。要は，入試に対するさまざまな不安な気持ちを消し去って，試験に集中できるようなくふうをこらせばいいのだ。

Dr.福井（福井一成《ふくい かずしげ》）…医学博士。開成中・高から東大・文Ⅱに入学後，再受験して翌年東大・理Ⅲに合格。同大医学部卒。さまざまな勉強法や脳科学に関する著書多数。

2023年度 十文字中学校

【算　数】〈第１回試験〉（50分）〈満点：100点〉

〔注意〕　1．5(2)，6(2)は，式や考え方を解答用紙に記入すること。

　　　　　2．円周率は3.14として計算すること。

1　次の□にあてはまる数を答えなさい。

(1)　8＋16÷(20－12)＝□

(2)　$\left(\frac{1}{2}-\frac{1}{3}\right)\div\frac{5}{6}=$□

(3)　6＋(32－□)×5＝51

(4)　10％の食塩水200ｇと□％の食塩水300ｇを混ぜると16％の食塩水500ｇになります。

(5)　姉妹３人の年齢《ねんれい》の平均は８歳《さい》です。□歳のお母さんを加えると，４人の年齢の平均は15歳になります。

(6)　大小２つのさいころを投げたとき，出た目の和が５の倍数になる場合は，□通りあります。

(7)　下の図のように長方形の紙を折ったとき，㋐の角の大きさは□度です。

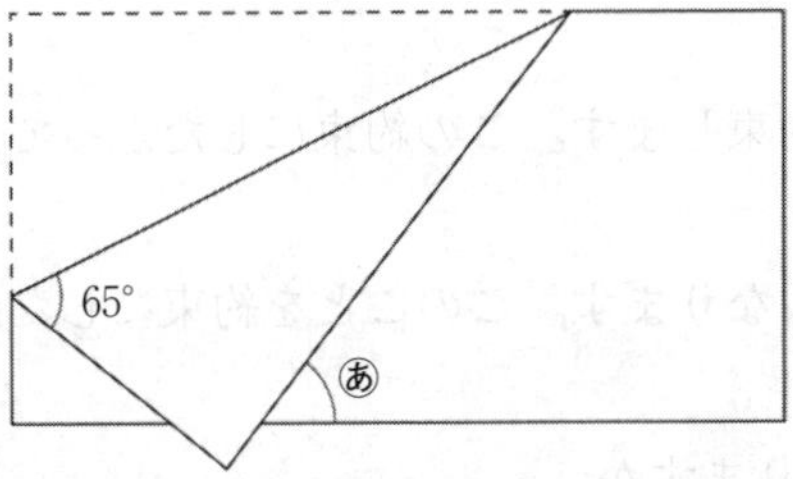

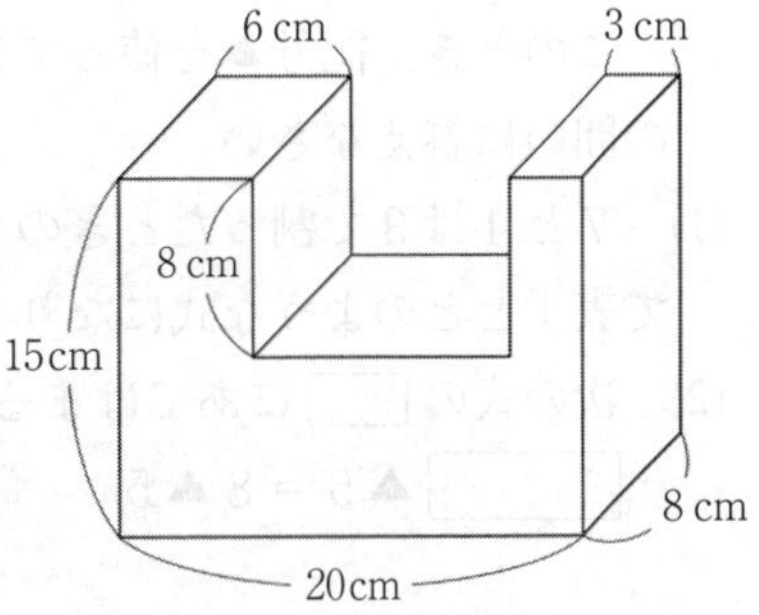

(8)　右の図は直方体を組み合わせたものです。この立体の体積は□cm^3です。

2　下の図は，正方形と半円とおうぎ形を組み合わせてできたものです。このとき，次の問いに答えなさい。

(1)　▒の部分の周りの長さは何cmですか。

(2)　▒の部分の面積は何cm^2ですか。

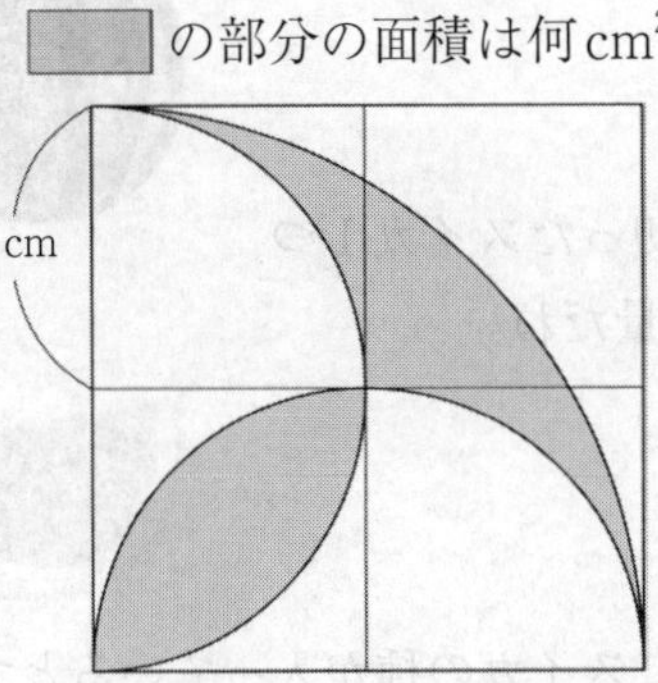

3　梅子さんは家から1200m離《はな》れた駅まで歩いていきました。途中《とちゅう》で図書館に寄り，その後は家から図書館まで向かったときの速さの1.5倍で歩いて駅に向かいました。下の図は，そのときの時間と道のりの関係を表したものです。このとき，次の問いに答えなさい。

(1)　梅子さんは家から図書館まで分速何ｍで歩きましたか。

(2)　図のㇹにあてはまる数を答えなさい。

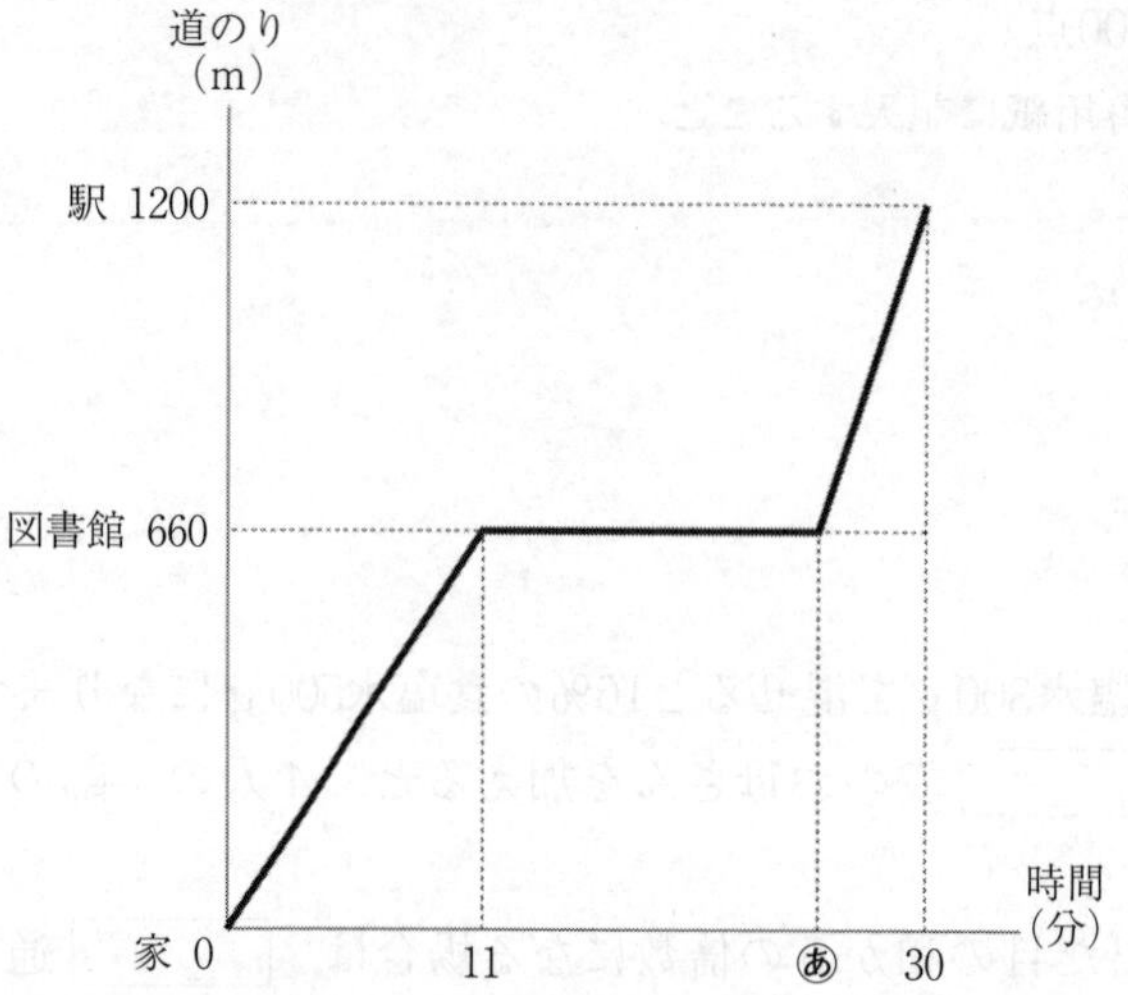

4　15を６で割ると商は２で余りは３です。９を６で割ると商は１で余りは３です。このように，15と９は６で割ったときの余りが等しくなります。

このとき，記号▲を使って15▲６＝９▲６と表すと約束します。この約束にしたがって，次の問いに答えなさい。

(1)　７と４は３で割ったときの余りがどちらも１で等しくなります。このことを約束にしたがって表すとどのような式になりますか。

(2)　次の式の□にあてはまる２桁《けた》の数は全部で何個ありますか。

□▲５＝８▲５

――**5**(2)，**6**(2)**は，式や考え方を解答用紙に書きなさい**――

5　梅子さんと松子さんの会話を読み，下の問いに答えなさい。

梅子：おいしそうなスイカだね。

松子：このスイカ１玉の中に，種は何個あるのかな。

梅子：調べてみようよ。まずは８等分に切るね。

松子：梅子さん，上手に切れたね。

梅子：８等分にしたけれど，かなり大きいよ。私は８等分に切ったスイカ１つの３分の１を調べるよ。これはスイカ１玉の［ あ ］の量だね。

松子：私は８等分に切ったスイカ１つの４分の１を調べるよ。

梅子：調べた種は全部で何個あるかな？

松子：種の合計は42個だよ。

梅子：一部分しか数えていないけれど，他の部分も同じようにスイカの種が入っているとすると，このスイカには種が［ い ］個入っていると考えられるね。

松子：スイカ１玉の中にはたくさんの種が入っているんだね。

(1) ［ あ ］にあてはまる分数を答えなさい。

(2) ［ い ］にあてはまる数を答えなさい。

6 ある仕事をするのに，梅子さん１人では４時間，松子さん１人では６時間かかります。このとき，次の問いに答えなさい。

(1) ２人で一緒に休まず仕事をする場合，この仕事を終えるまでに何時間何分かかりますか。

(2) 最初に松子さんが１人で仕事をし，途中から梅子さんが加わり２人で一緒に仕事をすると，仕事を終えるまでに全部で４時間かかりました。梅子さんが仕事をした時間は何時間何分ですか。

【社　会】〈第１回試験〉（25分）〈満点：50点〉

〔注意〕　1．問題に掲載《けいさい》の図表などのうち，注のないものは小学校の検定済教科書より引用してあります。

2．答えは，特に指示《しじ》がないときは，各問の(あ)〜(え)の中から正しいものを一つ選び，記号で答えなさい。

3．都道府県の地図の縮尺はそれぞれ異なります。また島などの一部は省かれていることがあります。

1　ねねさんは，九州の県についてまとめました。これを読み，あとの問いに答えなさい。

佐賀《さが》県

◆自然

・**有明海《ありあけかい》**は佐賀県の南部に広がる海です。
この海の特徴《とくちょう》は，（　**1**　）

？
［問１］

佐賀県の地図

問１　佐賀県の形として正しいものはどれですか。

(あ)

(い)

(う)

(え)

問２　（**1**）にあてはまる正しい文章はどれですか。

(あ)　沖《おき》には暖流の対馬《つしま》海流が流れていることです。

(い)　沖には暖流と寒流がぶつかる潮目《しおめ》があり，好《こう》漁場になっていることです。

(う)　沖までいっても海の深さが数m程度の深さの海底が続いていることです。

(え)　沖には水深１万m近い深い海溝《かいこう》があることです。

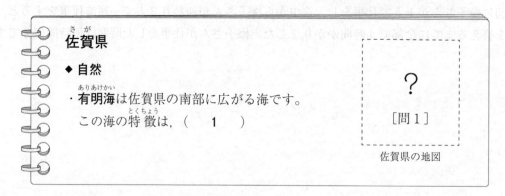

◆ **農林水産業**

［1］ **農業**

・佐賀県を代表する果物《くだもの》にイチゴがあります。なかでも(**2**)は，香りの良さと上品《じょうひん》なあまさが人気です。近年は，まっかな色をした，「いちごさん」という品種の生産量が増《ふ》えてきました。

・嬉野茶《うれしの》…独特のまるい葉が特徴で，①<u>香《かお》りや旨味《うまみ》が強いです</u>。

問3 (**2**)にあてはまるイチゴの品種名はどれですか。

(あ) ひごのしずく (い) さがほのか

(う) とちあいか (え) とちおとめ

問4 下線部①について，嬉野茶は加工されたあと，主にどの飲み物になりますか。

(あ) 紅《こう》茶 (い) 麦茶 (う) 緑茶 (え) 烏龍《ウーロン》茶

［2］ **水産業**

・有明海で収穫《しゅうかく》される海藻《かいそう》の一種である(**3**)は，高級品として知られています。おにぎりをつくる時に欠かせません。

◆ **伝統工芸**

・唐津《からつ》・伊万里《いまり》・有田《ありた》は，日本を代表する伝統工芸品である(**4**)の産地として有名です。

問5 (**3**)にあてはまる海藻はどれですか。

(あ) ワカメ (い) ヒジキ (う) コンブ (え) ノリ

問6 (**4**)にあてはまる伝統工芸品はどれですか。

(あ) 漆器《しっき》 (い) 陶磁器《とうじき》 (う) 刃物《はもの》 (え) 人形

長崎《ながさき》県

◆ **自然**

・長崎県は，日本で二番目に(**5**)県として有名です。

・県内で一番面積の広い島は(**6**)です。

・1991年には島原《しまばら》半島にある(**7**)が大噴火《だいふんか》し，大きな被害《ひがい》が出ました。

？

［問7］

長崎県の地図

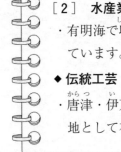

問７　長崎県の形として正しいものはどれですか。

(あ)

(い)

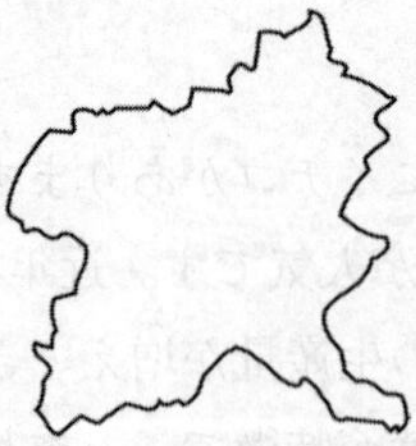

(う)

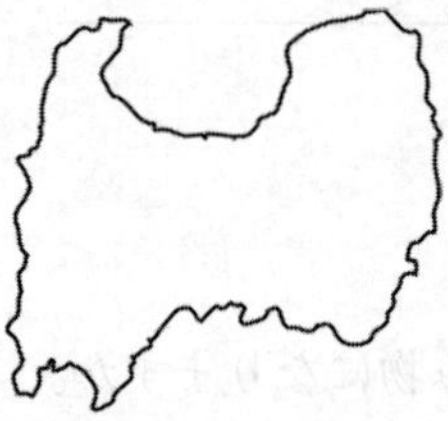

(え)

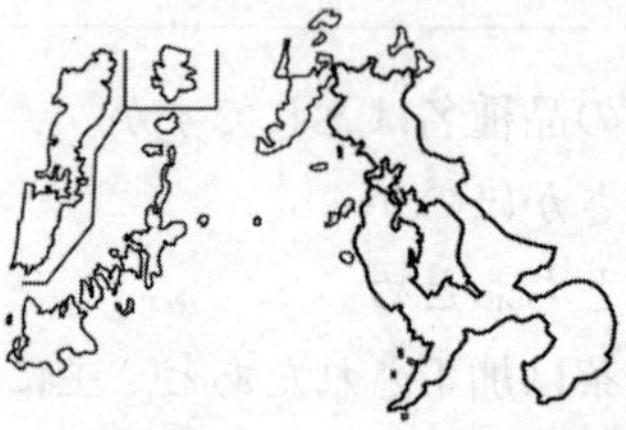

問８　（**5**）にあてはまる正しい文章はどれですか。

(あ)　海岸線が長い　　　(い)　面積が広い

(う)　外国人の登録者数が多い　　　(え)　高齢者《こうれいしゃ》の人口が多い

問９　（**6**）にあてはまる島はどれですか。

(あ)　種子《たねが》島　　(い)　壱岐《いき》

(う)　対馬《つしま》　　(え)　屋久《やく》島

問10　（**7**）にあてはまる山はどれですか。

(あ)　霧島《きりしま》山　　(い)　雲仙《うんぜん》普賢岳《ふげんだけ》

(う)　八ヶ岳《やつがたけ》　　(え)　阿蘇《あそ》山

◆ **農林水産業**

・長崎半島の茂木《もぎ》は，（　8　）の栽培《さいばい》で知られています。長崎県における（　8　）の生産量は全国で第１位です。

・長崎県では１年に２回（　9　）の収穫ができることから，この野菜の生産量が，全国で第２位です。（　9　）の生産量が，全国で第１位なのは，北海道です。

◆ **工業**

・離島《りとう》がたくさんあり，漁業も盛《さか》んなことから，（　10　）が発展してきました。

◆ **観光**

・オランダの街並《まちなみ》を再現した，単独のテーマパークとしては日本で最も広い（　11　）があります。春には，世界的に有名なオランダの公園のように，約100万本のチューリップが咲《さ》きほこります。

◆ **交通**

・2022年の９月に西九州新幹線が開業し「（　12　）」が運行を開始しました。

問11　（8）にあてはまる果物はどれですか。右の写真も参考にして答えなさい。

(あ)　いちご
(い)　メロン
(う)　びわ
(え)　もも

問12　（9）にあてはまる野菜はどれですか。

(あ)　ジャガイモ　　(い)　サツマイモ
(う)　ハクサイ　　(え)　ニンジン

問13　（10）にあてはまる工業名はどれですか。

(あ)　自動車工業　　(い)　造船業
(う)　出版・印刷業　　(え)　石油化学工業

問14　（11）にあてはまるテーマパークはどれですか。

(あ)　ディズニーランド　　(い)　アドベンチャーワールド
(う)　レゴランド　　(え)　ハウステンボス

問15　（12）にあてはまる新しい新幹線の列車名はどれですか。

(あ)　かもめ　　(い)　こまち
(う)　つばさ　　(え)　のぞみ

2 みらいさんは，歴史上で活躍《かつやく》した人物のカードを作りました。それをクラスで発表することになり，テーマを「歴史上で活躍した女性」としました。準備をしていると，選んだ人物の中に**男性がまぎれこんでいる**ことに気がつきました。

①

卑弥呼《ひみこ》
239年、魏《ぎ》に使いを送った。

②

中臣鎌足《なかとみのかまたり》
645年、大化《たいか》の改新をおこなった。

③

清少納言《せいしょうなごん》
かな文字で貴族の暮らしや人びとの感情をえがいた。

④

北条政子《ほうじょうまさこ》
1221年の戦いで武士を団結させ、朝廷《ちょうてい》に勝利した。

⑤

津田梅子《つだうめこ》
1871年にアメリカへ日本人初の留学をした。

⑥

平塚《ひらつか》らいてう
女性の地位の向上をめざす運動を始めた。

問1　①～⑥の人物のうち，**男性**のカードはどれですか。番号で答えなさい。

問2　①の人物について，この人物が治めていた国を何といいますか。

問3　②の人物とともに大化の改新をおこなった皇子《おうじ》は，やがて天皇《てんのう》となりました。天皇としての名前は，次のうちどれですか。

(あ)　推古《すいこ》天皇　(い)　聖武《しょうむ》天皇
(う)　天智《てんじ》天皇　(え)　桓武《かんむ》天皇

問4　③の人物が書いた文学作品は，次のうちどれですか。

(あ)『源氏《げんじ》物語《ものがたり》』　(い)『枕草子《まくらのそうし》』
(う)『平家《へいけ》物語《ものがたり》』　(え)『万葉集《まんようしゅう》』

問5　④の人物が勝利にみちびいた，1221年に起《お》こった戦いを何といいますか。

(あ)　承久《じょうきゅう》の乱《らん》　(い)　保元《ほうげん》の乱
(う)　平治《へいじ》の乱　(え)　応仁《おうにん》の乱

問6　⑤について，この人物は，ある使節団《しせつだん》に同行することで，アメリカに留学することができました。この使節団の主な目的はどれですか。

(あ)　領土の拡大　(い)　不平等条約の改正
(う)　戦争の終結　(え)　同盟の締結《ていけつ》

問7　⑥について，この人物が発刊した雑誌は次のうちどれですか。

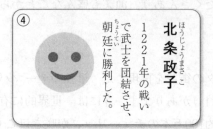

(あ)　『学問のすすめ』　　(い)　『青鞜《せいとう》』
(う)　『古事記伝《こじきでん》』　　(え)　『奥《おく》の細道』

問８　発表を始める前に，女性が１人少なくなってしまったので，その代わりに次の４人の候補を考えました。

①　紫 式部《むらさきしきぶ》　②　与謝野晶子《よさのあきこ》　③　樋口一葉《ひぐちいちよう》　④　市川房枝《いちかわふさえ》

①～④の中から１人選び，その番号を書き，カードにならってその人物について10字～20字程度《ていど》で説明文をつくりなさい。

3　**大日本帝国憲法**について，あとの問いに答えなさい。

問１　憲法制定の中心だった，初代の内閣総理大臣は誰《だれ》ですか。
(あ)　岩倉具視《いわくらともみ》　(い)　坂本竜馬《さかもとりょうま》
(う)　吉田茂《よしだしげる》　(え)　伊藤博文《いとうひろぶみ》

問２　憲法が制定された後，日本はいくつかの戦争を経験することとなりました。次にあげる戦争を起きた順に並べなさい。
①　第一次世界大戦　②　日清《にっしん》戦争
③　日露《にちろ》戦争　④　第二次世界大戦

問３　憲法が制定された後の1901年，足尾銅山《あしおどうざん》の公害問題を天皇に直訴《じきそ》したことで知られる政治家は誰ですか。
(あ)　西郷隆盛《さいごうたかもり》　(い)　田中 正 造《たなかしょうぞう》
(う)　東郷平八郎《とうごうへいはちろう》　(え)　北里柴三郎《きたざとしばさぶろう》

問４　次に起こったできごとのなかで１つだけ，憲法の制定よりも前に起こったできごとがあります。それはどれですか。
(あ)　韓国併合《かんこくへいごう》　(い)　満 州事変《まんしゅうじへん》
(う)　大政奉還《たいせいほうかん》　(え)　関東大震災《かんとうだいしんさい》

4　日本の国会のしくみについて，あとの問いに答えなさい。

国会は①国民に選ばれた代表者が話し合って，②国民のために法律をつくったり，予算を決めたりする大切な機関《きかん》です。
国会では２つの議院が，それぞれ独立して話し合いをすることで，国の大切な決定を慎《しん》重《ちょう》に行《おこな》うことができるようにしています。

問１　①のことを何といいますか。

問２　②を行うことから，国会は日本国憲法で，次のように定められています。(１)と(２)に当てはまる言葉の組み合わせとして正しいものはどれですか。
「国会は国権の(　１　)機関であり，国の唯一《ゆいいつ》の(　２　)機関」
(あ)　(１)…最高・(２)…司法　(い)　(１)…最高・(２)…立法
(う)　(１)…高等・(２)…司法　(え)　(１)…高等・(２)…立法

問３　2022年７月に行われた選挙は，どの議会に関するものですか。
(あ)　上院《じょういん》　(い)　下院《かいん》　(う)　衆議院　(え)　参議院

5　下の表を見て，あとの問いに答えなさい。

〈2022年　報道特集　世界のニュース〉

２月　①**冬季オリンピック**，日本のメダル過去最多18個（２月20日）

　　　②**ロシア軍，ウクライナを侵攻《しんこう》へ**（２月24日）

４月　③**フランス大統領選，マクロン氏**が再選（４月24日）

５月　④**○○県**，本土に復帰して50年（５月15日）

７月　⑤**香港《ホンコン》，返還《へんかん》され25年が経過《けいか》**（７月１日）

　　　⑥**イギリス**，ジョンソン首相が辞意《じい》を表明（７月７日）

８月　中国，⑦**記録的猛暑《もうしょ》で深刻な自然災害が続く**
（８月24日）

問１　①について，冬季オリンピックの開催地《かいさいち》はどこでしたか。

　(あ)　東京　　(い)　北京《ペキン》　　(う)　パリ　　(え)　ロンドン

問２　②について，次の〔１〕・〔２〕の問いに答えなさい。

〔１〕　ウクライナに侵攻したときの，ロシア連邦《れんぽう》の大統領の写真はどれですか。

〔２〕　ロシア軍から侵攻をうけたときの，ウクライナの大統領の写真はどれですか。

(あ)　ゼレンスキー

(い)　マリン

(う)　プーチン

(え)　バイデン

問３　③について，マクロン氏の写真はどれですか。

(あ)

(い)

(う)

(え)

問４　④について，この県はどこですか。

問５　⑤について，香港は25年前まで，どこの国の植民地でしたか。

(あ)　アメリカ合衆国《がっしゅうこく》　　(い)　イギリス

(う)　スペイン　　(え)　ドイツ

問６　⑥について，イギリスが2020年に離脱《りだつ》を決めた組織《そしき》はどれですか。

(あ)　ＥＵ《イーユー》（欧州《おうしゅう》連合）

(い)　ＡＵ《エーユー》（アフリカ連合）

(う)　ASEAN《アセアン》（東南アジア諸国連合）

(え)　UNESCO《ユネスコ》（国際連合教育科学文化機関）

問７　⑦によって起こった自然災害は何ですか。

(あ)　津波《つなみ》　(い)　地震《じしん》　(う)　干《かん》ばつ　(え)　火山噴火

【理　科】〈第1回試験〉（25分）〈満点：50点〉

〈編集部注：実物の入試問題では，写真はカラー印刷です。〉

1　春子さんは，理科の授業で花のつくりについて学びました。これについて，次の会話文を読み，あとの問いに答えなさい。

先　　生「植物は，花をさかせ子孫を残しているということを勉強しましたね。花は，大きく4つのつくりからできているのは覚えていますか？」

春子さん「花びらと，おしべと，めしべと，がくです。」

先　　生「そうですね。特に花びらは，虫を引きつけるという大切な役割を持っています。でも花の中には，４つのつくりの一部が欠けている植物もあり，そのような花を不完全花といいます。①イネはその代表なんですよ。」

春子さん「イネの仲間であるトウモロコシをこの前お母さんが買ってきたのを見たら，先端《たん》部分には〈**図１**〉のようにたくさんのひげがついていました。興味を持ったので，ひげをよく見ると，〈**図２**〉のように１本１本のひげの先に粒《つぶ》が１つずつつながっていました。」

〈**図１**〉　トウモロコシの実の様子

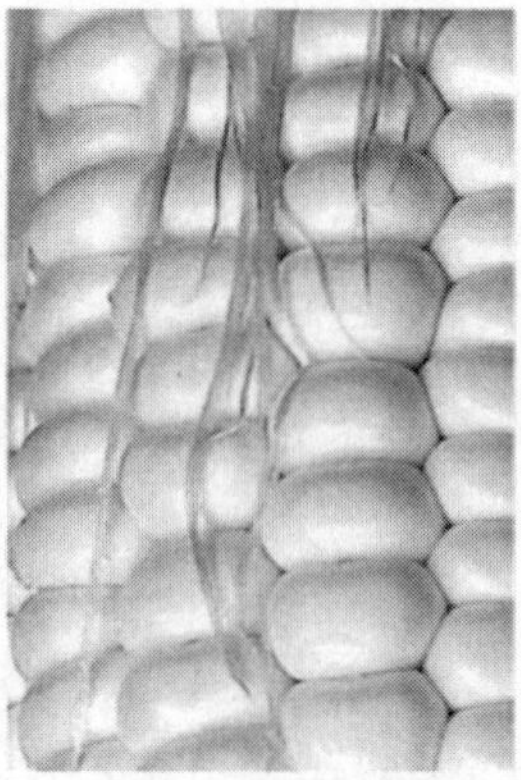

〈**図２**〉　トウモロコシのひげと粒《つぶ》の様子

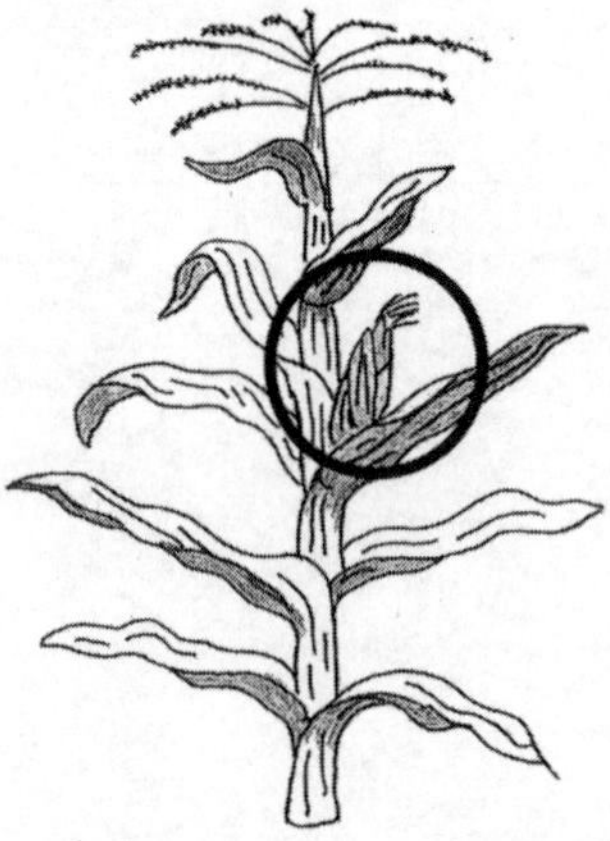

〈**図３**〉　畑のトウモロコシ

先　　生「良い事に気がつきましたね。トウモロコシ畑を見たことがありますか？　畑のトウモロコシは，〈**図３**〉のようになっていて，図中の円で示した部分に〈**図１**〉のような実ができます。機会があったら，②トウモロコシの実ができる前のひげの一部に袋《ふくろ》をかぶせて育てる実験をしてごらんなさい。おもしろい結果になりますよ。」

問１　次の植物の中で，下線部①のイネの仲間はどれですか。次の(あ)～(え)から１つ選び，記号で答えなさい。

(あ)　アブラナ　　(い)　アサガオ

(う)　ススキ　　(え)　マツ

問２　〈**図４**〉は，下線部①のイネの花をスケッチしたものです。イネは不完全花です。花の４つのつくりの中で不足しているものを，すべて答えなさい。

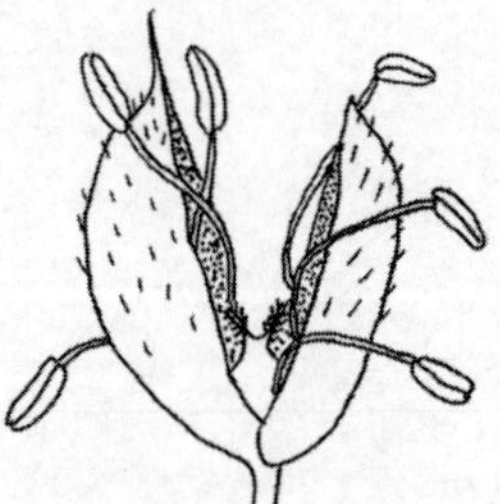

〈**図４**〉　イネの花のスケッチ

問３　イネは，どのようにして花粉を運びますか。15字以内で説明しなさい。

問４　〈**図１**〉～〈**図３**〉から考えて，〈**図１**〉のひげは何だと考えられますか。花の４つのつくりから１つ選び，答えなさい。

問５　下線部②の結果はどうなると考えられますか。

2　春子さんと夏子さんは，石灰石にうすい塩酸を加え，二酸化炭素を発生させる実験を行いました。これについて，あとの問いに答えなさい。

【実験】　〈**図５**〉のような装置で，いろいろな重さの石灰石にうすい塩酸10cm^{3}を加え，発生した二酸化炭素の体積をメスシリンダーではかったところ，下の表のようになった。

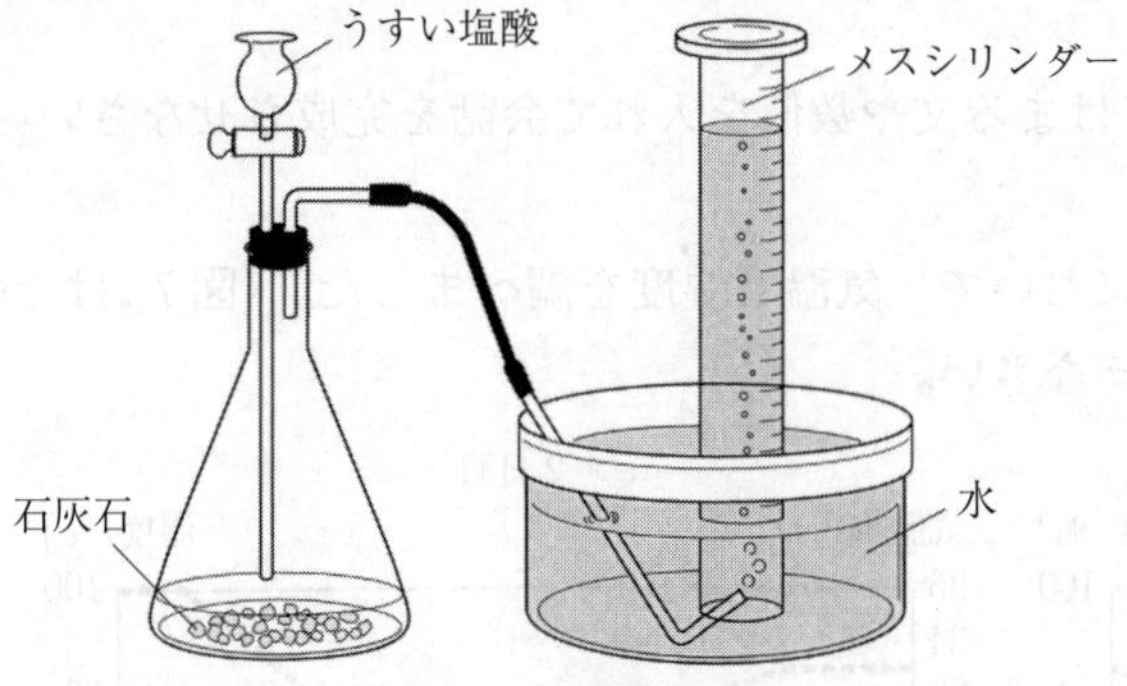

〈**図５**〉　**【実験】**の様子

石灰石の重さ[ｇ]	0.4	0.8	1.2	1.4	2.0	2.4	2.8
発生した二酸化炭素の体積[cm^3]	24	48	72		120	120	120

問６　次の(あ)～(お)のうち，二酸化炭素の説明として正しいものをすべて選び，記号で答えなさい。

(あ)　卵のからに酢《す》を加えると発生する。

(い)　鉄くぎにうすい塩酸を加えると発生する。

(う)　植物が光合成を行うときに吸収する。

(え)　地球温暖化の原因の１つといわれている。

(お)　マッチの火を近づけるとポンと音を立ててばく発する。

問７　石灰石1.4ｇを用いて実験したとき，メスシリンダーの目盛りは〈**図６**〉のようになりました。このとき発生した二酸化炭素の体積は何cm^{3}ですか。目盛りを読み取り，上の表の空らんに当てはまる数値を整数で答えなさい。

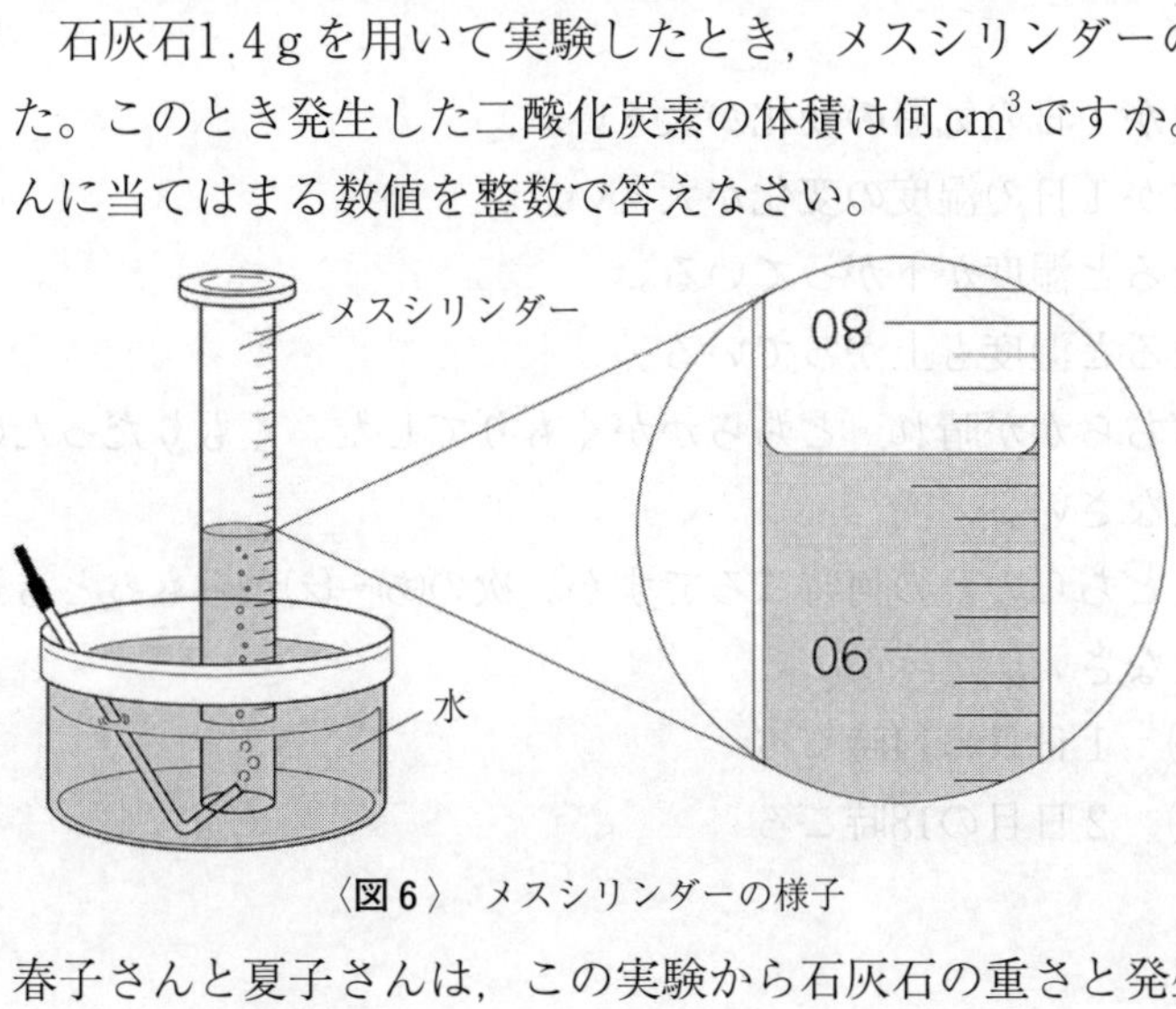

〈**図６**〉　メスシリンダーの様子

春子さんと夏子さんは，この実験から石灰石の重さと発生する二酸化炭素の体積について次のように考えました。

春子さん「石灰石が0.4～1.2ｇのときの結果を見てみると，石灰石の重さを２倍，３倍にすると発生した二酸化炭素の体積は，［　①　］いるわ。」

夏子さん「でも，石灰石を2.0ｇより多くしても発生する二酸化炭素の体積は120cm^3のまま変わってないわね。」

春子さん「それは石灰石の重さを増やしても塩酸が［　②　］からだと思うわ。」

夏子さん「じゃあ石灰石が2.8ｇのとき，発生する二酸化炭素の体積を120cm^3よりも多くするには［　③　］したらよいのね。」

春子さん「そうね。2.8ｇの石灰石がすべて塩酸と反応すると［　④　］cm^3の二酸化炭素が発生するはずだわ。」

問８　上の会話文の［①］～［④］に当てはまる文や数値を入れて会話を完成させなさい。

3　春子さんは，夏休みのある２日間において，気温と湿《しつ》度を調べました。〈**図７**〉はその記録です。これについて，あとの問いに答えなさい。

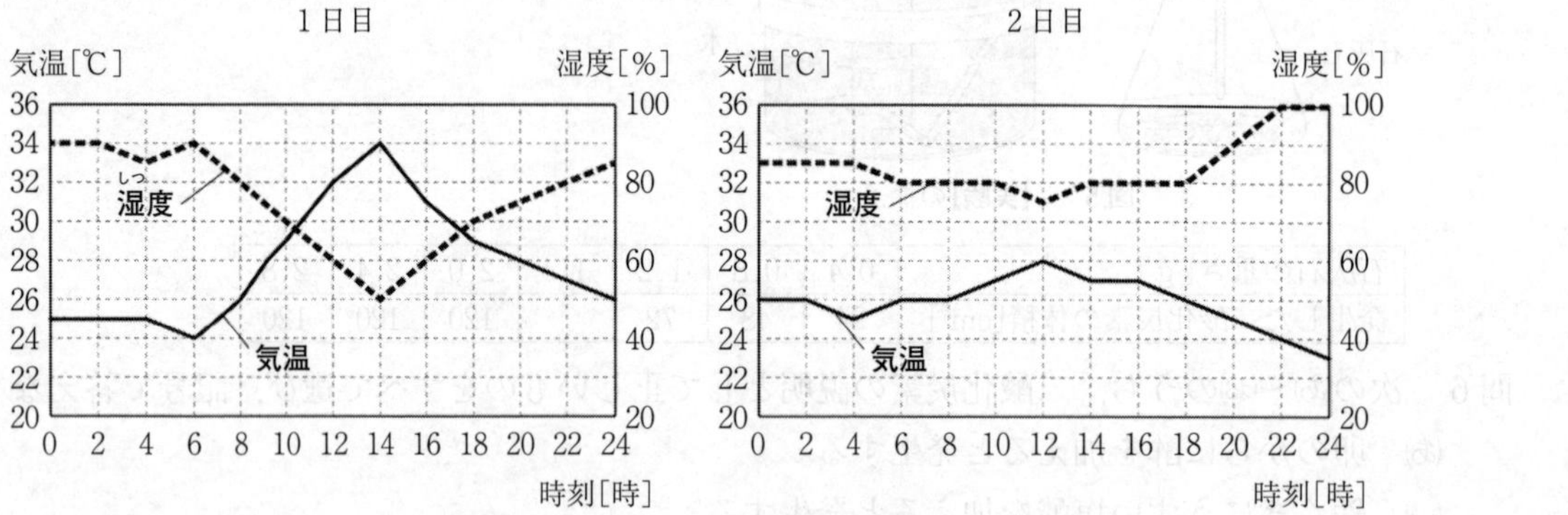

〈**図７**〉　１日目と２日目の気温と湿度

問９　１日目の最高気温は何度ですか。また，それは何時ですか。

問10　次の(あ)～(え)のうち，〈**図７**〉からわかることとしてもっとも適切なものを１つ選び，記号で答えなさい。

(あ)　１日目よりも２日目の方が１日の気温の変化が大きい。

(い)　１日目よりも２日目の方が１日の湿度の変化が大きい。

(う)　１日目は，気温が高くなると湿度が下がっている。

(え)　２日目は，気温が高くなると湿度も上がっている。

問11　１日目と２日目の天気はどちらかが晴れ，どちらかがくもりでした。くもりだったのはどちらですか。理由と共に答えなさい。

問12　洗たく物がよく乾《かわ》くのは，どちらの日の何時ごろですか。次の(あ)～(え)からもっとも適切なものを１つ選び，記号で答えなさい。

(あ)　１日目の６時ごろ　　(い)　１日目の14時ごろ

(う)　２日目の12時ごろ　　(え)　２日目の18時ごろ

次に春子さんは，１日目の太陽高度と地面の温度(地温)についても考えてみました。太陽高度とは，観測者から見た太陽の位置の地平線に対する角度のことです。太陽の熱は地面をあたため，あたためられた地面の熱が空気に伝えられることで気温が上がります。

〈**図８**〉は，１日目の気温のグラフに太陽高度の記録をかき加えたものです。

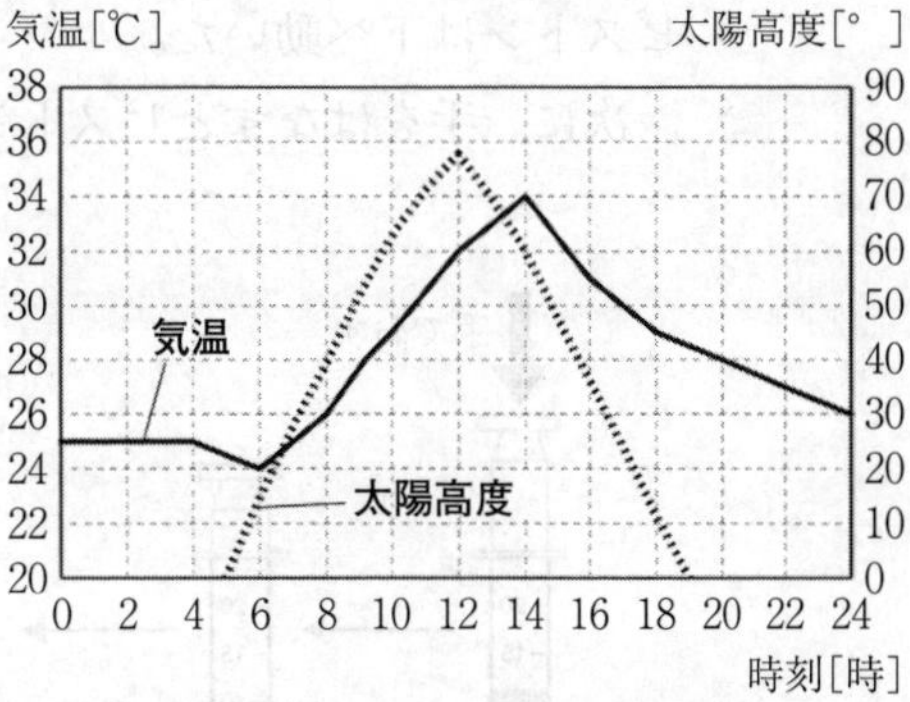

〈**図８**〉　１日目の気温と太陽高度

問13　〈**図８**〉のグラフに地温の記録をかき加えたとき，正しいのはどれですか。次の(あ)～(う)から１つ選び，記号で答えなさい。

(あ)

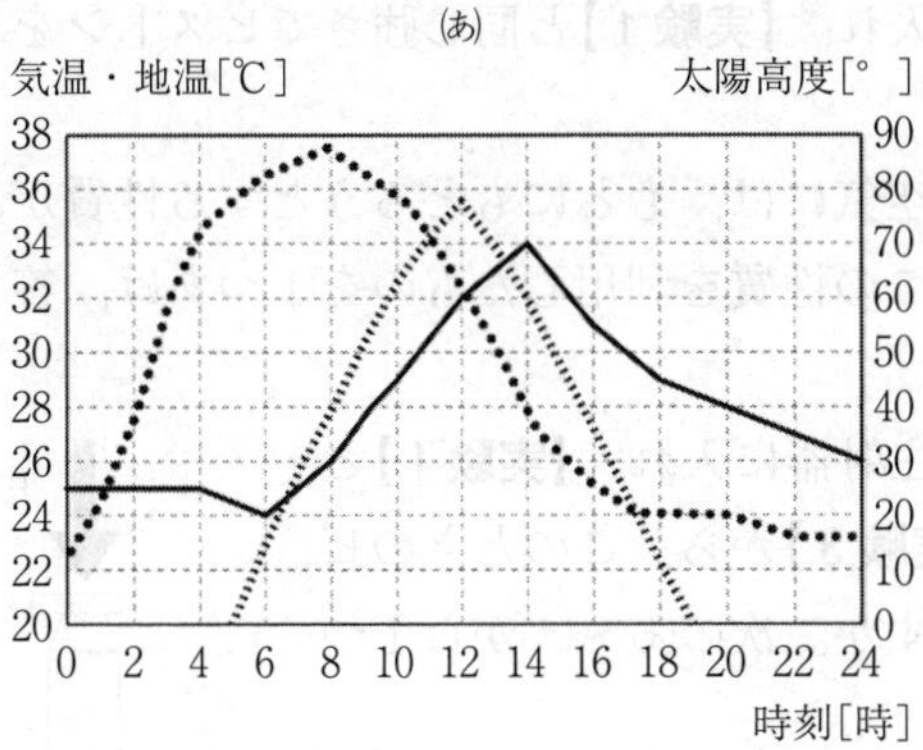

(い)

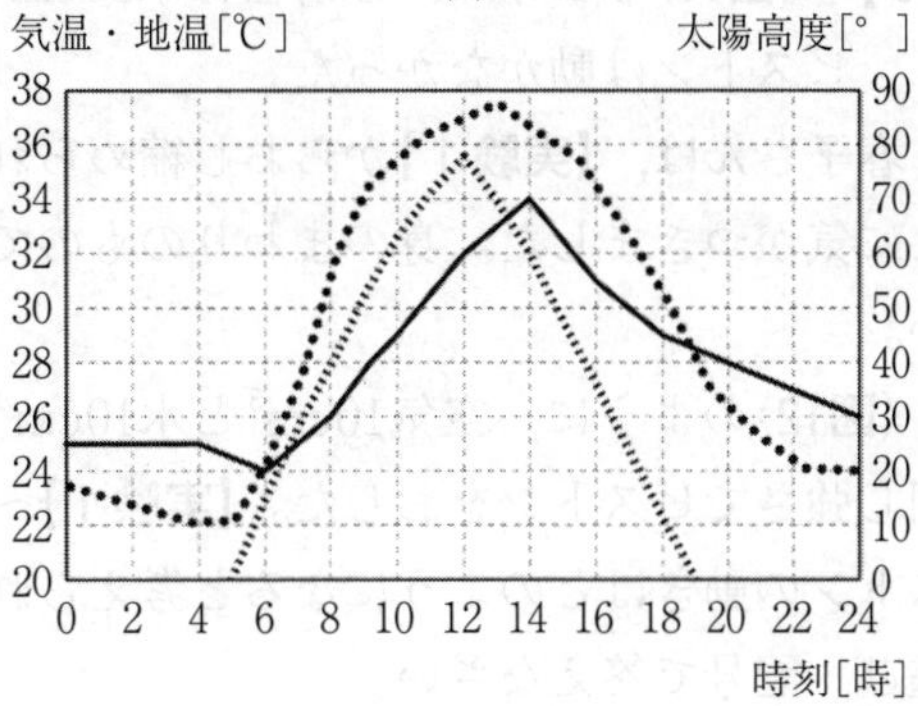

(う)

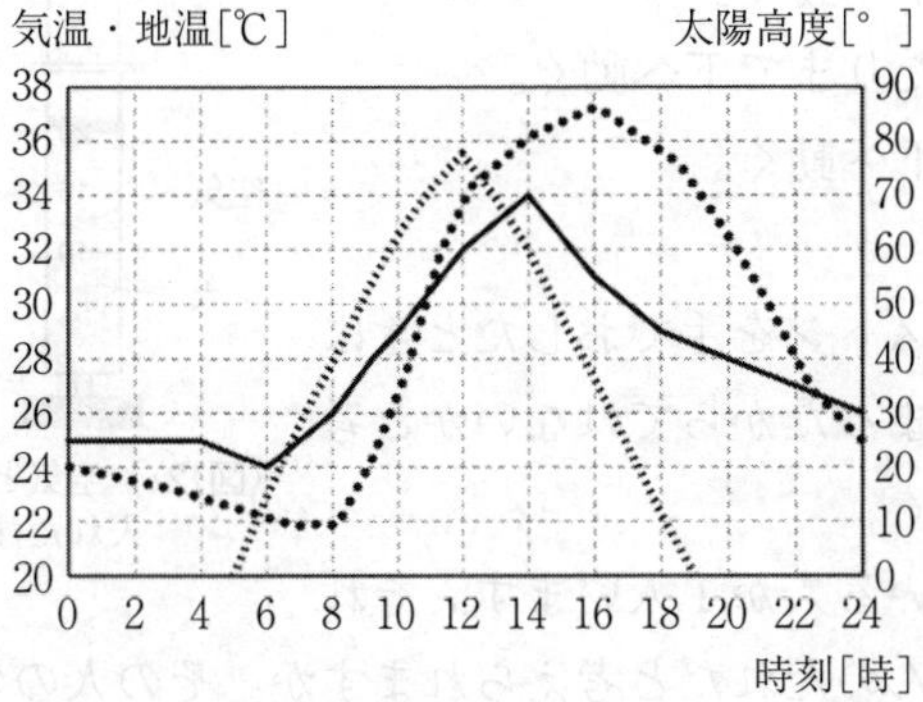

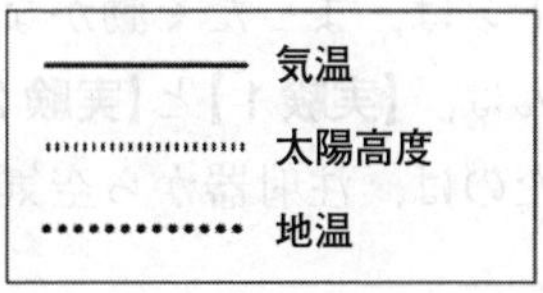

4　春子さんは，空気や水の体積変化を調べるため，次の**【実験１】**～**【実験３】**を行いました。これについて，あとの問いに答えなさい。

【実験１】　〈**図９**〉のように，注射器に空気20cm^{3}を入れ，ピストンをおすとピストンは下へ動いた。次に，手をはなすとピストンはもとにもどった。

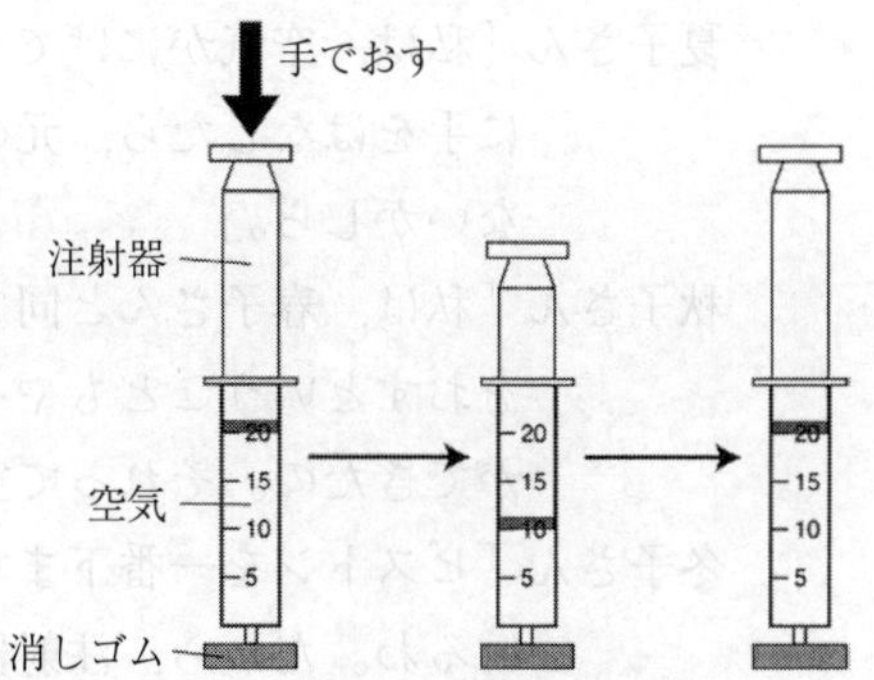

〈**図９**〉　**【実験１】**の様子

【実験２】　〈**図10**〉のように，注射器に空気10cm^{3}を入れ，**【実験１】**と同じ強さでピストンをおすと，ピストンは下へ動いた。

次に，手をはなすとピストンはもとにもどった。

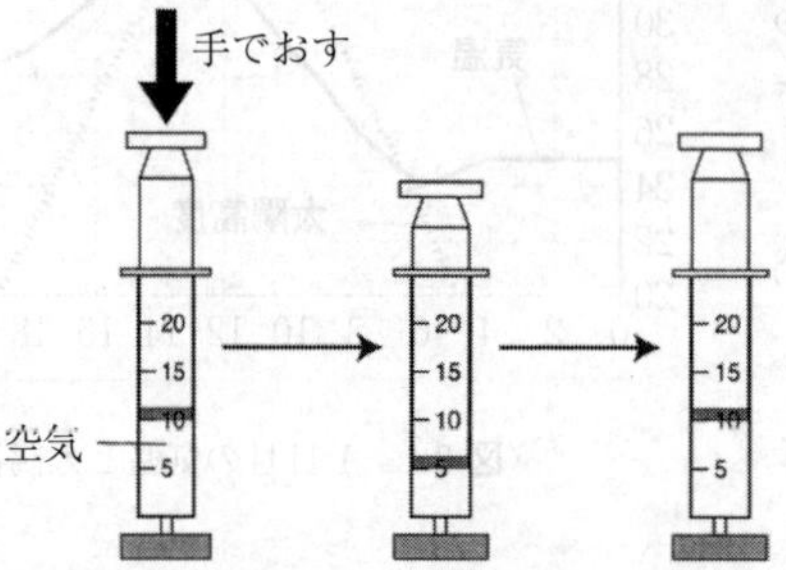

〈図10〉 **【実験２】**の様子

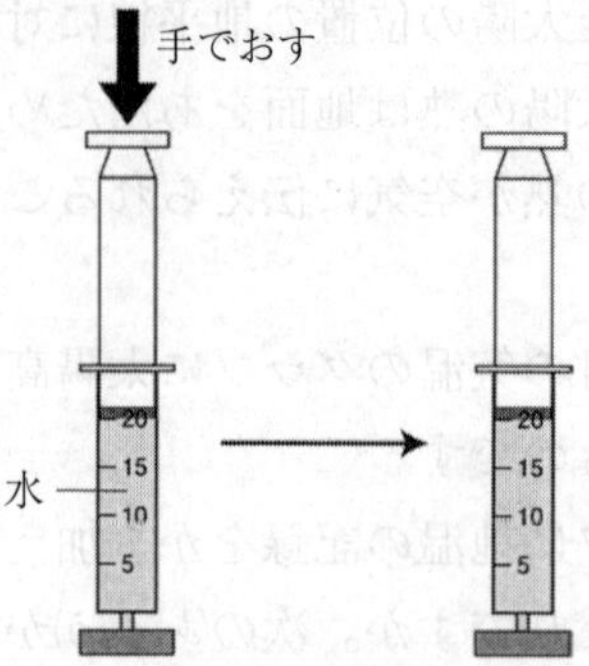

〈図11〉 **【実験３】**の様子

【実験３】 〈図11〉のように，注射器に水20cm^{3}を入れ，**【実験１】**と同じ強さでピストンをおすと，ピストンは動かなかった。

問14　春子さんは，**【実験１】**からおし縮められた空気には，もとにもどろうとする性質があることに気がつきました。身のまわりのもので，この性質を利用したものを１つあげ，答えなさい。

問15　〈図12〉のように，空気10cm^{3}と水10cm^{3}を注射器に入れ，**【実験１】**と同じ強さでピストンをおした。**【実験１】**～**【実験３】**から，このときのピストンの動きはどのようになると考えられますか。次の(あ)～(え)から１つ選び，記号で答えなさい。

(あ)　ピストンは，目盛りの15cm^{3}あたりまで下へ動く。

(い)　ピストンは，目盛りの10～15cm^{3}の間あたりまで下へ動く。

(う)　ピストンは，目盛りの10cm^{3}あたりまで下へ動く。

(え)　ピストンは，まったく動かない。

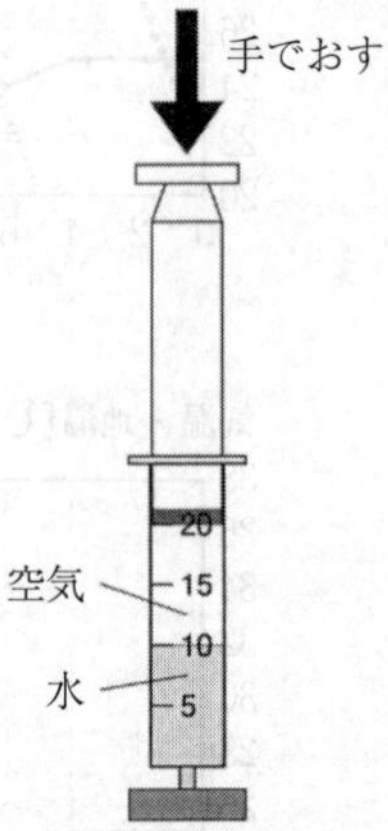

〈図12〉 空気と水を入れた注射器

問16　春子さんは，**【実験１】**と**【実験２】**から，ピストンを手でおしたときに下へ動いたのは，注射器から空気がにげてしまったからではないかと考えました。

次の会話文の中で，間違《ちが》った考え方をしている人が１人います。それは，夏子さん・秋子さん・冬子さん・春子さんのだれだと考えられますか。その人の名前を答えなさい。

夏子さん「私は，空気がにげてしまったという可能性はないと思うわ。ピストンをおした後に手をはなしたら，元の位置にもどったという実験結果からもわかることなんじゃないかしら。」

秋子さん「私は，春子さんと同じ意見だよ。注射器にほんの少しだけ空気を入れてピストンをおすということもやってみたんだ。そうしたらピストンを一番下まで動かすことができたの。それって空気がにげてしまったということなんじゃないのかしら。」

冬子さん「ピストンを一番下まで動かしても，注射器の先端《たん》にはまだ少しだけ空気が残っているわ。だから，注射器の中の空気がにげてしまったとは言い切れないんじゃないかな。」

春子さん「何だか難しくなってきたわね。それなら**【実験１】【実験２】**と同じ実験を，水そうの中でやってみれば，空気がにげてしまったかどうかすぐにわかりそうだね。」

問17　春子さんは，〈**図13**〉のようなパッケージングされたとうふを見て，容器に水が満たされているのは，今回の実験と何か関わりがあるのではないかと考えました。なぜ，とうふの容器は水で満たされているのでしょうか。その理由を，春子さんが行った実験にふれながら説明しなさい。

〈**図13**〉　パッケージングされたとうふ

なものを次の中から選び、記号で答えなさい。

ア　大きな声で呼んでも返事がない。
イ　努力した。でもうまくできなかった。
ウ　今からでもおそくはないから行こう。
エ　とんでもないことが起こってしまった。

問三 [　]に入るのは「消費」の対義語です。本文中から探し、漢字二字で抜き出して答えなさい。

問四 Ⅰ・Ⅱに入ることばとして最も適当なものをそれぞれ次の中から選び、記号で答えなさい。同じ記号を使ってはいけません。

ア また　イ さて　ウ しかし
エ 例えば　オ つまり

問五 ——線②「さまざまな公害」とありますが、「公害」は人間のどのような考え方によって生まれたと筆者は考えていますか。「という考え方。」に続く形で本文中から三十五字前後で探し、その最初と最後の五字を答えなさい。

問六 ——線③「借金」とありますが、ここではどのような意味で用いられていますか。最も適当なものを次の中から選び、記号で答えなさい。

ア 優雅な生活をするために、知人や銀行から借りた資金。
イ 今の便利な生活が、未来の人たちへ残してしまう負担。
ウ 大量消費という社会構造によって気づかされた国の弱点。
エ 現代人の能力ではどうしても処理することができない社会問題。

問七 ——線④「科学がいかなる役目を果たすべきか」とありますが、筆者は「科学が果たすべき」役目を何だと考えていますか。「をすること。」に続く形で本文中から二十一字で探し、その最初と最後の五字を答えなさい。

問八 1・2に入ることばとして最も適当なものをそれぞれ次の中から選び、記号で答えなさい。

ア 一般　イ 温暖　ウ 商品
エ 深刻　オ 省力

問九 ——線⑤「第一歩」とありますが、何をすることの「第一歩」ですか。最も適当なものを次の中から選び、記号で答えなさい。

ア 環境問題の危機を乗り切っていくことの第一歩。
イ 今まで以上に生産量を増やしていくことの第一歩。
ウ 経済理論が科学技術の中身を決めていくことの第一歩。
エ 一つの都市に人口が集中するのをふせぐことの第一歩。

問十 ——線⑥「従来」とありますが、これまで私たちはどんなことをしてきたと筆者は考えていますか。「開発してきたこと。」に続くように、本文中のことばを利用して十五字以内で書きなさい。

問十一 ——線⑦「価値観の転換」とありますが、筆者はどのように価値観を変えていくべきだと考えていますか。最も適当なものを次の中から選び、記号で答えなさい。

ア 科学技術の中身を決めるときに環境問題に目を向けるだけでなく、さらに経済論理も加えていくような考え方に変えること。
イ 何もかも同じようにそろえようとする考え方から、各自が自分の生活をして個々の文化を持とうという考え方に変えること。
ウ 現在のように人工化合物を利用することに加えて、将来は自然のエネルギーや自然物も利用しようという考え方に変えること。
エ 安くてそまつな物を使うことから、値段が高くても品質がよくて高級で長持ちするような商品を買おうという考え方に変えること。

問十二 〰〰線「安上がりで」は直接どのことばにかかりますか。最も適当なものを次の中から選び、記号で答えなさい。

安上がりで　ア 大量に　イ 生産が　ウ できるという　エ 経済論理が　オ 優先されているのです。

問十三 - - -線「でも」と同じ働きをしているものとして、最も適当るのでしょうか。たぶん、答えは、そんな知恵のない単純なものではないと思います。なすべきことは、現在の私たちの生き方を振《ふ》り返り、いかなる価値観の変更《こう》が必要で、そのためには、④科学がいかなる役目を果たすべきかを考えることではないでしょうか。

環境問題を引き起こした原因の一つは、現在の生産様式が自然の論理に合っていないことにあります。ある意味で、かんたんで楽なやり方しか採用してこなかったのです。

例えば、現在の生産方式の多くは、工場（プラント）を集中化し、巨《きょ》大化した設備で大量生産を続けるという方法がとられています。その方が、生産効率が高く、［１］化できる、つまり安上がりで大量に生産ができるという経済論理が優先されているのです。そのために、政府が基盤《ばん》整備に投資を行い、それに合わせて輸送手段を集中し、都市へ人を集めるというふうに、社会構造まで含《ふく》めて巨大化・集中化に（注４）邁進《まい》しています。その結果、少量ならば自然の力で浄化できるのに、大量に工業排出物《はい》を放出するため、海や空気の汚染を［２］化させたのです。

工場を分散させ、小規模施設《し》とすることが、まず⑤第一歩です。それでは生産力が落ちると反論されそうですが、小規模でも同じ生産力を保つ研究が必要なのです。そのヒントは、科学の技術化は、一通りだけではないという点にあります。むしろ、今までは大規模生産しか考えず、それに適した技術しか開発してこなかったといえるかもしれません。もうけるという経済論理が、科学技術の中身を決めてきた可能性があります。「自然にやさしい科学」とは、⑥従来とは異なった、小規模でも高い生産性をもつ原理や技術の発見という意味を込《こ》めています。

また、巨大化・集中化は「画一化」につながっています。全国いたるところで、同じ物が売られ、同じテレビ番組が流れ、同じビルが建ち並んでいます。画一化された文化の中で、画一化された生活を送り、画一化された製品に囲まれている結果が、大量消費構造を支えているのです。それぞれが、独自な生活スタイルをとり、固有な文化を生き、独特の生産様式をつくり出す、という⑦価値観の転換《かん》が必要だと思います。そのような「多様性」の中で生きるためには、どのようにして太陽や風や海流や地熱など自然のエネルギー利用を行うか、人工化合物でなく自然物を利用するかなど、やはり「環境にやさしい科学」が望まれることになるのです。

（池内《いけうち》　了《さとる》『科学の考え方・学び方』）

（注１）極論…はげしくかたよっている意見。
（注２）必然…必ずそうなること。
（注３）カタストロフィー…破滅《めつ》が決定的になること。
（注４）邁進…ひたすら目的に向かって進むこと。

問一　〰〰線ⓐ「過言ではない」・ⓑ「不毛の地」の意味として最も適当なものをそれぞれ後の中から選び、記号で答えなさい。

ⓐ 過言ではない
ア　すでに過ぎ去ったことではない
イ　けっして言い過ぎてはいけない
ウ　昔の考えとは言うことはできない
エ　大げさではなくてほんとうである

ⓑ 不毛の地
ア　作物などが育たない土地
イ　ゴミにあふれている土地
ウ　美しさがそこなわれた土地
エ　水びたしになってしまう土地

問二　――線①「環境問題」とありますが、原因は何ですか。本文中から六字で探し、抜き出して答えなさい。

問十三　――線⑧「お膳立てしてあげた」とありますが、具体的に何をしたのですか。本文中のことばを利用して三十字～四十字で書きなさい。

問十四　――線⑨「遠慮なく結城さんを責めた」とありますが、結城さんを「遠慮なく」責めることができたのはなぜですか。本文中から二十字以内で抜き出して答えなさい。（句読点や記号は一字とします）

二

次の文章を読み、後の問いに答えなさい。

現在、①環《かん》境問題がさまざまに議論されています。一口に環境問題といっても、地球温暖化・オゾン層の破壊《かい》・熱帯林の減少・酸性雨・有機化合物や有毒金属による地球汚《お》染など、多くの問題にわたっており、対策も個々の問題に応じて異なっています。逆に、原因はただ一つです。人間の諸活動が、環境問題を引き起こしているからです。地上に人類が現れて以来、地球環境は汚染され続けてきたと（注１）極論を言う人もいます。実際、人類の手で多くの種が絶滅《めつ》させられました。しかし、人類も自然に生まれてきた生物の一つですから、その活動が環境に影響《えいきょう》を与《あた》えるのは（注２）必然なのかもしれません。

ただ、人類は［　　］活動を行うという点で他の生物とは異なった存在であり、自然では作り得ない物質を生産し、その大量消費を行うようになったのも事実です。その結果、人類の活動が地球の環境が許容できる能力と匹《ひっ》敵するほどのレベルに達しており、自然では浄《じょう》化しきれない人工化合物があふれ、新しい生命体を作る試みすらし始めています。人類は、意識しているかどうかは別として、環境を根本的に変えかねない事態を招いているのです。

かつては、「環境は無限」と考えられていました。［Ⅰ］、環境の容量は人類の活動に比べて圧倒《とう》的に大きく、すべてを吸収処理してくれると思ってきたのです。だから、廃棄《はいき》物を平気で海や空に捨て、森林を切り、海や湖を埋《う》め立て、ダムを造ってきました。［Ⅱ］、環境が無限でないことを、②さまざまな公害によって学んできました。また、陸にも海にも砂漠《ばく》化が進み（海にも砂漠化が進み、海藻《そう》が枯《か》れています）、自然の生産力が落ち始めています。確かに、このままの消費生活を続けると、地球の許容能力を越《こ》え、（注３）カタストロフィーが起こるかもしれません。人類の未来は、環境問題の危機をいかに乗り切るかにかかっていると言ってもⓐ過言ではないでしょう。二一世紀は、まさにこの課題に直面する時代となるに違《ちが》いありません。

この環境問題の原因は、無責任に大量生産・大量消費の社会構造にしてしまった私たちの世代の責任であると考えています。自分たちは優雅《が》で便利な生活を送りながら、その「③借金」を子孫に押《お》しつけているのですから。借金の最大の象徴《ちょう》は、原子力発電所から出る大量の放射性廃棄物でしょう。電気を使って生活を楽しんでいるのは私たちですが、害にしかならない放射性廃棄物を一万年にわたって管理し続けねばならないのは、私たちの子孫なのです。あるいは、熱帯林を切って大量の安い紙を使っているのは私たちであり、表土が流されてⓑ不毛の地となってしまった大陸や島に生きねばならないのは子孫たちなのです。環境問題は、すべてこのような構造を持っています。この点を考えれば、せめて子孫たちの負担を少しでも軽くするような手立てを打っていかねばなりません。

この地球環境の危機に対し、「原始時代のような生活に戻《もど》れ」という主張をする人がいます。大量消費が原因なのですから、それをやめればいいという単純な発想です。しかし、それは正しいのでしょうか。いったん獲《かく》得した知識や能力を捨てて、原始時代の不安な生活に戻れるものなのでしょうか。生産力の低い生活に戻れば、どれほど多くの餓《が》死者が出ることでしょう。はたして誰《だれ》が、それを命じることができ

問六　――線②「そういうこと」とありますが、具体的にはどのようなことを恵美は指しているのですか。最も適当なものを次の中から選び、記号で答えなさい。

ア　恵美たちの前からすぐにも逃げだそうとすること。
イ　返事もしないでずっと静かにだまったままでいること。
ウ　それほど好きでもないコーヒーを飲もうとしていること。
エ　結城さんと仲良くしているところをあえて見せにくること。

問七　[a]・[b]にはどのことばを入れたら意味がよくわかるようになりますか。次の[　]の中からあてはまることばを選び、必要な場合は正しい形に直して答えなさい。

ふる　縮む　見る
欠ける　感じる

問八　――線③「すがりつくような気持ち」とありますが、どのような気持ちですか。最も適当なものを次の中から選び、記号で答えなさい。

ア　結城さんに助けを求めたい気持ち。
イ　恵美ともう一度仲良くなりたい気持ち。
ウ　恵美にこれ以上責められたくない気持ち。
エ　結城さんを仲間として認めたくない気持ち。

問九　――線④「最悪だった」とありますが、ひなたはどのようなことを「最悪」と感じているのですか。最も適当なものを次の中から選び、記号で答えなさい。

ア　自分が悪いと認めざるをえないこと。
イ　塾帰りの子から話が伝わっていたこと。
ウ　結城さんが落ちつきはらっていること。
エ　カラオケに行く約束をすっぽかされたこと。

問十　――線⑤「まるで、刺し傷からあふれだした、どす黒い血液みたいに」とありますが、どのようなことを表していますか。最も適当なものを次の中から選び、記号で答えなさい。

ア　無関心でなげやりに見える結城さんの態度を許せないと思う気持ちが、あふれてきたということ。
イ　グループのメンバーたちが、ひとりもわたしの味方になってくれないことに気づいたということ。
ウ　恵美がわたしに対していだいているいじわるな思いを、今になってはっきりと意識したということ。
エ　恵美の非難のことばを受けて、今までおさえてきた恵美への不満や反抗心が一気にこみあげたということ。

問十一　――線⑥「わたし自身を責める」とありますが、ひなたはどんな「わたし」を責めたのですか。最も適当なものを次の中から選び、記号で答えなさい。

ア　足の力がなくなってしまい、バランスをくずして転んでしまいそうな「わたし」。
イ　いつも感情的に行動し、何かあるとすぐに人のせいにして動揺してしまう「わたし」。
ウ　親しくしていた恵美に自分の方から別れると言ったのに、今になって後悔《かい》している「わたし」。
エ　このような場面になっても自分自身の思いが言えず、恵美から一方的に言われている「わたし」。

問十二　――線⑦「どうして、あなたがそんなふうなのか」とありますが、「ひなた」が「そんなふうな」態度をとる理由をこの後の部分で三つ述べています。本文中からひと続きの三つの文を探し、その最初の六字を抜き出して答えなさい。(句読点や記号は一字とします)

誰かの都合を優先させて生きるのはつらくない？　だってほら、いまわたしの誘《さそ》いを断れなかったから、こんな目にあっているんじゃない」

瞳《ひとみ》のなかに宿った、切実な問いかけ。まるでからかっているみたいな言葉面《づら》にはまるでⓑそぐわない結城さんの真剣《けん》なまなざしに相対しているうちに、わたしはふと思った。

こんなふうに問いかける目を、わたしはよく知っていた。

──知っている？

つかの間、不思議な感覚にとらわれていたわたしはやがて、首を振った。そんなこと、どうでもいい。

わたしはとなりの椅子《いす》に置いた鞄《かばん》を探《さぐ》って、財《さい》布を取りだした。テーブルの上に、ひとりぶんのコーヒー代を置いて立ち上がった。

「おせっかいはもうたくさん。これ以上、わたしにかかわらないで」

後ろも見ずに店を出た。

脇《わき》目も〔b〕ずに駅のほうに歩を進めながら、わたしは爪《つま》先から頭の先まで、体中をカッカさせていた。モールの暖房が(こ)効きすぎていたからじゃない。身体《からだ》の奥にわきあがってきたどろどろの感情が、熱を持って、煮《に》えたぎって、いまにも破裂《れつ》しそうだった。

（紙上《かみうえ》ユキ『少女手帖』）

（注1）葛藤…どちらかを選ばなくてはならないと心の中でまよいくるしむこと。
（注2）二の腕…肩《かた》からひじまでの部分。
（注3）玉座…王など身分の高い人がすわるところ。
（注4）反故にした…無かったことにした。
（注5）待女…高貴な人の身のまわりの世話をする女性。
（注6）容赦がなかった…遠慮《りょ》や手かげんがなかった。
（注7）癇に障った…ふゆかいで、腹が立った。

問一　═線(あ)〜(こ)のカタカナは漢字に直し、漢字は読みをひらがなで答えなさい。

問二　〜〜線ⓐ「間の悪い」・ⓑ「そぐわない」の意味として最も適当なものをそれぞれ後の中から選び、記号で答えなさい。

ⓐ　間の悪い
ア　気まずい　　イ　時間のない
ウ　場所が良くない　　エ　気持ちがすぐれない

ⓑ　そぐわない
ア　正確ではない　　イ　見たこともない
ウ　ふさわしくない　　エ　おもしろくない

問三　──線①「ごめん、結城さん」とありますが、この後にどのようなことばが続くと考えられますか。最も適当なものを次の中から選び、記号で答えなさい。
ア　あなたを親友として紹介《しょうかい》できない。
イ　あなたをここに置いてわたしは逃げる。
ウ　あなたとの楽しい時間を台無しにして。
エ　あなたを置きざりにする決心がつかなくて。

問四　［A］・［B］に入ることばとして最も適当なものをそれぞれ次の中から選び、記号で答えなさい。同じ記号を使ってはいけません。
ア　ぶるぶると　　イ　だらだらと
ウ　ぐさぐさと　　エ　ざくざくと
オ　ぎりぎりと

問五　【　】に入ることばとして最も適当なものを次の中から選び、記号で答えなさい。
ア　暴力　　イ　情熱
ウ　不思議　　エ　落ちつき

「わたしは今日、あの子たちと話をさせるために小野さんをここに連れてきた。

といっても、べつにあなたのためってわけじゃないけど」

わたしは結城さんの言っていることがわからなくて、だけど他にやりようがなくて、結城さんをにらみつけた。

結城さんは、白薔薇《ばら》のように微笑んだ。

「知りたかったの。⑦どうして、あなたがそんなふうなのか。不思議だった。言ったでしょ。探しものをしに来たって……わたしは、あなたが隠《かく》しているものを見たかったの」

何と答えていいのか、わからなかった。

結城さんがすっと笑《え》みを消した。

「あなたを見ていると苛々《いらいら》する。

そうよ。これは偶然なんかじゃない。わざとやったの。秋津《あきつ》君に九把原さんたちの予定を聞きだしてもらって。彼《かれ》、相手が女子なら、誰にでも親切だもんね。

せっかく⑧お膳《ぜん》立てしてあげたのに、なんで言わなかったの。思ってること。いろいろあるんでしょ？　だって、あなたが九把原さんに口答えしているところ、わたし、見たことがないもの。

やさしい小野さん。あなたが譲《ゆず》りすぎるから、強《ごう》引な子ばかりと縁《えん》ができるんだよ。べつに、弱みを握られているわけでもないんでしょうに、腹が立たないの？　あなたはあの子の（注5）侍《じ》女じゃないんだよ」

結城さんは、はっきりと言った。少しも（注6）容赦《しゃ》がなかった。

話が合って、楽しくて、ちょっと姉に似ていると思っていた。だけど、結城さんは姉とはぜんぜん違《ちが》っていた。

——お姉ちゃんみたいに、わかってくれない。

何にも知らないくせに、ずけずけ踏み込んできてわたしを傷つける。『女王』みたいに生きられるあなたに『侍女』の気持ちがわかるわけない。

むかっ腹が立った。

「なんで結城さんにそこまで言われなくちゃなんないの。いったい、何様のつもり？　こんなことして、わたしが感謝するとでも思った？　っていうか、こんなやり方で仲直りなんてできるわけないじゃない」

結城さんがかすかに首を傾《かたむ》けた。つぶやくように言った。

「ああ、やっと怒《おこ》ってくれた」

その言い方が（注7）癇《かん》に障《さわ》った。

「おせっかい。余計こじれただけじゃない。結城さんのせいだよ」

わたしはこんどこそ勢いにまかせて、⑨遠慮なく結城さんを責めた。

そう、勢いのせい。だけどほんとうは、それだけじゃなかった。感情をぶつけることができた理由——それは、結城さんが『外側』の人だったからだ。わたしの日常の、圏《けん》外にいる人。明日の関係を心配しなくていい相手。

わたしはずるい。こんなときにまで、計算をしている。

やさしい小野さん。よく、そんなふうに言われる。でも、わたしはちっともやさしくなんかない。

言いたいことをのみこむのは、自分の安全を確保しておくため。人に親切にするのは、波風を立てて場を混乱させて、自分の場所の居心地を悪くしないため。人の悪口を言わないのは、わたしができた人間だからじゃなくて、相手にそこまでの興味を持っていないから。

計算高くて、臆《おく》病で、怠《なま》け者。わたしはそういう人間だ。

と、結城さんが、わたしたちを隔《へだ》てているテーブルの上に身を乗りだしてきた。じっとわたしを見た。

「ねえ、どうしてあなたはそんなふうに我慢できるの？　自分の気持ちをどんなふうに納《なっ》得させているの？

わけのわからない論法だ。だけど、わたしはときどきこんなふうに恵美にからまれる。お高くとまって、人を見下してるなんて言われる。こんなにがんばってまわりに合わせようとしているのに、どうしてなんだろう。

「もういい、行こ！」

恵美のひと声でみんなが立ち上がった。手にトレイを持って、出口に向かう。その様子を、振り向いて見ることもできずにいるわたしの背中に、少し遅《おく》れて、つぶてのように尖《とが》った言葉が飛んできた。

「裏切り者！」

恥《は》ずかしくて、悔《くや》しくて、泣きそうになった。一刻も早く、ここから立ち去りたかった。なのに、できなかった。膝から力が抜けて、いま立ち上がったら、転んでしまいそうだったから。

結城さんはあいかわらず落ち着いて、コーヒーを飲んでいる。わたしのぶんのコーヒーはトレイの上で、いつの間にかすっかり湯気を消していた。

たぶん、こんな状況にわたしを追い込んだ結城さんを責めてもよかったと思う。

だけど、そんなことも思いもつかないほどに、わたしは動揺《よう》していた。わたしは⑥わたし自身を責めるのに忙《いそが》しかったのだ。

「どうして何も言わなかったの？」

ふいに問われて、わたしはテーブルの上に落としていた視線をのろのろと持ち上げた。それを結城さんの顔の上でくしんして固定した。

「どうして何も言わなかったの？」

形のいい唇《くちびる》が、同じ質問を繰《く》り返した。結城さんの㋗クチョウはあいかわらず、㋘気味が悪くなるほど平板だった。

「……結城さんには関係ない」

小声で言った。

「そうね」

つかの間の沈黙のあと、あっさりとわたしの言い分を認めた。そして——遠慮《りょ》もなしに踏《ふ》み込んできた。

「関係なくても、見ていられなかったから」

結城さんの言葉は、どうにかこうにか抑《おさ》えつけてあったわたしの嫌《いや》な感情を刺《し》激した。まるで薄《うす》紙に火がついたみたいだった。ぱっと怒《いか》りが燃え上がった。

「じゃあ、これ、わざとなの？」

わたしはかみつくように訊《き》いた。そのとたん、たったいま自分に起きていることをはっきりと理解した。

——結城さんは、ここに恵美たちがいるのを知っていて、わたしを連れてきたんだ。わざわざ近くのテーブルに座ったんだ。たぶん、わたしを恵美と話し合わせるために。

これは結城さんがわたしに投げてよこした、仲直りの機会だったんだ。

まんまと結城さんの計略にひっかかった自分のおめでたさに、こんなふうにひどいやり方をした結城さんの傲《ごう》慢さに、ひととき息が詰《つ》まりそうになった。しばらく声を出すこともできなかった。

きっと親切でしてくれたことなんだろうな、と、心のどこかで考えていた。だけど、恥ずかしいっていう気持ちが、たまらない惨《みじ》めさが、弱気も、とまどいも、遠慮も、まるごと真っ黒に塗《ぬ》りつぶした。

このあいだは——初めて一緒にお茶を飲んだ。

彼女と話すのは、とても楽しかった。わたしと結城さんのあいだには、遠すぎも近すぎもしない、居心地のいい距離《きょり》があった。だけど結城さんは、いきなりその距離を壊《こわ》した。

一方的に、無遠慮に。

闇夜《やみよ》で後ろから、不意打ちされたみたいだった。

――そう、見えるよね。っていうか、そうとしか見えないと思う。

もし、逆の立場だったら。

それにしても、こんなにⓐ間の悪い偶《ぐう》然って、あるものだろうか。

わたしは③すがりつくような気持ちで、向かい側で黙々とコーヒーに砂糖を投入している結城さんを見た。

結城さんはやっぱり平気そうな顔つきをしていた。その、動きのない表情の下で、何を考えているのか――少しも読みとれなかった。

――だけど、いくらなんでも、この場の険悪な空気には気づいていないはずはない。何で席を立ってくれないんだろう。店を出るのが無理なら、せめて、ここから遠く離《はな》れた席に移動してくれたっていいのに。

だけど、彼《かの》女はそうしない。

まるでそこが自分の（注3）玉座であるかのように落ちつきはらって、女王はコーヒーに口をつけた。

「ねえ、何とか言いなさいよ。この間のカラオケの約束、すっぽかしたのだって。こんなふうに結城さんと遊んでいたからなんでしょ。ちゃんと知ってるんだから。あの日、ひなたと結城さんが一緒《しょ》だったって、塾《じゅく》帰りに見かけたって子がいて、教えてくれた。ばれないと思ってたの？　ほんと、最悪なんだけど」

ほんとうに……④最悪だった。

恵美の非難の言葉が、心に B 突《つ》き刺《さ》さった。

――そう、あのときはわたしが悪かった。まったくそのとおり。言い訳のしようもない。

それは認めているのに、声が出なかった。ごめんって言葉が、なぜか出てこなかった。

かわりに、心の奥《おく》から、押《お》し込《こ》めておいたはずの気持ちが、どろどろと流れだしてきた。⑤まるで、刺《さ》し傷からあふれだした、どす黒い血液みたいに。

――好き勝手、言わないでよ。

わたしはスカートの膝《ひざ》においた両手を握《にぎ》り締《し》めた。

ぎりぎりになって約束を（注4）反故《ほご》にしたこと、恵美だって何回もあるじゃない。そのときはわたし、文句も言わないで流したよ。

恵美とは中学入学以来のつきあいだった。当然、いろんなことがあった。いいことも、悪いことも。はっきり言ってしまうと、悪いことのほうが圧倒《とう》的に多かった。

体調が悪いっていうから、いろんな当番を代わってあげたことも、数えきれないくらいあった。

だけど、一回だけ、わたしが恵美に頼《たの》んだときは、あっさり断られた。そのくらい我慢《がまん》しなよって。甘えるのもたいがいにしなよって。

恵美はいつもそんなふうだった。自分の(か)都合だけを押しつけてくる。わたしの都合なんか、気にしてくれたこともないくせに。

それでいて、誰よりもみんなのためにがんばっているなんて口にする。たぶん、本人だけは、ほんとうにそう思っているんだろう。

あのときの、すごく(き)ニガい気持ちが、胸の中によみがえってきた。自分の正しさばかりを主張する恵美の言い分に、何だかすっかり気が抜けて、なにもかも面倒《どう》くさくなってしまったのを覚えている。

だからそれからは、なるべく恵美の気分を害さないようにした。何でも黙《だま》ってのみこんできた。がんばって恵美のわがままに調子を合わせてきた。

波風を立てたくなかったから。

わたしの目的はただひとつ、平和な日常生活を送ることだけだったから。

「なに、黙ってんの？」

わたしを責める恵美の声が、急に大きくなった。

「そうやって、どうせまたわたしのこと、馬鹿にしてるんでしょ！」

2023年度

十文字中学校

【国 語】〈**第一回試験**〉（五〇分）〈満点：一〇〇点〉

◎文中からそのまま抜《ぬ》き出して答える場合、句読点や記号は一字とすること。また、ふりがなのある漢字は、ふりがなをつけなくてもかまいません。

一 次の文章を読み、後の問いに答えなさい。

高校生の小野《おの》ひなたは、九把原《くわばら》恵美《えみ》たちとのカラオケの約束をキャンセルしてしまったために、恵美たちのグループとしっくりいかなくなっていた。ある日、ひなたは同級生の結城《ゆうき》さんにさそわれてショッピングモールのカフェに行った。

すぐとなりのテーブルに、恵美がいた。

恵美だけじゃない、グループのメンバー全員、勢揃《ぞろ》いだ。

「うそ、ひなた？」

先に声をあげたのは、恵美のほうだった。驚《おどろ》きが半分、後の半分は――。

考えたくなくて、わたしは目の前の現実から顔を背《そむ》けた。

――逃《に》げろ。

わたしの本能がわたしに命令した。大至急、退避《ひ》。㋐マったなしの号令が発せられた。

――でも、そうしたら結城さんが置き去りになってしまう。それはまずい。どうしよう。逃げるか、留《とど》まるか。

真逆の要求が、さらにわたしを凍《こお》りつかせた。でもそれは、ほんのつかの間の（注1）葛藤《かっとう》だった。息のできなくなるような緊《きん》張状態に、わたしはすぐに耐《た》えられなくなった。

――①ごめん、結城さん！

一歩、後ろに退いた。続いて出口に向かって思いきりよく向きを変えようとしたところで、だしぬけに（注2）二の腕《うで》をつかまれた。いつの間にか、結城さんがすぐとなりに立っていた。わたしの腕をつかんだ手に、力がこめられた。結城さんの白い指が、［ A ］、痛いくらいにわたしの腕をしめつけた。

――内に秘めた【　　】！

そんなフレーズが、わたしの㋑脳裏をさっとかすめていった。

しかし、傍目《はため》で見る限り、結城さんの表情はどこまでもれいせいだった。

熱っぽいそぶりなんて、露《つゆ》ほども感じられなかった。

結城さんは打ち水の香る座敷《しき》に供された葛《くず》切りのように、涼《すず》やかに微笑《ほほえ》んだ。それから、鈴《すず》を振《ふ》るような声で言った。

「さあ来て、コーヒーが㋒サめちゃう」

しばらく、誰《だれ》も口をきかなかった。

このままグループ㋓サイバンがはじまっても、何の不思議もない状況《きょう》だったけれど、いつもの顔ぶれに結城さんが加わることで、場の空気を支配する力に、微妙《びみょう》なひずみが生じていた。

無限に感じられるその沈黙《ちんもく》を、最初に㋔破ったのは、やっぱり恵美だった。

「……②そういうこと、よくできるよね」

わたしは終始うつむけていた顔を上げた。でも、恵美のほうを見ることはできなかった。

「何なの、それ。もうあたしたちに用はないって、わざわざ見せつけに来たの？」

とげとげしい声に身が［ a ］思いがした。

2023年度

十文字中学校　▶解説と解答

算　数　＜第１回試験＞（50分）＜満点：100点＞

解　答

[1] (1)　10　(2)　$\frac{1}{5}$　(3)　23　(4)　20%　(5)　36歳　(6)　７通り　(7)　50度　(8)　1696cm^3　[2] (1)　28.26cm　(2)　10.26cm^2　[3] (1)　分速60m　(2)　24　[4] (1)　７▲３＝４▲３　(2)　18個　[5] (1)　$\frac{1}{24}$　(2)　576個　[6] (1)　２時間24分　(2)　１時間20分

解　説

[1] 四則計算，逆算，濃度《のうど》，平均，場合の数，角度，体積

(1)　８＋16÷(20－12)＝８＋16÷８＝８＋２＝10

(2)　$\left(\frac{1}{2}-\frac{1}{3}\right)\div\frac{5}{6}=\left(\frac{3}{6}-\frac{2}{6}\right)\times\frac{6}{5}=\frac{1}{6}\times\frac{6}{5}=\frac{1}{5}$

(3)　６＋(32－□)×５＝51より，(32－□)×５＝51－６＝45，32－□＝45÷５＝９　よって，□＝32－９＝23

(4)　(食塩の重さ)＝(食塩水の重さ)×(濃度)より，10％の食塩水200ｇと，16％の食塩水500ｇにふくまれる食塩の重さはそれぞれ，200×0.1＝20(ｇ)，500×0.16＝80(ｇ)である。よって，混ぜ合わせる食塩水300ｇには，80－20＝60(ｇ)の食塩がふくまれるから，この食塩水の濃度は，60÷300×100＝20(％)とわかる。

(5)　姉妹３人の年齢《ねんれい》の合計は，８×３＝24(歳《さい》)で，お母さんを加えた４人の年齢の合計は，15×４＝60(歳)なので，お母さんの年齢は，60－24＝36(歳)である。

(6)　出た目の和が５のとき，大小２つのさいころの目の組み合わせは，(大，小)＝(１，４)，(２，３)，(３，２)，(４，１)の４通りある。同様に，出た目の和が，５×２＝10のとき，目の組み合わせは，(大，小)＝(４，６)，(５，５)，(６，４)の３通りある。よって，目の和が５の倍数になる場合は全部で，４＋３＝７(通り)ある。

(7)　下の図１で，㋑の角の大きさは，180－90－65＝25(度)で，㋒の角の大きさは㋑の角の大きさと同じだから25度になる。また，平行線において錯角《さっかく》は等しいから，㋐の角の大きさは，㋑の角と㋒の角の大きさの和と同じ，25×２＝50(度)となる。

(8)　下の図２で，この立体の底面は斜線《しゃせん》部分で，たての長さ15cm，横の長さ20cmの長方形から，

図１

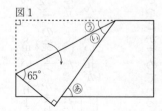

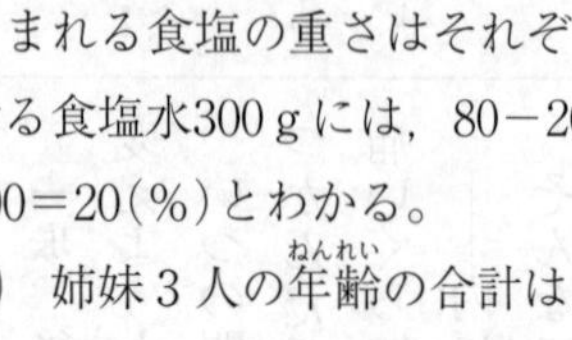

図２

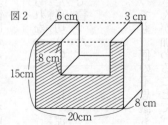

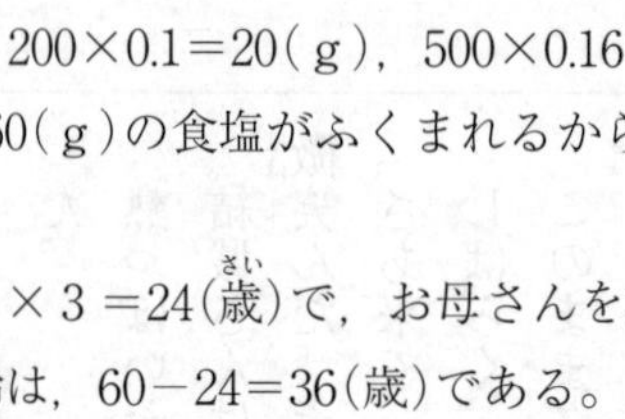

図３

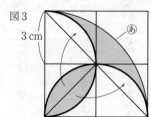

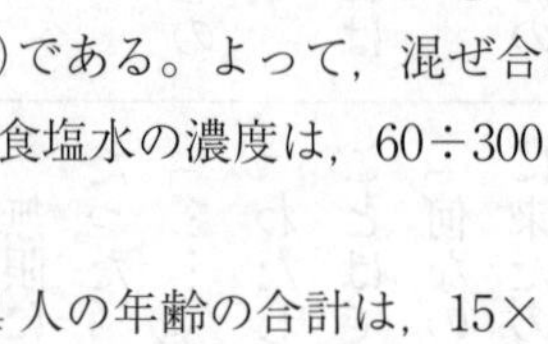

たての長さ8cm，横の長さ，20－6－3＝11(cm)の長方形をのぞいたものになる。よって，この立体の底面積は，15×20－8×11＝212(cm^2)なので，この立体の体積は，212×8＝1696(cm^3)と求められる。

2 平面図形―長さ，面積

(1) 上の図3で，(あ)の曲線部分は半径，3×2＝6(cm)の四分円の弧《こ》だから，その長さは，6×2×3.14×$\frac{1}{4}$＝3×3.14(cm)である。また，太線部分の長さの和は半径3cmの円の円周と等しいので，3×2×3.14＝6×3.14(cm)とわかる。よって，かげをつけた部分の周りの長さは，3×3.14＋6×3.14＝(3＋6)×3.14＝9×3.14＝28.26(cm)となる。

(2) 図3のように，かげをつけた部分の一部を移動すると，かげをつけた部分は，半径6cmの四分円から，等しい辺の長さが6cmの直角二等辺三角形をのぞいたものになる。よって，その面積は，6×6×3.14×$\frac{1}{4}$－6×6÷2＝28.26－18＝10.26(cm^2)と求められる。

3 グラフ―速さ

(1) 問題文中のグラフより，家から図書館までの660mを11分で歩いたので，そのときの速さは分速，660÷11＝60(m)である。

(2) 図書館から駅まで向かったときの速さは分速，60×1.5＝90(m)になる。グラフより，図書館から駅までの道のりは，1200－660＝540(m)なので，図書館から駅までかかる時間は，540÷90＝6(分)とわかる。よって，(あ)にあてはまる数は，30－6＝24となる。

4 約束記号，整数の性質

(1) 7を3で割ったときの余りと，4を3で割ったときの余りが等しいので，7▲3＝4▲3となる。

(2) 8÷5＝1余り3より，□にあてはまる2桁《けた》の数は5で割ると3余る数である。99÷5＝19余り4より，もっとも大きい数は，5×<u>19</u>＋3＝98とわかる。また，もっとも小さい数は，5×<u>2</u>＋3＝13である。よって，下線を引いた部分に注目すると，□にあてはまる2桁の数の個数は，2から19までの整数の個数と同じになるので，全部で，19－2＋1＝18(個)となる。

5 割合

(1) 8等分の1つはスイカ1玉の$\frac{1}{8}$だから，その3分の1はスイカ1玉の，$\frac{1}{8}×\frac{1}{3}＝\frac{1}{24}$となる。

(2) 松子さんの調べた量はスイカ1玉の，$\frac{1}{8}×\frac{1}{4}＝\frac{1}{32}$なので，2人の調べた量はスイカ1玉の，$\frac{1}{24}＋\frac{1}{32}＝\frac{7}{96}$になる。よって，42個がスイカ1玉の中の種の$\frac{7}{96}$にあたるから，スイカ1玉の中の種は，42÷$\frac{7}{96}$＝576(個)と求められる。

6 仕事算

(1) この仕事全体の量を1とすると，梅子さんと松子さんが1時間にする仕事量はそれぞれ，1÷4＝$\frac{1}{4}$，1÷6＝$\frac{1}{6}$なので，2人が一緒《いっしょ》に1時間にする仕事量は，$\frac{1}{4}＋\frac{1}{6}＝\frac{5}{12}$になる。よって，この仕事を2人がすると，終えるまでにかかる時間は，1÷$\frac{5}{12}$＝2$\frac{2}{5}$(時間)となる。これは，60×$\frac{2}{5}$＝24(分)より，2時間24分である。

(2) 松子さんは4時間仕事をしたから，その仕事量は，$\frac{1}{6}$×4＝$\frac{2}{3}$である。よって，梅子さんは，1－$\frac{2}{3}$＝$\frac{1}{3}$の仕事をしたので，梅子さんが仕事をした時間は，$\frac{1}{3}÷\frac{1}{4}$＝1$\frac{1}{3}$(時間)とわかる。これは，$60\times\frac{1}{3}=20$(分)より，１時間20分となる。

社 会 ＜第１回試験＞（25分）＜満点：50点＞

解 答

[1] 問１ (あ) 問２ (う) 問３ (い) 問４ (う) 問５ (え) 問６ (い) 問７ (え) 問８ (あ) 問９ (う) 問10 (い) 問11 (う) 問12 (あ) 問13 (い) 問14 (え) 問15 (あ) [2] 問１ ② 問２ 邪馬台国 問３ (う) 問４ (い) 問５ (あ) 問６ (い) 問７ (い) 問８ (例) ①／平安時代に『源氏物語』を著した。(②／日露戦争で戦う弟を思う詩をよんだ。)(③／明治時代に有名な小説を書いた。)(④／大正時代に婦人運動を行った。) [3] 問１ (え) 問２ ②→③→①→④ 問３ (い) 問４ (う) [4] 問１ 国会議員 問２ (い) 問３ (え) [5] 問１ (い) 問２ 〔１〕 (う) 〔２〕 (あ) 問３ (え) 問４ 沖縄(県) 問５ (い) 問６ (あ) 問７ (う)

解 説

[1] 九州地方の各県についての問題

問１ 佐賀県は，北に玄界灘《げんかいなだ》に浮かぶ小さな島がいくつかあり，有明海に向かって南に突《つ》き出た形をしている。なお，(い)は東京都，(う)は茨城県，(え)は広島県の形。

問２ 有明海は，沖までいっても海の深さが数m程度の深さの海底が続く遠浅の海である。干満の差(満潮と干潮の潮位の差)が大きいため，筑後川などの河川が土砂を運んで有明海に流れ，潮の満ち引きによって沖合まで運ばれた土砂がたい積して干潟《ひがた》ができる。

問３ 品種名に「さが」とあるように「さがほのか」は，佐賀県で「大錦」と「とよのか」という品種の交配により生まれ，2001年に品種登録されたイチゴである。なお，(あ)は熊本県，(う)と(え)は栃木県でおもに栽培《さいばい》されているイチゴの品種。

問４ 嬉野《うれしの》町は，佐賀県南西部に位置し，日本茶の中ではめずらしい独特の丸みを帯びた葉が特《とく》徴《ちょう》の緑茶の産地となっている。嬉野茶は，この特徴から「玉緑茶」とよばれる。

問５ 有明海は，大小100以上の河川が流れ込《こ》むため栄養分が豊かであることや，干満の差が大きいことなどが，ノリの養殖に適している。2020年のノリの収獲《しゅうかく》量は佐賀県が全国１位である。なお，統計資料は『日本国勢図会』2022／23年版などによる(以下同じ)。

問６ 16世紀末の豊臣秀吉による朝鮮出兵のさい，九州地方の大名たちは朝鮮から多くの陶工《とうこう》を日本に連れて帰り，すぐれた焼き物が各地でつくられるようになった。唐津焼・伊万里焼・有田焼は，こうして佐賀県で生まれた陶磁器で，日本を代表する伝統的工芸品となっている。

問７，問８ 長崎県は，壱岐《いき》・対馬《つしま》など多くの島々や半島から形成されており，大村湾・諫早《いさはや》湾・橘《たちばな》湾に面し，海岸線が複雑に入り組んだリアス海岸を有している。こうしたことから，島の数は日本一，海岸線の長さは北海道についで二番目に長い。

問９ 対馬は南北約82km，東西約18kmの南北に細長い形をしており，中央部にはリアス海岸の浅茅《あそう》湾が広がっている。面積は，本土５島(本州・北海道・九州・四国・沖縄本島)をのぞくと，択《え》捉《とろふ》島(北海道)，国後《くなしり》島(北海道)，佐渡《さど》島(新潟県)，奄美《あまみ》大島(鹿児島県)についで大きい。なお，

(あ)と(え)は鹿児島県に属する島。

問10　島原半島の中央部に位置する雲仙《うんぜん》普賢《ふげん》岳は，1990年11月に198年ぶりに噴火《ふんか》した。翌91年２月に再び噴火が始まると，その後大規模な火砕流や土石流が発生したため，大きな被害が出た。なお，(あ)は宮崎県・鹿児島県，(う)は長野県・山梨県，(え)は熊本県にある山。

問11　長崎は，江戸時代の鎖国体制の中で唯一《ゆいいつ》海外との交流があった都市で，中国から伝来したびわの種を茂木地区にまいたことによって栽培が始まり，温暖な気候のもとに日本最大のびわの産地となった。

問12　長崎県では，1600年前後にインドネシアのジャカルタから入ってきたといわれているジャガイモの生産がさかんで，冬に植えたジャガイモを春から初夏にかけて収穫し，夏に植えたジャガイモを秋から冬にかけて収穫している。なお，(い)の収穫量の第１位は鹿児島県，第２位は茨城県。(う)の収穫量の第１位は茨城県，第２位は長野県。(え)の収穫量の第１位は北海道，第２位は千葉県。

問13　長崎市や佐世保市が面した湾は，海岸線が複雑に入り組んだ地形の奥にあるため，水深が深く波がおだやかで，造船業が発達した。

問14　ハウステンボス(長崎県佐世保市)は，オランダの街並みを再現した日本一広いテーマパークである。四季折々にさまざまな花が咲《さ》きほこり，光で彩られ，春と秋には西日本最大級の「九州一花火大会」が開催される。

問15　2022年９月23日，西九州新幹線の一部区間にあたる長崎県の長崎駅と佐賀県の武雄温泉駅の区間が開業した。新幹線の愛称は，博多—長崎間を走っていた特急「かもめ」から名づけられた。なお，(い)は秋田新幹線，(う)は山形新幹線，(え)は東海道・山陽新幹線の列車名。

2　歴史上で活躍《かつやく》した女性についての問題

問１　中臣鎌足は男性で，大宝律令の編さんにかかわった藤原不比等の父である。鎌足は，645年に権力をふるっていた蘇我蝦夷《そがのえみし》・入鹿《いるか》父子を中大兄皇子とともに滅《ほろ》ぼし，大化の改新とよばれる一連の政治改革を行った。

問２　中国の歴史書『魏志』倭人伝によると，卑弥呼は，30あまりの小国を従えた邪馬台国《やまたいこく》の女王として呪術《じゅじゅつ》によって国を治め，239年に魏(中国)に使いを送り，皇帝から「親魏倭王」の称号と金印や銅鏡などを与えられたとされる。

問３　中大兄皇子は皇太子として中央集権化を進め，663年に白村江《はくすきのえ》の戦いで唐(中国)・新羅連合軍に敗れると国防にも力を入れ，667年に都を近江大津宮にうつし，翌年に即位して天智天皇となった。

問４　清少納言は一条天皇のきさきの定子に仕え，「春はあけぼの」で始まる，人生や自然についてするどい感覚でつづられた随筆の『枕草子』を著した。

問５　1221年に後鳥羽上皇が承久の乱を起こして鎌倉幕府を倒そうとすると，源頼朝の妻で尼《あま》将軍とよばれた北条政子は，「頼朝の山よりも高く海よりも深いご恩にむくいて幕府を守ってほしい」と御家人たちに団結を訴《うった》え，勝利に導いた。

問６　1871年，幕末に結ばれた不平等条約の改正交渉《こうしょう》と欧米各国の視察のため，岩倉具視を大使，大久保利通《としみち》・木戸孝允《たかよし》・伊藤博文・山口尚芳《なおよし》を副使とする使節団が派遣された。この中に，最初の女子留学生として加わり，帰国後の1900年に女子英学塾(のちの津田塾大学)を設立した津田梅子もふくまれていた。

問７　平塚らいてうは，1911年に女性たちの文芸団体として青鞜《せいとう》社を設立し，女性による女性のための雑誌として『青鞜』を発刊した。その創刊の辞で，当時の女性の地位の低さを「元始，女性は実に太陽であった。真正の人であった。今，女性は月である。」と表現したことで知られる。

問８　①　紫式部は平安時代半ばに一条天皇のきさきの彰子に仕え，この時代に生み出されたかな文字を使って長編小説『源氏物語』を著した。　②　与謝野晶子は，1904年に始まった日露戦争のさい，雑誌『明星』に「ああ，弟よ，君を泣く，君死にたまふことなかれ」という一節で始まる詩を発表し，旅順に出陣した弟の無事を願った。　③　樋口一葉は，明治時代に生活に苦しみながらも，わずか一年半で『たけくらべ』や『にごりえ』などすぐれた作品を発表し，高い評価を受けた。　④　市川房枝は，1920年に平塚らいてうらとともに新婦人協会を設立し，婦人参政権を求める運動の中心人物となって活躍した。

３　大日本帝国憲法についての問題

問１　伊藤博文は，長州藩(山口県)出身の政治家で，ヨーロッパにわたって憲法理論を学び，大日本帝国憲法制定の中心人物となった。1885年にこれまでの太政官制に代わって内閣制度が発足すると，初代内閣総理大臣に任命された。

問２　①は1914年，②は1894年，③は1904年，④は1939年に始まった戦争なので，起きた順に並べると，②→③→①→④となる。

問３　田中正造は，足尾銅山から流された鉱毒によって渡良瀬川流域の魚や農作物に深刻な被害がもたらされると，帝国議会で足尾銅山の操業停止を求めたが，政府の対応は不十分であったため，1901年に衆議院議員を辞職して明治天皇に直訴を試みた。正造は，その後も足尾鉱毒問題に取り組んだが，下流部にあった谷中村は廃村となり，遊水地になった。

問４　大日本帝国憲法の発布は1889年２月11日である。これより前のできごとは，1867年に江戸幕府の第15代将軍徳川慶喜が政権を朝廷に返した(う)の大政奉還となる。なお，(あ)は1910年，(い)は1931年，(え)は1923年に起こったできごと。

４　日本の国会のしくみについての問題

問１　日本国憲法第43条で「両議院は，全国民を代表する選挙された議員でこれを組織する」と定められているとおり，国会は選挙によって国民に選ばれた国会議員で構成され，法律の制定，予算の議決，条約の承認，内閣総理大臣の指名などを行う。

問２　国会の地位については，日本国憲法第41条で「国会は，国権の最高機関であって，国の唯一の立法機関である」と定められている。これは，国会は主権を持つ国民から選ばれた議員で構成された国の最高機関であること，法律を制定できるのは国会だけであることを意味している。

問３　国会は二つの議院によって議会が構成される二院制で，衆議院と参議院からなる。衆議院議員の任期は４年で，任期途中に解散することもある。参議院議員の任期は６年で，３年ごとの選挙で半数が改選される。それぞれの最新の選挙は，第49回衆議院選挙が2021年10月31日，第26回参議院選挙が2022年７月10日に実施された。

５　2022年の世界のニュースについての問題

問１　2022年２月４日から20日まで，中国の首都北京で冬季オリンピック大会が開催された。冬のオリンピックとしては史上最多の109種目が行われ，日本は金メダル３個，銀メダル６個，銅メダル９個，計18個を獲得した。

問２　ロシアのプーチン大統領は，2022年２月にウクライナ東部に住むロシア系住民を守るという口実で，2019年からゼレンスキーが大統領を務めているウクライナに攻め込み，戦闘を続けている(2023年３月現在)。なお，(い)はフィンランド首相，(え)はアメリカ大統領。

問３　エマニュエル＝マクロンは，2017年に行われたフランス大統領選挙の結果，フランス史上最年少の39歳で大統領となり，任期５年が満了することにともない2022年４月に行われた大統領選挙で，再選をはたした。なお，(あ)はメルケル元ドイツ首相，(い)は2022年のフランス大統領選挙に出馬したルペン候補，(う)はトランプ元アメリカ大統領。

問４　1951年に第二次世界大戦の講和会議がアメリカのサンフランシスコで開かれ，連合国48か国との間に結ばれた平和条約によって日本は独立を回復したが，沖縄は引き続きアメリカの統治下に置かれた。1971年に調印された沖縄返還協定が翌72年５月15日に発効したことで，沖縄県は本土に復帰した。

問５　香港は，アヘン戦争で清(中国)がイギリスに敗北し，1842年に結ばれた南京条約でイギリスに割譲され，イギリスの植民地となった。1984年に中華人民共和国(中国)とイギリスが発表した中英共同声明によって，1997年に香港が中国に返還することが約束された。

問６　イギリスでは2016年６月に国民投票が行われ，EU(欧州連合)からの離脱に賛成する票が過半数となり，2019年３月にEUから離脱することとなった。しかし，イギリス議会での合意が得られず離脱の時期が延期され，2020年１月31日(日本時間では２月１日)に離脱した。

問７　2022年８月，中国では最高気温が40℃以上の記録的な猛暑が続き，それにともなって干ばつが起こった。これにより，中国最大の淡水湖の面積が約３割にまで減少し，家畜の一部は干ばつの地域から別の地域に移され，農作物に深刻な被害が出るなど，大きな影響があった。

理　科　＜第１回試験＞（25分）＜満点：50点＞

解　答

[1] **問１**　(う)　**問２**　花びら，がく　**問３**　(例)　風の流れによって花粉を運ぶ。　**問４**　めしべ　**問５**　(例)　トウモロコシの粒ができない部分がある実となる。　[2] **問６**　(あ)，(う)，(え)　**問７**　$84cm^3$　**問８**　①　(例)　２倍，３倍に増えて　②　(例)　すべて使われて残っていない　③　(例)　加えるうすい塩酸の体積を増や　④　168　[3] **問９**　34℃／14時　**問10**　(う)　**問11**　(例)　１日の気温と湿度の変化が少ないので，２日目がくもりである。　**問12**　(い)　**問13**　(い)　[4] **問14**　(例)　タイヤ　**問15**　(あ)　**問16**　秋子さん　**問17**　(例)　水は力を加えられてもおし縮められないため，やわらかいとうふを周囲の力から守ることができるから。

解　説

[1]　イネの仲間の花のつくりについての問題

問１　イネはイネ科の植物で，ほかにイネ科には，ススキやトウモロコシ，コムギなどがある。アブラナはアブラナ科，アサガオはヒルガオ科，マツはマツ科の植物である。

問２　１つの花に花びら，がく，おしべ，めしべがそろっている花を完全花といい，どれか１つでも不足している花を不完全花という。イネは，花びらとがくが不足している不完全花である。

問３　イネの花粉は風によって運ばれる。花粉が風で運ばれる花を風ばい花といい，ほかにススキやマツなどがある。

問４　トウモロコシの粒《つぶ》は成長した果実である。先生と春子さんの会話の中の，「１本１本のひげの先に粒が１つずつつながっていました」とあることから，果実につながるひげはめしべの一部の柱頭にあたると考えられる。

問５　袋《ふくろ》をかぶせたひげ(めしべ)は受粉できないため，そのひげにつながっている子房《ぼう》は成長できない。よって，熟したトウモロコシの粒が一部できていない部分がある実ができると考えられる。

2　二酸化炭素の発生についての問題

問６　(あ)　卵や貝がらなど，炭酸カルシウムをふくむ物質に酢《す》を加えると二酸化炭素が発生する。　(い)　鉄くぎにうすい塩酸を加えると水素を発生させることができる。　(う)　植物が光合成をおこなうとき，二酸化炭素を吸収して酸素をはい出する。　(え)　地球温暖化の原因となる気体を温室効果ガスといい，メタンや二酸化炭素などがある。　(お)　二酸化炭素は燃えないのであてはまらない。

問７　実験で用いたメスシリンダーの１目盛りは1 cm^3を表している。水面の平らなところを読み取ると，このとき発生した二酸化炭素の体積は84 cm^3である。

問８　①　実験の結果から，石灰石の重さを0.4ｇから，0.8ｇ，1.2ｇと，２倍，３倍に増やしたときに，発生した二酸化炭素の体積も24 cm^3から，48 cm^3，72 cm^3と，２倍，３倍に増えていることがわかる。　②　石灰石を2.0ｇより多くしても発生する二酸化炭素の体積は増えていないことから，このときは塩酸がすべて反応してしまい残っていない。　③　石灰石を2.8ｇにすると，反応しなかった石灰石が残る。よって，加える塩酸の体積を増やすことで，反応する石灰石が増え，発生する二酸化炭素の体積を120 cm^3よりも多くすることができる。　④　2.8ｇの石灰石がすべて塩酸と反応したときに発生する二酸化炭素の体積は，$24\times\frac{2.8}{0.4}=168(cm^3)$である。

3　１日の気温と湿《しつ》度の変化についての問題

問９　図７のグラフで，気温は左のたて軸《じく》の目盛りを読み取る。よって，１日目の最高気温は34℃で，このときの時刻は14時とわかる。

問10　１日目の最高気温と最低気温の差は，34−24＝10(℃)で，２日目の最高気温と最低気温の差は，28−23＝５(℃)である。また，１日目の最高湿度と最低湿度の差は，90−50＝40(％)で，２日目の最高湿度と最低湿度の差は，100−75＝25(％)となる。したがって，(あ)と(い)はどちらも適切ではない。気温と湿度の関係については，どちらの日も気温が高くなると湿度は下がり，気温が低くなると湿度が上がっていることから，(う)が適切である。

問11　１日の気温と湿度の変化が大きい１日目が晴れで，変化が小さい２日目がくもりだったと考えられる。

問12　洗たく物がよく乾《かわ》くのは，湿度が低いときである。２日間のうち湿度が最も低いのは，１日目の14時ごろで，このときの湿度は50％になっている。

問13　太陽の熱はまず地面をあたため，あたためられた地面の熱が空気に伝わって気温が上がることから，太陽高度が最高になったあと，地温，気温の順に最高になると考えられる。したがって，(い)のグラフが正しい。

4 空気や水の体積変化についての問題

問14 おし縮められた空気には，もとにもどろうとする性質がある。この性質を弾《だん》性といい，タイヤやボール，空気でっぽうなどに利用されている。

問15 実験2では，空気10cm^{3}が5cm^{3}あたりまでおし縮められているが，実験3では，水の体積がほとんど変化していない。したがって，図12の空気は空気10cm^{3}から5cm^{3}におし縮められ，水は10cm^{3}のまま変化しないと考えられるので，ピストンは，目盛りの，10＋5＝15(cm^3)のあたりまで下へ動く。

問16 ピストンをおした手をはなしたときに，ピストンが元の位置にもどることから，空気はにげずに注射器の中に残っているとわかるので，夏子さんは正しい。一方，秋子さんの考えは，冬子さんが指てきしているように，ほんの少しの空気が注射器の先端《たん》の部分と同じ体積にまでおし縮められた可能性があるので，間違《ちが》っているといえる。また，春子さんの言うように，水の中でピストンをおしてみれば，空気がにげたときにあわとして観察できるので，春子さんの考え方も正しい。

問17 水で満たした容器は，力を加えてもおしつぶされにくいので，中のとうふを周囲の力から守ることができる。

国語 ＜第1回試験＞（50分）＜満点：100点＞

解答

一 **問1** (あ)，(う)，(え)，(き)，(く) 下記を参照のこと。 (い) のうり (お) やぶ(った) (か) つごう (け) きみ (こ) き(き) **問2** ⓐ ア ⓑ ウ **問3** イ **問4** A オ B ウ **問5** イ **問6** エ **問7** a 縮む b ふら **問8** ア **問9** ア **問10** エ **問11** エ **問12** 言いたいこと **問13** (例) わたしに恵美と仲直りさせるために，結城さんがわたしをここに連れてきた。 **問14** 結城さんが『外側』の人だったから

二 **問1** ⓐ エ ⓑ ア **問2** 人間の諸活動 **問3** 生産 **問4** Ⅰ オ Ⅱ ウ **問5** 環境の容量～してくれる(という考え方。) **問6** イ **問7** 小規模でも～技術の発見(をすること。) **問8** 1 オ 2 エ **問9** ア **問10** (例) 大規模生産に適した技術ばかり(開発してきたこと。) **問11** イ **問12** ウ **問13** ウ

●漢字の書き取り

一 **問1** (あ) 待(ったなし) (う) 冷(めちゃう) (え) 裁判 (き) 苦(い) (く) 口調

解説

一 **出典は紙上《かみうえ》ユキの『少女手《て》帖《ちょう》』による。**波風を立てないように生きてきた高校生のひなたは，友人との関係に悩《なや》んだり，親しくなりかけていた同級生と感情的にぶつかったりしていく。

問1 (あ) 「待ったなし」は，すぐ始める必要があるさま。 (い) 頭の中。 (う) 音読みは「レイ」で，「冷静」などの熟語がある。 (え) あらそいごとの良し悪しを法にもとづいて決めること。 (お) 音読みは「ハ」で，「破局」などの熟語がある。 (か) 事情やわけ。 (き) 音読みは「ク」で，「苦楽」などの熟語がある。 (く) 話し方や言葉の使い方。 (け) あること

に対して感じる気分。　㊁　音読みは「コウ」で，「効果」などの熟語がある。

問２　ⓐ「間の悪い」は，タイミングがよくないようす。　ⓑ「そぐわない」は，“実態に合っていない”という意味。

問３　前の部分でひなたは，その場から逃《に》げ出したいと思う一方で，結城《ゆうき》さんを「置き去り」にするのは申し訳ないと考え，どうするべきか迷っている。さらに，続く部分でひなたは「出口に向かって」動き出そうとしており，最終的には逃げると決めたことがわかる。よって，イがふさわしい。

問４　**A**　ひなたが逃げ出さないように，結城さんがひなたの腕《うで》を「痛いくらいに」強くつかむ場面なので，力のこもったさまを表す「ぎりぎりと」がよい。　**B**　恵美《えみ》の非難に図星をつかれ，ひなたが言葉を失う場面なので，相手の鋭《するど》い言葉で心にダメージを負うさまを表す「ぐさぐさと」が合う。

問５　結城さんから強い力で腕をつかまれたひなたは，結城さんが表面上では「どこまでもれいせい」だが，内側に「熱っぽい」意志や気持ちを持っていることを感じている。よって，イがふさわしい。

問６　続く部分で恵美は，もう自分たちに「用はない」と「わざわざ見せつけに来た」のかとひなたに問いかけている。恵美たちのグループから離《はな》れつつあるひなたが結城さんと一緒《いっしょ》にいる姿を見せたことに対し，恵美は自分たちへの当てつけだと感じて非難したことがわかる。よって，エが合う。

問７　**a**　いらだちを隠《かく》さない恵美の声にひなたが怖気《おじけ》づく場面なので，恐怖《きょうふ》や緊張《きんちょう》で身体をすくめるさまを表す「身が縮む」が合う。　**b**　感情的になったひなたが「体中をカッカさせて」駅へ向かう場面なので，よそ見せず一直線に進むさまを表す「脇目《わきめ》もふらず」がよい。

問８　続く部分でひなたは結城さんに対し，「何で席を立ってくれないんだろう」，せめて「ここから遠く離れた席に移動してくれたっていいのに」，と感じている。恵美たちとの「険悪な空気」に耐《た》えられず，第三者の結城さんに　何とかしてほしいと内心助けを期待していることが読み取れるので，アがふさわしい。

問９　カラオケの約束を「すっぽかし」て結城さんと遊んでいたことを恵美に非難され，ひなたは「まったくそのとおり」で「言い訳のしようもない」と心の中で認めている。恵美に返す言葉もなく，どう考えても自分が悪いという事態をひなたは「最悪だ」と感じていると想像できるので，アがよい。「塾《じゅく》帰り」にひなたを見かけた子が恵美に告げ口したことについて，ひなたが責めるようすはないので，イは選べない。ひなたは結城さんの態度ではなく，「恵美の非難の言葉」に反応しているので，ウは合わない。約束をすっぽかされたのは，ひなたではなく恵美たちなので，エは正しくない。

問10　続く部分でひなたは，恵美とのつきあいの中で感じてきた不満の数々を思い出している。一方的に責める恵美の言葉が引き金となり，ひなたがそれまで「押《お》し込《こ》めておいたはずの気持ち」が心からあふれてきたことがわかるので，エがふさわしい。

問11　ひなたは，恵美から何を言われようと，自分の悪さを認めて「ごめんって言葉」を言うこともなく，かといって恵美に反論もせず，終始無言でいる。ひなたは「がんばってまわりに合わせようと」してもうまくいかず，一方的に「からまれ」，「裏切り者」とまで言われても黙《だま》っている自分を責めていたと考えられるので，エが合う。

問12　「そんなふう」とは，続く結城さんの言葉にあるように，ひなたが恵美に口答えしないことや譲《ゆず》りすぎることである。ぼう線⑨の四段落後では，ひなたがその理由について，「自分の安全を確保しておくため」，「居心地を悪くしないため」，「相手にそこまでの興味を持っていないから」と心の中で数えあげている。

問13　「お膳《ぜん》立て」は，見えない所で先回りして準備すること。前の部分で結城さんに「わざとなの？」と問いかけたひなたは，結城さんが恵美たちのいる場所をあらかじめ知っていて，あえてひなたを「連れて」きて恵美たちと対面させ，話し合う機会をもうけようとしたのだと思い至っている。また，これに対し結城さんも，「偶然《ぐうぜん》」ではなく「わざと」会わせたと認めている。

問14　直後の段落でひなたは，結城さんに「感情をぶつけることができた」のは結城さんが自分にとって日常的なつきあいのない『「外側」の人』であり，関係性を心配しなくていい相手だからだと考えている。

二　出典は池内了《いけうちさとる》の『科学の考え方・学び方』による。筆者は環境《かんきょう》問題の原因は人間の無責任な大量生産・大量消費だと主張し，従来とは異なる科学技術の開発や，価値観の転換《てんかん》が必要だと論じている。

問１　ⓐ「過言ではない」は，“決して言い過ぎではなく，実態に合っている”という意味。

ⓑ「不毛」は，土地に養分がなく，植物が生えないこと。

問２　ぼう線①の段落で，筆者は，環境問題の「原因はただ一つ」で，それは「人間の諸活動」だと述べている。

問３　製品やサービスを使って楽しむ「消費」の対義語は，消費するためのものを作る「生産」である。

問４　Ⅰ　「環境は無限」だとする考えについて筆者は，「環境の容量」が「圧倒的《あっとうてき》に大きく，すべてを吸収処理してくれる」と思うことだと説明している。よって，“要するに”という意味の「つまり」が合う。　Ⅱ　人間はかつて「環境は無限」だと考えて活動してきたが，その考えが間違《まちが》っていたことを「公害によって学んで」きたと筆者は論じている。よって，前のことがらを受けて，それに反する内容を述べるときに用いる「しかし」がふさわしい。

問５　かつて人間は「環境は無限」で「環境の容量は人類の活動に比べて圧倒的に大きく，すべてを吸収処理してくれる」という考え方を持っていたが，それによってさまざまな公害を生み出し，「環境が無限でないこと」を学んできたのである。

問６　ぼう線③の段落で筆者は，「私たちの世代」は「無責任」に大量生産・大量消費の「優雅《ゆうが》で便利な生活」を送り，その代償《だいしょう》として「子孫たち」に「負担」をかけていると述べている。よって，イが正しい。

問７　ぼう線④の三段落後に，環境問題に手立てを打つためのヒントは，「科学の技術化」が「一通りだけではない」点にあると述べられている。すなわち，今まで人間は「大規模生産」をするための科学技術しか開発してこなかったが，今後は「小規模でも高い生産性をもつ原理や技術の発見」といった「自然にやさしい科学」を目指せばよい，と筆者は主張している。

問８　１　コストや労力を少なく，効率よく大量生産することを表すので，「省力化」が合う。

２　「自然の力で浄化できる」量を超《こ》えた「大量」の「工業排出物《はいしゅつぶつ》」を放出し，危機的に環境を汚《お》染《せん》することを表すので，「深刻化」がよい。

問９　前の部分で筆者は，「環境問題」に対して「手立て」を打つ必要があると述べ，「環境問題を引き起こした原因の一つ」である「現在の生産様式」について説明している。「工場を分散させ，小規模施設とすること」も，生産様式を変えて「環境問題の危機」を乗り切るための対策だとわかるので，アがふさわしい。

問10　ぼう線⑥の前に，「今までは大規模生産しか考えず」，その「大規模生産」に「適した技術しか開発してこなかった」と述べられている。

問11　最後の段落で筆者は，全国どこに住んでいても人々が似たような製品に囲まれ，「画一化された生活」を送っている現状から「価値観」を「転換」し，「それぞれ」が「独自な生活スタイルをとり，固有な文化」を生きるべきだと論じている。よって，イが合う。筆者は「経済論理」が「科学技術の中身」を決めてきた従来のやり方から離れ，「環境問題」に目を向けるべきだと主張しているので，アは正しくない。「人工化合物」よりも「自然のエネルギー」を利用することは，価値観の転換を実現するための手段の一つとして書かれているので，ウは合わない。高級で長持ちする商品を買うことについては本文で論じられていないので，エはふさわしくない。

問12　ことばのかかり受けでは，直接つなげて意味のまとまる部分が答えになる。「安上がりで」→「できる(という)」となる。

問13　“～であっても，～だとしても”という意味を表しているので，ウがよい。アは，「ない」と呼応して“～したのに”という逆接を表す。イは，逆接の接続語。エは「とんでもない」の一部。

2023 年度

十文字中学校

【算　数】〈第２回試験〉（50分）〈満点：100点〉

〔注意〕 1．**5**(2)，**6**(2)は，式や考え方を解答用紙に記入すること。

2．円周率は3.14として計算すること。

1 次の □ にあてはまる数を答えなさい。

(1) $78\times13+11\times26=$ □

(2) $\left(0.5-\dfrac{1}{3}\right)+2\dfrac{1}{2}\div5=$ □

(3) $($ □ $\times2+15)\div3-5=14$

(4) 54321秒は □ 時間 □ 分 □ 秒です。

(5) あるアイスクリーム店では，バニラ，チョコレート，ストロベリー，オレンジ，モカ，ミントの６種類の味から異なる２種類を選びます。味の選び方は全部で □ 通りです。

(6) 200 g で250円のお肉を □ %値上げすると，250 g で400円になります。

(7) 下の図は，１組の三角定規を組み合わせたものです。㋐の角の大きさは □ 度です。

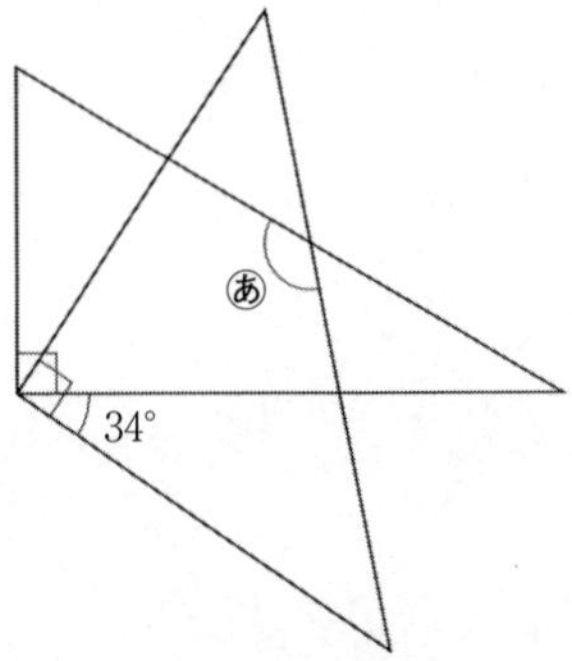

(8) 下の図は，１辺が２cm の方眼紙です。■ 部分の面積は □ cm^2 です。

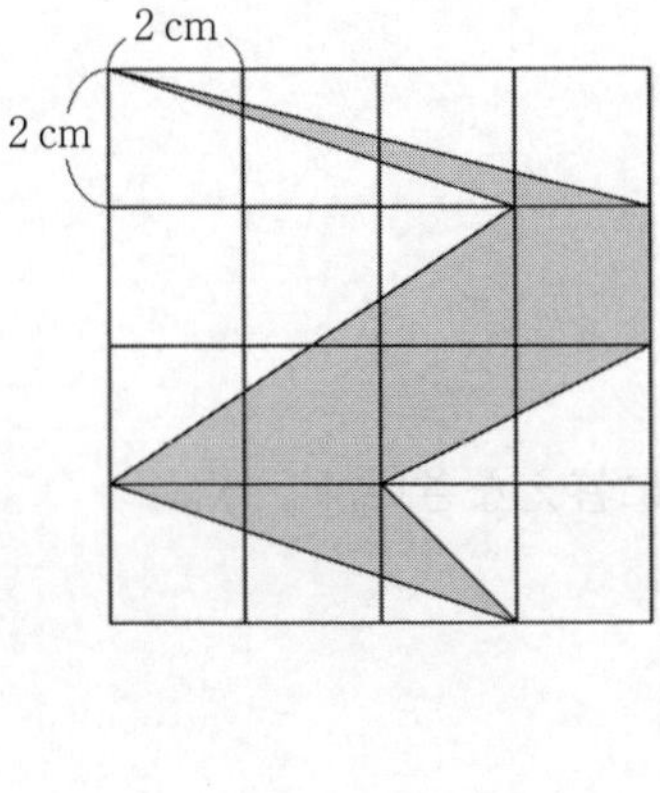

2　梅子さんは，お母さんと妹の桜子さんと一緒に回転ずしを食べに行きました。３人の会話を読み，下の問いに答えなさい。

梅子：あー，お腹いっぱい食べた。

母　：結構食べたね。でも私の方が梅子より４皿多いわよ。

梅子：お母さんは大人なんだから当たり前でしょ。私だって桜子よりは３皿多く食べたよ。

桜子：お姉ちゃんとお母さんのお皿の数を足したら，私のお皿の数の４倍もあるよ。２人とも食べ過ぎ！

母　：じゃあ，お会計をしましょう。100円のお皿と180円のお皿がある事に気をつけて，梅子が計算してちょうだい。

梅子：任せてよ！　算数は得意なんだ。えーっと，100円のお皿が［ あ ］枚で180円のお皿が［ い ］枚だから，お会計は3140円になります。

桜子：あははっ！　お姉ちゃん，店員さんみたいだね。

(1)　桜子さんが食べたすしのお皿の枚数は何枚ですか。

(2)　［あ］，［い］にあてはまる数を答えなさい。

3　次の図は，円柱から一部を切り取った立体の展開図です。このとき，下の問いに答えなさい。

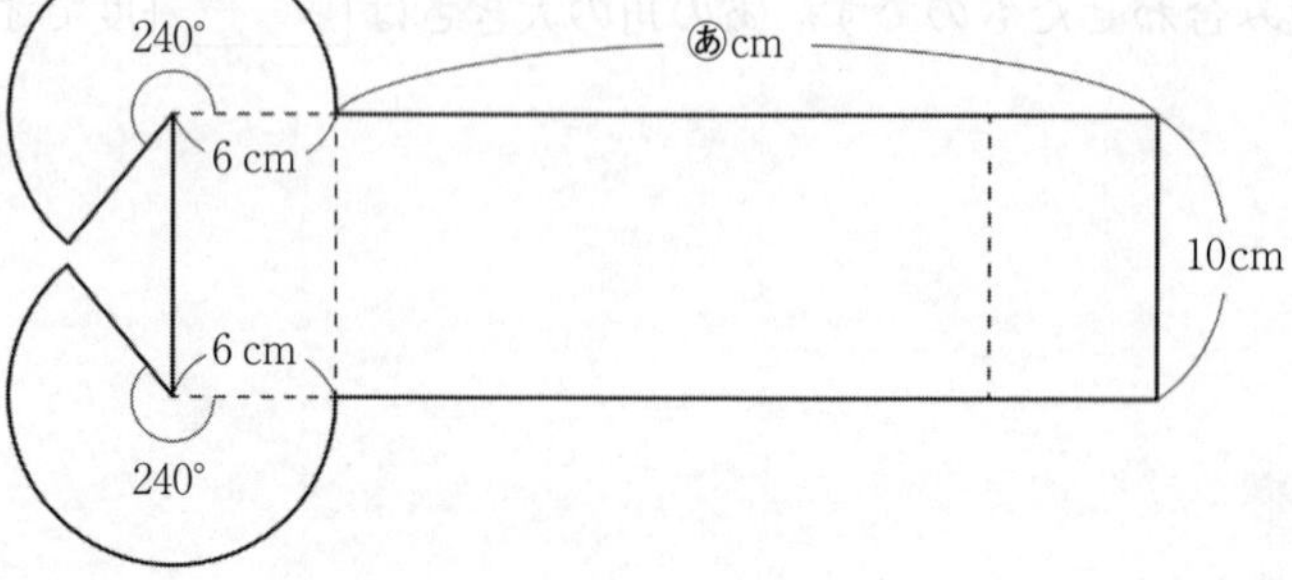

(1)　この立体の体積は何cm^3ですか。

(2)　図のあにあてはまる数を答えなさい。

4　計算記号【　】を【☆】$= 2 \times ☆ + (3 + ☆) + \frac{☆}{5}$と約束します。

例えば

【10】$= 2 \times 10 + (3 + 10) + \frac{10}{5} = 35$

【１】$= 2 \times 1 + (3 + 1) + \frac{1}{5} = 6\frac{1}{5}$

となります。この約束にしたがって計算するとき，次の問いに答えなさい。

(1)　【３】はいくつになりますか。

(2)　【☆】＝83となるとき，☆はいくつになりますか。

――**5**(2)，**6**(2)**は，式や考え方を解答用紙に書きなさい**――

5 深さ30cmの直方体の水そうが，〈**図１**〉のように仕切りで**A**，**B**の２つの部分に分けられ，**A**の部分には直方体のおもりが置いてあります。**A**の部分に毎分1000mLの割合で水を注いでいきます。〈**図２**〉はそのときの水面の高さと時間の関係を表したグラフです。このとき，下の問いに答えなさい。

〈**図１**〉

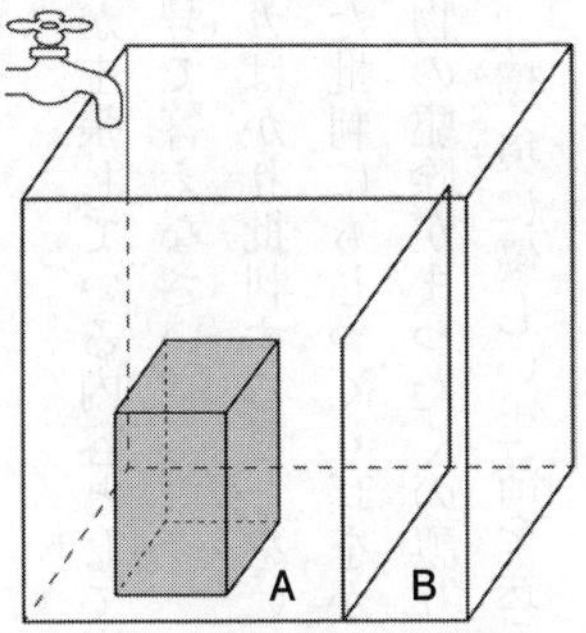

〈**図２**〉

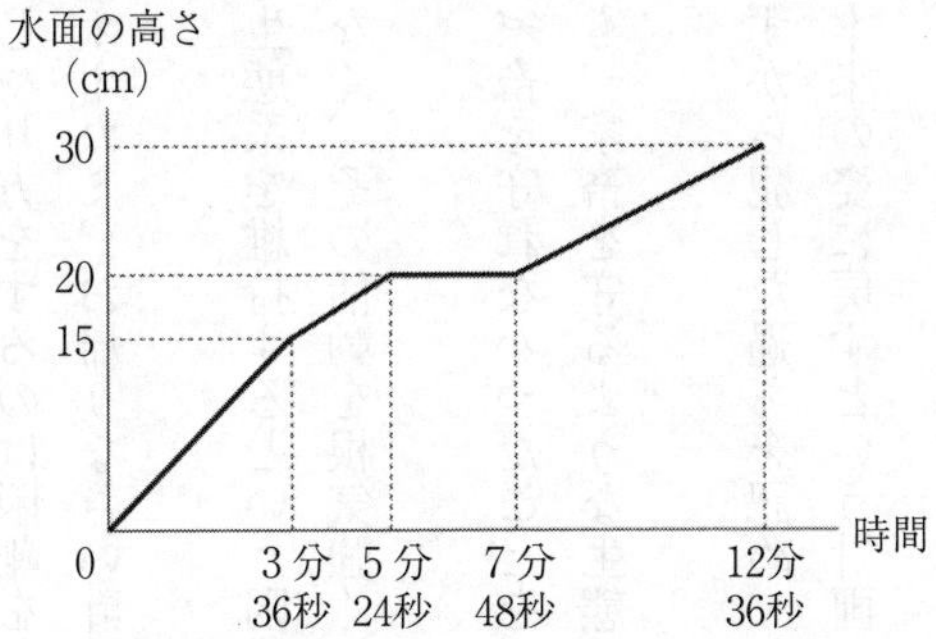

(1) 水そうの底面積は何cm^2ですか。

(2) おもりの底面積は何cm^2ですか。

6 33人のクラスで，毎日４人の生徒が出席番号順に新聞発表をします。日曜，祝日は発表がありません。６月１日木曜日に１番から４番の生徒が発表し，だれも休むことなく発表し続けたとき，次の問いに答えなさい。ただし，６月，７月には祝日はないものとし，33番の次は１番の生徒に戻るものとします。

(1) １番の生徒が次の発表をするのは何月何日ですか。

(2) １番から４番の生徒が，次に同じ日に発表するのは何月何日何曜日ですか。

とは何でしょうか。「……こと。」に続くよう、自分で考えて、十字以内で書きなさい。

問九　最終段落で筆者が主張している内容として正しいものを次の中から二つ選び、記号で答えなさい。

ア　日本はアメリカばかり批判することをいったんやめて、自分たちに向けられた批判にもじっくり耳をかたむけるべきである。

イ　森林伐採や動物の駆除がまったくの誤りであったということを全面的に認め、環境《かんきょう》に優しい生活を送ろうと心がけるべきである。

ウ　アメリカと同じやり方をするのは困難をともなうが、あきらめることなく「オオカミ、お帰りなさい計画」の実行を試みるべきである。

エ　元にもどした生態系を維持するという困難な課題に正面から取り組むだけでなく、その活動を根気強く継続《けいぞく》していくべきである。

オ　オオカミから家畜を守れなかったことを反省し、過ちをくり返さないためにも、家畜を守るような生態系のあり方を考えるべきである。

カ　日本でも、みずから犯した過ちを認め、どんなに困難であっても、生態系を本来の姿に戻すという計画を立て、それを実現すべきである。

(い)「おどろおどろしい」

ア　ひどく不気味に感じられる

イ　恐ろしいほど優《すぐ》れている

ウ　まったくつかみどころがない

エ　風変《が》わりで奇妙《きみょう》な感じがする

問三　――線②「考えてみれば不思議なことですが」とありますが、なぜ不思議なのでしょうか。その理由として最も適当なものを次の中から選び、記号で答えなさい。

ア　恐《おそ》ろしい能力を持つオオカミに人間が立ち向かってゆくなど、考えられないことだから。

イ　すばらしいはずのオオカミが、十九世紀後半になってもまだ悪魔であると信じられていたから。

ウ　国立公園が設立された目的が動植物の保護ならば、その中にいるオオカミも保護されるべきだから。

エ　世界で初めてできた古い国立公園ではあるが、今でもなお美しい自然が残されているから。

問四　――線③「『オオカミは悪魔だから』というイメージ」とありますが、人々は、オオカミについてどのような生き物であるというイメージをいだいていたのでしょうか。それを具体的に示している本文のことばを利用して、「……生き物。」に続くように、二十五字以内で答えなさい。

問五　――線④「『オオカミ、お帰りなさい計画』」とありますが、その計画の内容として最も適当なものを次の中から選び、記号で答えなさい。

ア　これまで人間がオオカミに対して持っていた悪い印象をぬぐい去り、生態系の一員として迎え入れようという計画。

イ　地元の小学生に自然のすばらしさを教えることによって、将来、オオカミ復帰の手助けをしてもらおうという計画。

ウ　人々の生活をおびやかすエルクをオオカミに食べてもらうことにより、公園にふたたび平和を取り戻そうという計画。

エ　オオカミによって生活の場をうばわれたエルクやビーバーのような動物を、ふたたび公園に呼び戻そうという計画。

問六　――線⑤「オオカミに対する偏見」とありますが、その内容として最も適当なものを次の中から選び、記号で答えなさい。

ア　ヒツジを殺したオオカミたちが、次は人間を襲うのではないかという恐怖《きょうふ》心。

イ　自分たちが豊かな暮らしを送れないのはすべてオオカミのせいだという被害者《ひがいしゃ》意識。

ウ　オオカミはずるがしこくて残忍で恐ろしい動物であるというかたよった見方。

エ　イエローストーンの生態系の変化はオオカミによってもたらされたのだという誤解。

問七　――線⑥「二者対立の図式だけでしか考えていなかった」とありますが、どのように考えていたということですか。その内容として最も適切なものを次の中から選び、記号で答えなさい。

ア　人間への影響など気にもとめず、オオカミとエルクのことばかり考えていたということ。

イ　他の生き物との関わりを考慮《こうりょ》せず、人間とオオカミの関係だけを考えていたということ。

ウ　オオカミの一面しか見ようとしないで、排除《はいじょ》することばかり考えていたということ。

エ　オオカミは生態系の一員にすぎないのに、人間のように特別な動物だと考えていたということ。

問八　――線⑦「大きな過ちを犯す」とありますが、「大きな過ち」

　このようにさまざまな問題や過ちがありましたが、アメリカでのできごとを批判するだけでは(注10)フェアではありません。私たち日本人が反省すべきこともあります。日本でも二〇世紀の初めに本州のオオカミと北海道のオオカミが絶滅しましたが、少なくとも北海道のオオカミは「撲滅」されたのであり、それには「先進国」アメリカの撲滅技術が(注11)導入《どうにゅう》されました。ストリキニーネという毒薬を使って撲滅したのです。日本人はオオカミを悪魔のように毛嫌《けぎら》いはしていませんでしたが、明治時代の北海道開拓では森森を(注12)伐採《ばっさい》することやオオカミやヒグマを駆除することはむしろ正当な仕事であり、(注13)推奨《すいしょう》されていたのです。そうした流れの中で北海道のオオカミ撲滅がおこなわれました。

　アメリカではオオカミ撲滅の悪影響に気づき、大きなプロジェクトとしてオオカミ復帰を実現させました。失敗をしても論理的に過ちであると気づいて反省し、困難な復帰計画を成功させたことは高く評価できます。こういう姿勢は大いに学ぶべきだと思います。オオカミ復帰の結果、少数ながら家畜が襲われるということもあり、その場合はオオカミを駆除し、補償《ほしょう》金を出すなどの対応がなされています。そのような困難な活動を粘り強く進めていることも、また見習うべき点と言えるでしょう。

（高槻成紀《たかつきせいき》『動物を守りたい君へ』）

（注１）残忍な…まったく情けをかけず、むごいさま。
（注２）新大陸…新しく切りひらかれた大陸。ここでは、アメリカ大陸をさす。
（注３）バイソンやリョコウバト…バイソンはウシ科。リョコウバトはハト科の動物である。ともに乱獲《かく》により絶滅。または絶滅があやぶまれている。
（注４）開拓…新しい土地を切りひらくこと。
（注５）先行…一歩先に立っていること。
（注６）草本…いわゆる「草」の、植物学上の名前。
（注７）データ…調査や実験によって得られた事実や数値《ち》。
（注８）移民…移り住んできた人々。
（注９）放牧…牛や馬などを放し飼《が》いすること。
（注10）フェア…公平であること。
（注11）導入…取り入れること。
（注12）伐採…樹木を切り出すこと。
（注13）推奨…よいものとしてすすめること。

問一　――線①「憎いオオカミ」とありますが、なぜ「憎い」のでしょうか。その理由として最も適当なものを次の中から選び、記号で答えなさい。

ア　しかけたワナにかからないオオカミに、なんだかバカにされているようだから。
イ　おとなしくかわいらしいヒツジを襲い、残忍な方法で殺し、食べてしまうから。
ウ　自分たちの生活にとって必要なものを提供してくれるヒツジを殺してしまうから。
エ　ただでさえ怖い場所とされる森林をすみかとして、クマとともに行動しているから。

問二　〜〜線あ「裏をかいて」、い「おどろおどろしい」の意味として最も適当なものをそれぞれ後の中から選び、記号で答えなさい。

あ「裏をかいて」
ア　他人とは正反対のことを考えて
イ　いつもとは違《ちが》った見方をしてみて
ウ　予《あらかじ》めよく考え、しっかりと準備して
エ　相手が予想できないようなことをして

当然のように考えられていたためです。そうして一九二三年に最後のオオカミが殺されて、「撲滅《ぼくめつ》」が成功しました。

そうしてオオカミがいなくなると、オオカミに食べられていたシカが増えました。イエローストーンには三種類のシカがいますが、中でも体が大きく数も多いのがエルクと呼ばれるシカです。エルクはオオカミがいなくなってから急激に増えました。その結果、植物に影響が出るようになりました。

その程度はどんどん強くなり、森林の跡継《あとつ》ぎになる若い木がほとんどなくなるようになりました。こうなると森林が維持《いじ》できなくなります。また、低木《ていぼく》類や（注6）草本《そうほん》類も強い影響を受けて植物の量が少なくなりました。そのために土砂崩《どしゃくず》れが起きたり、土地に保水《ほすい》力がなくなって洪水《こうずい》が頻繁《ひんぱん》に起きるようになりました。

さらに、低木類がなくなったために、ある種の鳥が巣を作れなくなりました。また、川が変化したためにビーバーが暮らせなくなりました。このように、オオカミがいなくなり、エルクが増えたことが、イエローストーンの生態系《せいたいけい》全体のさまざまな面に大きな影響を与えることがはっきりしてきました。

こういう事態を見て、生態学者や公園関係者が議論した結果、オオカミを戻したほうがよいということになりました。そしてオオカミに対する悪いイメージを取り去るために、学校でも社会でも説明会などを開くなどして、実はオオカミはすばらしい動物なのだ、ということを伝える努力がなされました。そしてついに④「オオカミ、お帰りなさい計画」が実現しました。長いあいだ悪魔のように考えられていたオオカミを、地元の小学生たちが「お帰りなさい」と歓迎《かんげい》したのです。

その後、さまざまな準備期間を経て、オオカミがイエローストーン国立公園に放たれました。オオカミの動きが追跡《ついせき》され、オオカミがどういう場所でエルクを襲うか、どれくらいのエルクを食べるか、またそれはいつのことで、殺されるエルクの年齢はどれくらいかなどの（注7）データもとられました。もちろんエルクの頭数《とうすう》や、エルクがオオカミに対してとる警戒《けいかい》行動、利用する場所の変化なども調べられました。

オオカミが戻って来たことの影響ははっきり現れました。たしかにエルクは減り、森林も甦《よみがえ》ってゆきました。川ももとのようになり、ビーバーも戻ってきたのです。

イエローストーンでのできごとはたくさんのことを教えてくれます。ひとつは、ヨーロッパからの（注8）移民はオオカミを悪魔とみなす文化を新天地にまで持ち込んだということです。たしかに、オオカミの撲滅が進められた背景のひとつには、（注9）放牧《ほうぼく》家畜が襲われたことがありました。その意味ではオオカミを殺すことは合理的な判断でもあったのです。しかしそれが理由であるならば、被害《ひがい》を出す一部のオオカミを駆除《くじょ》すればよいのであって、見さかいなく皆殺《みなごろ》しにする必要はないはずです。それを撲滅にまで追いやった根本《こんぽん》には、⑤オオカミに対する偏見《へんけん》があったことはたしかでしょう。人は自分の育った文化のなかで価値観をはぐくむもので、そこから逃《のが》れるのはとてもむずかしいことなのです。

学ぶべきことのもうひとつは、オオカミを撲滅したとき、関係者は、人とオオカミという⑥二者対立の図式だけでしか考えていなかったということです。まさかオオカミを殺すことで鳥がいなくなるとか、川の水の流れが影響されるなど思いも及《およ》ばなかったことでしょう。しかし、自然界の生き物はつながっているのです。イエローストーンでのオオカミに関するできごとは、自然のしくみを理解していないと⑦大きな過《あやま》ちを犯《おか》す、ということを教えています。

エ　せっかく自分のところに水着が戻ってきたのに、ナルと勝負できないのはあまりにも残念だから。

問十五　――線⑬「チョヒがそっと笑ったような気がする」とありますが、このときの笑顔《えがお》に見られるチョヒの気持ちとして当てはまらないものを次の中から選び、記号で答えなさい。

ア　予選こそ一位の座をゆずったが、決勝では絶対にナルに勝ってみせる、と意気ごんでいる。

イ　よきライバルであるナルとの決戦を目前にして、緊張感《きんちょう》とともに胸の高鳴りをおぼえている。

ウ　ひきょう者ですぐに逃げようとするナルに自分の力を見せつけ、二度と立ち直れなくしてやりたい。

エ　ナルとたがいを認め合うことができ、対等な立場でスタートラインに立っていることがうれしい。

三

次の文章を読み、後の問いに答えなさい。

ライオンやトラほどではありませんが、オオカミも比較的《ひかく》大型《おおがた》の肉食獣《じゅう》で、世界各地で減少し、絶滅《ぜつめつ》した場所も少なくありません。日本のオオカミも一〇〇年ほど前に絶滅しました。ここではヨーロッパとアメリカのオオカミのことを考えます。

ヨーロッパでは長いあいだ小麦を栽培してパンを作り、ヒツジを飼育して肉や毛皮《けがわ》を使う生活が続きました。中世《ちゅうせい》と呼ばれる時代にはヨーロッパにも森林が広がり、オオカミやクマがいて森林は怖《こわ》い場所だというイメージがありました。そうした生活の中で、ときどきヒツジがオオカミに襲《おそ》われて殺されることがありました。ヒツジの死体を見つけた農民はショックを受け、オオカミを（注1）残忍《ざんにん》な動物だと考えました。そして①憎《にく》いオオカミを殺そうとしました。ところがオオカミはたいへん頭のよい動物ですから、人がしかけたワナにはなかなかかからないし、その（あ）裏をかいて別の場所に現れてヒツジを襲ったりしました。ほかの動物ならうまくつかまえることができてもオオカミはなかなかそうはいきませんでした。だから人々は、オオカミは不思議な力を持っていると考えるようになりました。

その時代はキリスト教が強い影響《えいきょう》力を持っており、人々は日々聖書を読んでいましたが、その中に悪魔《あくま》のことが出てきます。悪魔は心は悪いのですが、とても頭がよくすぐれた能力を持っていると信じられていましたから、オオカミは悪魔と結びつけられるようになりました。そのイメージはどんどん膨《ふく》らんで、実際よりも何倍も大きく（い）おどろおどろしい動物になっていき、オオカミがいれば、悪いことをしなくても殺すのが当然だと考えられるようになっていました。

（注2）新大陸が発見されると、ヨーロッパから北アメリカに移住《いじゅう》がおこなわれるようになりました。北アメリカには野生動物が溢《あふ》れるようにいました。（注3）バイソンやリョコウバトなどが、いかにたくさんいたかについての記述が残されています。オオカミもいましたが、ヨーロッパから渡ってきた人々はオオカミについて悪魔のようなイメージを持っていましたから、新しく渡った土地でもオオカミを見れば殺しました。（注4）開拓《かいたく》は東部から始まり、西へ西へと進んでいきました。

ロッキー山脈と呼ばれる大きな山脈がカナダとアメリカを貫《つらぬ》いて南北に走っています。その一角《いっかく》にワイオミング州があり、イエローストーン国立公園があります。ここは一八七二年に世界で初めて国立公園になった場所で、今でもすばらしい自然が残されています。②考えてみれば不思議なことですが、動植物を保護するためのこの国立公園の中でも、オオカミは殺され続けました。理由は家畜《かちく》を襲うからということもありますが、それよりも③「オオカミは悪魔だから」というイメージが（注5）先行《せんこう》していて、オオカミという動物がいれば殺すのが

ア　ナルを気づかって、できるだけいつもと同じように接しようとしている。
イ　過去に起きたことはいったん忘れて、前へ進もうと励ましている。
ウ　決勝戦に出る自分たちのためにも、昼食は食べてほしいと思っている。
エ　いつまでもめそめそ泣いているナルの気をまぎらわそうとしている。

問十　――線⑧「チョヒの声がとがっている」とありますが、このときのチョヒの気持ちとして最も適当なものを次の中から選び、記号で答えなさい。
ア　予選でナルに負けたことを根に持っている。
イ　自分の水着を盗んだナルに怒りを感じている。
ウ　自分に直接謝らなかったナルを責めている。
エ　棄権をしようとしているナルをとがめている。

問十一　――線⑨「ナルは大きく息を吸った」とありますが、このときのナルの気持ちとして最も適当なものを次の中から選び、記号で答えなさい。
ア　チョヒに隠していたことを今こそすべて明かそう。
イ　ありのままの自分の気持ちを打ち明けよう。
ウ　決勝を棄権することを何とか認めさせよう。
エ　決勝に出場することを、チョヒに許してもらおう。

問十二　――線⑩「ナルの心はモヤモヤした」とありますが、なぜナルの気持ちはモヤモヤしているのでしょうか。その理由として最も適当なものを次の中から選び、記号で答えなさい。
ア　手紙を読んだならば、ナルが棄権したいという理由はわかるはずなのに、チョヒがそれをまったく理解してくれないから。
イ　自分が罪を認めて謝っているのに、決勝戦に引きずり出して自分に恥《はじ》をかかせようとしているのが納得できないから。
ウ　ナルの棄権を認めない、と息まいているチョヒを説得することばが見つからず、自分の言いたいことが言えないから。
エ　話しているうちにチョヒの言うことも分かるような気がして、どちらの言い分が正しいか分からなくなってきたから。

問十三　――線⑪「心で消えかかっていた炎が、また燃えあがるようだった」とありますが、このときのナルの気持ちとして最も適当なものを次の中から選び、記号で答えなさい。
ア　チョヒに勝つことで自分の正しさを証明し、コーチを見返してやりたいと思っている。
イ　勝負に対する情熱がよみがえり、チョヒに勝ちたいという気持ちが強くなっている。
ウ　一位通過をしたのだからチョヒよりも実力があるのだ、と自信を持ちはじめている。
エ　チョヒに許してもらうために、自分が今持っている力を出し切ろうと決意している。

問十四　――線⑫「チョヒが、ナルが決勝に出ないなら自分も出ないといいはってるそうだ」とありますが、チョヒはなぜこのようなことを言ったのでしょうか。その理由として最も適当なものを次の中から選び、記号で答えなさい。
ア　水着に頼らず自分の力で勝ちたいのに、かんじんのナルが決勝に出なければ、それができなくなるから。
イ　ナルに勝つために今日まで頑張ってきたのに、勝負ができないのなら決勝に出てもしかたがないから。
ウ　ナルを許すために決勝に出たいのに、ナルが棄権したらこのままずっと仲直りできなくなるから。

イ　「自分が反則を犯したのだ」とナルが勝手に決めつけていることに腹が立ったから。
ウ　ナルがコーチを無視して、すべて自分で決めようとしていることにおどろいたから。
エ　反則判定も出ていないのにおじけづいているナルを励《はげ》ましたかったから。

問四　――線④「テヤンは髪をふいていたタオルを、ナルの手に握らせた」とありますが、何のためにそうしたのでしょうか。最も適当なものを次の中から選び、記号で答えなさい。
ア　たとえ何が起こっても、みんなナルの味方だということを教えるため。
イ　一位通過したのだから棄権しないでほしい、という気持ちを伝えるため。
ウ　覚悟を決めたのであれば、コーチにすべて話すべきだと言い聞かせるため。
エ　まずは気持ちを落ち着かせ、ナルの指が傷ついてしまうことを防ぐため。

問五　【あ】・【い】に入ることばとして最も適当なものを次の中からそれぞれ選び、記号で答えなさい。同じ記号を二度使ってはいけません。
ア　そっと　イ　じっと　ウ　ぎゅっと
エ　つんと　オ　すっと

問六　――線⑤「ナルは部員たちとコーチを、それから何より自分自身をこれ以上はだますまいと決心した」とありますが、どのような決心をしたのですか。最も適当なものを次の中から選び、記号で答えなさい。
ア　仲間やコーチが許してくれないとしても、これからも水泳を続けていこうという決心。
イ　過《あやま》ちから目を背《そむ》けることなく、自分がしてしまったことに正面から向き合おうという決心。
ウ　自分の告白が予想以上に仲間を傷つけたことを反省し、今日限りで水泳をやめようという決心。
エ　仲間をうらぎったことを素直に謝ったうえで、決勝に出ることで罪をつぐなおうという決心。

問七　[A]・[B]に入ることばとして最も適当なものを次の中からそれぞれ選び、記号で答えなさい。同じ記号には同じことばが入ります。
ア　頭　イ　口　ウ　肩《かた》
エ　舌　オ　手　カ　腰《こし》

問八　――線⑥「ぎりぎり保っていたナルの涙の堤防をこわしてしまった」とありますが、「涙の堤防をこわしてしまった」とはどのようなことのたとえでしょうか。最も適当なものを次の中から選び、記号で答えなさい。
ア　コーチから水泳部を追い出されることがないと分かって、思わず気がゆるんでしまったこと。
イ　コーチのなぐさめが身にしみてありがたく、感動の涙をこらえることができなくなったこと。
ウ　コーチの態度があまりに予想外のものだったので、気持ちのやり場を見失ってしまったこと。
エ　コーチが自分を責めなかったことにより、おさえていた感情が一気にあふれてしまったこと。

問九　――線⑦「セチャンがナルの右腕を引っぱった。ドンヒは買ってあった食券をナルにわたした」とありますが、この場面の説明として最も適当なものを次の中から選び、記号で答えなさい。

コーチだ。ナルは急いで起きあがった。

「チョヒの水着が見つかったときいて、たいしたことじゃないと思ってたんだよ。わたしが無神経すぎたんだな」

「すみません」

「とにかく決勝には出ようか。⑫チョヒが、ナルが決勝に出ないなら自分も出ないといいはってるそうだ。プルン小のコーチがこまってるって。試合が終わってから、ふたりでまた話そう。覚悟はあるだろ？」

「すみません」

「すみませんだけでは、すませないからな。さあ、準備して」

（アタシが出ないなら出ないって？　キム・チョヒが？）

こうなった以上、決勝に出るしかなかった。ナルは知っている。決勝のスタート台にあがる以上、てきとうに泳ぐことはできないことを。真剣勝負《しんけんしょうぶ》あるのみだ。それが予選で落ちた選手への礼儀であり、本気でいどんできたチョヒへの礼儀で、八年間水泳のことしか考えてこなかったナル自身への礼儀だった。

「続きまして、午後の競技が始まります。５０メートル自由形《がた》の選手はご入場ください」

チョヒとナルが並んで4番、5番（注4）レーンに立った。ナルは腕と足を軽くほぐした。

「ちゃんと泳いでよ」

となりでチョヒがいった。

「そっちこそ」

ナルがすぐにいい返した。見まちがいだろうか。⑬チョヒがそっと笑ったような気がする。

「（注5）テイク・ユア・マーク」

スタートの合図が鳴った。ナルとチョヒが同時に飛んだ。

（ウン・ソホル 著・すんみ 訳『5番レーン』鈴木出版）

（注1）棄権…自分の権利を使わず、捨《す》てること。

（注2）ヨガマット…準備運動や柔軟《じゅうなん》体操を安全に行う目的で使うマット。

（注3）ヒートアップ…ここでは、ナルの気持ちが高ぶっていることを表している。

（注4）レーン…プールのコースを分ける仕切り。

（注5）テイク・ユア・マーク…水泳の用語で、スタートの体勢《たいせい》に入るときの合図。意味は、「位置について」。

問一　——線①「それもけっきょくはいいわけにすぎない」とありますが、「いいわけ」の説明として最も適当なものを次の中から選び、記号で答えなさい。

ア　チームが決勝の準備をしているため、その邪魔《じゃま》をしないようにすること。

イ　なんとしても決勝でチョヒと戦いたいから、問題に目をつぶること。

ウ　その場の雰囲気《ふんいき》を壊《こわ》したくないという理由で、何も言わないでいること。

エ　消化するのに時間がかかるので、今のうちに昼食をすませておくこと。

問二　——線②「コーチ、話があります」とありますが、ナルはコーチにどんな話をするつもりなのでしょうか。「……という話。」に続くよう、理由も含《ふく》め、三十字以上三十五字以内で答えなさい。

問三　——線③「スンナムが興奮して大きな声を出した」とありますが、スンナムはなぜ大きな声を出したのでしょうか。その理由として最も適当なものを次の中から選び、記号で答えなさい。

ア　「試合を棄権する」というナルの説明に、どうしても納得《なっとく》することができないから。

近づいてくるのだ。表情を見るかぎりだと、かなり怒っているようだった。

「カン・ナル、ちょっと話があるんだけど」

水泳部のみんなが、心配そうな目でナルを見た。ナルはだまってチョヒの後ろについていった。廊下《ろうか》の端《はし》っこに、非常階段がある。チョヒが鉄のドアを閉めた。

「決勝を棄権するって本気なの？」

「うん」

「なんで？」

⑧チョヒの声がとがっている。理由はわからないけれど、ナルの棄権がチョヒをさらに怒らせてしまったらしかった。

⑨ナルは大きく息を吸った。

「この前ちゃんといわなきゃいけなかったのに、遅《おそ》くなっちゃった。それでもちゃんとあやまりたかったの。チョヒ、水着を盗んでしまって、本当にごめん。いいわけみたいにきこえるかもしれないけど、最初から盗むつもりはなかった。ただ負け続けてるから、水着さえなければ、アタシが勝てるんじゃないかと思ったことはある。でも本当に思っただけだから。でもそのとき急にシャワー室からみんなが出てきて、びっくりして持って帰っちゃったんだよね。バカみたいでしょ。すぐに返すべきだったけど、あのときは怖《こわ》くて。ごめんね、本当にごめん」

チョヒがいった。

「それはわかってる。何回いうつもり？」

「手紙、読んでくれたの？」

「うん」

「それならアタシがなんで棄権するか、わかるよね」

「わからないけど」

会話がぐるぐる回っている。⑩ナルの心はモヤモヤした。チョヒがいった。

「あんたさ、自分ではっきり書いてたでしょ。自分の力で勝ちたいって。水着を盗んでまで勝ちたいわけじゃないって。それはあたしだって同じだもん。あたしも、自分の力であんたに勝ちたいの。お守りなんかいらない。なのにあんたが逃《に》げちゃったらどうするの？」

「逃げてるわけじゃなくて」

「じゃあ、決勝に出なさいよ。まずあたしがあんたに勝って、それからあんたを許してあげる」

チョヒはいいたいことだけをいって、帰ってしまった。ナルは後ろから頭をなぐられたような気がした。ナルが決勝をあきらめるべきだと、チョヒもそう思っているはずだと考えていたのに。ロッカールームに戻《もど》るあいだ、チョヒの言葉が頭の中をぐるぐると回った。

（まずあたしがあんたに勝って、それからあんたを許してあげる）

許してくれるって？　何よりもききたい言葉だった。ナルの胸にのしかかる重石《おもし》が少しぐらつき始めたかと思ったら、まだだというふうにあらためてずんとのしかかってきた。チョヒは勝利のお守りだった水着を投げ出してナルをたずねてきた。どうして？　ナルは足をピタッと止めた。

（キム・チョヒは、アタシにちゃんと勝ちたいんだ）

そう思うと、⑪心で消えかかっていた炎《ほのお》が、また燃えあがるようだった。ちがうと自分をごまかしていたが、ナルもチョヒと同じ思いだったのだ。ちゃんと自分の力で勝ちたい。もしかしたら、ナルのほうがチョヒより強く望んでいるかもしれない。

ナルは（注２）ヨガマットに横たわって、（注３）ヒートアップした頭を冷ました。そのとき、だれかがナルの目の前にバナナをさし出した。

「空腹で試合に出られるわけないだろ」

ナルはきのう練習したとおりに、一語一語に力をこめながらいった。

「試合に出る資格がありません」

コーチも部員たちも目をまんまるにしてナルを見つめた。

「どういうこと？　反則判定が出たわけでもないのに、急にどうしたんだよ」

③スンナムが興奮して大きな声を出した。コーチが口を開いた。

「まず説明してもらおうか」

ナルはさっきから人さし指で親指の先をかき続けていた。そのままにしておいたら、もうすぐ皮がはがれてしまいそうだった。④テヤンは髪《かみ》をふいていたタオルを、ナルの手に握《にぎ》らせた。ナルがタオルを【あ】つかんで、つらそうに話を続けた。

「この前のキム・チョヒの水着、アタシが盗《ぬす》んだんです」

ナルの告白に、サランも、セチャンも、ドンヒも開いた口を手でふさいだ。スンナムは壁《かべ》のほうに体を向けてしまった。テヤンはだまってナルを見つめていた。

「あんた……」

サランの言葉がつまった。⑤ナルは部員たちとコーチを、それから何より自分自身をこれ以上はだますまいと決心した。もしかしたら、部員たちには理解してもらえるかも、という期待もあったけれど、だめなことはだめなのだ。しばらくだまっていたコーチは、深くため息をつくと、ナルの A を軽くたたいた。

「まずはごはんを食べてきて」

コーチが A を落としてロッカールームから出ていった。

その瞬間、ナルはたえられなくなった。叱《しか》りつけられるだろうと覚《かく》悟《ご》していた。水泳部から追い出される覚悟もあった。でも、コーチのなぐさめは、予想しないものだった。そのなぐさめが、⑥ぎりぎり保っていたナルの涙《なみだ》の堤防《ていぼう》をこわしてしまった。ナルはうつむいて涙をぽたぽたと落とした。さすがのスンナムもティッシュをわたしたりはしなかった。

ナルの鼻と頬《ほお》が赤くふくれあがった。みんなどうすればいいかわからなくて、【い】立って床《ゆか》を見おろしていた。沈黙《ちんもく》をやぶってナルをなぐさめ始めたのは、なんとセチャンだった。でも、なぐさめたというには、少し微妙《びみょう》ではあるが。

「カン・ナルさ、あとでめっちゃ怒られそうだから、ごはんをしっかり食べといたほうがいいよ」

セチャンは何ごともなかったかのように、いつもの調子でニヤニヤしながらナルをからかった。

「何いってんのよ……」

サランもふだんのように、あきれたというような調子で B 打ちをした。

「なんだよ、別にまちがったこといってないだろ。早く来て。遅《おく》れると並ぶよ」

⑦セチャンがナルの右腕《うで》を引っぱった。ドンヒは買ってあった食券をナルにわたした。すると、しばらく泣きやんでいたナルの顔が、ふたたび赤くなり始めた。涙の気配がじわりじわり伝わってきた。

「そうしよう、ナル。ごはん食べに行こうよ。ぼく、午後に決勝があるから食べなきゃ」

テヤンがとなりからつけ加えた。ナルはついに、さっきよりも大きい声で泣き始めた。おんおんと泣きながら両腕をつかまれてロッカールームから出た。予選で落ちてしまったかのような光景だった。

ナルは食堂にすわって、箸《はし》でごはんつぶをつっついてばかりいた。ほかの子たちも、ごはんつぶをつっついたりなんとなくスマホをいじったりした。そのとき、スンナムが何を見たのか、パッと席から立ちあがった。食堂の入り口からキム・チョヒが怒った顔でナルのほうに

2023年度

十文字中学校

【国語】〈第二回試験〉（五〇分）〈満点：一〇〇点〉

◎文中からそのまま抜《ぬ》き出して答える場合、句読点や記号は一字とすること。また、ふりがなのある漢字は、ふりがなをつけなくてもかまいません。

一 次の①～⑩の――線部について、漢字はその読みをひらがなで、カタカナは漢字に直して書きなさい。

① **河原**でバーベキューを楽しむ。
② めきめきと**頭角**をあらわす。
③ 全十巻の本を**読破**した。
④ チームの**要**として活躍《かつやく》する。
⑤ うそも**方便**ということばがある。
⑥ どうしたものかと**シアン**する。
⑦ 長年の**ロウ**をねぎらう。
⑧ 会議を**ロクオン**する。
⑨ さまざまな**ソクメン**からものを見る。
⑩ **ソウコ**に荷物をしまう。

二 次の文章を読み、後の問いに答えなさい。

主人公のナル（カン・ナル）は、漢江《ハンガン》小学校水泳部のエースで、大会ではつねに優勝していたが、最近は、プルン小学校のチョヒ（キム・チョヒ）に負け続けている。ナルは、チョヒの成績がよいのはチョヒの水着のせいだと思いこみ、「チョヒは反則の水着を着ているのではないか」とコーチにも訴《うった》えたが、反則ではないと言われてしまった。

　ある日、漢江小学校とプルン小学校が練習試合をしたとき、チョヒが仲間に、「あの水着はわたしのお守りだ」と話しているのを聞いたナルは、誰《だれ》もいないロッカールームでチョヒの水着を手にした。みんなが近づいてくる声が聞こえ、思わず自分のバッグに入れてしまい、そのまま時間は過ぎた。あとでチョヒに水着を返したが、チョヒは怒《おこ》って立ち去ってしまい、きちんとあやまることができなかった。ナルは、心の中に苦しみをかかえたまま、大会の日を迎《むか》えた。大会には、ナルの幼なじみで親友でもあるスンナム、水泳部の仲間であるドンヒ、サラン、セチャン、テヤンも出場した。ナルはチョヒと同じ種目に出場し、予選で一位通過を果たした。テヤンも好成績で決勝に進出した。


「テヤン、よくやったぞ。じゃあ、そろそろごはんを食べようか。消化させてから決勝の準備をしよう」

　久しぶりにコーチが競技場で明るく笑った。ナルはこの幸せな瞬《しゅん》間《かん》をだめにしたくなかった。でも、①それもけっきょくはいいわけにすぎないのも承知している。これ以上はだまっているわけにはいかなかった。

「②コーチ、話があります」

　意志は固かったのに、声が震《ふる》えた。

「決勝を（注1）棄権《きけん》したいです」

　一瞬にして静まり返った。今度ばかりはドンヒもおどろいたのか、だまっていなかった。

「どっか悪い？　なんで決勝をあきらめるんだよ」

2023年度 十文字中学校 ▶解説と解答

算　数　＜第２回試験＞（50分）＜満点：100点＞

解　答

1 (1)　1300　(2)　$\frac{2}{3}$　(3)　21　(4)　15時間５分21秒　(5)　15通り　(6)　28%　(7)　131度　(8)　22cm^2　2 (1)　５枚　(2)　あ　17　い　8　3 (1)　753.6cm^3　(2)　31.12　4 (1)　$12\frac{3}{5}$　(2)　25　5 (1)　480cm^2　(2)　120cm^2　6 (1)　６月10日　(2)　７月10日月曜日

解　説

1　計算のくふう，四則計算，逆算，単位の計算，場合の数，割合，角度，面積

(1)　$A\times C+B\times C=(A+B)\times C$となることを利用すると，$78\times13+11\times26=78\times13+11\times2\times13=78\times13+22\times13=(78+22)\times13=100\times13=1300$

(2)　$\left(0.5-\frac{1}{3}\right)+2\frac{1}{2}\div5=\left(\frac{1}{2}-\frac{1}{3}\right)+\frac{5}{2}\times\frac{1}{5}=\left(\frac{3}{6}-\frac{2}{6}\right)+\frac{1}{2}=\frac{1}{6}+\frac{3}{6}=\frac{4}{6}=\frac{2}{3}$

(3)　$(\square\times2+15)\div3-5=14$より，$(\square\times2+15)\div3=14+5=19$，$\square\times2+15=19\times3=57$，$\square\times2=57-15=42$　よって，$\square=42\div2=21$

(4)　54321秒は，$54321\div60=905$あまり21より，905分21秒である。905分は，$905\div60=15$あまり５より，15時間５分である。よって，54321秒は15時間５分21秒となる。

(5)　６種類から異なる２種類を選ぶ選び方は，$\frac{6\times5}{2\times1}=15$(通り)ある。

(6)　250ｇで400円のお肉200ｇの値段は，$400\times\frac{200}{250}=320$(円)になる。よって，お肉200ｇの値上がった値段は，$320-250=70$(円)なので，値上げした割合は，$70\div250=0.28$より，28%とわかる。

(7)　下の図１で，いの角の大きさは，$180-45-34=101$(度)である。三角形の１つの外角はとなり合わない２つの内角の和に等しいから，あの角の大きさは，$30+101=131$(度)となる。

(8)　下の図２で，㋐の三角形の面積は，$2\times2\div2=2$(cm^2)である。また，㋑の三角形と㋒の三角形は，底辺と高さがそれぞれ等しいので，面積も等しくなる。そこで，㋑を㋒に移動すると，㋓と㋒(㋓と㋑)の面積の和は，上底が２cm，下底が，$2\times4=8$(cm)，高さが，$2\times2=4$(cm)の台形の面積と等しいから，$(2+8)\times4\div2=20$(cm^2)とわかる。よって，かげをつけた部分の面積は，$2+20=22$(cm^2)と求められる。

図１

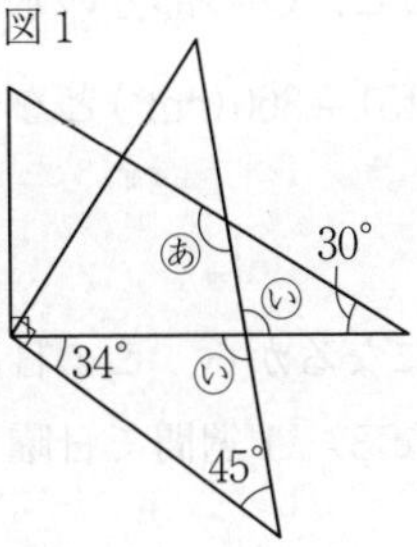

図２

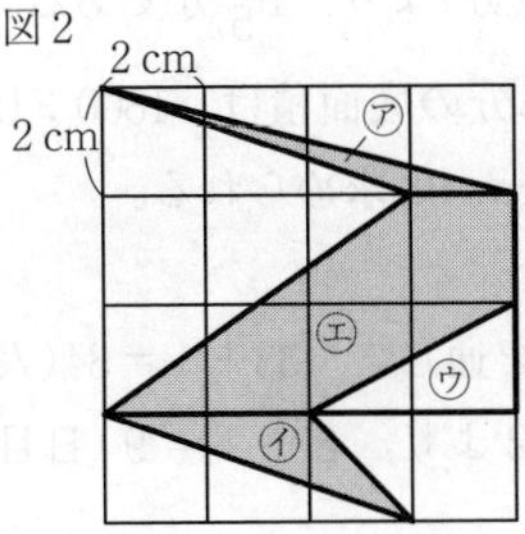

図３

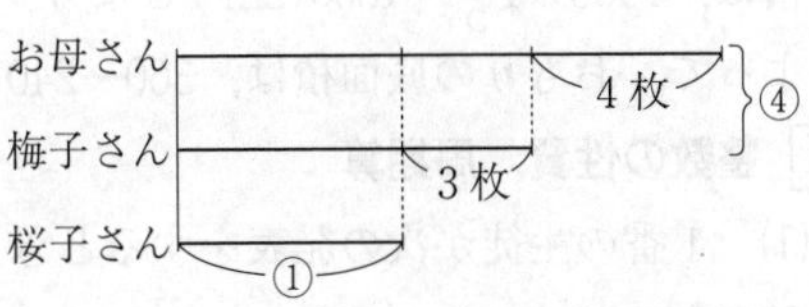

2 分配算，つるかめ算

⑴　上の図３で，お皿，３＋４＋３＝10(枚)が，桜子さんのお皿の枚数の，４－１－１＝２(倍)にあたるから，桜子さんのお皿の枚数は，10÷２＝５(枚)とわかる。

⑵　３人が食べたすしのお皿の枚数は，５＋５×４＝25(枚)である。180円のお皿が25枚だったとすると，金額の合計は，180×25＝4500(円)となり，実際よりも，4500－3140＝1360(円)高くなる。そこで，180円のお皿をへらして，かわりに100円のお皿をふやすと，金額の合計は１枚あたり，180－100＝80(円)安くなる。よって，100円のお皿の枚数は，1360÷80＝17(枚)(…あ)で，180円のお皿の枚数は，25－17＝８(枚)(…い)とわかる。

3 立体図形―展開図，体積，長さ

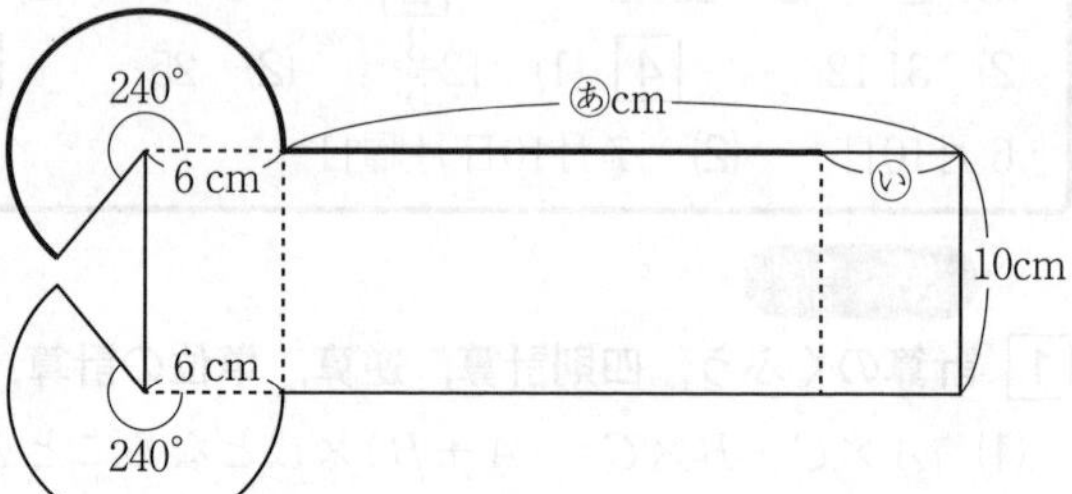

⑴　この立体は，底面は半径６cmで中心角が240度のおうぎ形で，高さが10cmの柱体になる。よって，この立体の体積は，$6 \times 6 \times 3.14 \times \frac{240}{360} \times 10 = 753.6$(cm^3)と求められる。

⑵　右の図で，太線部分の弧《こ》と直線の長さは等しいので，その長さは，$6 \times 2 \times 3.14 \times \frac{240}{360} = 25.12$(cm)である。いの長さは半径と同じ６cmだから，あにあてはまる数は，25.12＋６＝31.12(cm)となる。

4 約束記号

⑴　【３】＝$2 \times 3 + (3 + 3) + \frac{3}{5} = 6 + 6 + \frac{3}{5} = 12\frac{3}{5}$になる。

⑵　【☆】＝$2 \times ☆ + (3 + ☆) + \frac{☆}{5} = 83$より，$2 \times ☆ + 1 \times ☆ + \frac{1}{5} \times ☆ + 3 = 83$，$\left(2 + 1 + \frac{1}{5}\right) \times ☆ = 83 - 3$，$3\frac{1}{5} \times ☆ = 80$となり，$☆ = 80 \div 3\frac{1}{5} = 25$と求められる。

5 グラフ―水の深さと体積

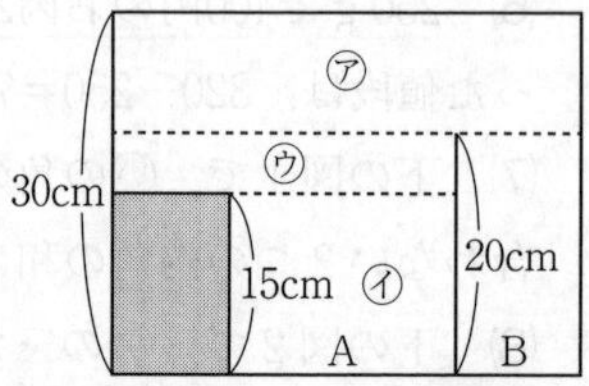

⑴　右の図で，㋐の部分に水を入れるのにかかる時間は，12分36秒－７分48秒＝４分48秒で，これは，$48 \div 60 = \frac{4}{5}$(分)より，$4\frac{4}{5}$分である。よって，㋐の部分に入れた水の体積は，$1000 \times 4\frac{4}{5} = 4800$(mL)より，4800cm^{3}なので，水そうの底面積は，4800÷(30－20)＝480(cm^2)となる。

⑵　図で，㋑の部分に水を入れるのにかかる時間は３分36秒で，これは，$36 \div 60 = \frac{3}{5}$(分)より，$3\frac{3}{5}$分である。すると，㋑の部分の水の体積は，$1000 \times 3\frac{3}{5} = 3600$(cm^3)となり，㋑の部分の底面積は，3600÷15＝240(cm^2)になる。同様に，㋒の部分に水を入れるのにかかる時間は，５分24秒－３分36秒＝１分48秒で，これは，$48 \div 60 = \frac{4}{5}$(分)より，$1\frac{4}{5}$分である。すると，㋒の部分の水の体積は，$1000 \times 1\frac{4}{5} = 1800$(cm^3)となり，㋒の部分の底面積は，1800÷(20－15)＝360(cm^2)となる。よって，おもりの底面積は，360－240＝120(cm^2)と求められる。

6 整数の性質，周期算

⑴　１番の生徒が次の発表をするとき，全体を通して，33＋１＝34(人目)になるから，この日は，発表の日だけを考えると，34÷４＝８あまり２より，８＋１＝９(日目)になる。１週間で日曜をの

ぞいた６日発表するので，９÷６＝１あまり３より，日曜の１日をふくめると，６月１日から，９＋１＝10(日目)となる。よって，６月10日とわかる。

(2)　33と４の最小公倍数は，33×４＝132なので，合計で132人が発表すると，その次の日はまた１番から４番の生徒が発表する。よって，132÷４＝33(日)より，発表の日だけを考えると，33＋１＝34(日目)となり，１週間で６日発表するから，34÷６＝５あまり４より，５週間と４日になる。ここで，５週間の中に日曜は５日あり，残り４日は，木曜，金曜，土曜，月曜だから，この中にも日曜が１日ある。よって，日曜もふくめると，６月１日から，34＋５＋１＝40(日目)となるので，40−30＝10(日)より，７月10日月曜日である。

国　語　＜第２回試験＞（50分）＜満点：100点＞

解　答

一　①　かわら　②　とうかく　③　どくは　④　かなめ　⑤　ほうべん　⑥〜⑩　下記を参照のこと。　二　**問１**　ウ　**問２**　(例)　チョヒの水着を盗んだ自分には試合に出る資格がないので，決勝を棄権したい(という話。)　**問３**　ア　**問４**　エ　**問５**　**あ**　ウ　**い**　イ　**問６**　イ　**問７**　**A**　ウ　**B**　エ　**問８**　エ　**問９**　ア　**問10**　エ　**問11**　イ　**問12**　ア　**問13**　イ　**問14**　ア　**問15**　ウ　三　**問１**　ウ　**問２**　(あ)　エ　(い)　ア　**問３**　ウ　**問４**　(例)　心は悪いが，とても頭がよくすぐれた能力を持っている(生き物。)　**問５**　ア　**問６**　ウ　**問７**　イ　**問８**　(例)　生態系をこわす(自然のしくみをこわす)(こと。)　**問９**　エ，カ

●漢字の書き取り

一　⑥　思案　⑦　労　⑧　録音　⑨　側面　⑩　倉庫

解　説

一　漢字の読みと書き取り

①　川沿いに広がる平地。　②「頭角をあらわす」は，“実力や才能を発揮し，存在感を示す”という意味。　③　書物を最後まで読むこと。　④　中心的な存在。　⑤　目的に近づくための間に合わせの手段。　⑥　考えをあれこれめぐらせること。　⑦　努力や労力。　⑧　再生できるように音声を記録すること。　⑨　視点を変えることで見える物事の一面。　⑩　物を収納する建物。

二　出典はウン・ソホル作，すんみ訳の『５番レーン』による。漢江《ハンガン》小学校水泳部のエースであるナルは，自分の過《あやま》ちに苦しみ，コーチや仲間に支えられながら，他校のチョヒと真のライバル関係を育んでいく。

問１　前の部分でナルは，決勝を前に笑うコーチを見ながら，「この幸せな瞬間《しゅんかん》をだめにしたく」ないと感じている。一方，直後の部分でナルはそれでもこのまま「だまっているわけには」いかないと心を決めている。ナルは，チームの明るい空気を台無しにしたくないという思いから，打ち明け話をするかためらっていたが，それは「いいわけ」だと考え直したことがわかるので，ウがふさわしい。

問2　続く部分でナルは，自分は「試合に出る資格」がないので「決勝を棄権《きけん》したい」と話し，その理由としてチョヒの水着を盗《ぬす》んだのは自分であるという事実を明かしている。

問3　スンナムは，「決勝を棄権したい」というナルに「どういうこと？」「急にどうしたんだ」と問いかけている。スンナムはナルの突然の宣言におどろき，混乱していることが読み取れるので，アがよい。

問4　部員やコーチから注目されたナルは「皮がはがれてしまいそう」なほど「人さし指で親指の先をかき続けて」いた。テヤンはナルの不安定なようすを見かねて，タオルをにぎらせることでそれ以上指先をひっかかないようにしたと考えられるので，エがふさわしい。

問5　**あ**　「つらそう」に打ち明け話を始めたナルが，差し出されたタオルを反射的につかむ場面なので，力をこめてにぎるようすを表す「ぎゅっと」がよい。　**い**　泣き出したナルにどう接すればよいかわからず，部員たちが無言で立ちつくす場面なので，身じろぎもしないさまを表す「じっと」が合う。

問6　前の部分でナルは，チョヒの水着を盗んだことをコーチと部員たちに打ち明けており，自分の中に今まで隠《かく》してきた後ろめたさと向き合う決意をしたことが読み取れる。よって，イがふさわしい。

問7　**A**　「肩《かた》を落とす」は，“がっかりする”という意味。　**B**　「舌打ち」は，いらだちを表す仕草。

問8　コーチから「叱《しか》りつけられる」と思っていたナルは，コーチが自分の肩を「軽くたたいた」だけで去った瞬間，「たえられなく」なって泣き出している。予想外の反応に感情をおさえきれなくなったことがわかるので，エがよい。

問9　前の部分では，ナルへの接し方に困っていた部員たちが，少しずつ「いつもの調子」を取り戻《もど》し，ナルを「なぐさめ始め」ている。部員一人ひとりが，ふだんどおりの態度でナルに接しようと努めていることが想像できるので，アがふさわしい。

問10　チョヒは，「決勝を棄権するって本気なの？」「なんで？」とナルを問いつめている。また，ぼう線⑩の後でもチョヒは「あんたが逃《に》げ」てどうするのかとナルを責め，決勝に出るよう主張している。チョヒは，ナルが決勝に出場しないつもりであることに怒《いか》りを感じているとわかるので，エが合う。

問11　続く部分でナルは，チョヒに水着を盗んだことをあらためてあやまり，自分の気持ちや経緯《けいい》を説明している。ナルが素直な気持ちでチョヒと向き合おうとしていることがわかるので，イがよい。

問12　本音を打ち明けてもなおナルの棄権する理由が「わからない」と言い続けるチョヒに対し，ナルは，「会話がぐるぐる回っている」という感想を持っている。ナルは，言いたいことをすべて伝えたはずなのに理解を示してくれないチョヒをもどかしく感じているので，アが合う。

問13　ナルはチョヒの言動を思い返すうちに，チョヒが自分に対して燃やしているライバル心に気づき，自分にもチョヒと同じく「ちゃんと自分の力で勝ちたい」という気持ちがあることを自覚している。よって，イがふさわしい。

問14　ぼう線部⑩の直後の部分でチョヒは，自分は「自分の力で」ナルに勝ちたいのだから，ナルは決勝に出なければいけないと主張している。よって，アがよい。

問15　ナルは「本気でいどんできた」チョヒに応えて決勝への出場を決め，スタート前に挑発《ちょうはつ》してきたチョヒにも強気で言い返している。チョヒは，ナルとライバルとして戦えることをうれしく思い，真剣《しんけん》勝負を前に意気ごんでいると想像できる。チョヒの目的はナルを精神的に打ちのめすことではないので，ウが正しくない。前書きには，ナルがチョヒと同じ種目に出場して一位通過したとあるので，アは正しい。

三　**出典は高槻成紀《たかつきせいき》の『動物を守りたい君へ』による。**過去にオオカミが偏見《へんけん》から撲滅《ぼくめつ》されたことを例にあげ，自然界全体への視点を持たなければ人間が生態系のバランスをこわしてしまうこともあると述べている。

問１　同じ段落に，ヨーロッパの人々は「ヒツジを飼育して肉や毛皮を使う生活」を続けてきたとある。オオカミを憎《にく》く思う理由は，生活のために大切なヒツジが殺されたからだと考えられるので，ウがよい。

問２　㋐「裏をかく」は，“予想をこえた行動で相手をあざむく”という意味。　㋑「おどろおどろしい」は，不気味でおそろしいさま。

問３　イエローストーン国立公園は「世界で初めて」の国立公園で，「今でもすばらしい自然が残されて」いるとある。そのような「動植物を保護するための」場所においてもオオカミは「殺され続け」たという矛盾《むじゅん》を筆者は「不思議」だと述べているので，ウが正しい。

問４　第四段落に，キリスト教の影響《えいきょう》でオオカミは「悪魔《あくま》」のイメージと結びつけられ，「心は悪い」が「とても頭がよくすぐれた能力」を持つ，「おどろおどろしい動物」と思われていたことが書かれている。

問５　同じ段落に，イエローストーンの生態系から姿を消したオオカミを戻すため，「オオカミに対する悪いイメージを取り去る」努力がなされたことが書かれている。よって，アがふさわしい。

問６　第六段落に，イエローストーンでオオカミが「撲滅」に追いやられた理由は，「オオカミは悪魔」というイメージが先行し，オオカミを殺すことが当然のことのように考えられていたからだとある。「オオカミに対する偏見」とは，オオカミは悪魔のように頭がよく，残忍《ざんにん》で不気味な生き物だという人々の思いこみを指しているので，ウがよい。

問７　ぼう線⑥の前後には，イエローストーンのオオカミを「撲滅」したとき，人間は「人とオオカミ」という「二者」の対立関係しか頭になく，他の生物や自然への影響には考えが及《およ》んでいなかったと書かれている。よって，イが正しい。

問８　第七～九段落では，オオカミが「撲滅」された後のイエローストーンで，他の動植物や森林，治水など「生態系全体のさまざまな面に大きな影響」が表れたことが述べられている。このように，「自然のしくみを理解していない」人間の行動が自然界のバランスをくずしたことを，筆者は「大きな過ち」と呼んでいる。

問９　最終段落で筆者は，「オオカミ撲滅」という人間の過ちを「反省」し，「困難な復帰計画を成功させた」アメリカの姿勢から日本は「大いに学ぶべき」だと述べている。よって，カが正しい。続けて筆者は，「オオカミ復帰」の後も，「家畜《かちく》が襲《おそ》われる」という新しい課題に「対応」がなされ，「困難な活動」が「粘《ねば》り強く」続いていることについても「見習うべき」だと主張しているので，エも正しい。

2023 年度

十文字中学校

【思考力型理科系】 〈思考力型試験〉 (50分) 〈満点：100点〉
〈編集部注：実物の入試問題では，図の大部分はカラー印刷です。〉

1 夏子さんは，夏休みの自由研究としてSDGs(持続可能な開発目標)について調べてみることにしました。それについての夏子さんとお母さんの会話文を読み，あとの問いに答えなさい。

夏子さん「SDGsの中に『14 海の豊かさを守ろう』という目標があるんだって。」
お母さん「海の豊かさを守るために何ができるかな？」
夏子さん「お魚が食べられない未来はいやだわ。」
お母さん「あなた一人では解決はできないかもしれないけれど，あなたにも貢献《こうけん》することはできるんじゃない？」
夏子さん「そういえば，プラスチック製品と海の関係について，ニュースが流れていたわ！　ニュースでレジぶくろを有料化したり，プラスチック製フォークのサービスをやめたりするって言っていたわ。プラスチック製品を使わないことと海の豊かさにどのような関係があるの？」
お母さん「生活に利用したプラスチック製品の一部は，海に流れ出してしまっていて太陽の光や雨風にさらされると，ものすごく小さなつぶになってしまっているらしいのよ。その小さなプラスチックのつぶはマイクロプラスチックと呼ばれ，海を汚《お》染する原因になるかもしれないとニュースでは言っていたわよ。」

問1　プラスチック製品にかかれているマークを次の(あ)～(え)から全て選び，記号で答えなさい。

(あ)
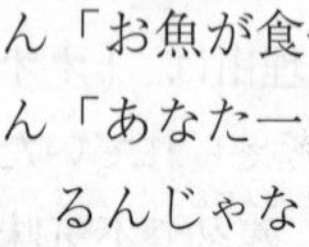

(い)
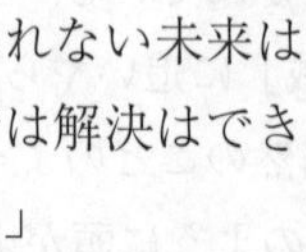

(う)
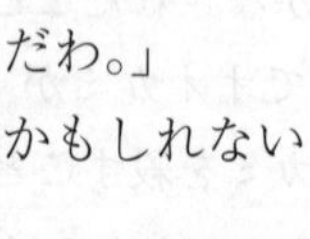

(え)
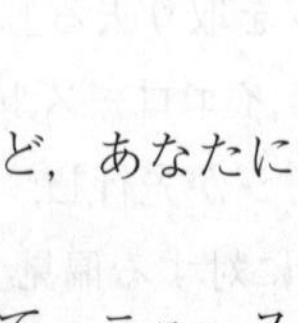

夏子さん：夏休みの自由研究は，マイクロプラスチックについて調べて発表してみようかな。

次の図は，夏子さんが学校で発表したときのポスターです。ポスターをよく見てあとの問いに答えなさい。

海が汚《お》染されている？

～マイクロプラスチックの危険性～

1年 百合組　十文字 夏子

調べたきっかけ

・ニュースでレジぶくろが有料化されていることを知った。

・海の豊かさが失われると将来，海で取れる食べ物が食べられなくなることを知った。

調べてわかった事

・プラスチックは，海に流れ出ると太陽の光や雨風にさらされ，マイクロプラスチック(直径５mm以下)となる。

・マイクロプラスチックは，DDT(ジクロロジフェニルトリクロロエタン)などの生物にとって有害な物質とくっつき汚染される。

・汚染されたマイクロプラスチックをえさと間違《ちが》え食べてしまった生物のからだにDDTがとりこまれる。

・とりこまれたDDTは，［　①　］という特性を持つため生物のからだの中にたまりやすい。

・海水からはじまり，生物の食べる食べられるの関係によって，食べる側の生物のからだの中で高濃《のう》度に濃《のう》縮されることを生物濃縮という。

〈表１〉　海水や生物10トンあたりに含《ふく》まれるDDTの量

海水およびそれぞれの生物名	海水	プランクトン	イワシ	ヒラメ
10トンあたりに含まれるDDTの量	0.5mg	400mg	2.3g	12.8g

1トンは1000kgを示す。

考えたこと

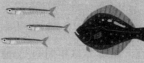

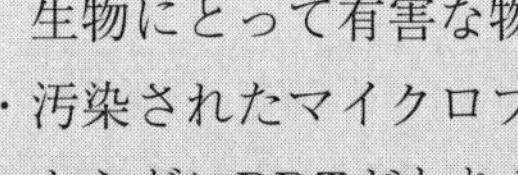

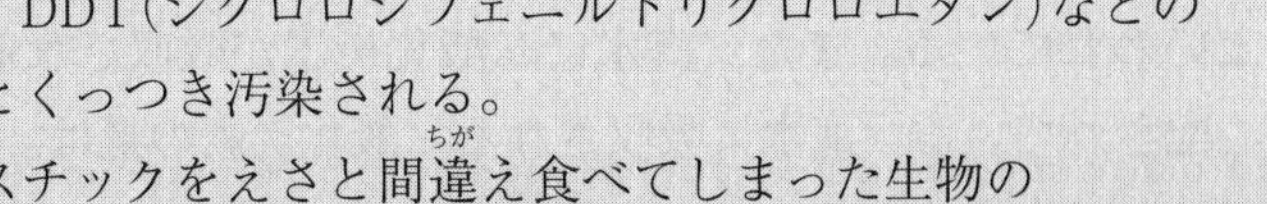

・魚が食べられなくなるのは避《さ》けたいので，私はこの問題に貢献したい。

・人だけでなく，様々な動物が住み続けられる環《かん》境を作りたい。

・プラスチックは便利だけれど，作る責任と使う責任をしっかり考えたい。

問2　生物濃縮が起こる物質の特性として ① にあてはまる文章を1つ選び，記号で答えなさい。

(あ)　からだの中で分解されやすく，排《はい》出されにくい

(い)　からだの中で分解されやすく，排出されやすい

(う)　からだの中で分解されにくく，排出されにくい

(え)　からだの中で分解されにくく，排出されやすい

問3　夏子さんのポスターの〈**表1**〉より，ヒラメ10トンあたりに含まれるDDTの量はイワシ10トンあたりに含まれるDDTの量に対して何倍か，小数第二位を四捨五入して答えなさい。

問4　食べる側の生物になるほど10トンあたりに含まれるDDTの量が増加している理由について，食べる食べられるの関係に注目し，あなたの考えとともに説明しなさい。

問5　海に流れ出るプラスチックを削《さく》減するためにどのような取り組みが有効だと考えられますか。あなたの考えを理由とともに50字以上で説明しなさい。

2　夏子さんが調べた二酸化炭素排《はい》出量に関する文章を読み，あとの問いに答えなさい。

現在世界では，カーボンニュートラル(二酸化炭素排出量－二酸化炭素吸収量＝0)を目指して二酸化炭素の排出量を減らす取り組みが行われている。空気中に排出された二酸化炭素は，樹木に吸収されたり，海水に吸収されたりしている。空気中の二酸化炭素は，地球温暖化の原因といわれている。また，海水に二酸化炭素が吸収されることにより，海の生き物への影響《えいきょう》が心配されている。海水に吸収される二酸化炭素の量は，空気中の二酸化炭素の濃《のう》度が高くなるにつれて大きくなる。

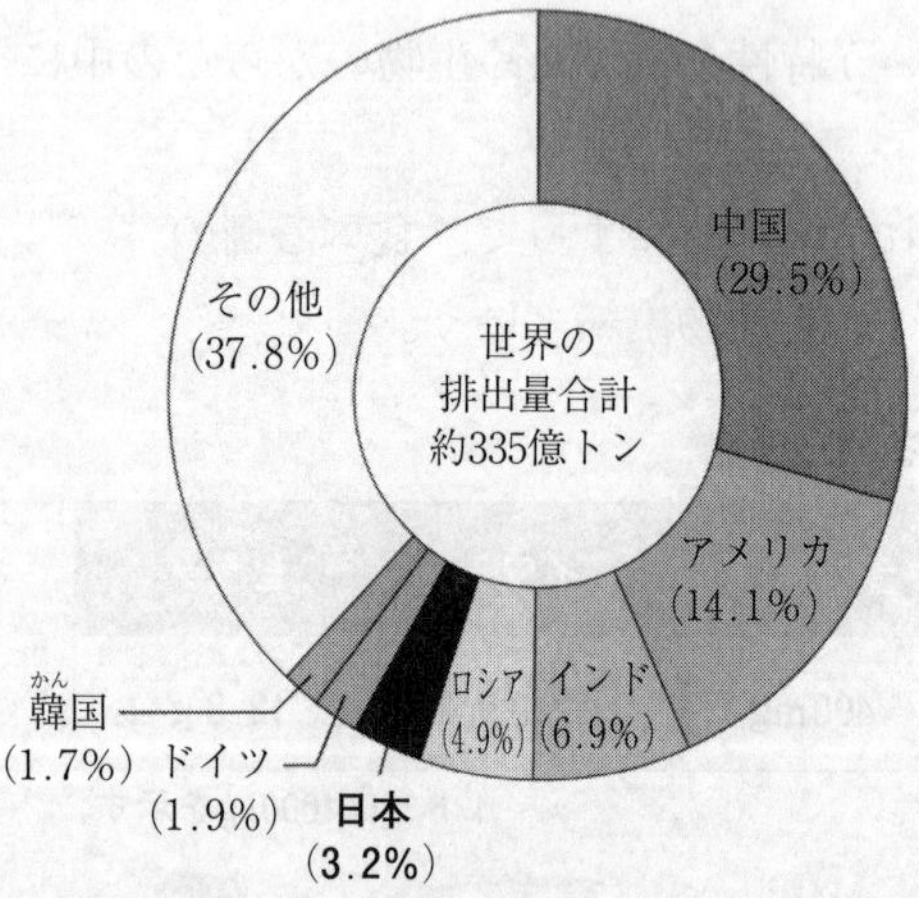

〈**図1**〉　ある年の世界の二酸化炭素排出量(国別排出割合)

現在，世界では年間約335億トンの二酸化炭素が排出されている。そのうち，日本について夏子さんが調べてみると以下のような事がわかった。

・日本では年間約10億8000万トンの二酸化炭素が排出されている。(1トン＝1000kg)
・日本における森林等による二酸化炭素の吸収量は年間約4500万トンである。
・現在の日本の森林面積は約2500万 ha である。
・日本の国土は約3780万 ha である。

・地球の陸地面積は，約150億 ha である。
・樹木の種類や樹齢《れい》によって吸収される二酸化炭素の量は異なる。
・日本では発電，製鉄を行う際に多くの二酸化炭素が排出されている。

問６　二酸化炭素の性質のうち，地球温暖化に関係している性質がどのようなものか説明しなさい。

問７　日本が一年間で排出している二酸化炭素を森林によってすべて吸収するためには，おおよそ何 ha の森林が必要か，計算して答えなさい。ただし，二酸化炭素の吸収は森林のみで行われるものとする。

問８　二酸化炭素の排出量を減らすことなく，二酸化炭素の吸収量を増やすことでカーボンニュートラルを実現できますか。与えられている情報をもとに，あなたの考えを説明しなさい。

問９　海水に二酸化炭素が吸収されることによって海の生き物にはどのような影響がありますか。あなたの考えを理由とともに説明しなさい。

問10　あなたの生活の仕方を大きく変えることなく，二酸化炭素の排出量を減らすためにはどのような工夫をする必要がありますか。プラスチックを削《さく》減するということ以外であなたの考えを理由とともに30字以上で説明しなさい。

3　ある日，夏子さんが新聞を見ていると，気になる文章がありました。これについて，あとの問いに答えなさい。

『現代の社会生活は，ガスや石油などの天然の燃料を利用して成り立っているが，このまま使い続けると数十年後には，なくなる可能性がある。』

その記事におどろいた夏子さんは天然の燃料の使用量を減らす方法が身近にないか調べてみることにしました。

調べてみると，燃料の代わりに太陽光を集めて得られた熱を利用していることが分かりました。

そこで，夏子さんは太陽光を利用して，お湯を沸《ふっ》とうさせられないかと考え実験をしてみることにしました。

問11　よく晴れた日に水を入れたペットボトルをテープでまき，日なたに置いて水温をはかる実験をしました。次の(あ)～(う)を水温が上がりやすいものから順に並べかえ，記号で答えなさい。

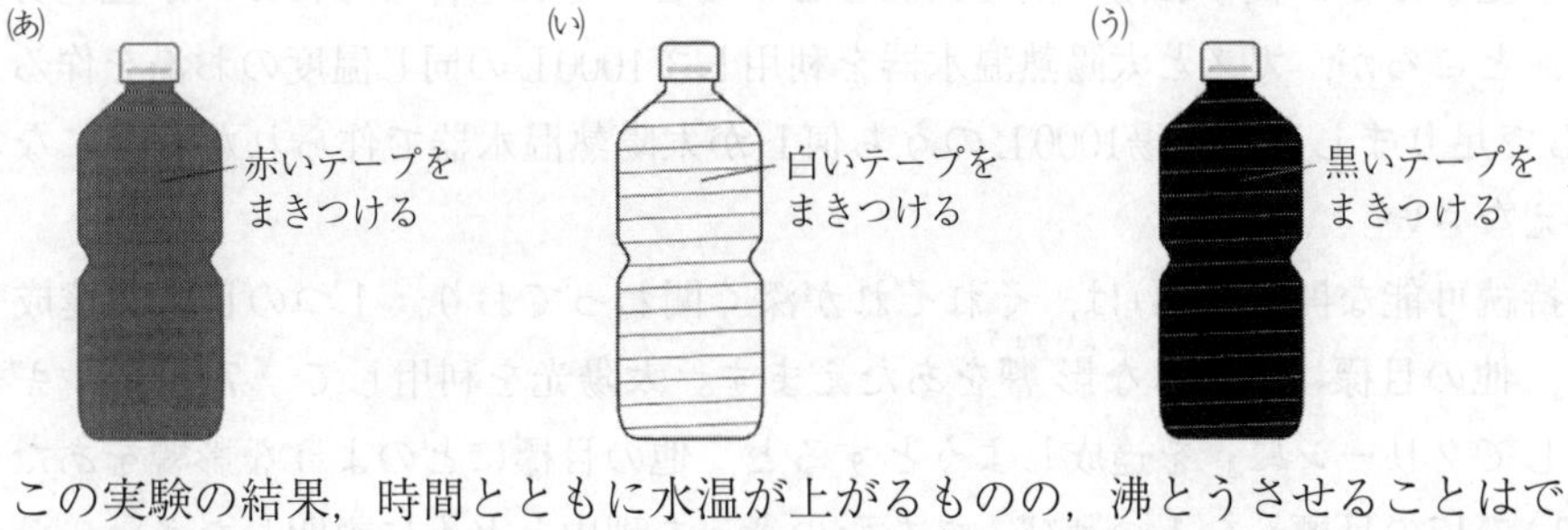

この実験の結果，時間とともに水温が上がるものの，沸とうさせることはできませんでした。次に夏子さんは，ソーラークッカーを利用してみることにしました。ソーラークッカーとは

太陽光を集め，その熱を利用する調理器具のことです。

夏子さんは，ソーラークッカーに付属している３枚の鏡をどのように使えば，水を沸とうさせることができるのか実験してみることにしました。

問12　よく晴れた日に，金属の容器に水を入れ，鏡の置き方を変えて実験をしました。次の(あ)～(え)から，一番早く水温が上がるものを１つ選び，記号で答えなさい。

(あ)

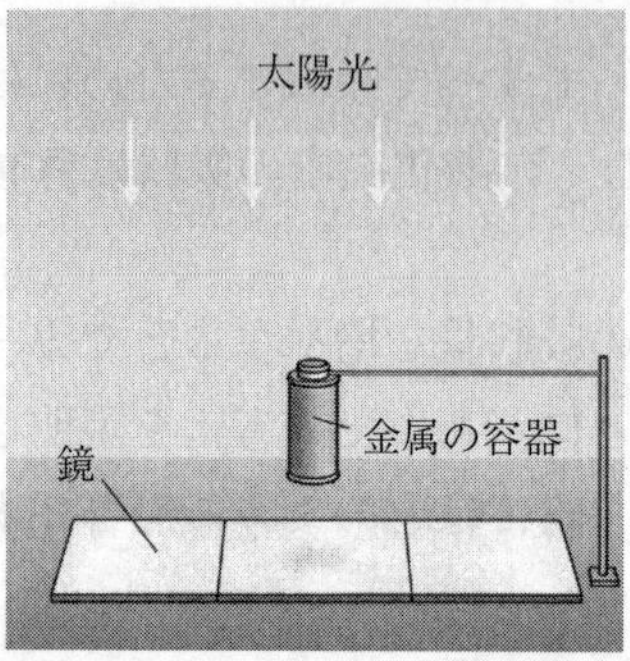

(い)

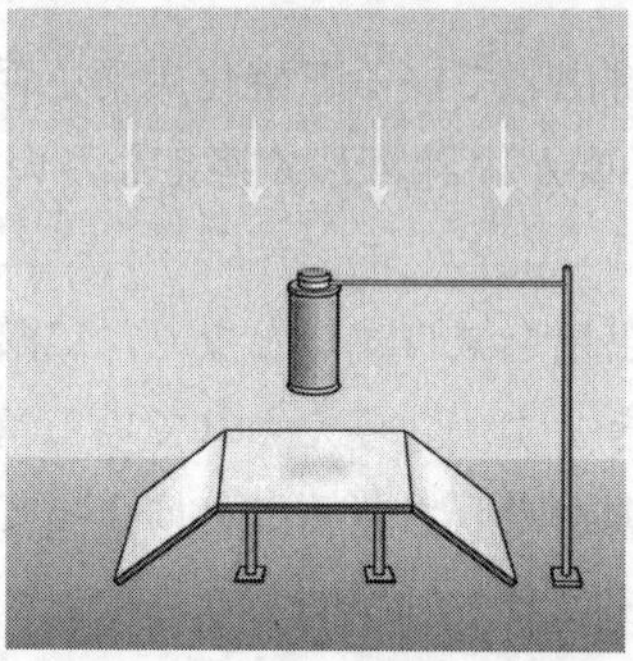

(う)

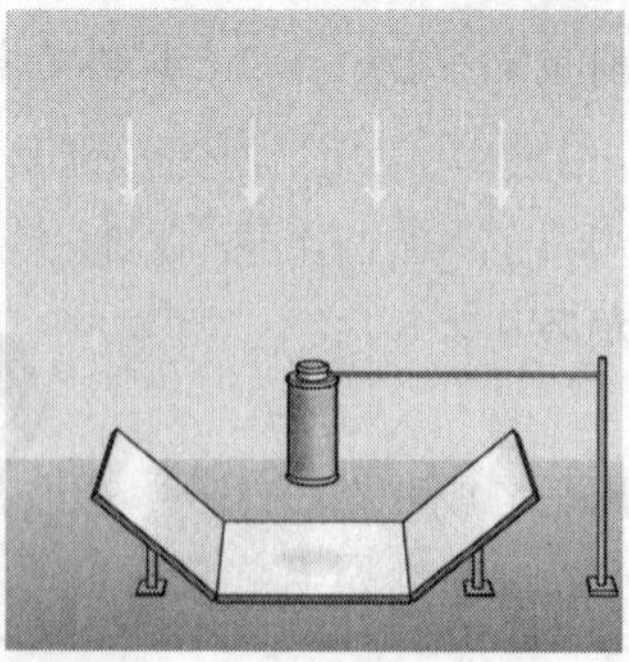

(え)

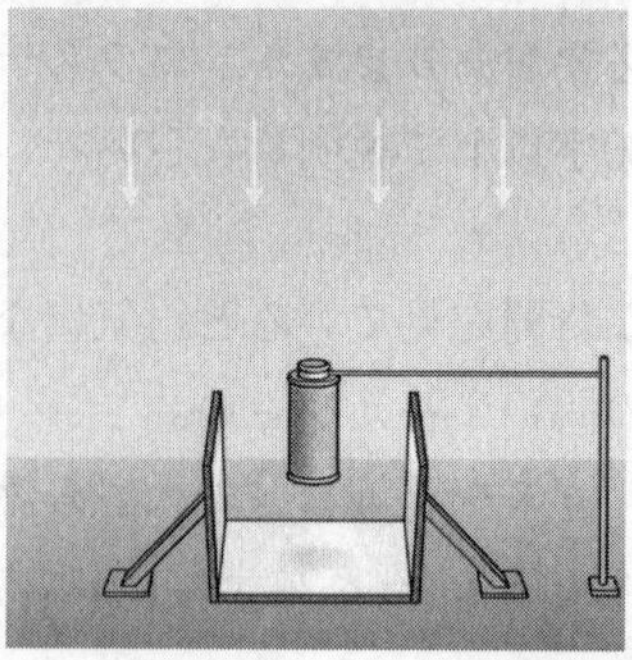

この実験の結果，沸とうしたお湯を作ることができました。次に夏子さんは，ソーラークッカーを工夫して使うことでもっと早く水を沸とうさせることができるのではないかと考えました。そこで鏡の枚数を増やして実験してみると先ほどよりも短い時間で水を沸とうさせることができました。

問13　ソーラークッカーを使って，早く水を沸とうさせるためには，どのような工夫がありますか。あなたの考えを理由とともに説明しなさい。ただし，鏡の枚数は変えないこととします。

身近なところで，太陽光を利用しているものがないか夏子さんがさらに調べると，太陽熱温水器というものがあることを知りました。太陽熱温水器を利用することで暖房《ぼう》や給湯などに使うガスの使用量を減らすことができます。

問14　１つの家庭が１日に使うお湯の量を1000Ｌとすると，それを作るのにガスが1250Ｌ必要になります。ところが，ガスと太陽熱温水器を利用して1000Ｌの同じ温度のお湯を作ると，ガスは750Ｌで足りました。お湯1000Ｌのうち何Ｌが太陽熱温水器で作られたことになるか計算して答えなさい。

問15　SDGs(持続可能な開発目標)は，それぞれが深く関わっており，１つの目標を達成しようとすると，他の目標にも大きな影響《えいきょう》をあたえます。太陽光を利用して『７ エネルギーをみんなにそしてクリーンに』を達成しようとすると，他の目標にどのような影響をあたえますか。〈**図２**〉の17の目標から１つ選び，あなたの考えを理由とともに説明しなさい。その際，図を使ってもよいこととします。

SUSTAINABLE DEVELOPMENT GOALS
1 貧困をなくそう
2 飢《き》餓《が》をゼロに
3 すべての人に健康と福祉《し》を
4 質の高い教育をみんなに
5 ジェンダー平等を実現しよう
6 安全な水とトイレを世界中に
7 エネルギーをみんなにそしてクリーンに
8 働きがいも経済成長も
9 産業と技術革新の基盤《ばん》をつくろう
10 人や国の不平等をなくそう
11 住み続けられるまちづくりを
12 つくる責任つかう責任
13 気候変動に具体的な対策を
14 海の豊かさを守ろう
15 陸の豊かさも守ろう
16 平和と公正をすべての人に
17 パートナーシップで目標を達成しよう

〈**図２**〉　SDGsの17目標

【思考力型社会系】 〈思考力型試験〉 (50分) 〈満点：100点〉

1 私たちは電車やバスに乗って，通勤《つうきん》したり通学したり，時には遊びに行ったりしています。関東地方，東北地方，中部地方の一部にはJR東日本が電車を走らせています。JR東日本の現状に関して，次の問いに答えなさい。

問1 JR東日本の1日平均の乗車人数の多い駅は，2000年以降で見てみると，第1位は都庁がある新宿駅，そして第2位は豊島《としま》区にある〔　　〕駅で，トップの2駅の順位は22年間変わっていません。この2つの駅には，JRの他に私鉄や地下鉄も通っています。〔　〕に当てはまる駅名を入れなさい。

1日平均の乗車人数

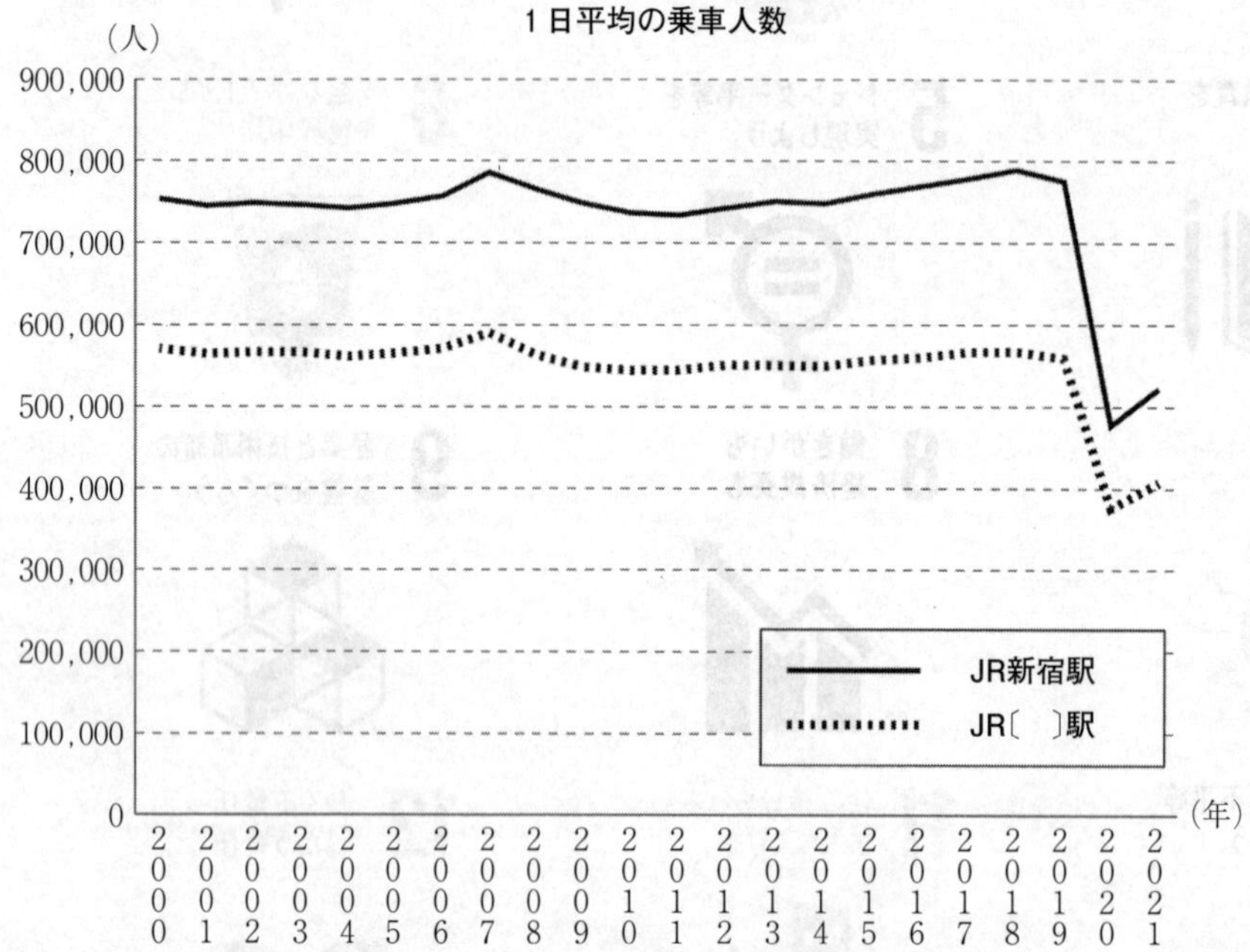

JR東日本ホームページをもとに作成

問2 上のグラフは，縦軸に乗車人数，横軸に年をとっています。このグラフから分かることとして，正しいものには○，間違っているものには×をつけなさい。

A：2つの駅とも，2019年までほとんど乗車人数が変わっていないが，2020年には乗車人数が大きく減った。

B：2020年には前年に比べて乗車人数がJR新宿駅では約30万人，JR〔　〕駅では約20万人減った。

C：グラフ全体を見ると，両方の駅とも乗車人数の最多と最少に2倍の開きがある。

問3 JR東日本には，赤字路線といって1日の平均利用者数が少ない路線もあります。特に東北地方では，全ての県がこのような路線を抱《かか》えています。宮城県と山形県を結ぶ陸羽東線《りくうとうせん》の区間には，1日の利用者数が44人というところもあり，この区間では100円かせぐのに20,000円以上の費用がかかります。一方で，赤字路線を廃止《はいし》すると不便になる住民もでてきます。このような地域ではどのようにしたら，鉄道会社にも収益があり，住民も便利に暮らせるでしょうか。あなたの考えを200字程度で書きなさい。

2 培養肉《ばいようにく》について書かれた，次の文章を読んで，あとの問いに答えなさい。

［読売新聞　2022年6月20日　読売新聞より抜粋，一部改変］

家畜《かちく》の生きた細胞《さいぼう》を体外で培養《ばいよう》（人工的に育てること）して，本物に近い肉質にした「培養肉」について，厚生労働省は規《き》制《せい》の必要性を検討《けんとう》するため，専門家の研究班を２０２２年度内に設置《せっち》する方針を固めた。

「培養肉」を作るメリットとしては，①肉を大量に生産できる，②家畜が排出《はいしゅつ》する温室効果ガスの量を少なくできる，③フードロス（食料が不要で捨てること）を防ぐことができるなどがあげられる。

一方，デメリットとしては，④今のところ莫大《ばくだい》な費用がかかる，⑤人工的に作られた肉は健康に被害を及ぼすのではないのかという不安，⑥畜産業《ちくさんぎょう》にたずさわっている農家が減ってしまう，などをあげることができる。

培養肉の製造工程（イメージ）

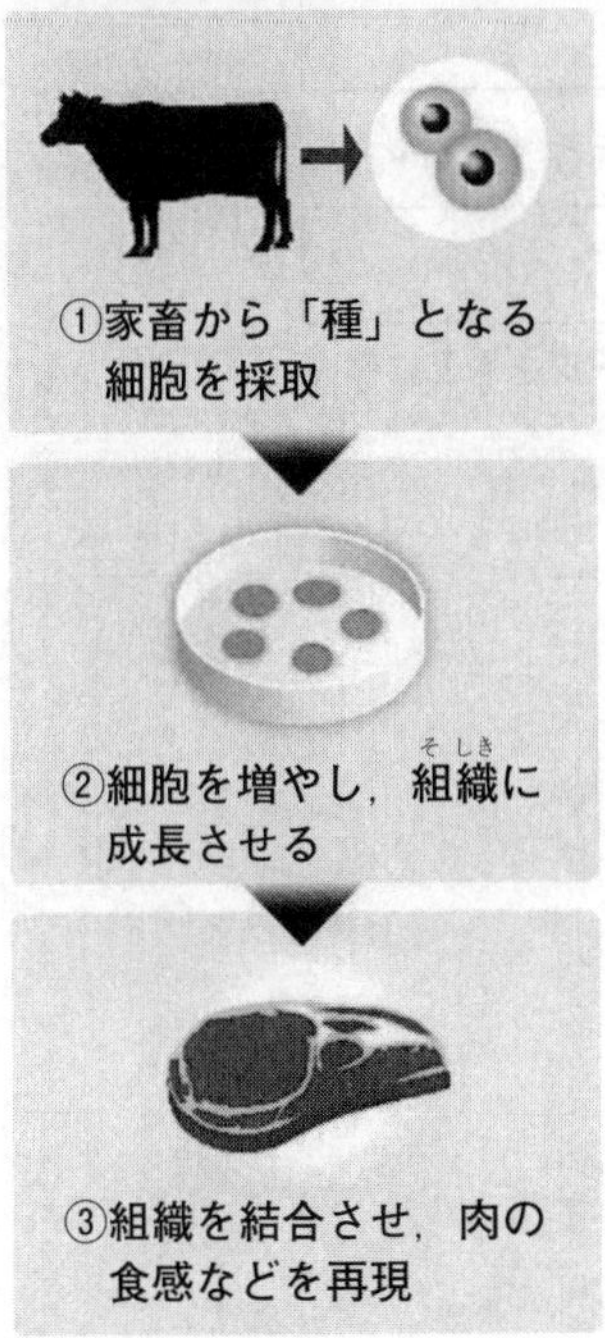
①家畜から「種」となる
細胞を採取
②細胞を増やし，組織《そしき》に
成長させる
③組織を結合させ，肉の
食感などを再現

問　将来，培養肉が生産されて，スーパーや肉屋さんで販売《はんばい》されることに，あなたは賛成ですか，反対ですか。

賛成の場合，どのようにしたらデメリットを解消できるか，上の④～⑥の３つの例のうちどれかひとつを選んで説明しなさい。

反対の場合，どのようにしたらメリットをほかの方法で実現することができるか，上の①～③の３つの例のうちどれかひとつを選んで説明しなさい。

【解答欄《らん》の書き方】

まず，賛成か反対かに○をつける。次に，賛成なら④～⑥の中で，反対なら①～③の中でどれについて説明するか番号を書く。そして200字程度で説明を書く。

3 2022年４月１日に成人年齢《ねんれい》が変更になりました。このことに関して，次の問いに答えなさい。

問１　文中の（　）にあてはまる数字を書きなさい。

2022年より成人年齢が（ **あ** ）歳《さい》から（ **い** ）歳分引き下げられた。

問２　（**あ**）歳未満《みまん》の人で，新たに成人となった人たちには，〔**資料**〕にあるとおり，できるようになった事と，今まで通り制限される事があります。〔**資料**〕の①ができるようになった事，および②が今まで通り制限される事に賛成か反対かをそれぞれ記し，その理由をそれぞれ150字程度で書きなさい。

〔資料〕

できるようになった事	今まで通り制限される事
国政選挙への参加(2015年から)	②飲酒
①クレジットカードや携帯電話《けいたいでんわ》の契約	喫煙《きつえん》
有効期限10年のパスポート取得	競馬《けいば》などの公営ギャンブル
司法書士，医師などの資格取得	

法務省ホームページをもとに作成

2023年度

十文字中学校

▶解　答

※　編集上の都合により，思考力型試験の解説は省略させていただきました。

思考力型理科系　＜思考力型試験＞（50分）＜満点：100点＞

解　答

1　**問１**　(あ)，(え)　**問２**　(う)　**問３**　5.6倍　**問４**　(例)　汚染された生物を食べることにより，食べる側の生物にたくわえられる。　**問５**　(例)　海に流れ出る排水に，プラスチックが含まれないように，浄水施設にプラスチック除去層を設置し，生物が分解できるプラスチック製品を普及させる。

2　**問６**　(例)　大気中の二酸化炭素が，宇宙に放出されるはずの熱を吸収する性質。　**問７**　６億ha　**問８**　(例)　日本の森林の面積から求めた，地球の陸地を全て森林とした場合の二酸化炭素吸収量は，年間約270億トンである。これは，世界の排出量の約335億トンを下回るため，実現は難しい。　**問９**　(例)　海水が酸性に変化するため，サンゴなどの生態系に悪影響をおよぼす。　**問10**　(例)　自家用車の利用を減らし，公共交通機関を利用することで，化石燃料の消費量を減少させる。

3　**問11**　(う)，(あ)，(い)　**問12**　(う)　**問13**　(例)　よく晴れた夏の日に，太陽の動きに合わせて鏡の向きを調整し，風が当たらないように風よけを設置する。　**問14**　400Ｌ　**問15**　(例)　**選んだ目標**…11　住み続けられるまちづくりを　**あなたの考え**…太陽光を利用した，化石燃料に頼らないまちの姿を考え，人々がエネルギー問題に困ることのない社会の仕組みづくりをする。

思考力型社会系　＜思考力型試験＞（50分）＜満点：100点＞

解　答

1　**問１**　池袋(駅)　**問２**　**Ａ**　○　**Ｂ**　○　**Ｃ**　×　**問３**　(例)　赤字路線の鉄道の線路をバス専用道路に替えてバスを運行させる。バスなら鉄道と比べて輸送費用を安く抑えられるし，駅員などの人員も減らすことができ，駅舎や車両基地などの維持費も削減できるので，鉄道会社の負担が減り，収益につなげられる。また，バス専用道路なら，地元の住民が利用しやすいところに停留所を設けることができるし，一般道路と違い信号待ちもなくほぼ時間通りに運行できるので，住民も便利に暮らせる。

2　(例)　賛成，⑥／畜産業にたずさわっている農家は，家畜を飼うための建物や牧草地などの広い土地を持っている。そこで，その土地を優先的に「培養肉」の工場用地として貸すことができれば，地主として収入が得られるので経営規模は縮小するが，これまで通り畜産業を継続することができる。また，「種」となる細胞を採取する家畜を，品質の良いものに改良してブランド化すれば，その「種」を外部に売ることで，さらに収入を増やすことができる。(反対，②／近年，大豆などの植物由来の原料を使って，肉の食感に近づけた「代用肉」の開発と実用化が進んでいる。この生産を増やせば，家畜が排出する二酸化炭素などの温室効果ガスを減らすことができる。また，消費者にも「代用肉」がこのように環境に優しい食べ物であり，ヘルシーで身体にも優しい食べ物であることをアピールして消費量を増やせば，実際の肉の消費量も減るので，そのぶん温室効果ガスの排出量も削減される。)

3 **問1** **あ** 20(歳)　**い** 2(歳)　**問2** ①（例）賛成／成人年齢は独立した個人として社会に参加する年齢であり，大人として扱われる年齢である。そこで，大人であるという自覚を持たなければならないし，社会に対して責任ある態度を求められることになるので，一般社会ではごく普通に行われているクレジットカードや携帯電話の契約についても，認められるのが当然だと思うから。(反対／18歳で大人として扱われるといっても，社会経験が足りないうえ，しっかりとした判断力もまだ身についていない。クレジットカードや携帯電話の契約が公平なものかどうかの判断も十分できないし，仮に不当なものでも一度契約を結んでしまうと，親の保護から離れているので，それを無条件に取り消すことができなくなるから。)　②（例）賛成／人間の成長過程には個人差があり，18歳・19歳ではまだ十分に大人としての身体が発達していない人が多い。喫煙は「百害あって一利なし」ということわざの通り良くないが，「酒は百薬の長」ということわざの通り適量であれば良いとはいえ，この年齢で飲酒を認めてしまうと，身体の成長に悪影響を及ぼす可能性があるから。(反対／飲酒は，良い人間関係を築いたり，コミュニケーションを深めたりする手段の一つであるので，大人としての自覚や節度を持って適度な量を摂取することができれば，飲酒じたいを制限する必要はない。また，お酒には酒税という税金が課されているため，飲酒できる人が増えればお酒の購入量が増加するので，国の税収増加にもつながるから。)

2023年度 十文字中学校

【算　数】〈得意型試験〉（50分）〈満点：100点〉

〔注意〕　1．**5**(2)，**6**(2)は，式や考え方を解答用紙に記入すること。

2．円周率は3.14として計算すること。

1　次の□にあてはまる数を答えなさい。

(1)　$125 \div \{45-4\times(8-3)\}=$□

(2)　$5\frac{1}{3}\times\left(\frac{1}{10}+1\frac{2}{5}\right)=$□

(3)　$(1.5-$□$)\div\frac{3}{4}=\frac{2}{3}$

(4)　梅子さんは，おこづかい□円の$\frac{1}{3}$で本を買い，さらに320円のお菓子を買ったところ，残金はおこづかいの４割になりました。

(5)　父，母，松子さん，桜子さんの４人が１列に並んで家族写真を撮《と》るとき，４人の並び方は全部で□通りあります。

(6)　下の図のように，１辺の長さが４cmの色のついた正方形のタイルを赤，緑，黄，青，桃《もも》，白の順にくり返し並べていきます。12枚目の青色のタイルまで並べたとき，並べたタイル全体の横の長さは□mになります。

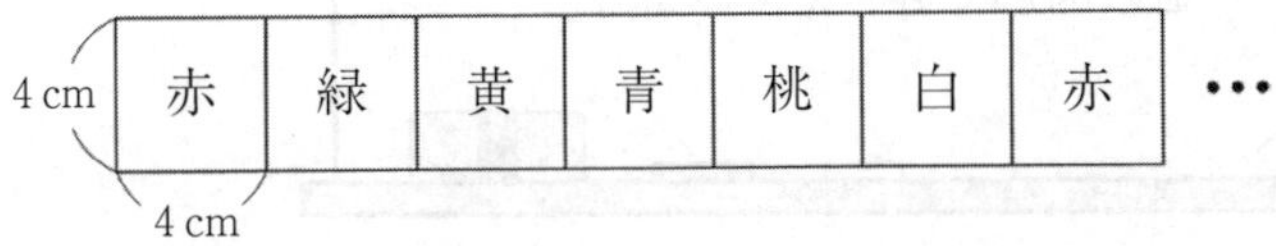

(7)　右の図のように，直角二等辺三角形と長方形が重なっています。
あの角の大きさは□度です。

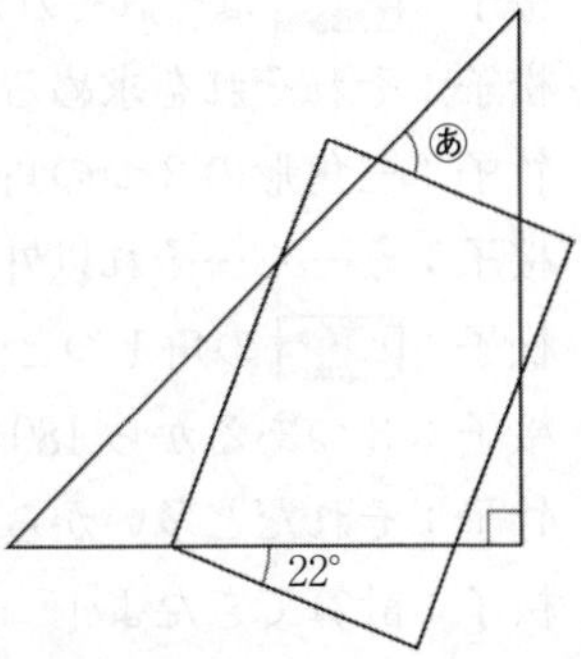

(8)　下の図のように，たて15m，横25mの長方形の土地に，幅２mの通路がある畑を作ります。畑の面積は□m^2です。

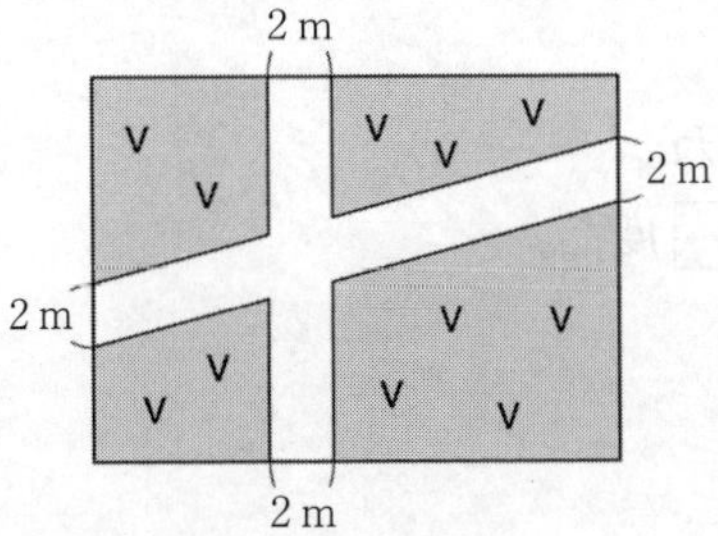

2　下の図は，１辺の長さが８cmの立方体から底面の半径が２cmの円柱をくりぬいた立体です。このとき，次の問いに答えなさい。

(1)　この立体の体積は何cm^3ですか。

(2)　この立体の表面積は何cm^2ですか。ただし，表面積とは，立体のすべての面の面積の和です。

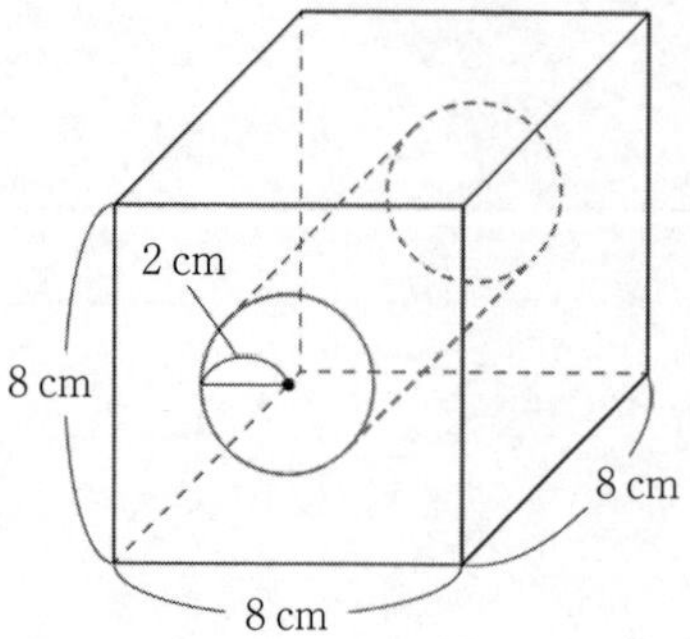
2 cm
8 cm
8 cm
8 cm

3　松子さん，桜子さん，竹子さんは黒板に書かれている課題に取り組んでいます。３人の会話を読み，次の問いに答えなさい。

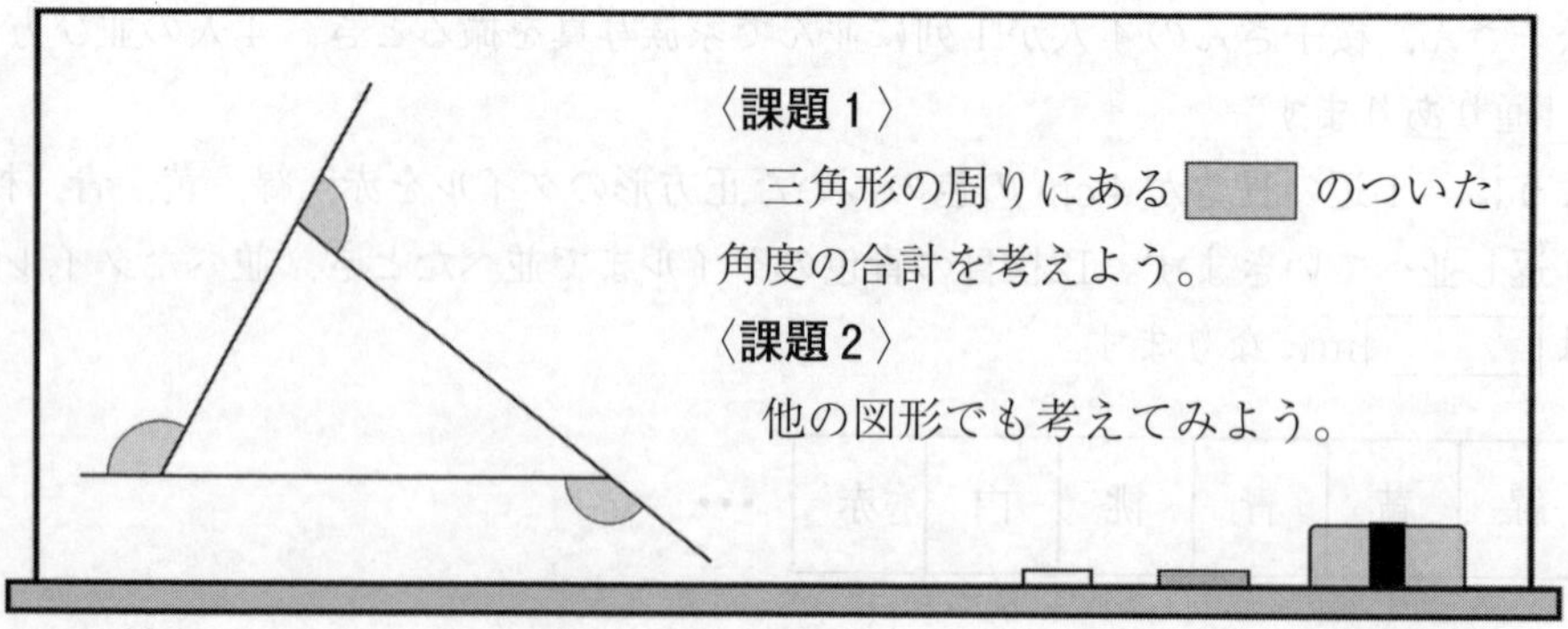
〈課題１〉
三角形の周りにある［　］のついた角度の合計を考えよう。
〈課題２〉
他の図形でも考えてみよう。

桜子：［　］はそれぞれが何度か分からないよ。
松子：それぞれを求めるのは難しそうだね。
竹子：三角形の３つの角の大きさの和が180度になることは利用できないかな？
桜子：うーん…それ以外に分かっている部分があるといいんだけど…。
松子：［　］の角１つと，そのとなりの角の大きさを合わせると180度だね。
桜子：３つあるから 180×3 で…。
竹子：それだと多いから，余分な角度をひかないといけないね。
桜子：計算できたよ！　［　］のついた角度の合計は［　あ　］度だ。
松子：そうだね！　じゃあ，九角形ではどうなるかな？
桜子：同じように計算していくと…［　い　］度になったよ！
竹子：何か決まりがありそうだね。

(1)　［あ］にあてはまる数を答えなさい。

(2)　［い］にあてはまる数を答えなさい。

4　次のように計算記号を約束します。

□を○で割ったときの余りを〈□，○〉で表す。

□を○回かける計算を□＊○で表す。

例えば

〈20，3〉は20÷3の余りなので，〈20，3〉＝2

6＊3は6を3回かけるので，6＊3＝6×6×6＝216

となります。この約束にしたがって計算するとき，次の問いに答えなさい。

(1)　〈17，6〉＊〈17，3〉はいくつになりますか。

(2)　〈3＊3，［ あ ］〉＝10であるとき，［あ］にあてはまる数を答えなさい。

――**5**(2)，**6**(2)は，式や考え方を解答用紙に書きなさい――

5　〈図１〉は，１辺の長さが10cmの正方形を底面とする高さが12cmの直方体の水そうAの中に，１辺の長さが５cmの正方形を底面とする直方体の水そうBを置いた図です。水そうAには蛇口《じゃぐち》A，水そうBには蛇口Bからどちらも毎分500mLの水を同時に入れ始め，止めることなく入れ続けました。〈図２〉は，水そうAと水そうBに水を入れ始めてからの時間と，水面の高さの関係をそれぞれ表したグラフです。水そうの厚みは考えないものとするとき，次の問いに答えなさい。

〈図１〉

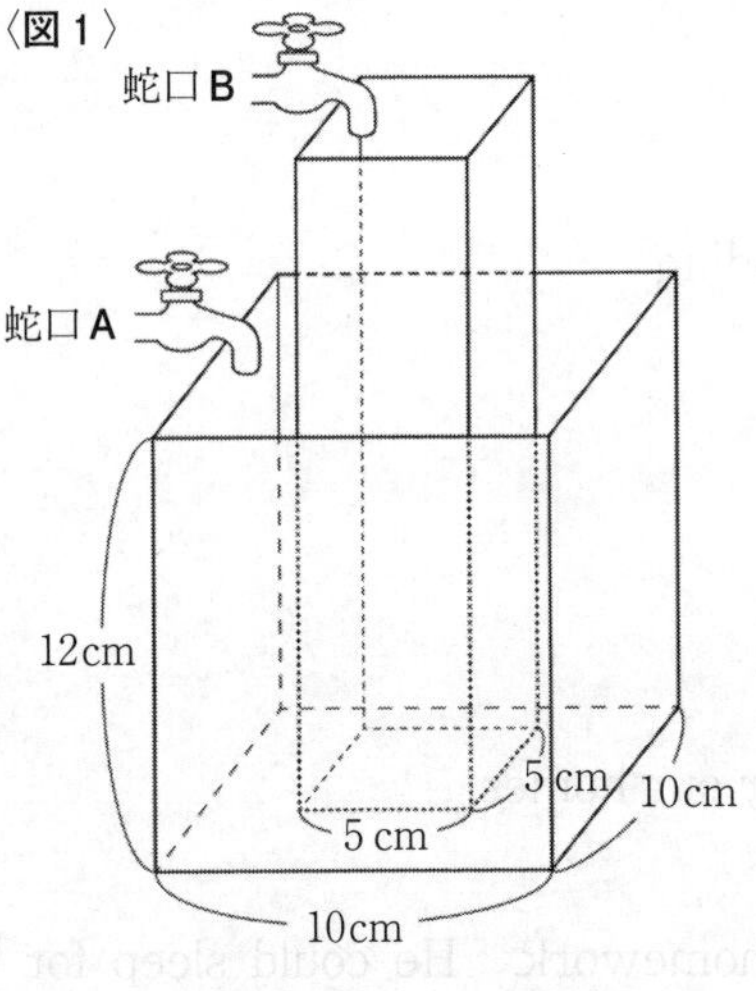

〈図２〉

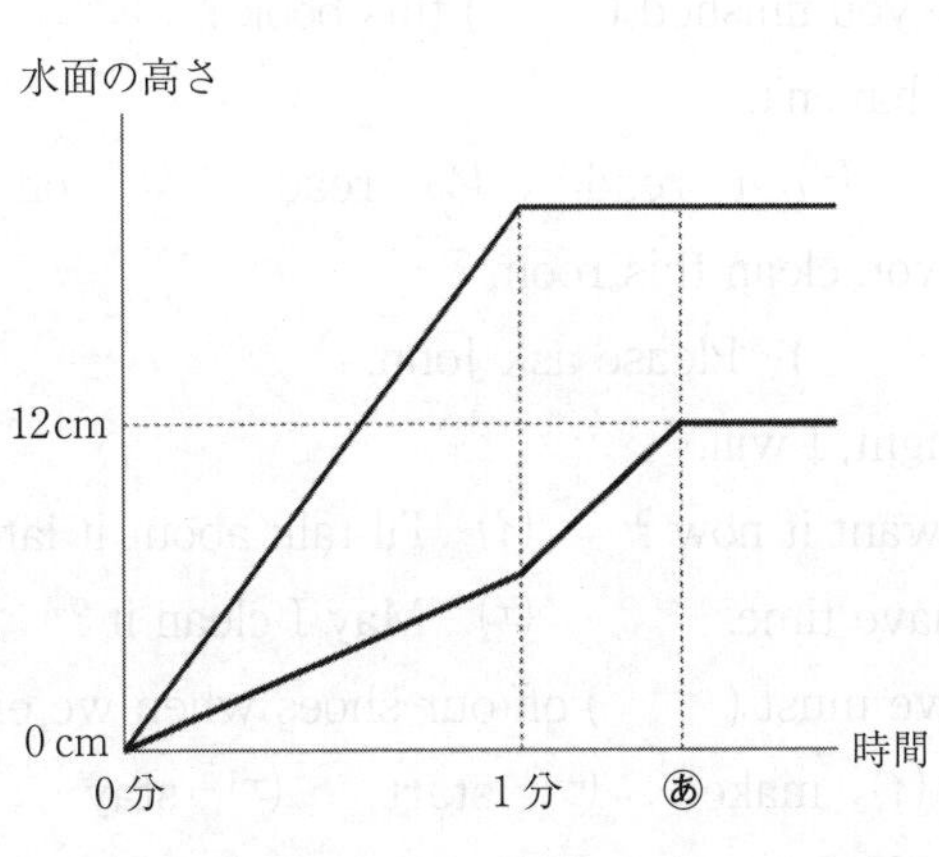

(1)　水そうBの高さは何cmですか。

(2)　あにあてはまる時間を答えなさい。

6　梅子さんは，妹の桜子さんと50mプールにいます。梅子さんは１往復半の150mを，桜子さんは１往復の100mを泳ぎます。２人はプールの両端《りょうたん》から向かい合って同時にスタートしたところ，ゴールまでの間に２回すれ違い，同時にゴールしました。２人はそれぞれ一定の速さで泳ぎ，梅子さんの泳ぐ速さは毎分72mです。ターンにかかる時間は考えないものとするとき，次の問いに答えなさい。

(1)　桜子さんの泳ぐ速さは，毎分何mですか。

(2)　２回目にすれ違うのはスタートしてから何分何秒後ですか。

【英　語】〈得意型試験〉（50分）〈満点：100点〉

1　For each set of words, choose the underlined letter that has a different sound from the others.　Then write the number of your choice.

1．［1．save　　2．sang　　3．safety　　4．sacred］
2．［1．peace　　2．peach　　3．great　　4．meat］
3．［1．homework　　2．hope　　3．hotel　　4．honest］
4．［1．museum　　2．music　　3．mysterious　　4．lose］
5．［1．liked　　2．served　　3．promised　　4．picked］

2　Choose **the five words** where the accent is on the **second** syllable.　Then write the numbers of your choices.

1．in-tro-duce　　2．head-ache　　3．dis-a-gree
4．pro-vide　　5．trans-late　　6．suc-cess-ful
7．pre-fec-ture　　8．re-frig-er-a-tor　　9．i-mag-i-na-tion
10．gov-ern-ment　　11．mar-a-thon　　12．en-ve-lope
13．pho-tog-ra-pher　　14．is-sue　　15．at-trac-tive

3　Choose the correct word to complete the sentence.

1．A：Have you finished (　　) this book ?
　B：No, I haven't.
(ア) reading　　(イ) to read　　(ウ) read　　(エ) on reading

2．A：Will you clean this room ?
　B：(　　　　)　Please ask John.
　A：All right, I will.
(ア) Do you want it now ?　　(イ) I'll talk about it later.
(ウ) I don't have time.　　(エ) May I clean it ?

3．In Japan, we must (　　) off our shoes when we enter our homes.
(ア) take　　(イ) make　　(ウ) start　　(エ) stay

4．Last night, Ken spent too (　　) time finishing his homework.　He could sleep for only three hours.
(ア) many　　(イ) much　　(ウ) less　　(エ) few

5．I haven't decided whether I will stay in Tokyo, or move back to my hometown to (　　) my father's small company.
(ア) turn down　　(イ) pick up　　(ウ) find out　　(エ) work for

6．Lucy's father must be very (　　) her because she helped an old woman cross the big street.
(ア) sorry for　　(イ) kind to　　(ウ) proud of　　(エ) free from

7．I think you (　　) your father.　You two have big eyes and high noses.
(ア) resemble　　(イ) find　　(ウ) prefer　　(エ) seem

4 Solve the math problems.

1. In the USA, they measure things using inches (in) instead of centimetres (cm). If one inch is about 2.5 cm, how many inches is 10 cm?
2. If you wake up at 6:45 a.m. and it takes you one hour and thirty minutes to get ready and travel to school, at what time will you arrive at school?
3. Sol went to the store to buy some pencils. She bought two pencils that were $2.10 each. She used a coupon for $3.00. How much money did she spend?

5 次の英文は，恋人であるJimとAliceがビーチにやってきたときの話である。[A]～[E]の空所に最もよく当てはまるものを，あとのア～オの中から1つずつ選び，記号で答えよ。ただし，同じ記号を2度使ってはいけない。

Jim : Look at all those people, Alice. They are swimming in the sea. It's a beautiful day.

Alice : Yes, it's a lovely day. The water is warm, the sun is shining and I'm very happy.

Jim : I'm happy, too, Alice. [A]

Alice : Look, some children are playing soccer over there on the sand near the sea.

Jim : That boy with the red hair is kicking the ball very hard. [B]

Alice : Oh dear! She isn't coming back . . . Oh no! But Jim is going in to save her!

Girl's Mother : Help! My Mary is *drowning!

Alice : [C] He is coming out of the water now. Is she all right?

Jim : Yes, she is OK. She is *unconscious, but she is breathing.

Girl's Mother : Oh, thank you, young man.

Jim : [D]

Alice : Look, she is opening her eyes.

Mary : Mummy, where am I?

Girl's Mother : [E]

Alice : Oh, Jim, you are so brave. I've got a wonderful boyfriend.

Jim : You are wonderful too, Alice.

[notes] drowning おぼれている unconscious 意識がない

ア. It's nothing at all.
イ. No, she isn't. Look, Jim is carrying your child on his back.
ウ. We are together and we are lying on this lovely beach.
エ. You are all right now, darling, thanks to this young man.
オ. Now that little blonde girl is running into the sea.

6 Read the passage and answer the questions.

The James Webb Space *Telescope (JWST) is a telescope that was made to take pictures of the universe from outer space. It has helped scientists find new things and take amazing pictures.

The JWST was *launched into space on December 25, 2021. The telescope cost $10 billion and took twenty years to build. It is a *reflecting telescope, which means that it doesn't use any lenses. Instead, it has a large 6.5 metre mirror that reflects light onto a sensor to take pictures. The mirror is made up of 18 smaller mirrors. They chose this design for two main reasons. One, dividing the mirror into sections allowed scientists to fold the telescope to fit inside of a rocket. Two, each small mirror can be moved, which makes *focusing much easier. The telescope's sensor is *infrared. This means that it can see light that our eyes cannot.

The JWST's main mission has four goals. First, to search for the oldest stars and *galaxies in our universe. Second, to study how galaxies form. Third, to understand how stars and planets form. Fourth, to study other *planetary systems in our galaxy and where life comes from. In its first year of service, the JWST has already found new things. It has taken photos of a star from 13.6 billion years ago. It is the oldest one ever found.

The James Webb Space Telescope has a planned mission length of ten years, but scientists think it may last up to twenty. Hopefully, it will find many new things.

[notes] telescope 望遠鏡　launched 打ち上げられた　reflecting telescope 反射望遠鏡
focusing 焦点を合わせること　infrared 赤外線の　galaxies 銀河
planetary 惑星の

For each of the following sentences, write **T** if it is true and **F** if it is false.

1. The James Webb Space Telescope has been in space for ten years.
2. The JWST is a reflecting telescope that uses mirrors.
3. The JWST can see light the same as our eyes.
4. One of the mission goals is to study how galaxies form.
5. The oldest star found so far was 13.6 billion years old.

7 Read the passage and answer the questions.

Ice hockey is a sport that is played and enjoyed by people all around the world, though mostly in northern countries ①(　　) winters are colder and longer. What began as a casual sport played on frozen ponds and lakes is now an international sport that is popular in the winter Olympic games.

Though ice hockey is now known as a Canadian sport, stick and ball games similar to ②<u>it</u> have been played by people since ancient times. People in ancient Egypt and Greece played stick and ball games, and First Nations groups in the Americas played stick and ball games before Europeans arrived.

The rules we use in ice hockey today *evolved on the British Isles. In fact, many different sports today actually have similar *origins. When winter came and there ③<u>be</u> too much snow to play on a field, people played on frozen ponds and lakes. People used ice skates to move on the ice. By 1875, official rules were published in England to play ice hockey, ④(　　) different countries had their own versions. Although ice hockey wasn't invented in Canada, "Canadian rules" are what leagues all around the world use today.

Ice hockey today is usually played on ice inside of a skating rink. Two teams play against each other over three 20-minute periods. There are six players per team on the ice at any one time — three forwards, two defense, and one *goaltender — and they can be changed at any time. Ice hockey is a very physical sport. In fact, it may be the most violent sport. Players wear a lot of special *equipment to help prevent *injuries, but *bone fractures and teeth injuries are still much ⑤(　　) common than in any other sport.

Ice hockey does not have many fans in Japan, but it seems to be getting more popular little by little each year. It is a very exciting sport, so it would be great ⑥(　　) it could become even more popular in Japan in the future.

［notes］ evolved　発展した　　origins　起源　　goaltender　ゴールキーパー
equipment　装備　　injuries　けが　　bone fractures　骨折

問１　空所①に入る１語を選び，記号で答えなさい。
ア．which　　イ．what　　ウ．where　　エ．who

問２　下線部②の it が指すものを文中の英語で答えなさい。１語とは限りません。

問３　下線部③の be を適切な形に直しなさい。

問４　空所④⑥に入る１語をそれぞれ選び，記号で答えなさい。
ア．so　　イ．or　　ウ．but　　エ．if

問５　空所⑤に適切な１語を入れなさい。

問６　次の(A)～(E)に関して，本文の内容に一致する場合はＴ，一致しない場合はＦの記号を使って答えなさい。
(A)　アメリカでは，ヨーロッパ人が来る以前から，スティックとボールを使ったスポーツが行なわれていた。
(B)　1875年にアイスホッケーの公的なルールが決められ，それ以来世界中でそのルールにしたがってアイスホッケーが行なわれてきた。
(C)　現在，カナダのアイスホッケーのルールが，世界中のアイスホッケーのリーグで使われている。
(D)　現在のアイスホッケーは，氷上で２チーム合計12人で行なわれるスポーツである。
(E)　アイスホッケーはキーパー以外は軽装で行なわれるので，とても負傷しやすいスポーツである。

8　Read the passage and summarize it in Japanese in 100 to 120 characters.

Elizabeth Alexandra Mary, known as Elizabeth Ⅱ (the second), was the queen of England. She was born in *Windsor on April 21, 1926, and married Philip Mountbatten in 1942. After her father, King George Ⅳ, died, she became queen on June 2, 1953. She became queen because she had no brothers. She was queen for over 70 years until she died on September 8, 2022.

During Elizabeth's life, she saw and did some unique things. During World War Ⅱ, she volunteered as a truck driver and mechanic. She saw the beginning of commercial air travel and the invention of computers. She was the first British king or queen to visit China, and to do a "walkabout." That means that instead of waving at people from inside a car, she walked around and met local people.

Queen Elizabeth Ⅱ will be remembered for her *dedication to public service.

［notes］ Windsor ウインザー（イギリスの地名） dedication 献身

(注5) 圏…限られた地域や範囲《はんい》。
(注6) 天敵…ここでは、ベルベットモンキーをつかまえて食べる動物のこと。
(注7) てんでに…ばらばらに。

問一 ――線①「そうした集団行動」とありますが、このときのチンパンジーの動きとして最も適当なものを次の中から選び、記号で答えなさい。
ア 獲物を捕って食うという目的を果たすために、各自がそれぞれの判断で動く。
イ 仲間に獲物を独占されることを防ぐために、相手の行き先を予測しながら動く。
ウ 事前に仲間とよく相談して、それぞれがやるべきことを決めてから動く。
エ 個体として獲物を捕ることよりも、集団として獲物を捕ることを優先して動く。

問二 [1]・[2]に入ることばを本文中から漢字二字で探し、それぞれ抜き出して答えなさい。

問三 [3]に入ることばを、本文中のことばを利用して十字以内で答えなさい。

問四 ――線②「その感情」が指《さ》している部分を本文中から十字以内で探し、そのまま抜き出して答えなさい。

問五 ――線③「動物には言語がないのです」とありますが、その意味として最も適当なものを次の中から選び、記号で答えなさい。
ア 相手に合わせることはできるが、相手と共通認識《にんしき》を持つ手段は持ち合わせていない。
イ 自分の判断で動くことはできるが、相手の意図や感情に合わせることはできない。
ウ 自分の利益になることには積極的だが、相手の利益のためにはぜったいに動かない。
エ 相手の気持ちを尊重することはできるが、自分の気持ちを伝えることはできない。

問六 [A]・[B]に入ることばとして最も適当なものを次の中からそれぞれ選び、記号で答えなさい。
ア しかし　イ たとえば　ウ むしろ　エ もちろん

問七 [4]に入ることばを本文中からそのまま抜き出して答えなさい。

問八 この文章では、「正しさとは、どのようにふるまうことが道徳的に正しいのかについての共通了解《りょうかい》のことなのです。」という一文が抜けているところがあります。最も適当なところを選び、記号で答えなさい。[ア]～[ウ]のどの部分に入るでしょうか。最も適当なところを選び、記号で答えなさい。

問九 人間が合意を形成していく上で必ず行っていることは何ですか。(ア)・(イ)に適当なことばを入れて、「(ア)によって、(イ)こと。」の形になるように、文を完成させなさい。ただし、次の条件にしたがって書きなさい。

条件
(ア)…本文中より漢字二字でそのまま抜き出す。
(イ)…最終段落のことばを利用して、十五字以内でまとめる。

る文化（注5）圏《けん》の人たちの叫び声を聞いて、かれらが驚いているのか痛いのか、楽しいのか悲しいのかを正確に読み取ることができます。しかしもちろん、そうした声を上げている本人は、他人に自分の感情を伝えることを意図してわざわざ声を上げているのではありません。そうした声は自然に出てしまうのです。［A］そうした声を意図的に抑《おさ》えることは困難です。

テレビの動物番組などで、「動物の言語」と称《しょう》するものが紹《しょう》介されることがあります。［B］、アフリカのサバンナに住むベルベットモンキーというサルには、三種類の（注6）天敵がいます。ヒョウとワシとヘビです。ベルベットモンキーは、それぞれの敵に対応した三種類の叫び声を鳴き分けるそうです。ヒョウを見た個体が叫ぶと、他の個体はそれを聞いて地上を警戒《かい》しながら木の枝の先の細いところに逃げます。ワシを見た個体の叫び声を聞いた場合は、空を見上げながら木《こ》の葉の茂《しげ》ったところに隠《かく》れます。ヘビの場合は、二本足で立ちあがってあたりを見回します。

こうした行動を人間が観察すると、ベルベットモンキーが「ヒョウだ！」「ワシだ！」「ヘビだ！」などと、仲間に言葉で伝えているように思うかもしれません。しかし、かれらの叫び声を人間の言葉と同じようなものと考えるのは誤りです。なぜかというと、そうした声は状況に対応して［4］ものだからです。ヒョウを見たベルベットモンキーは叫ばずにはいられません。そうした声は、人間でいえば驚いたときに出る叫び声に相当するのです。

（中略）

人間は、他の多くの動物とは異なって、正しいことと不正なことを感じる感情の仕組みを持っており、それが道徳的な善悪の起源にあります。助け合いや利他《りた》的な行動への好みや喜び、利益を独占する行為《い》や暴力的な強制への嫌悪《けんお》や怒りが、人間に独特の「道徳という領域」を開くのです。［ア］

そうした感情の仕組みは、生物学的・遺伝的な要素として人間という生物種に組み込まれているようです。そこで、進化倫《りん》理学では、人間が不正に対して怒りを感じたり、他人に親切にすることに喜びを感じたりする感性を持っていることについて、互恵や間接互恵によって説明します。しかし、そうした感情は、各個人が（注7）てんでに感じているだけでは道徳的な正しさや不正ではありません。「個人が正しいと感じること」と「正しいこと」、「個人が不正だと感じること」と「不正」とは、それぞれ別のことです。［イ］

チンパンジーなど、集団で暮らしている知能の高い動物であれば、互恵的な行動を行いますし、それを裏切《ぎ》った者に対しては怒りを感じるのかもしれませんが、かれらはそうした自分の感情を仲間に意図的に伝達することはありません。動物は鳴き声によってコミュニケーションをしているように見えますが、そうした鳴き声は人間でいえば意図せずに出てしまう叫び声に相当するものであって、動物には言語はないのです。［ウ］

他方、人間は自分の感情や意図を他人に伝達しようとします。受け手の側も、こちらが何かを伝達しようとしているのだと理解してくれます。その結果、人間は理解を共有し、新たな社会のあり方や文化を創造していきます。正しさについての合意も作られていきます。

（山口裕之『「みんな違《ちが》ってみんないい」のか？
相対《そうたい》主義と普遍《ふへん》主義の問題』）

（注1）似て非なるもの…一見似ているように見えるが、実はまったく違っていること。
（注2）首尾よく…うまく事《こと》が運んで。
（注3）妥当…もっともなことだと考えられること。
（注4）普遍…すべてに共通すること。

って生きていくのだと決意することができるようになった。

イ　これまでカツラに対して抱《いだ》いていたわだかまりが解け、心が軽くなった。また、カツラがいるからこそ、お互《たが》いの心の中に両親の存在を感じとることができ、両親との思い出がこれからの自分たちを支えてくれるのだ、と信じることができるようになった。

ウ　両親にかかわる楽しい思い出話を語り合うことにより、胸の中に積もり重なっていた悲しみが少しずつ薄《うす》れていくのを感じることができた。そして、その悲しみは自分たちが大人になればすべて消し去ることができるのだと、深く理解できるようになった。

エ　学校でつらいことがあったとしても、心の中に両親がいて、いつも応援《えん》してくれると信じることができた。そして、両親の応援があれば、どんな苦しみや困難も乗り越《こ》えることができるのだと思うと心強《づよ》く感じられて、生きる気力がわいてきた。

三　次の文章を読み、後の問いに答えなさい。

チンパンジーは、集団で狩《か》りをすることが知られていますが、①そうした集団行動は人間の共同作業とは（注1）似て非なるものです。人間の場合であれば、作業の目的や役割分担を事前に話し合って決めておきます。しかしチンパンジーはそのようなことはしません。獲物《えもの》になる小型《がた》のサルなどを発見した個体が、「捕《と》って食いたい」と感じる。それで獲物を追いはじめます。その様子《ようす》を見た仲間は、自分も獲物を追いかけたり、あるいは逃《に》げる獲物の行き先を予測してそちらに回りこんだりします。それらはすべて、各自の判断で行われます。「俺《おれ》は追うから、お前は先回りしろ」などと連絡《らく》したりはしません。

それで（注2）首尾《しゅび》よく獲物を捕《つか》まえた後、各自の働きに応じて獲物を分配《ぱい》するといったこともありません。人間の狩りであれば、家で留守《るす》番役をしている人にも黙《だま》っていても獲物が分配されますが、チンパンジーは、獲物を手にした個体に対して自分から積極《せっきょく》的に要求してはじめて分けてもらえます。その場合も、要求する側は、「自分は獲物を直接捕獲《ほかく》しなかったが、追跡《せき》するという重要な[1]を果たしたのだから、[2]は正当な要求だ」などと思っているわけではないでしょう。単に獲物を持っている相手から[3]と思っているだけだと思われます。

要するにチンパンジーは、他の個体の感情や行動の意図を読み取ってそれに対応してはいるものの、自分の感情や行動の意図などを意図的に相手に伝えて共有を図《はか》るといったことはないのです。

かれらは、見返りを求めずに見ず知らずの個体に親切にすることはありませんが、仲間内《うち》では通常の互恵《ごけい》的な行動を行いますし、ひょっとすると不正に対する怒《いか》りといった道徳感情もあるのかもしれません。しかし、そうだとしても、各個体がそれぞれに「餌《えさ》を独占《せん》するあいつは不正だ」と腹を立てたり、②その感情に従って報復したりするだけであって、合意され共有された正しさはないということです。何かについて合意するためには、話し合うための言語が必要ですが、③動物には言語がないのです。

ゴリラやチンパンジーは、状況《きょう》や感情に応じてさまざまな鳴き声を上げますが、そうした声は言語に相当するものではなく、人間でいえばとっさの叫《さけ》び声に相当するものと考えるのが（注3）妥当《だとう》です。

人間も、言語を話す以外にさまざまな声を出します。驚《おどろ》いたときには「わっ」と、痛いときには「ぎゃっ」と叫びます。楽しいときには「わっはっは」、悲しいときには「うえーん」といった声が出てしまいます。こうした声は人類（注4）普遍《ふへん》的であり、私たちはまったく異なキの状態として最も適当なものを次の中から選び、記号で答えなさい。

ア　がまんし続けていたカツラの苦しみがついに爆《ばく》発し、マキの心を押しつぶした。

イ　カツラがこれまで抱《いだ》いてきた恨《うら》みが、マキの胸にも次第《しだい》にひびいてきた。

ウ　両親を恋《こい》しがるカツラの感情が、押《お》さえ込《こ》んでいたマキの感情にも重なりあってきた。

エ　解き放ったカツラの心が、これ以上ない重荷となってマキにのしかかってきた。

問十　――線⑨「かくしてきたヒリヒリした気持ち」を言いかえている部分をこれより前の本文中から十二字で探し、はじめと終わりの三字ずつで答えなさい。

問十一　＝＝線ⓐ「はずかしそうに」が直接かかるところはどこですか。ア～エから選び、記号で答えなさい。

はずかしそうに　ア ペロッと　イ 舌を　ウ 出して　エ 教えてくれた

問十二　――線⑩「わたしたちの四歳の誕生日プレゼント」とありますが、それは何ですか。本文中のことばを利用して、十字以上十五字以内で答えなさい。

問十三　――線⑪「お母さん、編み物なんてやったことなかったのに、どうしてそんなことを思ったか、わかる?」とありますが、苦手な編み物をしようと思った背景には、「緑さん」のどのような思いがあったのでしょうか。本文中のことばを利用して、「…という思い。」に続くように、二十五字以上三十字以内で答えなさい。

問十四　＝＝線ⓑ「無謀な」・ⓒ「堰を切ったように」の意味として最も適当なものを後の中からそれぞれ選び、記号で答えなさい。

ⓑ　無謀な

ア　周りの人にまったく気を配らない

イ　結果がどうなるかよく考えない

ウ　不可能であることを十分理解した

エ　根拠《こんきょ》のない自信にあふれている

ⓒ　堰を切ったように

ア　押さえていたものが一気に流れるように

イ　力強いあと押しをもらったかのように

ウ　これまでの悲しみなどなかったかのように

エ　一つ一つ、ゆっくりかみしめるように

問十五　――線⑫「マキはおどろいていた」とありますが、なぜ驚いたのでしょうか。その理由として最も適当なものを次の中から選び、記号で答えなさい。

ア　両親との思い出話をしているうちに、カツラが自分のことを許し、心を開いてくれるようになったから。

イ　両親と自分たちの楽しい思い出が、想像していた以上にたくさんあったのだとカツラが気づかせてくれたから。

ウ　亡《な》くなった両親のことを思い出すのは悲しいが、カツラとならば悲しみを半分こにできると知ったから。

エ　両親を思い出すのはつらいことだと思っていたが、カツラと話すと楽しい気持ちになれると気づいたから。

問十六　カツラと話をしていくうちに、マキの心に変化が現れました。最終的にマキが感じたこととして最も適当なものを次の中から選び、記号で答えなさい。

ア　カツラが胸に秘めていた事実を打ち明けたことによって、自分も罪の意識を軽くすることができた。また、許し合うことによって姉妹のきずながいっそう強くなり、共に成長し、支え合

て答えなさい。

輝《かがや》かせる　光らせる　みはる　そらす

問三　――線②「そこには、まばたきもせずにじっとこっちを見ている、表情のうすい目があった」とありますが、このときのカツラの気持ちとして最も適当なものを次の中から選び、記号で答えなさい。

ア　父親に、自分にも分かるように説明してほしいと思う気持ち。
イ　自分より父親に愛されているマキをうらやましく思う気持ち。
ウ　いつも父親をひとりじめするマキをうらめしいと思う気持ち。
エ　父親に、自分だけのけ者にせず、仲間に入れてほしいと思う気持ち。

問四　――線③「マキは、息を吸うことさえ苦しくなった」とありますが、なぜ苦しくなったのでしょうか。その理由として最も適当なものを次の中から選び、記号で答えなさい。

ア　カツラを信じていたのに、とつぜん自分をうらぎったことに強いショックを受けたから。
イ　自分を責めるカツラの言葉が、これまで抱《かか》えていた思いと重なり、苦しくなったから。
ウ　カツラも自分と同じような苦しみを味わっていたのだと知り、心の底から驚《おどろ》いたから。
エ　カツラも自分と同じ罪悪感を持っていたのだということが分かり、共感をおぼえたから。

問五　――線④「逃げるように」とありますが、このときのカツラの気持ちとして最も適当なものを次の中から選び、記号で答えなさい。

ア　マキとは今後いっさいかかわりを持ちたくないと思っている。
イ　感情をむき出しにした恥《は》ずかしさをひたすら隠したいと思っている。
ウ　自分の中にある罪悪感から今すぐのがれたいと思っている。
エ　ようやく手に入れたものをぜったいに渡したくないと思っている。

問六　――線⑤「あの宝物のような夜」とありますが、その夜はマキにとってどのような時間だったのでしょうか。最も適当なものを次の中から選び、記号で答えなさい。

ア　父とふたりきりで過ごすことのできた、かけがえのない時間。
イ　父がカツラより自分を愛していると実感できた、大切な時間。
ウ　父との特別な関係をカツラに見せつけることのできた、幸せな時間。
エ　父が自分にだけ心を開いてくれた、喜びにあふれる時間。

問七　――線⑥「マキは自分の腕に、さらに力をこめた」とありますが、このときのマキの気持ちとして最も適当なものを次の中から選び、記号で答えなさい。

ア　傷ついたカツラの心を両親にいやしてほしいと願っている。
イ　カツラに対してひどい仕打ちをしたことを謝《あやま》りたいと思っている。
ウ　自分がそばにいるから安心していい、とカツラを励《はげ》ましている。
エ　大切なものをもうこれ以上失いたくないと必死になっている。

問八　――線⑦「両親」とありますが、ふたりにとって両親はどのような存在だったのでしょうか。これより後の本文中から十一字で探し、そのまま抜き出して答えなさい。

問九　――線⑧「カツラがくり返す『会いたい』は大きな波になって、そのままマキにふりかかってきた」とありますが、このときのマ夏の夜に花火をやると、「線香《こう》花火の火の玉が、だれが一番長持ちするか競争しよう！」と、毎年必ずお母さんが言いだすこと。

紅葉を見に行ったのに、とちゅうの道の（注4）渋滞《じゅうたい》がひどくて、みんなでえんえんと車の中でしりとりをやり続け、一番夢中になっていたのがお父さんだったこと。

寒い季節になると、よくトランプやボードゲームをして遊んだけれど、お父さんの負け方がわざとらしくて、小声でお母さんに注意されていたこと。

「なつかしいね」

カツラの言葉に、マキは「うん……楽しかった」とこたえた。

⑫マキはおどろいていた。思い出と向き合うことがこわかったけど、カツラとふたりならだいじょうぶなんだ。話していて、ちゃんと心にあったかいものが残る、と。

カツラが、マキの肩にもたれかかるようにして言った。

「わたしね、誕生日の日に、ロウソクのあかりの中でしてくれる、お父さんとお母さんの話が好きだった」

「うん、わたしも」

それは毎年（注5）恒例《こうれい》のことだった。バースデーケーキのロウソクに火をともすと、ひとつ年が増えたマキとカツラのために、新さんと緑さんは言葉を贈《おく》ってくれたのだ。

言葉は必ず、「マキ、カツラ、今日《きょう》まで元気でいてくれて、ありがとう」から始まった。そしてそのあとに続くのは、ふたりの未来につながるような言葉だった。

「ね、カツラ。言われた言葉がうれしくて、ふたりで思わず泣いちゃったのはさ、二年生の誕生日だったっけ？」

カツラはすぐに首を横にふった。

「ちがうよ、一年生のときだよ。だってお父さんは初めに、こう言ったもの。『入学して一か月たったけど、なにかこまったことはありませんか？』」

「あ、そっか、そうだった」

マキがうなずくと、ふたりは声を合わせて、あとの言葉を続けた。

『これから先、学校でどんなことが起こっても、お父さんとお母さんは、マキとカツラの味方です』

マキは、ツーンと鼻の奥《おく》がいたくなり、また泣きそうになった。

そして同時に気がついた。

両親との思い出は、もうこれ以上、増えることはない。でもこれからは、自分たちが半分こにしたものを合わせたらいいんだ。そしたら思い出は、今よりもっと増えてゆく。

マキはそのとき、やっと心の重荷を下ろしたような気になった。

（蓼内《たてない》明子『ブレーメン通りのふたご』）

（注1）昼下がり…昼を少し過ぎたころ。

（注2）備わっていた…本来持っていた。

（注3）手芸屋さん…編み物やししゅうなどに必要なものを売っている店。

（注4）渋滞…道路に自動車がつまって、なかなか先に進めない状態になること。

（注5）恒例…ある時期にきまって行われる行事。

問一　――線①「わたしが言ってるのは、そんなことじゃない」の説明として最も適当なものを次の中から選び、記号で答えなさい。

ア　マキと自分とどちらが愛されていたかという問題ではない。

イ　マキと自分のどちらが優《すぐ》れているかという問題ではない。

ウ　ほめてくれた相手が誰《だれ》であったのかという問題ではない。

エ　自分のことをマキに認めてもらえるかという問題ではない。

問二　□に入ることばを次の□の中から選び、適当な形に直してくれた。⑩わたしたちの四歳《さい》の誕生日《たんじょうび》プレゼントに作ろうと思って買ったんだけど、とちゅうであきらめちゃったんだって」

「四歳の誕生日……」

「⑪お母さん、編み物なんてやったことなかったのに、どうしてそんなことを思ったか、わかる？」

「ううん」

「それはね、わたしたちが四歳になる数か月前のことだったらしいの」

夕食の準備をしている緑《みどり》さんのところへ、一冊の絵本を持ったカツラがやってきて、こう言った。

「おかあさん、これ、せかいにひとつだけのもの？」

「うーん、ちがうね」

するとすぐに、マキも遊んでいたロボットのおもちゃを持ってきた。

「おかあさん、これ、せかいにひとつだけのもの？」

「ううん、それもちがうね」

それからふたりは、いろんなおもちゃを持ってきては、同じ質問をくり返した。

どれもちがうとこたえると、がっかりしたそぶりで顔を見合わせ、ふたりは声をそろえて言った。

「せかいにひとつだけのものって、どこにあるんだろ？」

（ははあ、これはもしかして）

緑さんは気がついた。ふたりが通う保育園では、今、クリスマス会のダンスの練習中で、たしかその曲の歌詞に『世界にひとつだけ』という言葉が出てくるのだ。

緑さんはふたりに聞いた。

「マキとカツラは、世界にひとつだけのものを、探しているの？」

「うん！」

ふたりは、声を合わせてうなずいた。

「それでお母さんはね、これはもう手作りするしかないって思って、(注3)手芸屋さんに行ったんだって。この本にのってるクマを、色ちがいで二個作って、ほらこれが世界にひとつだけのものだよって言いたくなったんだって」

「へえ、ぜんぜん覚えてないや」

そうこたえると同時に、マキの頭に自然とひとつの情景が浮《う》かびあがった。それは、なにかのひょうしに、急にはりきりだす母親の様子《ようす》だった。

マキはフフッと笑った。

「でも、お母さん、お料理は得意でも、手芸とかは苦手だったよね？」

「うん。保育園用の手さげ袋《ぶくろ》や上《うわ》ばき入れを作ったの、全部おばあちゃんだったもんね」

カツラもクスクス笑っていた。

「たしかに。じゃあ、編みぐるみを作ろうとしたのって、最初っからⓑ無謀《むぼう》な計画だったってことじゃない。なんかちょっと、お母さんらしいや」

「だね。カンはやたらするどいんだけど、お父さんみたいに細かい作業は、てんでダメだったもんね」

ふたりは、顔を見合わせて笑った。

そこからは、まるでⓒ堰《せき》を切ったように、昔の思い出があふれでた。

お花見で、飲み物の紙コップに桜の花びらが入ったとき、お父さんは「風流《ふうりゅう》だ」ってよろこんだけど、お母さんは「あーあ」と顔をしかめたこと。

「ごめんね、ほんとにごめんね、カツラッ！」

しがみついた腕に力をこめ、何度も何度もあやまった。

だけどカツラははげしい声を上げて、泣くばかりだった。

そのときマキは、自分の腕の中に体温を感じた。泣きながらふるえる、カツラの体のあたたかさを感じた。そして思ったのだ。

このままカツラまで、いなくなってしまったらどうしよう。そしたらもう、自分は生きてはいけない、と。

「カツラッ！」
⑥マキは自分の腕に、さらに力をこめた。
腕の中にあるカツラを守るように。

泣きくずれるこの体が、こわれてしまわないように。

このまま自分を置いて、どこかに消えてしまわないように。

「ウワァァ……なんで、なんで死んじゃったの？　帰ってきてよー、お願い、帰ってきてぇー」

聞こえてくる泣き声が、⑦両親を呼ぶ声に変わった。

「会いたいっ。お父さん、お母さん、会いたいよーっ。会いたいよぉぉ」
⑧カツラがくり返す「会いたい」は大きな波になって、そのままマキにふりかかってきた。
それは口にしてはいけない言葉だった。

だって、現実は変えられないから。

時間がもどることなんて、絶対《ぜったい》にないから。

でもふたりはこの二年間、圧倒《あっとう》的な愛情のかたまりを失ったというその現実の上に立っていたのだ。たがいに強くしがみつき、足元の悲しいことには目をつぶって。

限界だった。マキの心も、がまんできなくなった。

「会いたいよ。お父さんとお母さんに、わたしだって会いたい！」

なみだはあふれでた。

悲しかった。

くやしかった。

世界の果てまでさがしたって、両親はもう、どこにもいないのだ。

現実も、過去の思い出もなにもかも忘れ、マキの頭の芯《しん》にあるのは、ただ「会いたい」という感情だけだった。

しばらくすると、なみだはかれた。

まるで、(注2)備わっていたなみだの量まで同じだったかのように、ふたりは同時に泣きやんだ。泣きはらした目のまま、ふたりはベッドの上にならんですわっていた。

左の肩に、かすかにふれるカツラの体温を感じながら、マキはまた「ごめんね」とあやまった。

「わたし、ずるかった。カツラの気持ち、なんとなく気づいていたのに」
⑨かくしてきたヒリヒリした気持ちをさらけだすのは、いたみがともなった。でもマキはまず、父親の新《あらた》さんのうれしそうな顔が見たくて、いつもなんにでも一番に反応《のう》するようになってしまったのだと打ちあけた。そして、自分だけお父さんといっしょにレコードを聴いた夜があって、そのことをどうしても話せなかったということも。
「もうあやまらなくていいよ。わたしだって、ひとりじめしちゃってたんだもの」

ひざの上の本をそっとなでるようにしながら、カツラは泣きさけんでカサカサになった声で、しずかに話しはじめた。

「この編みぐるみの本はね、三年生になってすぐ、押し入れの奥《おく》で見つけたの。毛糸や編み針《ばり》といっしょの袋《ふくろ》に入っててね。『これなに？』って聞いたら、お母さん、ⓐはずかしそうにペロッと舌《した》を出して教えうになったのも、カツラのほうが早かったって。季節の花がさいたとか、鳥がきれいな声で鳴いてるとか、まわりの変化に気がつくのだって、いつも必ずカツラだったって」

「ちがうっ！　①わたしが言ってるのは、そんなことじゃない。お父さんがなにか新しいことをやりはじめると、『なにしてるの？』って、すぐに寄っていくのはマキだった。あのラジオのときだってそうだったじゃない。マキが、『すごい！　ハンドルを回すと、どうして充電《じゅう》できるの？』って目を□て聞くから、お父さんったらすごくうれしそうで。いつだってそう。お父さんはマキのそんなところが、いつだって自慢《まん》げだったっ！」

カツラの心のガラスが、われて飛びちったしゅんかんだった。

重いカーテンをひきちぎるようにして取りはらった心の底には、ずっとおおいかくしてきたカツラの想《おも》いがあった。言葉になったその想いは、ガラスの破片《へん》のように、するどくマキの心につきささった。

休日の(注1)昼下がり。

リビングのテーブルにおもちゃを広げ、なかよく遊ぶふたごたち。

そのうちのひとりの目が、ちょうどそのとき、そばを通りすぎた父親の動きをとらえ、手にしていたおもちゃを放りだしてそばに行く。

「お父さん。それ、なあに？　なにしてるの？」

「ん？　これかい。これはねぇ……」

それはまぎれもなく、何かおもしろいことが始まる合図だった。

後ろから、すぐにもうひとりの足音が聞こえてきて、最初にかけよったほうは、あわてて父親にピタッと体をくっつける。

「わたしも、わたしにも見せて！」

おくれてきたもうひとりも、ねだるように言う。

「うんうん、わかった。じゃあ順番にね」

ひとりめは、心の中でホッとする。だったら最初はわたしのほうだ、と。

それでも少しして、ひとりめは、急に口数が少なくなったもうひとりのことが気にかかる。チラッとそっちに目を走らせると、②そこには、まばたきもせずにじっとこっちを見ている、表情のうすい目があった。

③マキは、息を吸うことさえ苦しくなった。

強くつかまれている両腕より、胸のほうがいたかった。ずっとかくしてきた罪悪感が、そっくりそのままカツラの言葉になって、自分の胸にささっているんだと思った。

肩《かた》でハアハア息をしながら、カツラは苦しそうな顔で、こうさけんだ。

「あの本を見たとき、やっと見つけたって思った。マキじゃない。これはわたしがやる。お母さんのかわりに、わたしがやるのっ！」

そして④逃《に》げるようにベッドにもぐりこみ、大きな声を上げた。

「ウワーアアアーッ」

さけび声に近い泣き声だった。

マキは、頭がまっ白になった。

さっき、カツラは言った。

「お父さんはマキのそんなところが、いつも自慢げだった」

そうだ、そのとおりだ。それこそが、マキのよろこびだった。

だけど、わかってもいた。そんなときカツラが、どんな目をしてこっちを見ているのかを。だから言えなかった。お父さんをひとりじめして、いっしょにレコードを聴《き》いた、⑤あの宝物のような夜のことを。

「ごめん！　カツラ、ごめんなさい」

マキは、丸まったカツラのふとんにしがみついてさけんだ。

2023年度

十文字中学校

【国　語】〈得意型試験〉（五〇分）〈満点：一〇〇点〉

◎文中からそのまま抜《ぬ》き出して答える場合、句読点や記号は一字とすること。また、ふりがなのある漢字は、ふりがなをつけなくてもかまいません。

一　次の①～⑩の――線部について、漢字はその読みをひらがなで、カタカナは漢字に直して書きなさい。

① CDの**初版**に特典をつける。
② 会が**和**やかな雰囲気《ふんいき》で進行する。
③ 新しく**給湯**器を取りつける。
④ **青菜**をゆでて、おひたしにする。
⑤ 上空に**寒気**が流れこむ。
⑥ 会議の終わりに**サイケツ**を取る。
⑦ 誰《だれ》もが彼《かれ》に**イチモク**置いている。
⑧ このセーターの原料は**ヨウモウ**です。
⑨ 国の**テンネン**記念物に指定される。
⑩ 友好国として、関係を**ミツ**にする。

二　次の文章を読み、後の問いに答えなさい。

マキとカツラは双子《ふたご》の姉妹《しまい》で、二年前に両親を亡《な》くし、今はおばあちゃんの家で暮らしています。ある日、マキはカツラが編み物の本を持っているのを見て事情を尋《たず》ねましたが、カツラは、「お母《かあ》さんの本だ」ということ以外答えようとしません。隠《かく》しごとをされていると感じたマキは、感情をおさえることができず、「自分ばっかりずるい」とカツラをどなりつけ、本をベッドの上にたたきつけてしまいました。

「ずるいよ、自分ばっか？」

カツラは、ピクッと表情を変えた。マキを見る目が、いっしゅんにしてするどくなった。

「じゃあマキはどうなの？　ずるくないの？　ひとりだけでなんかやるのがずるいんだったら、マキはわたしなんかよりずっとずっとずるいじゃない！」

ベッドから立ちあがったカツラは、マキに近より、その両腕《うで》をギュッとつかんだ。

「わたしたち、半分こにできるものは、なんでもちゃんと半分こにしてきたよね？　でもわかってる？　マキが、マキだけが、ひとりじめしてきたものが、いっぱいあるってことっ！」

「カツラ……」

「それを後ろから見てるだけっていう気持ち、わかる？　わからないでしょっ！　マキにはわからないっ！」

つかんだマキの両腕をはげしくゆさぶりながら、カツラはさけぶように続けた。

「わたし、マキみたいにお父《とう》さんが話してくれるむずかしい話、すぐに理解できないし、聞いててもねむくなっちゃう。空に散らばっていく音を感じるなんてことも、できない。でも、まったく興味がなかったわけじゃない。わたしだってやってみたかった。お父さんのそばで、いろいろやってみたかったっ！」

「で、でも。全部が全部、そうだったわけじゃないよ。お母さん、いつも言ってたじゃない。しゃべれるようになったのも、字が読めるよ

2023年度 十文字中学校 ▶解　答

※　編集上の都合により，得意型試験の解説は省略させていただきました。

算　数　＜得意型試験＞（50分）＜満点：100点＞

解　答

[1] (1)　5　(2)　8　(3)　1　(4)　1200円　(5)　24通り　(6)　2.8m　(7)　67度　(8)　299m^2　[2] (1)　411.52cm^3　(2)　459.36cm^2　[3] (1)　360　(2)　360　[4] (1)　25　(2)　17　[5] (1)　20cm　(2)　1分24秒　[6] (1)　毎分48m　(2)　1分15秒後

英　語　＜得意型試験＞（50分）＜満点：100点＞

解　答

[1] **1**　2　**2**　3　**3**　4　**4**　3　**5**　2　[2] 4，6，8，13，15　[3] **1**　(ア)　**2**　(ウ)　**3**　(ア)　**4**　(イ)　**5**　(エ)　**6**　(ウ)　**7**　(ア)　[4] **1**　4(in)　**2**　8(:)15(a.m.)　**3**　($)1.20　[5] **A**　ウ　**B**　オ　**C**　イ　**D**　ア　**E**　エ　[6] **1**　F　**2**　T　**3**　F　**4**　T　**5**　T　[7] **問1**　ウ　**問2**　ice hockey　**問3**　was　**問4**　④　ウ　⑥　エ　**問5**　more　**問6**　(A)　T　(B)　F　(C)　T　(D)　T　(E)　F　[8]（例）　エリザベスⅡ世は1953年から亡くなるまで70年以上も女王の座にあった。彼女は見聞を広め，女王らしからぬ経験もした。また，自らの足で地域の人々と直接交流する人物でもあった。彼女の公務への献身は人々の記憶に永遠に残るに違いない。

国　語　＜得意型試験＞（50分）＜満点：100点＞

解　答

[一] ①　しょはん　②　なご(やかな)　③　きゅうとう(器)　④　あおな　⑤　かんき　⑥〜⑩　下記を参照のこと。　[二] **問1**　イ　**問2**　輝かせ(て)　**問3**　ウ　**問4**　イ　**問5**　エ　**問6**　ア　**問7**　エ　**問8**　圧倒的な愛情のかたまり　**問9**　ウ　**問10**　ずっと〜罪悪感　**問11**　エ　**問12**（例）　色ちがいのクマの編みぐるみ。　**問13**（例）　マキとカツラに，世界でひとつだけのものをつくってあげたい(という思い。)　**問14**　ⓑ　イ　ⓒ　ア　**問15**　エ　**問16**　イ　[三] **問1**　ア　**問2**　**1**　役割　**2**　分

配　**問3**　(例)　分けてもらいたい　**問4**　不正に対する怒り　**問5**　ア　**問6**　A　ウ　B　イ　**問7**　自然に出てしまう　**問8**　イ　**問9**　ア　言語　イ　(例)　自分の感情や意図を伝達する

●漢字の書き取り

㊀ ⑥ 採決　⑦ 一目　⑧ 羊毛　⑨ 天然　⑩ 密

2022年度　十 文 字 中 学 校

〔電　話〕(03) 3918－０５１１
〔所在地〕〒170-0004　東京都豊島区北大塚１－10－33
〔交　通〕JR山手線－「巣鴨駅」，「大塚駅」より各徒歩５分，
都営三田線－「巣鴨駅」より徒歩５分

【算　数】〈第１回試験〉（50分）〈満点：100点〉

〔注意〕１．**5**(2)，**6**(2)は，式や考え方を解答用紙に記入すること。
２．円周率は3.14として計算すること。

1　次の□にあてはまる数を答えなさい。

(1)　$11\times11+33\times33=$□

(2)　$\left(\dfrac{3}{5}+\dfrac{3}{4}\right)\div4\dfrac{1}{2}=$□

(3)　$(19-$□$)\times5+6=81$

(4)　梅子さんは４枚のシャツと５枚のスカートを持っています。シャツとスカートを１種類ずつ選んだときの組み合わせは全部で□通りあります。

(5)　６枚の同じ大きさの正方形を右の〈**図１**〉のように並べました。あの角度は□度です。

＜**図１**＞

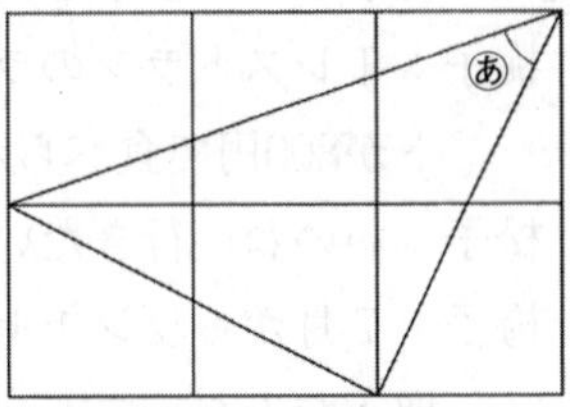

(6)　３％の食塩水200ｇと６％の食塩水400ｇを混ぜると□％の食塩水ができます。

(7)　下の〈**図２**〉は１辺８cmの正方形と半径４cmの半円を組み合わせたものです。▒の面積は□cm²です。

＜**図２**＞

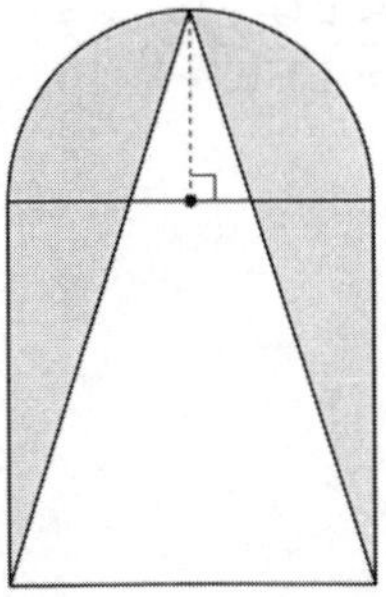

＜**図３**＞

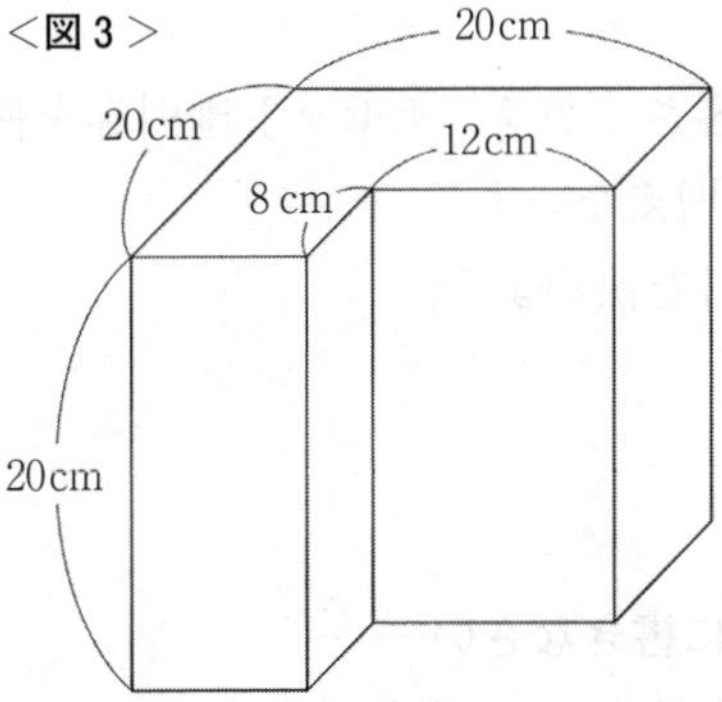

(8)　上の〈**図３**〉は直方体を組み合わせたものです。この立体の体積は□cm³です。

2　いすの座り方について，次の問いに答えなさい。

(1)　いすが１列にたくさん並んでいます。生徒同士の間を２座席空けて座ることにします。１人目の生徒は１番目のいす，２人目の生徒は４番目のいす，３人目の生徒は７番目のいすに座るとき，30人目の生徒は何番目のいすに座りますか。

●○○●○○●……

(2)　１列に20座席あるいすが10列あります。生徒同士の間を横も縦も２座席空けて座るとき，最大何人の生徒が座ることができますか。

１列目　●　○　○　●　○　○　●　……
２列目　○　○　○　○　○　○　○　……
３列目　○　○　○　○　○　○　○　……
４列目　●　○　○　●　○　○　●　……
⋮

3　梅子さんは国語，算数，理科のテストを受けました。国語と算数の得点の平均は83点，算数と理科の得点の平均は88点，理科と国語の得点の平均は87点でした。このとき，次の問いに答えなさい。

(1)　３教科の得点の平均は何点ですか。

(2)　算数の得点は何点ですか。

4　梅子さんと松子さんの会話を読み，下の問いに答えなさい。

梅子：Ｊレストランのランチセット割引券をもらったんだ。今度行こうよ。1000円のランチセットが800円で食べられるんだよ。

松子：いいね。行きたいな。

梅子：７月からランチセット割引券を配り始めたら，６月と比べてランチセット販売数《はんばいすう》が30％も増えたんだって。

松子：すごいね。お客さんがだいぶ増えたんだね。

梅子：店のポスターには「７月のランチセット販売数1235食達成」と書いてあったよ。

松子：ということは，６月のランチセット販売数は［あ］食だったのね。売り上げも30％増えたのかな？

梅子：そんなことはないよ。すべてのお客さんがランチセット割引券を使ったとすると，ランチセットの売り上げは［い］％しか増えないよ。

松子：そうなんだ。Ｊレストランに行く日を決めよう。

(1)　［あ］にあてはまる数を答えなさい。

(2)　［い］にあてはまる数を答えなさい。

――**5**(2)，**6**(2)**は，式や考え方を解答用紙に書きなさい**――

5　梅子さんは学校から1500m離《はな》れた図書館まで歩いていきました。途中《とちゅう》で休憩《きゅうけい》し，また同じ速さで歩いて図書館へ向かいました。松子さんは梅子さんから15分遅《おく》れて学校を出発し，梅子さんと同じ道のりを自転車で図書館へ向かいました。右の図は，そのときの時間と道のりの関係を表したものです。このとき，次の問いに答えなさい。

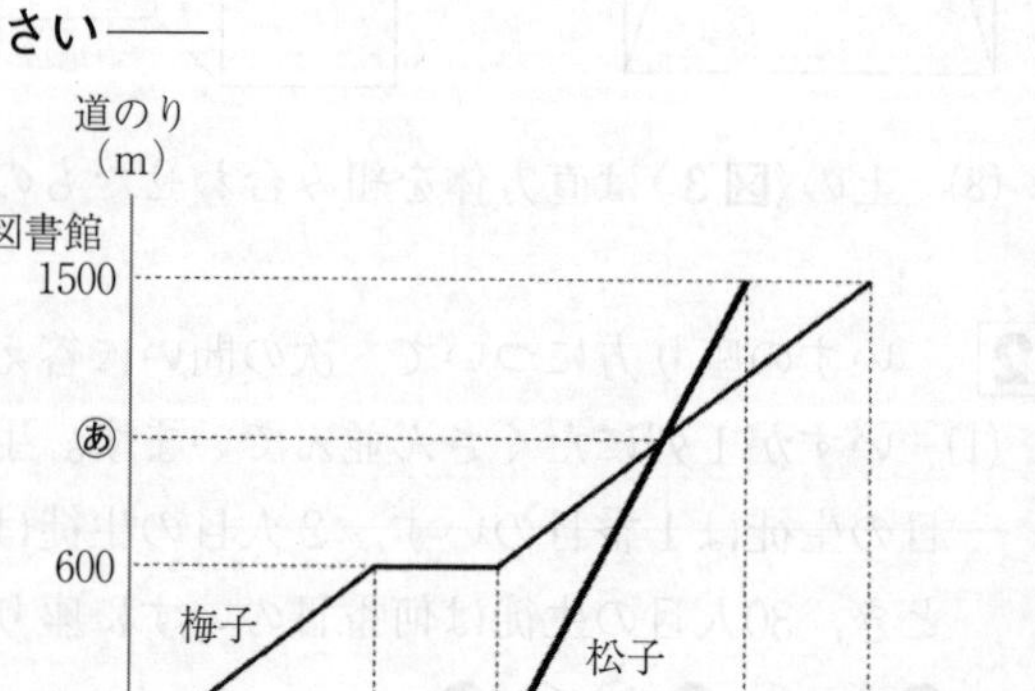

(1)　梅子さんの歩く速さは分速何mですか。

(2)　図の(あ)にあてはまる数を求めなさい。

6　半径１cmの円が縦４cm，横６cmの長方形の外側にそって一周して，もとの位置に戻《もど》ります。このとき，次の問いに答えなさい。

(1)　円の中心が通ったあとの長さ(太線)は何cmですか。

(2)　円が通り過ぎた部分の面積は何cm^2ですか。

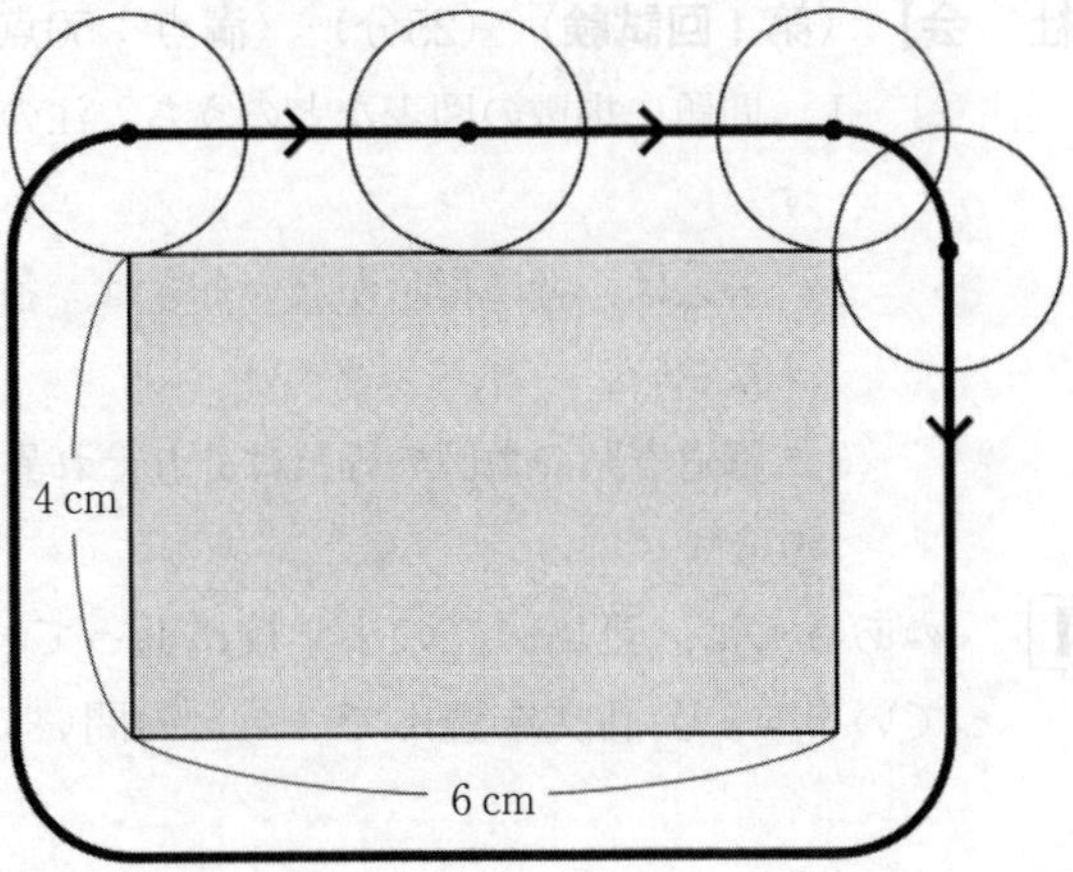

【社　会】〈第１回試験〉（25分）〈満点：50点〉

〔注意〕 1．問題に掲載《けいさい》の図表などのうち，注のないものは小学校の検定済教科書より引用してあります。

2．答えは，特に指示《しじ》がないときは，各問の(あ)～(え)の中から正しいものを一つ選び，記号で答えなさい。

3．都道府県の地図の縮尺はそれぞれ異なります。また島などの一部は省かれていることがあります。

1　ぬあさんは，豊島《としま》区立の小学校に通っています。新型コロナで大変だったことを家で話し合っています。会話文を読んで，あとの問いに答えなさい。

母　「今年も新型コロナで大変だったわね。ぬあも，①**ふつうの学校生活ができなかったわね**。」

ぬあ「小学校最後の年なのに，残念だよ。」

母　「そもそも，新型コロナとの戦いって2020年から始まったんだっけ。（ **1** ）にある武漢《ウーハン》市では，人々の移動を制限し都市を封鎖《ふうさ》した（ **2** ）が実施《じっし》され，その直前に日本に逃げ込《こ》んだ人もいたよね。何か遠い昔《むかし》のできごとのような気がするわ。」

問１　下線部①について，ぬあさんのコロナ禍《か》での学校生活に**あてはまらないもの**はどれですか。

(あ)　小さな会場に集まり，周辺の小学校との合同音楽会に参加した。

(い)　林間学校や臨海学校などの行事が中止になった。

(う)　タブレットやパソコンの画面を通して授業に参加した。

(え)　学年やクラスによって時間をずらして登校した。

問２　（**1**）にあてはまる国または地域《ちいき》はどれですか。

(あ)　韓国《かんこく》　(い)　北朝鮮《きたちょうせん》　(う)　台湾《たいわん》　(え)　中国《ちゅうごく》

問３　（**2**）にあてはまる言葉はどれですか。

(あ)　ロックアウト　(い)　ロックオン

(う)　ロックダウン　(え)　ロックンロール

会話の続き

ぬあ「新型コロナウイルスって（ **3** ）するから怖《こわ》いよね。せっかくワクチンをうっても，効果があまり期待できなくなったり…。」

父　「何とかワクチンを②**外国の製薬会社３社**から確保できたことはよかったよね。しかし，③**予約を取るのは大変だったね**。けれどもワクチンが全くなかったら，もっとコロナ禍はひどかったかもしれないよ。」

問４　（**3**）にあてはまる言葉はどれですか。

(あ) 変身《へんしん》　(い) 変異《へんい》　(う) 変形《へんけい》　(え) 変化《へんか》

問５　下線部②について，日本が入手したワクチンと**関係のない会社名**(略称《りゃくしょう》)はどれですか。

(あ) アストラゼネカ社　(い) ファイザー社

(う) マイクロソフト社　(え) モデルナ社

問６　下線部③について，なぜワクチン接種の予約をすることが大変だったのですか。

(あ) マイナンバーカードを持っている人にしか予約をする権利がなかったから。

(い) ワクチンの予約は，すべて外国語でしなければならなかったから。

(う) インターネットの予約がこみあい，短期間ですべての枠《わく》がうまってしまったから。

(え) ワクチンの予約には高いお金が必要で，はらうことのできる人が少なかったから。

会話の続き

母　「ワクチンをうっても絶対に感染《かんせん》しないわけではないので，今まで以上に④**三密**《さんみつ》をさけることが大事ね。」

父　「そうだね。(**3**)株《かぶ》の中でも，⑤**世界保健機関**が危険と判断したものが，特に警戒《けいかい》されているんだよ。」

母　「α《アルファ》型，β《ベータ》型，γ《ガンマ》型，δ《デルタ》型のことね。」

ぬあ「α，β…ってどこの国の文字なの？」

父　「ヨーロッパにある(**4**)の文字だよ。早くコロナがおさまるとよいね。」

問７　下線部④について，三密に**あてはまらないもの**はどれですか。

(あ) 密接《みっせつ》　(い) 密生《みっせい》　(う) 密集《みっしゅう》　(え) 密閉《みっぺい》

問８　下線部⑤について，世界保健機関の略称《りゃくしょう》はどれですか。

(あ) ＩＯＣ《アイオーシー》　(い) JICA《ジャイカ》　(う) OPEC《オペック》　(え) ＷＨＯ《ダブリューエイチオー》

問９　(**4**)にあてはまる国名はどれですか。

(あ) エジプト　(い) オーストラリア

(う) ギリシャ　(え) ロシア

2 のなさんは，夏休みの自由研究で，アフガニスタンについてまとめました。これについて，あとの問いに答えなさい。

アフガニスタンについて

面　積：(**1**)万km^2　日本の約1.7倍
人　口：3100万人
宗　教：(**2**)
世界遺産：①**バーミャーン(バーミャン)の石仏《せきぶつ》**
　　　　　2001年に(**3**)政権により爆破
関連する言葉：
　(**3**)政権による女性に対する厳しい政策
　　②**服装**や③**日常生活**なども制限した

問１　(**1**)にあてはまる数字はどれですか。
(あ)　6.52　(い)　65.2　(う)　652　(え)　6520

問２　(**2**)にあてはまる宗教名はどれですか。
(あ)　イスラム教　　(い)　キリスト教
(う)　ヒンドゥー教　(え)　ユダヤ教

問３　(**3**)にあてはまる組織《そしき》の名称《めいしょう》はどれですか。
(あ)　ハマス　　(い)　アルカイダ
(う)　タリバン　(え)　ボコ・ハラム

問４　下線部①について，写真の石仏は，世界遺産に認定されました。しかし，この時すでに，目や鼻はありませんでした。これについて，正しいものはどれですか。

(あ)　石仏を刻《きざ》んだ人が，思った通りの表情に刻めなかったので，自ら目や鼻をこわしたから。

(い)　石仏を刻んだ人が，尊い仏像の表情を刻んだら失礼だと考えて，最初から刻まなかったから。

(う)　石仏の修理をした人が，思った通りの表情に直せなかったので，目や鼻をこわしたから。

(え)　神や仏などの像を拝《おが》むことを禁止されているイスラム教徒《きょうと》の一部が，目や鼻をこわしたから。

問５　下線部②について，2001年ごろのアフガニスタンでは，女性はどのような服装を求められましたか。

(あ)  (い)  (う)  (え) 

問６　下線部③について，女性はどのようなあつかいを受けましたか。

(あ) 大臣《だいじん》の半数を女性がしめ，民主主義の政治が進められた。

(い) 兵士の半数は女性がしめ，独立を守るために，先頭に立って外国と戦った。

(う) イランに出かせぎをしに行って，国に送金をすることを命じられた。

(え) 学校に行って，授業を受けることが禁じられていた。

3

春菜《はるな》さんは歴史カードをつくりました。これについて，あとの問いに答えなさい。

名前 [1]　622年に亡くなる(没《ぼつ》後1400年)

国内の政治

①冠位十二階《かんいじゅうにかい》　役人の位《くらい》を定めた

②十七条の憲法　役人の心得《こころえ》を定めた

大陸(中国)との関係

③遣隋使《けんずいし》　小野妹子《おののいもこ》たちを使者とした

理想の政治

大陸から伝わった仏教 [2] 中心の国づくりに役立てようとした。

問１　[1] にあてはまる人物名を答えなさい。

問２　この人物が亡くなったのは何世紀のことですか。

(あ)　５世紀　　(い)　６世紀　　(う)　７世紀　　(え)　８世紀

問３　下線部①の説明として，正しいものはどれですか。

(あ) 父や先祖《せんぞ》が有名な人ほど高い位についた。

(い) 天皇に土地を多く寄付《きふ》した人ほど高い位についた。

(う) 天皇が御恩《ごおん》・奉公《ほうこう》の関係を結んだ人から位を与えられた。

(え) 本人の能力や才能を重んじて役人の位を決めた。

問４　下線部②について，下の文章は第一条です。この内容としてふさわしいものはどれですか。

> 第一条　和をもって貴《たっと》しとなし，忤《さから》うこと無《な》きを宗《むね》とせよ。

(あ) 中国の書物を読み，勉強しなさい。

(い) よく話し合って，協力しなさい。

(う)　田畑《たはた》をまじめに耕《たがや》しなさい。

(え)　おたがいの能力を競い合いなさい。

問５　下線部③を派遣《はけん》した目的として**正しくないもの**はどれですか。

(あ)　中国と対等な交わりを結ぶため。

(い)　中国の学問・文化を学ぶため。

(う)　中国の政治のしくみを学ぶため。

(え)　中国に陶磁器《とうじき》を輸出するため。

問６　［２］にあてはまる言葉はどれですか。

(あ)　天皇　(い)　貴族　(う)　武士　(え)　国民

問７　このころの文化と関係が深いものはどれですか。

(あ)

銅鐸《どうたく》

(い)

釈迦《しゃか》三尊像《さんぞんぞう》

(う)

十二単《じゅうにひとえ》

(え)

唐箕《とうみ》

4　明日夏《あすか》さんは室町時代《むろまちじだい》の写真を集め，ポスターにまとめました。これらの写真について，あとの問いに答えなさい。

室町時代の生活や文化

①

銀閣

②

③

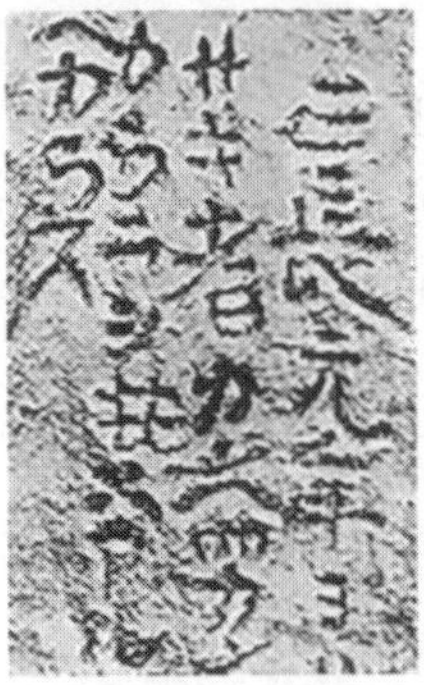

「正長《しょうちょう》元年より前の借金は消滅《しょうめつ》した」と刻まれている

④

⑤

⑥

⑦

問１　写真①をみて，現代の和室にも用いられているものとして**正しくないもの**はどれですか。

　(あ)　障子《しょうじ》　　(い)　ふすま　　(う)　畳《たたみ》　　(え)　食器棚《しょっきだな》

問２　明日夏さんは，②に貼《は》るはずだった写真をなくしてしまいました。その写真はどれですか。

(あ)

(い)

(う)

(え)

問3　写真③は，室町時代に生まれた文化のひとつです。この時代の文化として，**あてはまらないもの**はどれですか。

(あ)　歌舞伎《かぶき》　(い)　茶の湯　(う)　生《い》け花《ばな》　(え)　能《のう》・狂言《きょうげん》

問4　写真④は，村人たちが行動をおこし，重税や領主のわがままなふるまいをおさえたことをあらわしています。村人たちの行動は何と呼《よ》ばれましたか。

(あ)　打ちこわし　(い)　壬申《じんしん》の乱

(う)　土一揆《つちいっき》　(え)　米騒動《そうどう》

問5　写真⑤は，「馬借《ばしゃく》」と呼《よ》ばれる仕事のようすを描《えが》いたものです。その内容としてふさわしいものはどれですか。

(あ)　移動する人が乗るための馬を貸《か》す仕事。

(い)　馬を使って，荷物を運ぶ仕事。

(う)　馬が俵《たわら》をいくつ積めるか競わせる仕事。

(え)　高級な肉を市場で売る仕事。

問6　写真⑥は，室町時代の水墨画《すいぼくが》です。その特色としてふさわしいものはどれですか。

(あ)　墨《すみ》の濃さ，うすさで立体感や色合いが表されている。

(い)　黒・灰色《はいいろ》・水色の絵の具で風景が描かれている。

(う)　墨で塗《ぬ》った紙をちぎり，貼《は》り合わせてつくられている。

(え)　墨を使った版画《はんが》で何枚でも刷《す》ることができる。

問7　写真⑦について答えなさい。

〔1〕　この人物は誰《だれ》ですか。

(あ)　足利尊氏《あしかがたかうじ》　(い)　足利義満《よしみつ》　(う)　足利義政《よしまさ》　(え)　足利義昭《よしあき》

〔2〕　この人物が幕府を移した「室町」は，現在のどこですか。

(あ)　神戸《こうべ》　(い)　京都《きょうと》　(う)　大阪《おおさか》　(え)　東京《とうきょう》

5　下の写真と文章を読み，あとの問いに答えなさい。

新鮮《せん》な野菜80キロ担《かつ》ぎ60年　83歳コロナ禍《か》で引退

１世紀も続く「究極の［　　　］の担《にな》い手が，また１人いなくなる」

消えゆく鉄道行商《ぎょうしょう》

新鮮な野菜を背負《せお》って千葉県から東京都内へ鉄道で行商に行く女性たちが姿《すがた》を消そうとしている。かつては9千人以上いたが、高齢化《こうれいか》などで数人に減少。

※行商：店を持たず，商品を売りながら歩くこと

（2020年10月５日　朝日新聞をもとにして作成）

問　文中の［　　］にあてはまる言葉はどれですか。

(あ)　品種改良《ひんしゅかいりょう》　(い)　生産調整《せいさんちょうせい》　(う)　食料危機《しょくりょうきき》　(え)　産地直送《さんちちょくそう》

6　十文字中学校では，大学の教授《きょうじゅ》に，オンラインで憲法について教えてもらうことになりました。ネットワーク上の会話(チャット)を読み，あとの問いに答えなさい。

教授：きょうは，日本国憲法の自由権についてお話しします。

生徒：よろしくおねがいします。自由権には，大きく分けて３つの自由がありますよね。

教授：まずは、身体の自由からです。
どのような人でも，法律によらなければ逮捕《たいほ》されません。

生徒：裁判所から発行される【　1　】が必要ですよね。

教授：そうです。
逮捕だけでなく，家宅捜索《かたくそうさく》にも使います。
また，取り調べの時，①**「自分が犯罪をしました」という証言**だけでは証拠《しょうこ》になりません。

問１　**【1】**にあてはまる言葉はどれですか。

㈠　感謝状　　(い)　令状《れいじょう》　　(う)　督促状《とくそくじょう》　　(え)　賞状

問２　下線部①について，「自分が犯罪をしました」と，捜査員《そうさいん》に言うことを，**漢字二字**で何といいますか。

会話の続き

教授：精神の自由について，何か知っていることはありますか。

生徒：たとえば，【　2　】がそうですよね。

問３　**【2】**について，精神の自由に**あてはまらないもの**はどれですか。

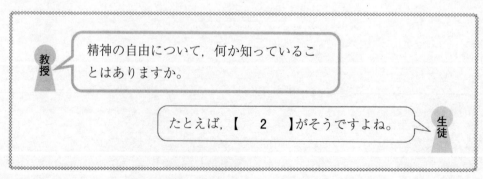

(あ)　どれだけ多くのお金を持ってもよい「財産権《ざいさんけん》の自由」
(い)　どのような宗教を信じてもよい「信教《しんきょう》の自由」
(う)　どのような考え方を持ってもよい「思想《しそう》・良心《りょうしん》の自由」
(え)　言論・出版《しゅっぱん》など，考えたことを形にしてよい「表現《ひょうげん》の自由」

会話の続き

生徒　そういえば，インターネット上の書き込《こ》みが原因で，罰《ばっ》せられた人がいた，とニュースで見ました。

教授　「②**侮辱《ぶじょく》罪**」にあたるためです。

問４　下線部②について，なぜ侮辱罪となり，書き込んだ人が罰せられたのですか。考えられる理由として**ふさわしくないもの**はどれですか。
(あ)　事実かどうか，確かでない個人情報を，多数の人々に広めたから。
(い)　書き込まれた相手を，社会で生きていけなくなるほど傷つけたから。
(う)　自分の意見を，思ったとおり，素直《すなお》に表明したから。
(え)　インターネット上に書き込みが残り，相手をいつまでも傷つけ続けたから。

会話の続き

教授　最後に，経済《けいざい》活動の自由です。

生徒　居住《きょじゅう》・移転《いてん》・職業【　３　】の自由ならば知っています。だれでも，なりたい職業に就《つ》くことができる自由です。

教授　その通りです。ただし，③**公共の福祉《ふくし》を守れない場合，制限される**ことがあります。

問５　【３】にあてはまる言葉はどれですか。
(あ)　選択《せんたく》　(い)　満足　(う)　引退《いんたい》　(え)　訓練《くんれん》

問６　下線部③について，次のページに例を挙げました。文中の□にあてはまる言葉としてふさわしいものを考え，解答らんに合うように書きなさい。

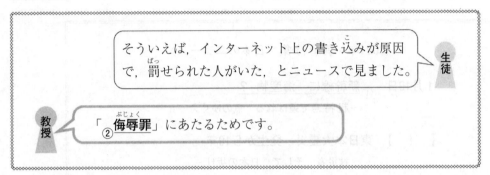

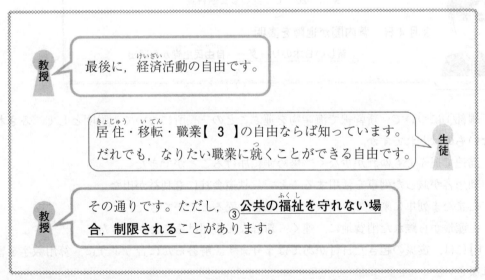

生命に関わる職業であるため，国が発行した[　　　]のある人しか医師になることができない。

7　下の表を読んで，あとの問いに答えなさい。

〈2021年　報道特集《ほうどうとくしゅう》　日本のニュース〉

1月19日　①新幹線《しんかんせん》に「海産物」？
～超特急《ちょうとっきゅう》で運ばれる　魚のゆくえ～

【　1　】　東日本大震災《しんさい》・発生から10年
～被災者《ひさいしゃ》　そして　日本の祈《いの》り～

5月11日　沖縄《おきなわ》と②奄美大島《あまみおおしま》が世界遺産に認定
～日本の世界自然遺産はこれで5カ所め～

6月23日　コロナと向き合ういま　③選挙方法も新しく
～改正に向けて動く　衆議院《しゅうぎいん》～

7月20日　「ロードプライシング」って何だろう
～「東京2020」で④変わる交通料金～

9月4日　菅内閣《すがないかく》が退陣《たいじん》を表明
～⑤新しい日本のリーダー　自由民主党《じゆうみんしゅとう》から選出～

問1　下線部①について，新幹線で海産物を運ぶことの，長所についての説明として，**ふさわしくないもの**はどれですか。
(あ)　高速で運んでもゆれが少なく，傷《いた》めずに届けることができた。
(い)　利用客が減った列車を活用することで，鉄道会社にも利益が出た。
(う)　たまたま列車に乗っていた人々に，品物を売ることができた。
(え)　生産地から離《はな》れた消費地に，速く，新鮮なまま届けることができた。

問2　【1】には，震災の起きた日付《ひづけ》があてはまります。解答らんに合うように，算用数字を書き入れなさい。

問3　下線部②の島がある県はどこですか。
(あ)　宮城《みやぎ》県　(い)　鹿児島《かごしま》県　(う)　長崎《ながさき》県　(え)　新潟《にいがた》県

問4　下線部③について，6月23日から，新型《しんがた》コロナウイルスに感染《かんせん》した有権者《ゆうけんしゃ》が投票できるよう，特例《とくれい》を認める法律《ほうりつ》が定められました。「特例」として正しい文章を選びなさい。
(あ)　有権者本人が，選挙管理委員会に電話をかけ，投票する候補者《こうほしゃ》を伝えることができる。
(い)　有権者の親族が，本人の代理で投票所に行き，投票することができる。

(う)　有権者の親族が，本人の代わりに，選挙管理委員会に電子メールで投票することができる。

(え)　有権者本人が記入した投票用紙を，選挙管理委員会に郵便《ゆうびん》で送ることができる。

問５　下線部④について，変化するのは，何の利用料金ですか。

(あ)　高速道路　　(い)　定期船《ていきせん》　(う)　地下鉄　(え)　航空機《こうくうき》

問６　下線部⑤で，新しく自由民主党の総裁《そうさい》に選ばれた人物は誰《だれ》ですか。

(あ)

河野太郎《こうのたろう》

(い)

岸田文雄《きしだふみお》

(う)

高市早苗《たかいちさなえ》

(え)

野田聖子《のだせいこ》

【理　科】〈第１回試験〉（25分）〈満点：50点〉

1　春子さんは，雲ができて雨が降るまでの様子について調べました。それに関する次の文を読んで，あとの問いに答えなさい。

雲は，水蒸気を含《ふく》む空気が上昇《しょう》気流にのって上空に押《お》し上げられ，冷やされてできる。また，標高が高くなるほど気温は低くなり，その程度は，①標高が100m高くなるごとに，気温が0.6℃低くなることが知られている。

水蒸気を含んだ空気は気温が低くなればなるほど，その空気中に含むことのできる水蒸気の最大量が少なくなる。そのため，もうそれ以上水蒸気を含むことのできない状態，すなわち［　　　］が100％になると，含みきれなくなった水蒸気は水滴《てき》となる。さらに水滴は空気中にある非常に小さいちりやほこりを中心にして集まり，直径0.01mmほどの小さな粒《つぶ》を作る。この②小さな粒がたくさん浮《う》かんでいるものが雲である。③その雲が大きくなると，雨が降ることがある。（**〈図１〉**）

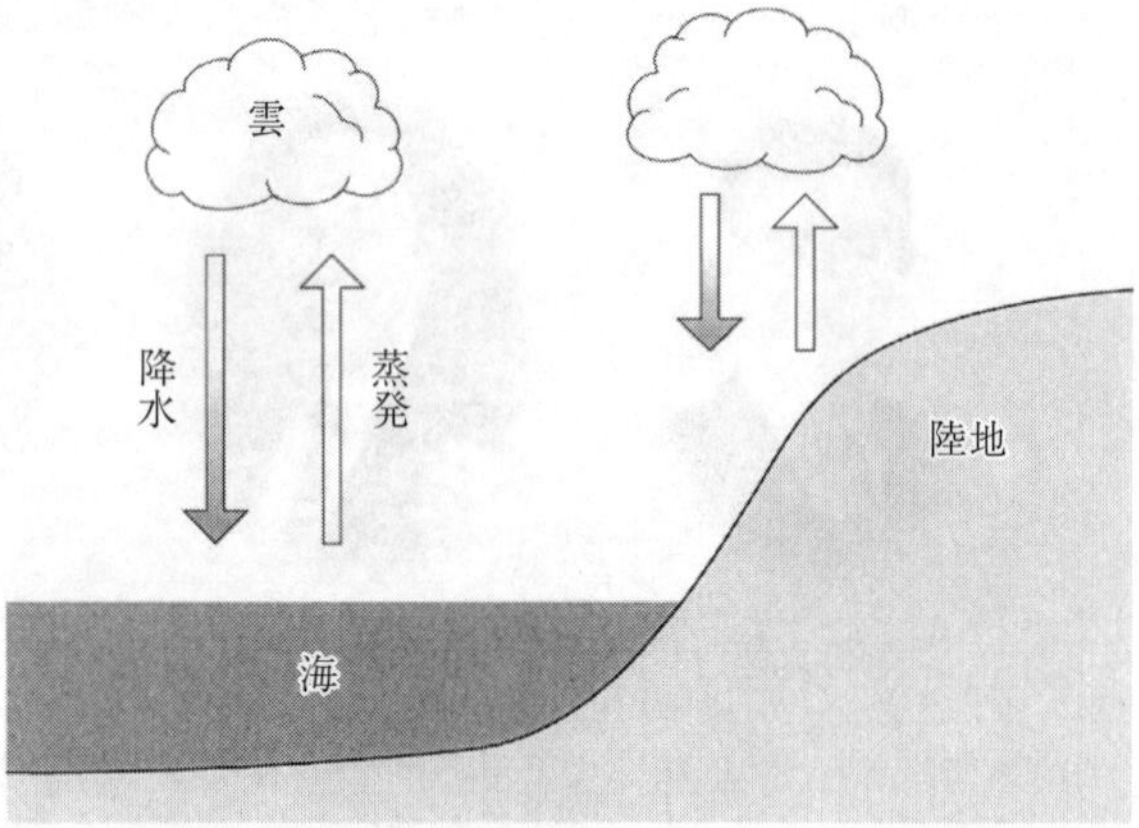

〈図１〉　雲ができて雨が降るまでのイメージ図

問１　［　　］に入る適語としてもっとも適切なものを，次の(あ)～(え)の中から１つ選び，記号で答えなさい。

(あ)　沸《ふっ》点　　(い)　融《ゆう》点　　(う)　密度　　(え)　湿《しつ》度

問２　雲ができる仕組みとは異なる理由で起こる現象としてもっとも適切なものを，次の(あ)～(え)の中から１つ選び，記号で答えなさい。

(あ)　冬の寒い日に，吐《は》く息がゆげのように白く見える。
(い)　氷水に塩を入れると温度がさらに下がる。
(う)　氷水で冷やされたコップの周りに水滴がつく。
(え)　寒い日の朝，植物の葉の表面に霜《しも》が見られる。

問３　下線部①について，標高０mでの気温が30℃の時，標高3000mの地点での気温が何℃になるか，計算して求めなさい。

問４　夏の夕方には夕立が起こりやすい原因としてもっとも適切なものを，次の(あ)～(え)の中から１つ選び，記号で答えなさい。

(あ)　夏は日ざしが強いので，空気中に含まれる水蒸気が少ないから。
(い)　夏は日ざしが強いので，地面付近と上空との温度差が大きくなるから。
(う)　夏は日照時間が長いので，夜も地表付近の温度が下がらないから。
(え)　夏は日照時間が長いので，上空の温度が高くなるから。

問５　下線部②，③から考えて，雲から雨が降る理由を説明しなさい。

2　春子さんは，水よう液の性質について勉強をしました。これについて，あとの問いに答えなさい。

問６　身近な酸性の水よう液，アルカリ性の水よう液をそれぞれ１つずつ答えなさい。

問７　水よう液が，酸性か，中性か，アルカリ性かを確かめる方法には色々なものがある。その方法を１つあげ，中性の水よう液に対して，それを行った結果を簡単に説明しなさい。

問８　水よう液の中には，金属をとかす性質をもつものがある。アルミニウムをとかす性質をもつ水よう液を１つ答えなさい。

　また，この水よう液にアルミニウムをとかした時に発生する気体の名前を答え，その気体に関する説明としてもっとも適切なものを，次の(あ)～(お)の中から１つ選び，記号で答えなさい。

(あ)　水にとけやすく，水にとけるとアルカリ性の水よう液になる。
(い)　水にわずかにとけ，水にとけると酸性の水よう液になる。
(う)　水にとけにくく，火を近づけると音を出して燃える。
(え)　鼻がつんとするにおいがして，消毒に利用されることがある。
(お)　くさった卵のにおいがして，火山から出る火山ガスに含まれる。

問９　酸性の水よう液とアルカリ性の水よう液が混ざることによって起こる化学変化を何といいますか。もっとも適切なものを，次の(あ)～(お)の中から１つ選び，記号で答えなさい。

(あ)　合体　　(い)　蒸発　　(う)　中和　　(え)　分解　　(お)　燃焼

問10　ある濃《こ》さの水酸化ナトリウム水よう液(A)を10mL はかり取り，そこにうすい塩酸(B)を５mL 加えると，余ることなく化学変化を起こし，中性の水よう液になる。

　水酸化ナトリウム水よう液(A)の濃さを２倍にした水よう液15mL と余ることなく化学変化を起こし，中性の水よう液にするために必要なうすい塩酸(B)は何 mL か，計算して求めなさい。

3　春子さんは，家族とキャンプに行き，〈**図２**〉のような薪《まき》ストーブを使いました。薪ストーブとは，金属製の本体にえんとつがついていて，本体の中に薪を入れ，火をつけて燃やすことで暖をとれるものです。お父さんと春子さんの次の会話を読んで，あとの問いに答えなさい。

〈**図２**〉　薪ストーブ

お父さん「薪は木を切ってそれを適当な大きさに割り，乾《かわ》かしてつくるんだよ。上手に薪ストーブに着火できたね。薪ストーブは環《かん》境に優しいと言われ，今見直されているんだよ。」

春子さん「ものが燃えると二酸化炭素がでるんだよね。二酸化炭素が増えることが地球温暖化の原因になると学校で勉強したわ。薪を燃やしても二酸化炭素は出るのに，なぜ環境に優しいと言えるの？」

お父さん「薪のように生物から生まれた再生可能な燃料のことを［　1　］燃料と言うんだよ。薪の元となる木は，植物として生きていた時は，［　2　］により大気中の二酸化炭素を取り込んでいたんだよ。そのため，薪を燃やして二酸化炭素を発生させても，その二酸化炭素は(　　　　　)。」

春子さん「だから薪は環境に優しいと言えるんだね。薪に使う植物の種類によって何か違いはあるの？」

お父さん「木の種類によってそれぞれ特ちょうがあるんだよ。十分に乾かした色々な種類の木の薪を使って調べた，**〈グラフ１〉**と**〈グラフ２〉**を見て考えてごらん。調べたのは次の①～③だよ。」

① 同じ体積の水と木の重さを比べ，水を１としたときの木の重さの割合(比重)

② 着火する温度(℃)

③ 同じ大きさの薪を燃やしたときに出てくる熱を灯油に換《かん》算した量(L)

春子さん「うん，わかった。」

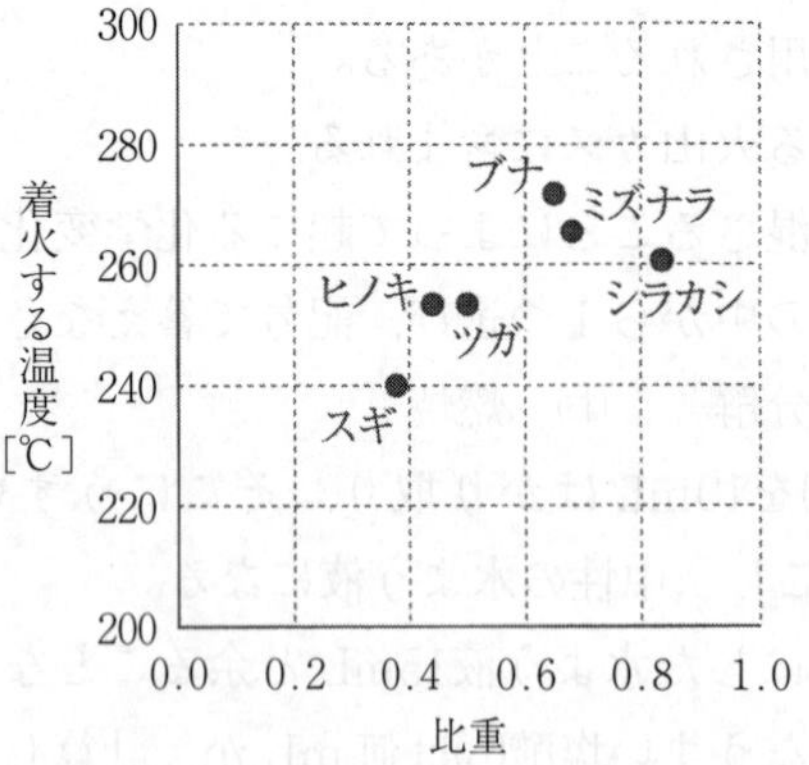

〈グラフ１〉 比重と着火する温度の関係

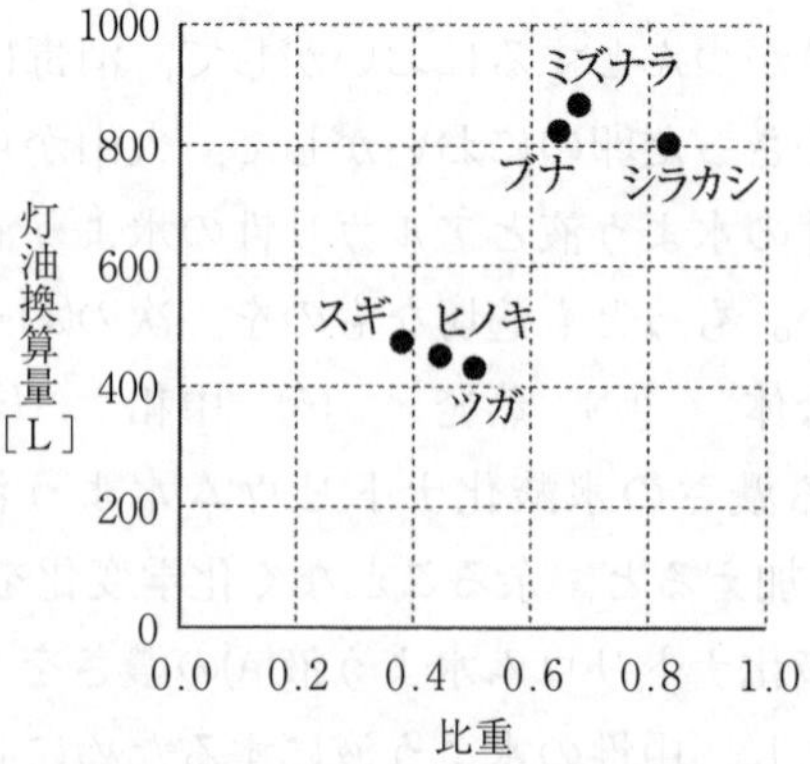

〈グラフ２〉 比重と薪を燃やしたときの熱を灯油に換《かん》算した量の関係

問11　春子さんが下線部のように上手に着火した方法としてもっとも適切なものを，次の(あ)～(え)の中から１つ選び，記号で答えなさい。ただし，黒色のものは細い薪，灰色のものは中位の太さの薪，白色のものは太い薪とします。

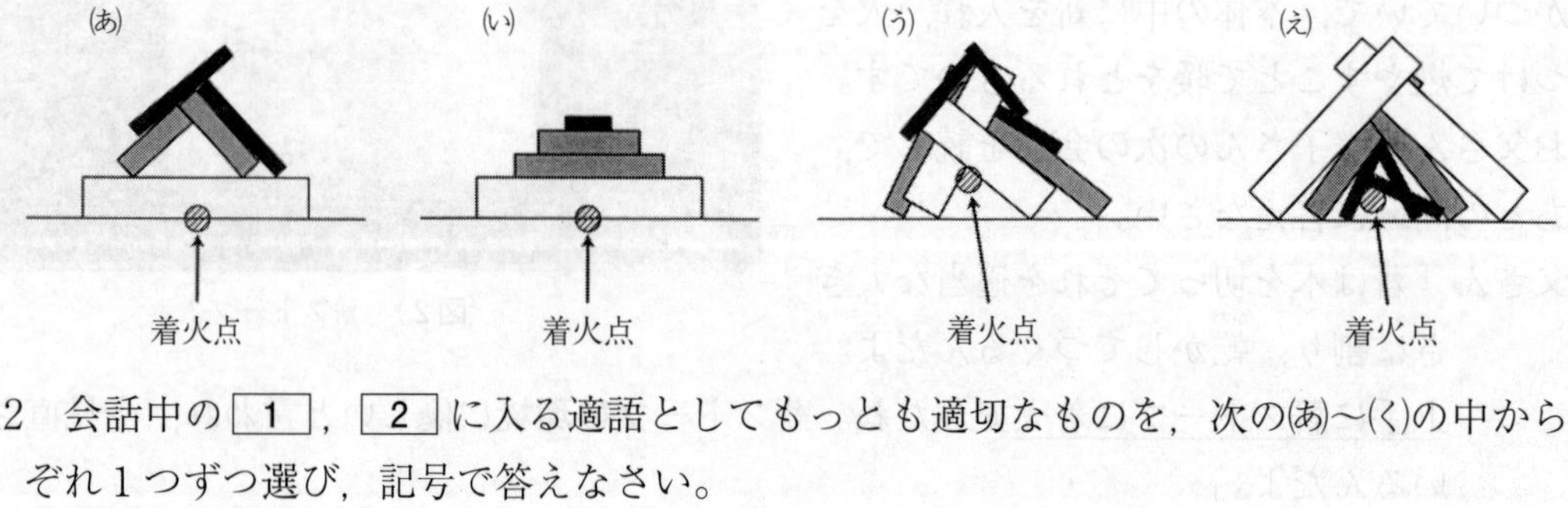

問12　会話中の 1 ， 2 に入る適語としてもっとも適切なものを，次の(あ)～(く)の中からそれぞれ１つずつ選び，記号で答えなさい。

(あ) バイオマス　(い) 化石　(う) 石炭　(え) クリーン

(お) 光合成　(か) 呼吸　(き) 蒸散　(く) 成長

問13　会話中の(　)に入る文を考えて答えなさい。

問14　〈**グラフ１**〉，〈**グラフ２**〉で示された木は，葉が薄《うす》く広がっている広葉樹の仲間と，葉が針状になっている針葉樹の仲間に分けることができます。〈**グラフ１**〉，〈**グラフ２**〉で示された木を，この２つの仲間に分けると，次の〈**表１**〉のようになります。〈**表１**〉と〈**グラフ１**〉，〈**グラフ２**〉の結果を合わせて考えたとき，広葉樹と針葉樹の特ちょうとして適切なものを，あとの(あ)～(き)の中から２つ選び，記号で答えなさい。

〈**表１**〉　広葉樹と針葉樹

広葉樹	シラカシ	ブナ	ミズナラ
針葉樹	スギ	ツガ	ヒノキ

(あ)　針葉樹の比重が小さいということは，木に含まれる空気層が少ないと考えられるので，着火しやすいと考えられる。

(い)　針葉樹の比重が小さいということは，木に含まれる空気層が少ないと考えられるので，着火しにくいと考えられる。

(う)　針葉樹の比重が小さいということは，木に含まれる空気層が多いと考えられるので，着火しやすいと考えられる。

(え)　針葉樹の比重が小さいということは，木に含まれる空気層が多いと考えられるので，着火しにくいと考えられる。

(お)　広葉樹よりも針葉樹の方が燃料として長時間使える。

(か)　針葉樹よりも広葉樹の方が燃料として長時間使える。

(き)　燃料として長時間使えるかどうかは木の種類によらない。

問15　二酸化炭素の発生量を減らすために，あなたが日常的に取り組んでいる事を具体的に１つあげて，説明しなさい。

4　春子さんは，てこについて調べました。それに関する次の文を読んで，あとの問いに答えなさい。

てこの原理を使うと，小さな力で大きな力を出すことができます。例えば，〈**図３**〉のように長い棒を使って大きな石を動かすことを考えたとき，てこには次の３点があります。

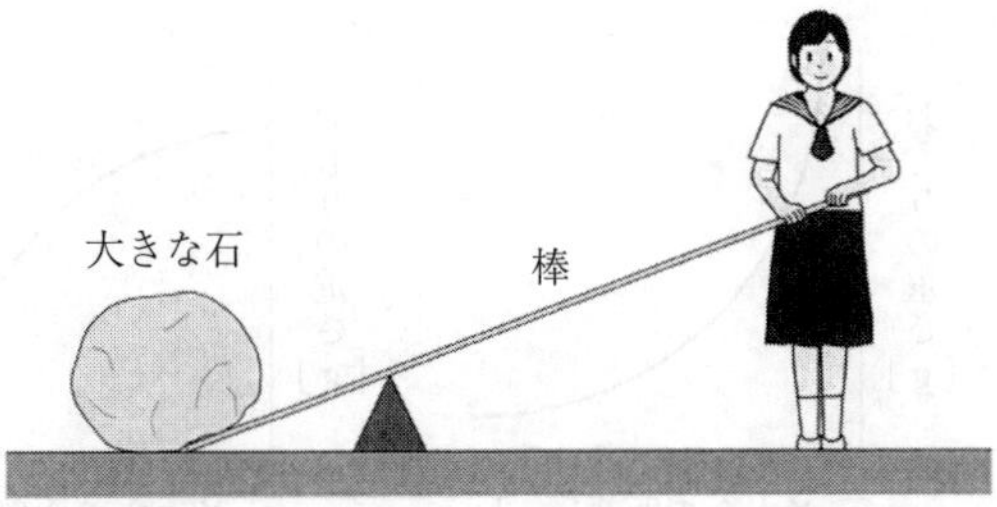

〈**図３**〉　長い棒を使って大きな石を動かす様子

１　支点は，てこを支える点であり，てこの回転運動の中心となる。

２　力点は，力を加える点のことである。

３　作用点は，てこに加えた力がはたらく点である。

問16　〈**図３**〉のように，長い棒を使って重いものを動かすとき，上の文中に示された３点は，作用点，支点，力点の順に並んでいます。私たちの身の回りの道具で，てこの原理を利用していて，さらに作用点，支点，力点が〈**図３**〉と同じ順番に並んでいるものを，次の(あ)～(う)の中から１つ選び，記号で答えなさい。

(あ)　ピンセット　　(い)　はさみ　　(う)　せんぬき

30cmの棒の左はしに50ｇのおもりをつけ，そこから10cmの位置(**Ｘ**)をひもでつないで天井につるした。この装置の右側におもりをつける以下の〔**実験１**〕～〔**実験３**〕を行いました。

ただし，実験に使った棒や糸の重さは考えないものとします。

〔**実験１**〕〈**図４**〉のようにおもりをつけ，つり合わせた時のおもり**A**の重さを調べた。

〔**実験２**〕〈**図５**〉のようにおもりをつけ，つり合わせた時のおもり**B**の重さを調べた。

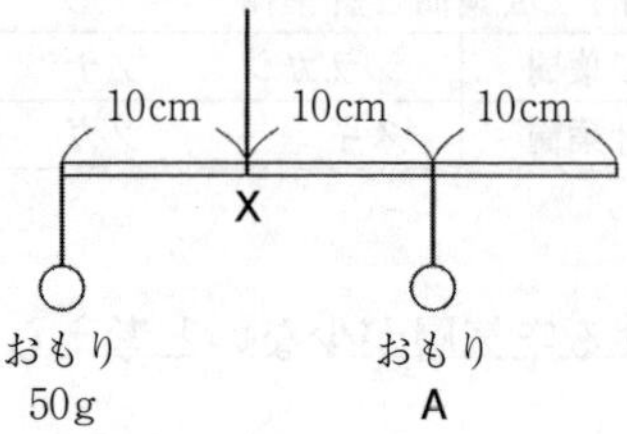

〈**図４**〉〔**実験１**〕の様子

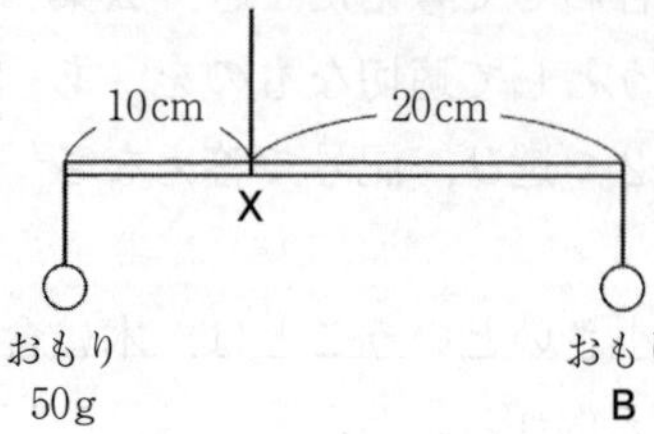

〈**図５**〉〔**実験２**〕の様子

問17　〔**実験１**〕のおもり**A**，〔**実験２**〕のおもり**B**の重さはそれぞれ何ｇか，計算して答えなさい。

問18　〔**実験１**〕，〔**実験２**〕から考えて，この装置がつり合うときの，**X**から右側のおもりまでの距離《きょり》と，そのおもりの重さの関係を示すグラフとしてもっとも適切なものを，次の(あ)～(か)の中から１つ選び，記号で答えなさい。

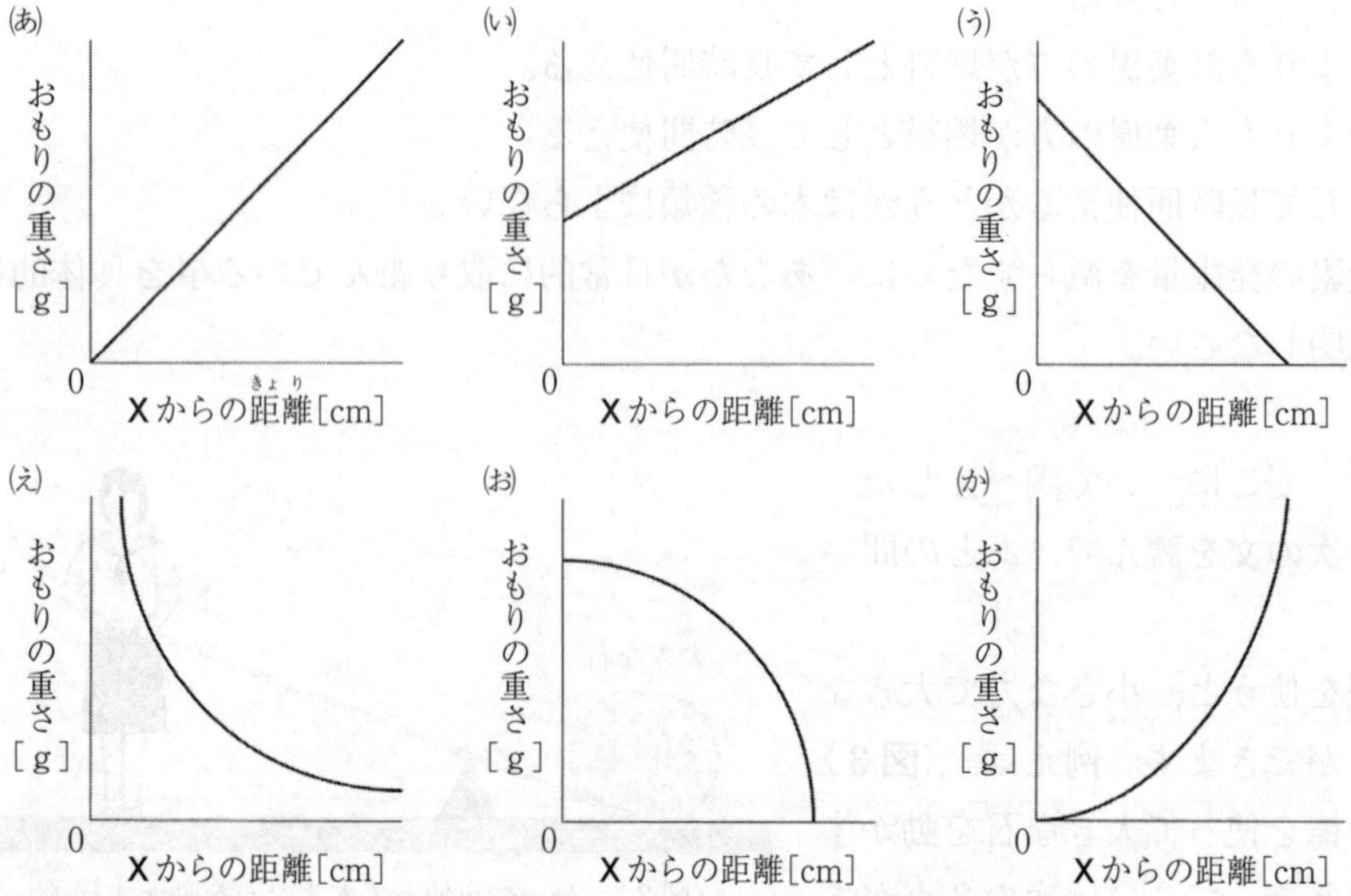

〔**実験３**〕〈**図６**〉のようにおもりをつけ，つり合わせた時のおもり**C**の重さを調べた。

問19　〔**実験３**〕のおもり**C**の重さは何ｇか，計算して答えなさい。なお，考えた過程も言葉や式で示しなさい。

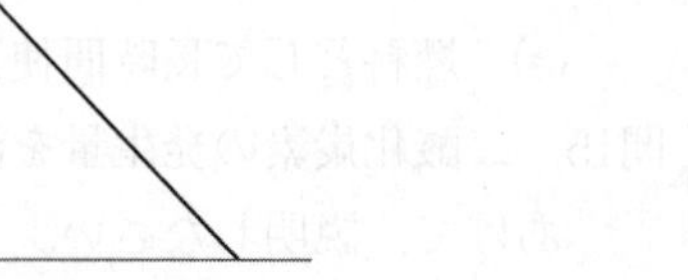

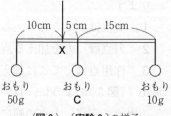

〈**図６**〉〔**実験３**〕の様子

主義者」とで変わらないものは何ですか。本文中から三十字で抜き出し、その最初と最後の四字を記しなさい。

問十　――線⑤「常に未来（目標）のことを考えているのです」とありますが、「考え」た結果、「防衛的悲観主義者」はどのような行動を取ると作者は言っていますか。本文中の語を利用して三十字以内で書きなさい。

(注２) ネガティブ…何事も悪い方向に向かうと考えること。
(注３) パフォーマンス…ここでは「行動」すること、「実行」すること。
(注４) 遭遇…出会うこと。
(注５) 赤っ恥…顔が赤くなるほどのひどい恥《はじ》。
(注６) 脚光を浴びる……世の中で注目される。
(注７) 極力…できるかぎり。
(注８) 緩衝材…物を運ぶときに、こわれないように包んだりすき間を埋《う》めたりするもの。
(注９) プロセス…手順。
(注10) イメージ・トレーニング…起こり得る場面や対処方法などを頭の中で考え、慣れておくこと。
(注11) 青写真…心に描《えが》いている将来の姿、計画。
(注12) クリアに…はっきりと。

問一 ……線(1)「阻《そ》害する」・(2)「おのずと」・(3)「安易に」のことばの意味として最も適当なものをそれぞれ後の中から選び、記号で答えなさい。

(1)「阻害する」
ア そこなわせる　イ こまらせる
ウ さまたげる　エ やめさせる

(2)「おのずと」
ア 自然に　イ 自分から
ウ 思いがけず　エ なんとなく

(3)「安易に」
ア 軽々しく　イ たやすく
ウ 理由もなく　エ さりげなく

問二 【Ａ】・【Ｂ】には対義語の組み合わせが入ります。それぞれ本文中から漢字二字で探して、抜き出して書きなさい。

問三 〰〰線ⓐ～ⓓの「から」の中で働きの異なるものを一つ選び、記号で答えなさい。

問四 ――線①「これから遭遇する状況において『悪い結果が出るにちがいない』と確信します」とありますが、これとほぼ同じことを言っている部分を本文中から十字で抜き出して答えなさい。

問五 【あ】～【え】に入ることばの組み合わせとして最も適当なものを次の中から選び、記号で答えなさい。

ア (あ) イメージ　(い) ポイント
　(う) プレッシャー　(え) トレーニング
イ (あ) メリット　(い) ポイント
　(う) イメージ　(え) プレッシャー
ウ (あ) プレッシャー　(い) コントロール
　(う) メリット　(え) ポイント
エ (あ) ショック　(い) リラックス
　(う) クッション　(え) メリット

問六 【Ｃ】～【Ｅ】に入ることばとして最も適当なものをそれぞれ次の中から選び、記号で答えなさい。（同じ記号を二回使ってはいけません。）

ア しかし　イ そして　ウ もし
エ たとえば　オ まるで

問七 ――線②「□意□到《とう》」の□にそれぞれ漢字一字を入れて四字熟語を完成させなさい。

問八 ――線③「不安に打ち勝った状態です」とありますが、これは具体的にはどのような状態のことでしょうか。解答欄《らん》に合うような形で本文中から十字以内で抜き出して答えなさい。

問九 ――線④「悲観主義者がみんな、防衛的悲観主義者というわけではありません」とありますが、「悲観主義者」と「防衛的悲観その時には、不安もすっかり忘れているにちがいありません。

　こうして、②□意□到《とう》に準備ができた防衛的悲観主義の人は文字通り、「何が起きても大丈《じょう》夫」という自信のもとで、積極的な態度で本番を迎えることができます。

　どんな事態が起きても、それに対処すべき（注11）青写真が頭の中に（注12）クリアに入っているので、何も恐れることはありません。まさに③不安に打ち勝った状態です。

　ここでA子さんの発表の結果をお伝えしましょう。悪いほう、悪いほうに想像し、徹《てっ》底的にその対策を練りあげたA子さんは、本番を迎える頃《ころ》にはその心配事に対する不安をコントロールし、そして本番では立派な成果を収めたのです。

　そんなA子さんですが、次にまたみんなの前で発表を行う時には、同じ不安におそわれてしまいます。「前にもうまくいったし、今度もうまくいく」とは(3)安易に考えない防衛的悲観主義者は、悪い事態を予想することで不安になってはしまいますが、その不安を否定するのではなく逆に利用してやる気を高め、悪い事態を避ける最大限の努力をすることで、目標達成につなげるのです。

　ただし、④悲観主義者がみんな、防衛的悲観主義者というわけではありません。防衛的な働きをしない、ただの悲観主義者もいます。では、ただの悲観主義者（ここでは「真の悲観主義者」と呼ぶことにします）と防衛的悲観主義者の違《ちが》いは何でしょうか？

　違いを考えるためには、まず、両者で同じところを見つけておく必要があります。両者ともに悲観主義に違いはありませんので、試験で悪い点数をとるだろうとか、試合で失敗するだろうとか、友人関係はうまくいかないだろうとか、自分のこれからの行動の結果について、悲観的に予想します。あらかじめ失敗を予想することで、不安を和らげるというプロセスは、真の悲観主義者も防衛的悲観主義者も変わりません。

　両者の決定的な違いは、先に説明した、予想できる最悪の事態を見越して、それを避ける最大の努力を行うというプロセスにあります。つまり、これから行うことに対して、防衛的悲観主義者は入念に準備をしますが、真の悲観主義者は準備することはありません。

　そのため、防衛的悲観主義者は成功しやすいですが、真の悲観主義者は成功しにくいのです。

　また、行動の結果、成功したときのとらえ方も両者では異なります。何かがうまくいった（たとえば、努力して試験の成績が良かった）とき、防衛的悲観主義者はその結果をきちんと受けとめますが、真の悲観主義者は受けとめません。具体的には、「その結果はたまたまだよ」とか「何かの間違いに違いない」と考え、現実を正しく受け入れないのです。

　何かがうまくいかず、失敗したときも、両者の捉《とら》え方は異なります。真の悲観主義者は、自分が失敗したときには「自分の能力が足りないからだ」とか「どうせ努力なんかしたって、何にも変わらない」と考えます。クヨクヨ考えるだけで、次（未来）に向かって動き出そうとはしません。

　一方で、防衛的悲観主義者は、失敗したときにはその現実をきちんと受けとめ、同じ失敗を二度とくり返さないように、将来の目標に向けて万《ばん》全の準備をします。

　防衛的悲観主義は、いわゆる悲観主義者のように、過ぎ去ってしまったことを決してクヨクヨ考えるのではなく、⑤常に未来（目標）のことを考えているのです。

（外山美樹《とやまみき》『勉強する気はなぜ起こらないのか』）

（注1）ポジティブ…何事もいい方向に向かうと思うこと。

自分が成功するのか、それとも失敗するのかについては考えないのです。考えると不安がおそってくるⓐからです。

（注7）極力結果について考えることを避《さ》け、ただやるべきことをやるだけ。これが楽観主義者が使う心理作戦になります。さらには、彼らは本番前には、音楽を聴《き》いてリラックスしたり、読書をして気晴らしをしたりすることが多いです。本番前には、不安に対処するのではなく、不安が生じることを避けようとするのです。

これに対して、防衛的悲観主義の人は、①これから遭遇する状況において「悪い結果が出るにちがいない」と確信します。そう考えることで、何が起こるのかわからない不安ⓑから逃《のが》れることができるⓒからです。

「良い結果が出る」ではなく「悪い結果が出る」と予想することで、成功しなくてはいけないという【あ】からも解放されることになります。くり返しいいますが、防衛的悲観主義の人は、ことさら不安傾向が強いⓓから、このように考えるのです。

つまり、防衛的悲観主義者が最悪な事態を予想するのは、自分の目標の障害になる不安を【い】するためと言えます。

さらには、こういった心理的作戦には、とても魅《み》力的な【う】があります。「自分は失敗するにちがいない」とあらかじめ予想しておくことによって、実際に失敗した時のショックを和らげることができるのです。

読者のみなさんにも経験があるのではないでしょうか。成功を期待していて失敗するよりも、あらかじめ失敗を予想しておいてその通りになるほうが、ショックが少なかったという経験を。

防衛的悲観主義の人が用いる悲観的思考は、実際に失敗したときに落ち込《こ》まずにすむ（注8）緩衝材《かんしょうざい》（クッション）となっているのです。

自分が傷つくことをあらかじめ防衛しておくことが、「防衛的悲観主義」とよばれる理由でもあります。もちろん、そうした考えでも、実際に失敗すると、がっかりすることもありますが、現実を受け止め、次に頑《がん》張ろうとするやる気までは奪《うば》われないですむのです。

「物事を悪いほうに考える」ことで成功する二つ目の【え】は、予想できる最悪の事態を見越《こ》して、それを避ける最大の努力を行うという（注9）プロセスにあります。悪いほう、悪いほうへと予想し、考えられる結果を鮮《せん》明に思い浮《う》かべることによって、その対策を練りあげ、実行に移すことができるのです。

防衛的悲観主義は、これから起こる出来事を、うんざりするほど悪いほう悪いほうに想像してしまいます。それはもう名人かと思うほど、ありとあらゆる失敗の可能性を考えることができるのです。

冒頭にあげたA子さんは、「話す内容を忘れて、頭の中が真っ白になるのではないか」、「自分の声が小さくて、友だちが聞き取れないのではないか」、「準備が十分ではないと、先生に怒《おこ》られるのではないか」、「質問に答えられないのではないか」といったように、来る日も来る日も悲観的に失敗の可能性を考え続けていました。

【C】、このネガティブ思考は、ただのネガティブ思考ではありません。彼らは、ありとあらゆる失敗の状況を（注10）イメージ・トレーニングしているからです。考えられる限りのネガティブな結果を具体的に想像することによって、(2)おのずとやるべきことは見えてきます。

【D】、具体的な対策が定まると、防衛的悲観主義者といえども、もう迷いはありません。あとはただやるべきことに集中するだけです。

【E】、A子さんは失敗を想定した後、自宅で何度も何度も発表の練習をくり返し、来《きた》るべき質問を想定した回答例を作り、家族をクラスのみんなに見立てて、質疑応答の練習をするでしょう。

答えなさい。

ア　佐紀ちゃんたちからお茶会に誘われなかったことにショックを感じていたのに、それをおばあちゃんに打ち明けることもできず、そのことを日曜日にやってくるお父さんに知られてしまうかもしれないと思ったから。

イ　友達だと思ってくれている亜美ちゃんとの約束を破ってしまったために、家に帰っても落ち込んだ気分を自分ではどうすることもできず、優しいおばあちゃんや遠くにいるお父さんにまで心配をかけているから。

ウ　学校で亜美ちゃんとの仲がうまくいかなくなってしまった上に、家でもおばあちゃんと気持ちが通じ合わなくなってしまったと感じているときに、悲しい結果を引き起こすかもしれない連絡がお父さんから入ったから。

エ　亜美ちゃんのママに自分が作ったプリンのレシピを勝手に使われただけではなく、佐紀ちゃんたちにはシナモンクッキーのレシピを教えなければならなくなり、物語ノートを書き続ける気力をすっかりなくしてしまったから。

三　次の文章を読み、後の問いに答えなさい。

心理学の世界では長年、楽観主義者が成功しやすく、悲観主義者が失敗しやすいと考えられてきました。それは、「(注1)ポジティブ思考が善で、(注2)ネガティブ思考が悪」という一般《ぱん》的な考え方と同じです。

ところが、近年、悲観主義者のなかにも、「物事を悪いほうに考える」ことで成功している人がある程度いることがわかってきました。そういった傾《けい》向にある人は、前にある行動でうまくいったとしても、「前にうまくいったから、今度もうまくいく」とは考えないで、これから迎《むか》える状況《きょう》に対して、最悪の事態を想定します。冒《ぼう》頭でとりあげたA子さんのように、最悪の事態をあらゆる角度から悲観的に想像しては、失敗を想定するのです。そういった考え方をする人を心理学では、防衛的悲観主義者といいます。また、こうした考え方を防衛的悲観主義と呼びます。

このような防衛的悲観主義は、とりわけ、不安傾向が強い人に有効な心理的作戦となりうるのです。

防衛的悲観主義が「物事を悪いほうに考える」ことで成功する理由には、二つのポイントがあります。

まず一つ目は、悲観的に考えることで、不安をコントロールできる点です。

不安は(注3)パフォーマンスを(1)阻《そ》害する大きな要因の一つです。不安が生じると、向かうべき課題に集中できなくなります。不安に押《お》しつぶされてしまって、本来の実力が発揮できなかったという経験は、誰《だれ》にもあるでしょう。防衛的悲観主義者は、とりわけ不安が強い傾向にあるのです。

このパフォーマンスの障害となる「不安」という感情は、これから(注4)遭遇《そうぐう》する状況では何が起こるのかわからないといった思いから、生まれるものです。【　A　】するのか、それとも【　B　】するのか、自分が(注5)赤っ恥《ぱじ》をかくのか、はたまた(注6)脚光《きゃっ》を浴びるのかがわからないから不安になるのです。

もし、これから起こることに多少なりとも確信を持つことができれば、その不安はずいぶんと和《やわ》らぐでしょう。もちろん、それですべての不安がなくなるわけではありませんが、結果があらかじめイメージできていれば、ある程度、落ち着いて取り組むことができるはずです。

楽観主義の人は「自分は成功するにちがいない」という確信をもち、

イ　お父さんの仕事が決まるということは、亜美ちゃんたちとも別れてお父さんと二人だけで生きていくことだから。

ウ　お父さんの仕事が決まるということは、お父さんが以前のようにエナにいばりちらすようになるということだから。

エ　お父さんの仕事が決まるということは、お父さんと二人で暮らすためにおばあちゃんとは別々に住むということだから。

問七　――線⑦「うちのこと」とありますが、エナの家にはどのような事情があるのでしょうか。「…という事情」につながる形で、本文中から十字で抜き出して答えなさい。

問八　――線⑧「ギョウザを包んでいたおばあちゃんの手が、ぴたっと止まる」とありますが、おばあちゃんがこのような態度を取ったのはなぜだと考えられますか。最も適当なものを次の中から選び、記号で答えなさい。

ア　エナの心の中に何か大きなしこりがあるということに初めて気づき、自分がその悩《なや》みをすべて引き受けようと心に決めたから。

イ　亜美ちゃんとケンカして自分に自信を失ってしまい、「いい子じゃない」などと言い出したエナを叱《しか》りつけてやろうと思ったから。

ウ　いつもの素直な心をすっかりなくしてしまったエナに対してどう対応すればいいかわからなくなり、取り乱してしまったから。

エ　友だちを家に呼ぶことをかたくなに拒《こば》み「いい子じゃないよ」というエナのことばを聞いて、エナの悲しみやつらさを知ったから。

問九　【Ａ】に入る語として最も適当なものを次の中から選び、記号で答えなさい。

ア　のど　イ　あご　ウ　歯　エ　舌

問十　――線⑨「あたしはちっともうれしくなくて、反対に怒りの気持ちがむくむくと湧き上がってくるのを感じた」とありますが、エナがこのように感じたのはなぜでしょうか。最も適当なものを次の中から選び、記号で答えなさい。

ア　お母さんのことを思い出させるようなおばあちゃんの無神経なことばに耐《た》えられなかったから。

イ　自分ではがまんしているとは思っていないのに、おばあちゃんにがまんしていると決めつけられたから。

ウ　おばあちゃんのことばによって、亜美ちゃんたちがお茶会に呼んでくれなかったことを思い出したから。

エ　自分の中に大きなわだかまりがあっておばあちゃんの優しさを受けとめられず、かえって反発心がわいたから。

問十一　――線⑩「思ったことを言った」とありますが、エナは具体的にどのようなことばをお母さんに「言った」のでしょうか。そのことばを本文中から十字以内で抜き出して答えなさい。

問十二　【Ｂ】～【Ｄ】に入る語として最も適当なものをそれぞれ次の中から選び、記号で答えなさい。（同じ記号を二回使ってはいけません。）

ア　どんどん　イ　ぽかんと　ウ　だらんと

エ　むくむく　オ　ぎゅっと

問十三　――線⑪「手のひらから」は直接どのことばにかかりますか。最も適当なものを次の中から選び、記号で答えなさい。

手のひらから、ア すごい　イ 速さで　ウ 胸を　エ 打つ　オ 心臓の　カ 音が　キ 聞こえる

問十四　――線⑫「……最悪」とありますが、エナはなぜこのように感じたのでしょうか。最も適当なものを次の中から選び、記号で

ナはなぜ「胸の奥」に「痛み」を感じたのでしょうか。最も適当なものを次の中から選び、記号で答えなさい。

ア　エナのプリンより亜美ちゃんのママのシナモンクッキーの方がおいしいと皆《みな》が言っているのを聞いたから。

イ　亜美ちゃんがエナとの約束を破って、プリンのレシピを佐紀ちゃんに教えてしまったことを知ったから。

ウ　佐紀ちゃんたちと開いたお茶会に、亜美ちゃんがエナをさそわなかったことに気づいてしまったから。

エ　亜美ちゃんはエナよりも佐紀ちゃんの方が好きなのだということを、思い知らされてしまったから。

問二　――線②「あたしの声を聞いて、亜美ちゃんの表情がもっと暗くなった」とありますが、「亜美ちゃんの表情」が「もっと暗くなった」のはなぜでしょうか。最も適当なものを次の中から選び、記号で答えなさい。

ア　クッキーのレシピを佐紀ちゃんたちに教えたことを、この時初めてエナに申し訳《わけ》なく思ったから。

イ　約束を守れなかったことを素《す》直に謝《あやま》ったのに、エナが重く受けとめていないような態度を取ったから。

ウ　口では気にしていないといいながら、エナが本当はとても気にしていることに気づいてしまったから。

エ　お茶会にさそわれなかったエナが強がって平気なフリをしているのを見て、かわいそうになったから。

問三　――線③「あたしはぎゅっと目を閉じて頭をふった」とありますが、なぜエナは「頭をふった」のでしょうか。理由を示している一文をこれよりあとの本文中から探し、その最初の六字を抜き出して答えなさい。

問四　――線④「そういうこと」とありますが、これは具体的にはどういうことでしょうか。最も適当なものを次の中から選び、記号で答えなさい。

ア　面と向かって話すのではなく、メールを使って友だちとやりとりすること。

イ　自分の本当の気持ちを素直にさらけ出して、友だちと本音で話し合うこと。

ウ　父親と話すのと同じような調子で友だちとメッセージのやりとりをすること。

エ　楽しいときもつらいときも一緒にいられる友だちを、探さないようにすること。

問五　――線⑤「ランドセルから物語ノートを出して開いてみたけれど、まったく書く気にならない」とありますが、エナはなぜそう感じたのでしょうか。最も適当なものを次の中から選び、記号で答えなさい。

ア　おばあちゃんが帰って来るのを待つことのほうがずっと大事なことだと思えたから。

イ　亜美ちゃんに言われた通りの物語を書き進めていくことにすっかり嫌《いや》気が差したから。

ウ　クッキーのレシピを物語の中にどう織り込《こ》めばいいのかわからなくなってしまったから。

エ　昼間、学校で亜美ちゃんと仲違《たが》いしてしまったことが気になってしかたがなかったから。

問六　――線⑥「仕事が決まったあとのことを考えるのはいやだった」とありますが、エナがこのように感じたのはなぜでしょうか。最も適当なものを次の中から選び、記号で答えなさい。

ア　お父さんの仕事が決まるということは、お母さんとはもう二度といっしょに暮らせなくなることだから。

たのを思い出したからだ。あのときあたし、何を考えていたんだろう……。

そうだ、お母さんのことだ。お母さんのことを考えると、どうしようもなくつらくなるから、頭をふって考えを飛ばしていたんだ。

「エナ、もっと思ったことを言っていいんだよ。がまんは心にも体にも良くないんだからね」

おばあちゃんはあたしの両肩《かた》に手を置くと、優しい声でそんなふうに言った。なのに、⑨あたしはちっともうれしくなくて、反対に怒りの気持ちがむくむくと湧《わ》き上がってくるのを感じた。

「……言っちゃダメなんだよ」

「え？」

おばあちゃんがあたしの顔をのぞきこむ。

「⑩思ったことを言ったから、お母さんが出て行ったんじゃん！」

おばあちゃんの目が一瞬でうるんだ。おばあちゃんは、あたしとお母さんの間にあったことなんかぜんぜん知らない。なのにあたしは自分を止められなくて、口からは【Ｂ】言葉があふれてきた。

「どうして友達呼べなんて言えるの？　呼べるわけないよっ。だってここおばあちゃんの家じゃん、あたしの家じゃないっ。しかも理由を聞かれたって、うちのことなんか話せないよ。お母さんが出て行った家なんて、ぜったいふつうじゃないもん！」

「エナ！」

おばあちゃんがあたしを【Ｃ】抱《だ》きしめた。

「ごめんね、おばあちゃんが考えなしだったわ……。でもね、エナはいい子よ、本当よ。それだけはわかって……」

おばあちゃんが泣いてるのに、あたしは何も言えなくて、両手を【Ｄ】おろしたままじっと動かなかった。やっぱり、おばあちゃんと一緒に暮らしちゃいけなかったんだ。近くにいなければ、こんな話をすることもなかったのに。

無言のままで二人でご飯を食べたあと、あたしは部屋に閉じこもった。いつもはおばあちゃんとテレビを見たりするのに、どうしても今日はそんな気になれなかった。

部屋のすみにちぢこまるように座りながら、ただじっと前を見ていた。そのとき、ポケットの中のスマホがふるえて、お父さんからメッセージが届いた。

夕飯は食べたか？　今度の日曜日、話があるからそっちに行きます。

咲子さんによろしく。

話があるってことは、いよいよ仕事が決まったに違いない。もうあの家で、お父さんとお母さんと三人一緒に暮らすことはないんだ、ぜったいに。

あたしはとっさに胸を押さえた。⑪手のひらから、すごい速さで胸を打つ心臓の音が聞こえる。

考えたくなかったことがどんどん現実になって、身動きがとれないままに追いつめられていく気がした。

「⑫……最悪」

おでこを何度もひざに押しつけながらつぶやく。

（イノウエミホコ『てっぺんの上』）

（注１）カフェ…コーヒーや紅茶などの飲み物や菓子・軽食を出す店のこと。

（注２）レシピ…料理の作り方を示した説明書。

（注３）リビング…家族が主に居る部屋。居間。

（注４）エコバッグ…環《かん》境に気を配った買い物用のふくろ。

問一　——線①「胸の奥がチクチクと痛みだした」とありますが、エるから、また送ってください。

　画面が暗くなるたびに、明るくして何度も読み返した。あたしには、こんなふうに友達からメッセージが来ることも、送ることもない。亜美ちゃんに言われた通り、④そういうことを避けてきたのは自分自身なのに、今になって、つらいときに一緒にいられる友達がいない自分が、とてつもなくみじめに思えた。

　⑤ランドセルから物語ノートを出して開いてみたけれど、まったく書く気にならない。こんなことは初めてだった。

「ただいま！」

　ドアが開いて、おばあちゃんの声がした。あたしはすぐ玄《げん》関までむかえに出た。

「あら、どうしたの？　暗い顔して」

　ニラが飛び出た（注4）エコバッグを持ったおばあちゃんが、びっくりした顔であたしを見たけれど、何も答えずにバッグを受け取った。

「さあ、今日のごはんはギョウザよ。エナ好きでしょ？」

　テーブルの上に置いたバッグから、おばあちゃんがひき肉やらキャベツやらを取り出す。

「手伝うよ」

　あたしはそう言って流しで手を洗った。

「エナ、お父さん何か言ってきた？」

　ギョウザを包んでいたら、突然おばあちゃんがたずねてきた。あたしは無言のまま首を横にふった。

「……これ、どうかな。もっとしっかり皮を押さえた方がいい？」

「どれどれ。だいじょうぶ、上手に包めているよ」

　お父さんの話は、したくなかった。⑥仕事が決まったあとのことを考えるのはいやだった。

「そうだエナ、お菓《か》子作りに興味があるの？　この前、お菓子の本見てたでしょ」

　それは、森のカフェの話に入れるレシピのためだった。でもなんとなく説明する気になれなくて、「うん」とだけ答えた。

「だったら、うちで作ってもいいんだよ。ほら、友達呼んで」

　友達と聞いて、ふと亜美ちゃんの顔が頭に浮《う》かぶ。

「……べつにいい。呼ばなくても」

「それはエナが呼びたいって思う子が、いないってこと？」

「ていうか……。こっちが呼びたいって思っても、相手は来たくないかもしれないし」

　違う。亜美ちゃんは来たいと言ってくれた。でも、⑦うちのことを知られるのがいやで、あたしが呼ばなかったんだ。今日だってそう。亜美ちゃんの問いかけに、何ひとつきちんと答えていない。しかも、怒《いか》りの感情のままにひどいことを言った。お母さんのときと同じように……。

「だいじょうぶよ。エナが呼べば、みんな来てくれるわよ。エナ、いい子じゃない」

「……いい子じゃないよ」

　⑧ギョウザを包んでいたおばあちゃんの手が、ぴたっと止まる。

だって、もしあたしがいい子なら、お母さんは出て行かなかったんじゃないの？

　その言葉が【　A　】まで出かかっていたけれど、そんなことをおばあちゃんに言ったって、どうしようもない。あたしは頭をぶるぶるっとふった。

「ねえ、どうしてそんなふうに頭をふるの？　おばあちゃん、ちょっと気になってたのよ。前はそんなことしなかったのに」

　それを聞いてハッとした。前にも亜美ちゃんに、同じことを言われぐに笑顔を作った。

「だいじょうぶ。気にしてないから！」

②あたしの声を聞いて、亜美ちゃんの表情がもっと暗くなった。

「約束やぶられたのに、どうして平気なの？」

そう言いながら、亜美ちゃんの目がだんだんと赤くなる。

「えっ」

思わず声が裏返った。

「エナちゃんには、私との約束なんてどうでもよかったんだね」

「違《ちが》うよ、そんなこと思ってないって！」

「でもさっき、気にしてないって言ったよ！」

「だからそれは、亜美ちゃんが気にするといけないから……」

「エナちゃんって、しゃべりやすくて一緒にいると楽しいけど、物語とかイラストのことしか話してくれないよね。私はエナちゃんと、もっとおたがいのこととかおしゃべりしたいのに、そういうこと聞くと話をそらすっていうかさ」

「そんな、たまたまだって」

すぐに笑顔でそう言ったけど、そこから先の言葉が出てこなかった。だって、亜美ちゃんが言ったことは本当だから。あたしはずっと友達と、深い話をすることを避《さ》けてきた。人と人は、近くなればなるほどケンカが増える。うちのお父さんとお母さんみたいに……。

しばらくは無言で立ち続けていたら、何人かのクラスメイトがチラチラとあたしたちを見ながら廊《ろう》下を歩いて行った。

「エナちゃん、本当のこと言ってよ」

そんなふうに言われても、やっぱりあたしは何も言うことができない。自分の足元をじっと見ていた亜美ちゃんが、ゆっくりと顔を上げてこう言った。

「……なんでだまってるの？　さっきの私の言葉、聞いてた？」

心臓がドキンと大きく鳴る。突《とつ》然あの日と同じことを言われて、目の前がうっすらと暗くなった。悲しそうな顔であたしを見つめていたお母さんの姿が、だんだん亜美ちゃんと重なっていく。

どうしてどこにでも行けばいい、なんて言っちゃったんだろう。あんなこと言ったからお母さんは出て行ったんだ。いなくなってほしいなんて、これっぽっちも思っていなかったのに。

③あたしはぎゅっと目を閉じて頭をふった。

「エナちゃん、この前うちでケーキ作って楽しかった？　私にはそう思えなかったよ。作り方が知りたかっただけなんだって、そう思えてさみしかった」

さみしい？　毎日お母さんと楽しく過ごしている人が、何言ってんの？

両手で丸めた物語ノートがピキピキと鳴る。

「ねえ、だまってたらわからないよ。ちゃんと言葉にして言わなきゃ」

「……何も知らないくせに！」

あたしは亜美ちゃんをにらみつけると、すぐに急ぎ足で歩き出した。

「エナちゃん！」

背中から亜美ちゃんの声が聞こえたけれど、あたしは物語ノートをかかえたまま、図書室までダッシュした。

家に帰ったら、おばあちゃんはまだ仕事から帰ってきていなかった。(注3)リビングのソファに座って、朝スマホに届いていたお父さんのメッセージを開く。

おはよう。ご飯食べたか？　お父さんは早くエナと一緒に暮らせるように、毎日がんばっているよ。エナからのメールを読むと元気にな

二〇二二年度　十文字中学校

【国　語】〈第一回試験〉（五〇分）〈満点：一〇〇点〉

◎文中からそのまま抜《ぬ》き出して答える場合、句読点や記号は一字とすること。また、ふりがなのある漢字は、ふりがなをつけなくてもかまいません。

一

次の①～⑩の――線部について、漢字はその読みをひらがなで、カタカナは漢字に直して書きなさい。

① にんじんを**刻**む。
② ヒトは**肺**で呼吸する。
③ 祖父は**厳格**な人だった。
④ バスの**運賃**が値上がりする。
⑤ **大至急**連絡《らく》を下さい。
⑥ **オノレ**に厳しい人。
⑦ 世界には様々な**シュウキョウ**がある。
⑧ ポプラ**ナミキ**を歩く。
⑨ **シオ**が引くように人がいなくなる。
⑩ 環《かん》境問題について**ケントウ**を重ねる。

二

次の文章を読み、後の問いに答えなさい。

「おはよう」

席に着いたとたん、亜美《あみ》ちゃんと一緒《しょ》に佐紀《さき》ちゃんたちが来た。亜美ちゃんは佐紀ちゃんと腕《うで》を組みながら、ニコニコと笑っている。

「森の（注1）カフェの話、今回もすっごくおもしろかったよー」

佐紀ちゃんがそう言って、物語ノートをあたしの机に置く。

「本当？　よかったー」

「ここにのってるレシピ通りにプリン作ったんだけど、マジでおいしかった。昨日みんなで作って、亜美んちでお茶会したんだ」

佐紀ちゃんが、「ねーっ」と言って亜美ちゃんに笑いかける。亜美ちゃんは一瞬《しゅん》あたしを見ると、なんとなく気まずそうにうなずいた。

「あとさ、この前亜美のママと作ったシナモンクッキーもおいしかったよ。あれ、物語に出せばいいのに！」

亜美ちゃんが、佐紀ちゃんたちとクッキーを作ったと聞いたとたん、①胸の奥《おく》がチクチクと痛みだした。でも、その方が楽しいのは当然だと思い直して、気持ちを切り替《か》えるために笑《え》顔を作った。

「じゃあ、あとでシナモンクッキーの（注2）レシピ教えて。考えてみる！」

あたしの言葉に、みんなが「やった！」と盛り上がる。そのとき、なんとなく視線を感じて顔を上げたら、亜美ちゃんがあたしを見ていた。でも、目が合ったとたん、サッとそらされてしまった。

そしたらちょうどチャイムが鳴って、みんながそれぞれの席に戻《もど》っていった。

物語ノートをしまって顔を上げたら、向こうの方から亜美ちゃんがこっちを見ていた。なのに、あたしと目が合うと、また視線をそらしたんだ。

ちょっと気になったけれど、どうすることもできなくて、あたしはそのまま席に座り続けていた。

「エナちゃん」

昼休み、物語ノートを持って図書室に行こうと教室を出たら、亜美ちゃんがあたしを呼び止めた。

「あの……ごめんね。クッキー作るとき、呼ぶって約束したのに」

亜美ちゃんがそう言って、表情をくもらせた。だから、あたしはす

2022年度

十文字中学校　▶解説と解答

算　数　＜第１回試験＞（50分）＜満点：100点＞

解　答

1　(1)　1210　(2)　$\frac{3}{10}$　(3)　4　(4)　20通り　(5)　45度　(6)　5％　(7)　41.12 cm^2　(8)　6080 cm^3　2　(1)　88番目　(2)　28人　3　(1)　86点　(2)　84点　4　(1)　950食　(2)　4％　5　(1)　60m　(2)　1000m　6　(1)　26.28cm　(2)　52.56 cm^2

解　説

1　計算のくふう，四則計算，逆算，場合の数，角度，濃度《のうど》，面積，体積

(1)　$A \times B + A \times C = A \times (B + C)$となることを利用すると，$11 \times 11 + 33 \times 33 = 11 \times 11 \times 1 + 11 \times 3 \times 11 \times 3 = 11 \times 11 \times 1 + 11 \times 11 \times 9 = 11 \times 11 \times (1 + 9) = 121 \times 10 = 1210$

(2)　$\left(\frac{3}{5}+\frac{3}{4}\right) \div 4\frac{1}{2} = \left(\frac{12}{20}+\frac{15}{20}\right) \div \frac{9}{2} = \frac{27}{20} \times \frac{2}{9} = \frac{3}{10}$

(3)　$(19-\square) \times 5 + 6 = 81$より，$(19-\square) \times 5 = 81 - 6 = 75$，$19-\square = 75 \div 5 = 15$　よって，$\square = 19 - 15 = 4$

(4)　１枚のシャツにつきスカートの組み合わせは５通りあるから，４枚のシャツと５枚のスカートから１種類ずつ選んだときの組み合わせは，$5 \times 4 = 20$(通り)ある。

(5)　右の図１で，○の角，●の角どうしの大きさはそれぞれ等しく，○，○，●，●の角の大きさの和は180度なので，○，●の角の大きさの和は，$180 \div 2 = 90$(度)である。また，AB＝CBだから，三角形ABCは直角二等辺三角形とわかる。よって，㋐の角度は，$(180-90) \div 2 = 45$(度)となる。

図１

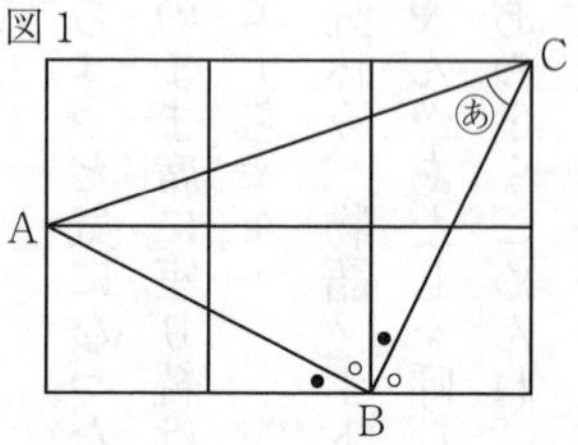

(6)　(食塩の重さ)＝(食塩水の重さ)×(濃度)より，３％の食塩水200ｇと６％の食塩水400ｇにふくまれる食塩の重さはそれぞれ，$200 \times 0.03 = 6$(ｇ)，$400 \times 0.06 = 24$(ｇ)である。これらの食塩水を混ぜると，食塩水の重さは，$200 + 400 = 600$(ｇ)となり，ふくまれる食塩の重さは，$6 + 24 = 30$(ｇ)になる。よって，できた食塩水の濃度は，$30 \div 600 \times 100 = 5$(％)と求められる。

(7)　右の図２で，１辺８cmの正方形の面積は，$8 \times 8 = 64$(cm^2)，半径４cmの半円の面積は，$4 \times 4 \times 3.14 \div 2 = 25.12$($cm^2$)である。また，AHの長さが，$4 + 8 = 12$(cm)なので，三角形ABCの面積は，$8 \times 12 \div 2 = 48$($cm^2$)になる。よって，かげをつけた部分の面積は，$64 + 25.12 - 48 = 41.12$($cm^2$)となる。

図２

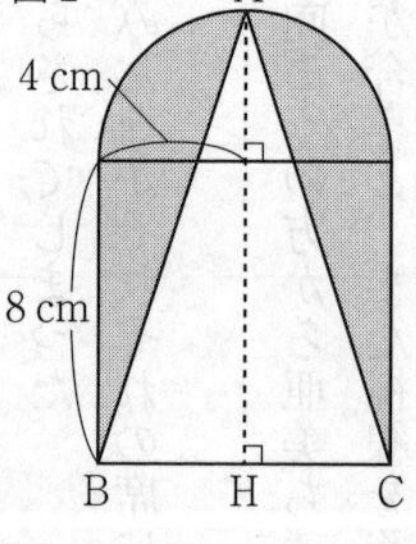

図３

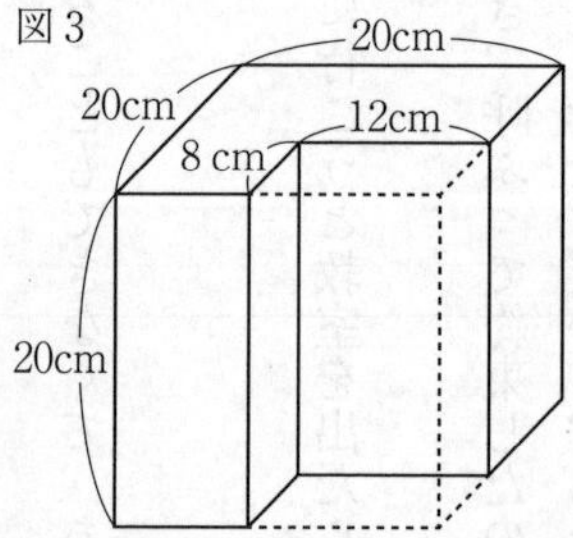

⑻　上の図３で，この立体の底面積は，一辺20cmの正方形の面積からたての長さが８cmで横の長さが12cmの長方形の面積を引くと求められるから，20×20－８×12＝304(cm^2)である。よって，この立体の体積は，304×20＝6080(cm^3)になる。

2 周期算

⑴　２人目の生徒は，１＋３＝４(番目)，３人目の生徒は，１＋３×２＝７(番目)，４人目の生徒は，１＋３×３＝10(番目)，…のようになるので，□人目の生徒が座るいすは，１＋３×(□－１)(番目)となる。よって，30人目の生徒の座るいすは，１＋３×(30－１)＝88(番目)とわかる。

⑵　１列に座れる生徒の人数は，１人目の生徒をのぞくと，(20－１)÷３＝６あまり１より，６人なので，１人目の生徒を加えると，６＋１＝７(人)とわかる。また，生徒が座る列は１列目，１＋３＝４(列目)，４＋３＝７(列目)，７＋３＝10(列目)の４列になる。よって，座る生徒の人数は最大で，７×４＝28(人)と求められる。

3 平均，消去算

⑴　国語と算数の得点の合計は，83×２＝166(点)，算数と理科の得点の合計は，88×２＝176(点)，理科と国語の得点の合計は，87×２＝174(点)なので，右の図のア，イ，ウの式のようになる。図の式より，３教科の得点の合計は，(ア＋イ＋ウ)÷２で求められるから，(166＋176＋174)÷２＝258(点)となる。よって，３教科の得点の平均は，258÷３＝86(点)である。

(国語)＋(算数)　　　　＝166(点)…ア
　　　　(算数)＋(理科)＝176(点)…イ
(国語)　　　　＋(理科)＝174(点)…ウ

⑵　算数の得点は，３教科の得点の合計からウの式の174点を引けば求められるので，258－174＝84(点)となる。

4 割合

⑴　６月のランチセット販売《はんばい》数を１とすると，７月のランチセット販売数は，１＋0.3＝1.3となり，これが1235食にあたるから，６月のランチセット販売数は，1235÷1.3＝950(食)とわかる。

⑵　６月のランチセットの売り上げは，1000×950＝950000(円)である。また，すべてのお客さんが割引券を使ったとすると，７月のランチセットの売り上げは，800×1235＝988000(円)なので，７月の売り上げは６月の売り上げの，988000÷950000＝1.04(倍)になる。よって，売り上げが増えた割合は，1.04－１＝0.04より，４％と求められる。

5 グラフ―速さ，旅人算

⑴　問題文中のグラフより，梅子さんは600mを10分で歩いたから，梅子さんの歩く速さは分速，600÷10＝60(m)である。

⑵　グラフより，松子さんは1500mを，25－15＝10(分)で進んだので，松子さんの自転車の速さは分速，1500÷10＝150(m)になる。松子さんが出発するとき，２人の間の道のりは600mで，松子さんは１分間で梅子さんに，150－60＝90(m)ずつ近づくから，梅子さんに追いつくのにかかる時間は，600÷90＝$\frac{20}{3}$(分)とわかる。よって，図の㋐にあてはまる数は，150×$\frac{20}{3}$＝1000(m)と求められる。

6 平面図形―図形の移動，長さ，面積

⑴　下の図で，太線の直線部分の長さの和は，(４＋６)×２＝20(cm)である。また，曲線部分の長さの和は半径１cmの円の円周の長さと同じなので，１×２×3.14＝6.28(cm)になる。よって，太線の長さは，20＋6.28＝26.28(cm)となる。

(2)　円が通り過ぎた部分は右の図の斜線《しゃせん》部分になる。このうち，長方形の部分の面積の和は，縦の長さが，$1\times 2=2$ (cm)で，横の長さの和が20cmとなるから，$2\times 20=40$(cm^2)である。また，斜線部分のおうぎ形の面積の和は半径２cmの円の面積と同じなので，$2\times 2\times 3.14=12.56$(cm^2)となる。よって，円が通り過ぎた部分の面積は，$40+12.56=52.56$(cm^2)と求められる。

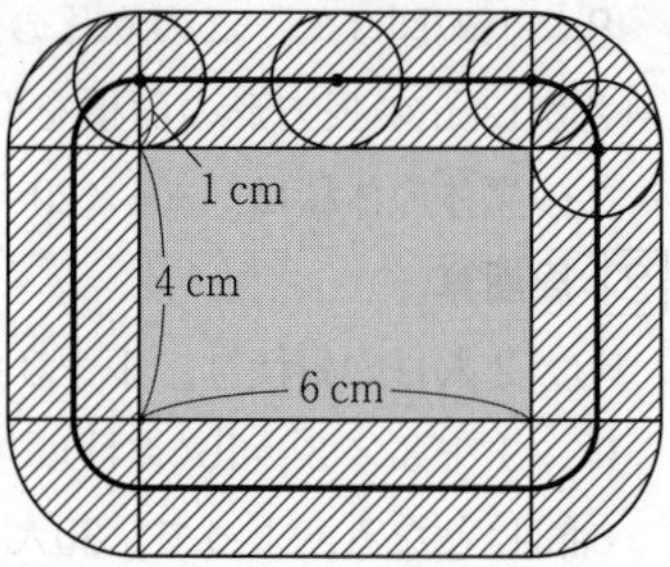

社　会　＜第１回試験＞（25分）＜満点：50点＞

解　答

1　問１　(あ)　問２　(え)　問３　(う)　問４　(い)　問５　(う)　問６　(う)　問７　(い)　問８　(え)　問９　(う)　2　問１　(い)　問２　(あ)　問３　(う)　問４　(え)　問５　(い)　問６　(え)　3　問１　聖徳太子(厩戸王)　問２　(う)　問３　(え)　問４　(い)　問５　(え)　問６　(あ)　問７　(い)　4　問１　(え)　問２　(い)　問３　(あ)　問４　(う)　問５　(い)　問６　(あ)　問７　〔１〕(い)　〔２〕(い)　5　問　(え)　6　問１　(い)　問２　自白(自供)　問３　(あ)　問４　(う)　問５　(あ)　問６　(生命に関わる職業であるため，国が発行した)(医師)免許(のある人しか医師になることができない。)　7　問１　(う)　問２　３(月)11(日)　問３　(い)　問４　(え)　問５　(あ)　問６　(い)

解　説

1　新型コロナウイルスについての問題

問１　新型コロナウイルス感染症《かんせんしょう》(COVID-19)の感染拡大を防ぐため，学校生活でも密閉・密集・密接の三密をさける対策がとられた。小学校では，卒業式や林間学校などの学校行事や，周辺の小学校との合同授業などが制限されたり，時差登校やオンライン授業が実施《じっし》された。

問２，問３　新型コロナウイルス感染症は，2019年12月に中華人民共和国の湖北省武漢《ウーハン》市で発見され，その後世界に広まった。その武漢では，感染拡大防止措置《そち》として，都市封鎖《ふうさ》(ロックダウン)が行われ，交通機関が停止したり，住民の外出が制限された。

問４　ウイルスが増殖《ぞうしょく》や感染をくり返す中で，遺伝情報が変化し，感染力の強いウイルスや，重症化しやすいウイルスなど，新種のウイルスが生まれる。この遺伝情報の変化を，変異という。

問５　日本はイギリスのアストラゼネカ社，アメリカのファイザー社・モデルナ社からワクチンを購入《こうにゅう》している。マイクロソフト社は，アメリカに本社を置く，ウインドウズ(Windows)など，コンピューターのソフトウェアなどの開発・販売《はんばい》を行う会社である。

問６　2021年は，新型コロナウイルス感染症のワクチンが不足していた。そのため，少ない予約枠《わく》に対し，多くの人がワクチン接種を申し込むことになり，インターネットの予約もこみあって，予約が取りづらいという状況《じょうきょう》になった。

問７　問１の解説を参照のこと。

問８　WHO(世界保健機関)は，世界の人々の健康の維持《いじ》や向上を目的として，1948年にスイスのジュネーブを本部に設立された国連の専門機関で，感染症対策や，国際的な高血圧，肥満，がん対策などを行っている。

問９　最初のころは，新型コロナウイルスの変異株が発見されると，変異株の名前には，インド株など，最初に発見された国名が使われていた。しかし，国名をつけると，その国に対する偏見《へんけん》や差別が生まれるため，新しい変異種を，意味を持たない α《アルファ》や β《ベータ》など，ギリシャ文字で区別することになった。

2 アフガニスタンについての問題

問１　日本の面積は約38万km^2なので，日本の約1.7倍のアフガニスタンの面積は，38万(km^2)×1.7＝64.6万(km^2)となるため，最も近い(い)があてはまる。

問２，問３　アフガニスタンで信仰《しんこう》されているイスラム教は，唯一《ゆいいつ》の神であるアラーを信じ，アラーの教えを記した『コーラン』を聖典とする宗教で，世界三大宗教の１つである。1996年ごろ，イスラム原理主義組織のタリバンが，アフガニスタンの政権をとり，イスラム教の教えに基づいて支配した。その後，アメリカ軍が侵攻してタリバンは排除《はいじょ》されたが，アメリカ軍が撤退《てったい》した2021年８月に，再び権力をにぎった。

問４　イスラム教では，仏像や，神の像などをつくって，うやまうことを禁止している(偶像崇拝《ぐうぞうすうはい》の禁止)。そのため，世界遺産の一部だったバーミヤンの石仏《せきぶつ》(石の仏像)は，イスラム教徒の支配が始まると，顔を傷つけられ，2001年にはタリバンにより爆破《ばくは》・破壊《はかい》された。

問５，問６　1996～2001年ごろに，アフガニスタンを支配していたタリバンは，イスラム法(イスラム教徒が守るきまり)にしたがうという理由で，女性の権利を制限した。女性が公共の場所に外出する時には，ブルカとよばれる全身をおおう衣服を着ることを義務づけ，さらに，女性が教育を受けることを禁止した。

3 聖徳太子《しょうとくたいし》についての問題

問１　聖徳太子(厩戸王《うまやどのおう》)は，593年におばにあたる推古《すいこ》天皇の摂政《せっしょう》となると，蘇我馬子《そがのうまこ》の協力を得て，天皇を中心とする政治をめざし，冠位《かんい》十二階や，十七条の憲法などを制定した。

問２　世紀とは西暦《せいれき》を100年単位で区切ったもので，西暦１～100年が１世紀に，101～200年が２世紀にあたる。したがって，聖徳太子が亡くなった622年は７世紀(601～700年)となる。

問３　冠位十二階は，家柄《いえがら》ではなく，能力のある者を役人に取り立てるため，その人の才能や功績によって冠位を与える制度である。

問４　十七条の憲法には，よく話し合って，争いをしないこと(第１条)や，天皇の命令には必ずしたがうこと(第３条)などが定められ，役人としての心がまえを示している。

問５　聖徳太子は，607年に小野妹子《おののいもこ》を遣隋使《けんずいし》として隋(中国)に派遣《はけん》し，対等な国交を結ぼうとした。遣隋使には，留学生や学問僧が同行し，隋の学問や文化を学んだが，当時は日本よりも隋の方が技術が進んでいたので，日本が隋に，陶磁器《とうじき》を輸出することはなかった。

問６　問１の解説を参照のこと。

問７　聖徳太子の時代の文化は，奈良県の飛鳥《あすか》地方を中心に栄えたため，飛鳥文化とよばれ，法《ほう》隆寺釈迦三尊像《りゅうじしゃかさんぞんぞう》，法隆寺五重塔《ごじゅうのとう》，玉虫厨子《たまむしのずし》などがつくられた。なお，(あ)は弥生《やよい》時代に使われた道具，(う)は平安時代の貴族の服装，(え)は江戸時代に使われた農具。

4 室町《むろまち》時代についての問題

問１，**問２**　問２の写真(い)の建物は，室町幕府第８代将軍の足利義政《あしかがよしまさ》が，京都の東山に建てた銀閣。銀閣には，禅宗《ぜんしゅう》の影響を受けた書院造《しょいんづくり》が取り入れられている。書院造は，現在の和室のもととなった建築様式《ようしき》で，床《とこ》の間《ま》やちがいだなを備え，ふすまや障子《しょうじ》で部屋を仕切り，畳《たたみ》がしきつめられているのが特徴《とくちょう》である。なお，問２の(あ)は日光東照宮《とうしょうぐう》，(う)は金閣，(え)は平等院鳳凰堂《ほうおうどう》。

問３　歌舞伎のはじまりは，江戸時代初めに，出雲《いずも》の阿国《おくに》という女性が始めた「かぶき踊《おど》り」で，江戸時代の元禄《げんろく》文化のころに，現在のような男性演劇《えんげき》として発展した。能は，室町幕府第３代将軍足利義満《よしみつ》の保護を受けた，観阿弥《かんあみ》・世阿弥《ぜあみ》親子によって大成し，能の合間《あいま》に演じられる狂言《きょうげん》も同時期に完成した。また，茶の湯（茶道）や生け花（華道）も室町時代に基礎が生まれた。

問４　室町時代には，村人たちが徳政（借金をなくすこと）を求めて立ち上がり，高利貸しをしていた土倉や酒屋などをおそった。これを土一揆といい，近江《おうみ》国（滋賀県）で，馬借《ばしゃく》や農民たちが起こした正長の土一揆（1428年）が有名である。

問５　馬借は，馬を使った運送業者で，町・村・港などの間を行き来した。室町時代には，商業が発達し，商品の流通量が増えたため，馬借のような運送業者が増えた。

問６　水墨画《すいぼくが》は，墨《すみ》一色で描く絵画で，墨の濃《こ》さやうすさ，ぼかしを利用して，立体感や色合いを表現する。室町時代に，雪舟《せっしゅう》が明（中国）にわたって絵の修行を重ね，大成した。

問７　室町幕府の第３代将軍足利義満（写真⑦）は，14世紀後半，京都の室町に将軍家の屋敷《やしき》をつくった。そのため義満は「室町殿《どの》」とよばれ，室町幕府の名が生まれた。この屋敷には多くの花が植えられ，豪華《ごうか》な屋敷だったことから「花の御所《ごしょ》」とよばれた。

5 鉄道行商《ぎょうしょう》についての問題

問　かつては千葉県や茨城県の農家の人々が，野菜などの農作物や，餅《もち》などの食料品を，鉄道を使って東京まで運び，消費者に販売する行商が広く行われていた。大きな荷物を持つ行商人（かつぎ屋）のために，行商人専用の列車や車両が運行されていた時期もあった。生産者と消費者とを直接結ぶ行商人は，究極《きゅうきょく》の産地直送の担《にな》い手だったといえる。

6 日本国憲法についての問題

問１　日本国憲法第33条には，裁判所の発行する「令状によらなければ，逮捕《たいほ》されない。」と定められており，身体の自由を保障している。

問２　自分が犯罪を犯したと告白することを自白（自供）という。日本国憲法第38条では，有罪となる証拠《しょうこ》が本人の自白だけでは処罰《しょばつ》できないと定めている。

問３　自由権は，「精神の自由」，「身体の自由」，「経済活動の自由」の３つに分類される。精神の自由には，思想・良心の自由，信教の自由，表現の自由などがふくまれるが，財産権の自由は，経済活動の自由にふくまれる。

問４　侮辱《ぶじょく》罪は，事実を示さないで，公然（多くの人にわかるように）と，人を侮辱（相手をはずかしめたり，見下して名誉を傷つけること）した時に成立する。思想・良心の自由や表現の自由が認められているので，原則として自分の意見を素直《すなお》に表明すること自体が，犯罪となることはない。

問５，**問６**　日本国憲法は，職業選択《しょくぎょうせんたく》の自由という形で，自分で職業を選んだり，職業を行う自由を保障している。しかし，職業選択の自由も，公共の福祉《ふくし》の制限を受ける。そのため医師のように，人の命や身体に危険を及ぼす職業には，国が認めた免許や，資格がないとつくことができない。

7 2021年のできごとについての問題

問1　新幹線で海産物を運ぶ目的は，コロナ禍《か》で利用者の減った座席を利用して，速く，安全に海産物を運ぶことであり，新幹線の中で売ることではない。

問2　2011年3月11日，宮城県の牡鹿《おしか》半島沖を震源《しんげん》とするマグニチュード9.0の地震が，発生した(東日本大震災)。東北地方の太平洋沿岸に大津波がおし寄せ，電源を失った福島第一原子力発電所では，大量の放射性物質が外部にもれ出すという原発事故が起こった。

問3　鹿児島県の奄美《あまみ》大島は，世界でも珍しい亜熱帯林と，このあたりにしかいない生物の多さから，2021年に，「奄美大島，徳之島，沖縄島北部及び西表島《いりおもてじま》」として，ユネスコ(国連教育科学文化機関)の世界自然遺産に登録された。

問4　2021年6月18日に特例法が制定され，新型コロナウイルス感染症で，宿泊・自宅療養《りょうよう》をしている人は，郵便で，選挙の投票をすることが可能になった。

問5　2021年の東京オリンピック・パラリンピックの大会期間中には，高速道路の渋滞《じゅうたい》を防ぎ，選手などの移動に支障が生じないようにするため，首都高速道路の利用者の一部の利用料金を，昼間(6～22時)は1000円値上げし，夜間(0～4時)は半額にした。

問6　2021年9月29日に行われた自由民主党(自民党)の総裁選挙では，岸田文雄が自民党総裁に選ばれ，10月4日の臨時国会で，第100代内閣総理大臣に指名された。

理　科　＜第1回試験＞（25分）＜満点：50点＞

解　答

[1] **問1**　(え)　**問2**　(い)　**問3**　12℃　**問4**　(い)　**問5**　(例)　浮かんでいる小さな粒が集まって浮かんでいられなくなると，雨として降る。　[2] **問6**　**酸性**…(例)　酢　**アルカリ性**…(例)　せっけん水　**問7**　(例)　**方法**…リトマス紙につける。　**結果**…赤色と青色のどちらのリトマス紙も色が変わらない。　**問8**　**アルミニウムをとかす性質をもつ水よう液**…(例)　塩酸　**気体の名前**…水素　**記号**…(う)　**問9**　(う)　**問10**　15mL　[3] **問11**　(え)　**問12**　**1**　(あ)　**2**　(お)　**問13**　(例)　もともとは大気中にあったものなんだよ　**問14**　(う)，(か)　**問15**　(例)　冷ぼうの設定温度を上げる。　[4] **問16**　(い)　**問17**　**A**　50g　**B**　25g　**問18**　(え)　**問19**　60g

解　説

[1]　雲のでき方についての問題

問1　空気中に含《ふく》むことができる水蒸気の最大量に対する，実際に含んでいる水蒸気量の割合を湿《しつ》度という。気温が低くなるほど，含むことのできる水蒸気の最大量が少なくなり，もうそれ以上水蒸気を含むことのできない状態では，湿度が100%となる。

問2　雲は空気中の水蒸気が冷やされて水滴《てき》や氷の粒《つぶ》に変化したものである。(あ)のように，吐《は》く息が冷やされると，含まれていた水蒸気が水滴となって白く見える。また，(う)のように，空気中の水蒸気がコップに冷やされたときも，水滴となってコップの周りにつくことがある。さらに，(え)の葉の表面に見られる霜《しも》は，空気中の水蒸気が冷やされて，氷の粒に変化したものである。よって，(あ)，(う)，(え)は，雲のできる仕組みと同じといえる。(い)は，氷がとけて水になったところに食塩がとけ込《こ》むときに周りから熱をうばい温度が下がる現象で，雲のできる仕組みとは異なる。

問３　標高が100m高くなるごとに，気温が0.6℃低くなることから，標高3000mの地点での気温は，$30-0.6\times\frac{3000}{100}=12$(℃)である。

問４　夏の強い日ざしによって地面があたためられて，地表付近の空気の温度が高い状態になり，上空との温度差が大きくなると，上昇《しょう》気流が生じて積乱雲が発達し夕立が起こりやすくなる。

問５　雲として空気中に浮《う》かんでいる小さな水の粒が集まって大きな粒となると重くなり，浮かんでいられなくなるので地上に落ちて雨になると考えられる。

2　水よう液の性質についての問題

問６　身近な酸性の水よう液には，酢《す》，炭酸飲料，レモンやオレンジなどのすっぱい果物のジュースなどがある。また，アルカリ性の水よう液としては，台所用漂白剤《ひょうはくざい》，せっけん水，胃薬などがあげられる。

問７　水よう液の液性を確かめる方法としては，リトマス紙のほか，BTB液，ムラサキキャベツ液，pH試験紙などがある。たとえば，赤色と青色のリトマス紙に水よう液をつけると，酸性なら青色リトマス紙だけが赤色に，アルカリ性なら赤色リトマス紙が青色に変化する。そして，中性はどちらのリトマス紙も色が変わらない。また，BTB液を水よう液に２～３滴加えると，酸性は黄色，アルカリ性は青色に変化し，中性なら緑色のままになる。

問８　アルミニウムに塩酸や水酸化ナトリウム水よう液を加えると，水素を発生しながらとける。水素は水にとけにくく，においがない気体で，空気中で火を近づけるとポンと音を出して燃える。

問９　酸性の水よう液とアルカリ性の水よう液が混ざると中和が起こる。たとえば，塩酸と水酸化ナトリウム水よう液が中和すると，食塩と水ができる。

問10　水酸化ナトリウム水よう液(A)の濃《こ》さを２倍にした水よう液15mLにとけている水酸化ナトリウムの重さは，水酸化ナトリウム水よう液(A)，15×２＝30(mL)と等しい。したがって，この水よう液を中性にするために必要なうすい塩酸(B)の体積は，$5\times\frac{30}{10}=15$(mL)とわかる。

3　ものの燃え方と環境《かんきょう》問題についての問題

問11　ものが燃えるためには，十分な酸素が供給され続ける必要があるので，着火点に空気が入りにくい(あ)と(い)は不適当である。また，ふつう太い薪《まき》より細い薪の方が着火しやすいことから，細い薪，中位の太さの薪，太い薪の順に燃えるように積んでいる(え)のようにするとよい。

問12，問13　木材や生ゴミ，生物のふん尿《にょう》などといった生物から生まれた再生可能な資源のことをバイオマスという。バイオマスを燃焼させると空気中に二酸化炭素を放出するが，それは植物が光合成によって大気中から取り込んでいたものなので，二酸化炭素が増えるわけではないと考えられる。このように，温室効果ガスを出す量が取り込む量によって差し引かれる仕組みをカーボンニュートラルという。

問14　グラフ１から，スギ，ツガ，ヒノキといった針葉樹は，シラカシ，ブナ，ミズナラの広葉樹に比べて比重が小さく，着火する温度が低い。これは，木をつくる組織にすき間があり空気層が多いことが理由と考えられるので，(う)が適切である。また，グラフ２より，針葉樹より広葉樹の方が灯油換算《かんさん》量が多いことから，長時間使えると考えられるため，(か)を選べる。

問15　電気をつくり出すとき，多くの発電所では二酸化炭素を放出しているので，電気の使用量を削減《さくげん》することで二酸化炭素の発生量を減らすことができる。たとえば，電気をこまめに消す，冷ぼうの設定温度を上げる，白熱電球をＬＥＤ電球にかえるなどの方法があげられる。

4 てこのはたらきについての問題

問16 図３では，てこの３点の並び方が左から，作用点，支点，力点となっている。それぞれの道具のてこの３点の並び方は，ピンセットは作用点，力点，支点の順，はさみは作用点，支点，力点の順，せんぬきはふつう支点，作用点，力点の順である。したがって，図３と同じ順番なのは，(い)のはさみである。

問17 **A** おもりＡの重さを□ｇとすると，棒のつり合いから，50×10＝□×10の関係が成り立ち，□＝500÷10＝50(ｇ)となる。 **B** おもりＢの重さを□ｇとすると，棒のつり合いの式は，50×10＝□×20となるので，□＝500÷20＝25(ｇ)とわかる。

問18 実験１と実験２を比べると，Ｘから右側のおもりまでの距離《きょり》が２倍になると，そのおもりの重さは，25÷50＝$\frac{1}{2}$(倍)になっている。よって，反比例の関係を示す(え)のグラフが選べる。

問19 おもりＣの重さを□ｇとしたとき，棒のつり合いから，50×10＝□×５＋10×(５＋15)の式が成り立ち，□＝(500－200)÷５＝60(ｇ)と求められる。

国語 ＜第１回試験＞（50分）＜満点：100点＞

解答

一 ① きざ(む) ② はい ③ げんかく ④ うんちん ⑤ しきゅう ⑥～⑩ 下記を参照のこと。 二 **問１** ウ **問２** イ **問３** お母さんのこ **問４** イ **問５** エ **問６** ア **問７** お母さんが出て行った(という事情) **問８** エ **問９** ア **問10** エ **問11** どこにでも行けばいい **問12** **B** ア **C** オ **D** ウ **問13** キ **問14** ウ 三 **問１** (1) ウ (2) ア (3) イ **問２** **A** 失敗 **B** 成功 **問３** ⓑ **問４** 最悪な事態を予想する **問５** ウ **問６** **C** ア **D** イ **E** エ **問７** 用(意)周(到) **問８** 何が起きても大丈夫(な状態) **問９** あらかじ～プロセス **問10** (例) 同じ失敗をくり返さないために，目標に向けて万全の準備をする。

●漢字の書き取り

一 ⑥ 己 ⑦ 宗教 ⑧ 並木 ⑨ 潮 ⑩ 検討

解説

一 漢字の読みと書き取り

① 音読みは「コク」で，「時刻」などの熟語がある。 ② 陸上動物の呼吸器官の一つ。 ③ 道徳や規律に厳しいようす。 ④ 旅客などを運ぶ料金。 ⑤ 非常に急ぐこと。 ⑥ 音読みは「コ」「キ」で，「自己」「知己」などの熟語がある。 ⑦ 神や仏など，超《ちょう》自然的な力や存在を信じること。 ⑧ 道にそって並んだ木。 ⑨ 音読みは「チョウ」で，「潮流」などの熟語がある。 ⑩ 物事をよく調べて考えること。

二 出典はイノウエミホコの『てっぺんの上』による。自分のせいでお母さんが家を出て行ったと考えて，だれにも本心を打ち明けられないエナは，学校で亜美《あみ》とけんかしてしまい，帰宅後おばあちゃんにもつらくあたってしまう。

問１　昼休みに，亜美は「クッキー作るとき，呼ぶって約束したのに」と言ってエナに謝《あやま》っている。エナは，亜美が約束をしていた自分を呼ばないで，佐紀《さき》たちとクッキーを作ったと聞いて，悲しい気持ちになり，胸が痛んだのだとわかる。

問２　勇気をもって素直《すなお》に謝った亜美に対し，エナは笑顔《えがお》で，「気にしてないから！」と言った。亜美は，「私との約束なんてどうでもよかったんだ」と，自分の思いが重く受け止められていないように感じて暗い表情になったものと考えられる。

問３　ぼう線③の二段落前の「悲しそうな顔であたしを見つめていたお母さんの姿が，だんだん亜美ちゃんと重なっていく」という部分や，空らんＡにある「あたしは頭をぶるぶるっとふった」という部分などに着目する。それまではどうして頭をふるのか自分でもわからなかったが，おばあちゃんに「どうしてそんなふうに頭をふるの？」と問われたことで，「お母さんのことを考えると，どうしようもなくつらくなるから，頭をふって考えを飛ばしていたんだ」とエナは気づいている。

問４　「もっとおたがいのこととかおしゃべりしたいのに，そういうこと聞くと話をそらす」と亜美に言われたとき，エナは「ずっと友達と，深い話をすることを避《さ》けてきた」とそれまでの自分自身のことをふりかえっている。エナは，友だちと心を許して本当の気持ちを語り合うことを避けてきたのだから，イが合う。

問５　エナは，学校で亜美と言い合いになったことが気にかかり，「つらいときに一緒《いっしょ》にいられる友達がいない自分」がみじめに思われたため，「物語ノート」を書く気になれなかったと考えられる。

問６　お父さんは「早くエナと一緒に暮らせるように，毎日がんばっているよ」とメールをくれたが，仕事が決まるということは「もうあの家で，お父さんとお母さんと三人一緒に暮らす」ことがなくなるということなので，エナは考えるのがいやだったとわかる。

問７　亜美はエナの家に「来たいと言ってくれた」が，空らんＢの直後のエナの言葉にあるように，「お母さんが出て行った」ことを知られてしまうので，エナは友達を呼んだことがなかったのである。

問８　おばあちゃんは，友達を呼んでお菓子《かし》を家で作ってもいいと言ったが，エナは「べつにいい」などと断り，さらにほめるつもりで「エナ，いい子じゃない」と言っても，エナは「いい子じゃないよ」と否定した。それらのようすから，おばあちゃんは，エナには何かつらいことがあると感じ，動きを止めたものと考えられる。

問９　「のどまで出かかる」は，“言葉を口に出してしまいそうになる”という意味。エナは「だって，もしあたしがいい子なら，お母さんは出て行かなかったんじゃないの」という言葉を，もう少しで言いそうになったのである。

問10　おばあちゃんは，エナをなぐさめるために「もっと思ったことを言っていいんだよ」などと「優《やさ》しい声」で言ってくれた。しかしエナは，自分が「思ったことを言った」ためにお母さんが出て行ってしまったのだと，自分でもどうにもできない心の苦しさを感じていたので，おばあちゃんの気持ちを素直に受け入れられず，反発してしまったと考えられる。

問11　エナは，学校で亜美と言い合っているとき，お母さんとの間に起こったことを思い出し，「いなくなってほしいなんて，これっぽっちも思っていなかった」のに，「どうしてどこにでも行けばいい，なんて言っちゃったんだろう」とくやんでいる。

問12　**B**　エナの言葉によっておばあちゃんの目がうるんだのを知りつつも，エナの口からは次から次へと「言葉があふれてきた」場面なので，「どんどん」が入る。　**C**　「お母さんが出て行った家なんて，ぜったいふつうじゃないもん！」などとうったえるエナのことを，おばあちゃんは強く「抱《だ》きしめた」と考えられるので，「ぎゅっと」が入る。　**D**　泣いているおばあちゃんに抱きしめられたエナが，何も言うことができず，動けなくなっている場面なので，両手を「だらんと」下ろしたと考えられる。

問13　ことばのかかり受けでは，直接つなげてみて意味のまとまる部分が答えになる。「手のひらから」→「聞こえる」となる。

問14　エナは，亜美と言い合いをしたことで「物語ノート」にも手がつかず，いつもはおばあちゃんと見るテレビにも興味が持てなくなった。さらに，お父さんの仕事が決まったことで「三人一緒に暮らすこと」もなくなったと考えている。このように悪いことが重なってしまったので，「最悪」と感じたのである。

三　**出典は外山《とやま》美樹《みき》の『勉強する気はなぜ起こらないのか』による。**物事を悪いほうに考える防衛的悲観主義が成功する理由や，防衛的悲観主義と真の悲観主義のちがいなどについて説明されている。

問１　⑴「阻害《そがい》する」は，“物事の進行などをさまたげる”という意味。　⑵「おのずと」は，自然に。　⑶「安易に」は，簡単に。

問２　**A，B**　楽観主義の人は，「自分は成功するにちがいない」という確信を持っているので，「自分が成功するのか，それとも失敗するのかについては考えない」が，不安になる人は，自分が「失敗」して「赤っ恥《ぱじ》をかく」のか，それとも「成功」して「脚光《きゃっこう》を浴びる」のかがわからないから不安になるとされている。

問３　ⓐ，ⓒ，ⓓの「から」は，原因や理由を表している。ⓑの「から」は，ものごとの始まるところを表している。

問４　「悪い結果が出るにちがいない」と確信するのは，防衛的悲観主義者である。ぼう線①の二段落後に，「防衛的悲観主義者が最悪な事態を予想する」と述べられている。

問５　㋐「悪い結果が出る」と予想することで「成功しなくてはいけない」という気持ちから「解放される」ので，精神的な重圧を表す「プレッシャー」が入る。　㋑　防衛的悲観主義者は，「最悪な事態を予想」し，自分の力で「目標の障害になる不安」をなくすことができるので，制御《せいぎょ》や調節を意味する「コントロール」が入る。　㋒「最悪な事態を予想する」という「心理的作戦」には，「実際に失敗した時のショックを和《やわ》らげることができる」という「魅力《みりょく》的」な点もあるので，長所や利点を表す「メリット」が入る。　㋓「物事を悪いほうに考える」ことで成功する二つ目のことについて書かれているので，要点や箇所《かしょ》を表す「ポイント」が入る。

問６　**C**　Ａ子さんは「来る日も来る日も悲観的に失敗の可能性」を考え続けていたが，Ａ子さんの「ネガティブ思考は，ただのネガティブ思考」ではない，という文脈になる。よって，前のことがらを受けて，それに反する内容を述べるときに用いる「しかし」が入る。　**D**　Ａ子さんは「考えられる限りのネガティブな結果を具体的に想像」し，それから「具体的な対策が定まる」と，もう「迷い」はなくなったというのだから，前のことがらを受けて，それに続いて次のことが起こる意味を表す「そして」が入る。　**E**　「あとはただやるべきことに集中するだけ」になることの例として，Ａ子さんが練習や準備をしっかりとやったことが述べられている。よって，具体的な例をあげるときに用いる「たとえば」が入る。

問７　「用意周到《しゅうとう》」は，用意が細かいところまで行きとどいていること。

問８　防衛的悲観主義者の人は，「最悪な事態を予想」し，準備や練習をしっかりとやるので，「何が起きても大丈夫《だいじょうぶ》」という自信を持ち，「不安に打ち勝った状態」になれると述べられている。

問９　ぼう線④の二段落先で，「防衛的悲観主義者」と「真の悲観主義者」のちがいを考えるために同じところを見つける必要があると筆者は述べている。両者はどちらも悲観主義であることに変わりはなく，「自分のこれからの行動の結果」について，「あらかじめ失敗を予想することで，不安を和らげるというプロセス」を経《へ》る点では変わらないとしている。

問10　ぼう線⑤の前の二段落に，失敗したときの「真の悲観主義者」と「防衛的悲観主義者」のちがいが説明されている。「真の悲観主義者」が「クヨクヨ考えるだけで，次（未来）に向かって動き出そうと」しないのに対して，「防衛的悲観主義者」は失敗したという「現実をきちんと受けとめ，同じ失敗を二度とくり返さないように，将来の目標に向けて万全《ばんぜん》の準備」をすると述べられている。

2022年度　十文字中学校

〔電　話〕 (03) 3918－０５１１
〔所在地〕 〒170-0004　東京都豊島区北大塚１－10－33
〔交　通〕 JR山手線－「巣鴨駅」,「大塚駅」より各徒歩５分,
都営三田線－「巣鴨駅」より徒歩５分

【算　数】〈**第２回試験**〉（50分）〈満点：100点〉

〔注意〕１．**5**(2), **6**(2)は，式や考え方を解答用紙に記入すること。
２．円周率は3.14として計算すること。

1　次の□にあてはまる数を答えなさい。

(1)　$42-5\times(12-7)+4=$ □

(2)　$3.5\div\left(3\frac{1}{3}-0.125\right)=$ □

(3)　$98\div($ □ $-13)+51=100$

(4)　150円と200円の手作りマスクが１枚ずつ入ったセットを２セット買い，２セットそれぞれラッピング代が30円かかりました。消費税10％を加え，□円を支払いました。ただし，ラッピング代にも消費税がかかります。

(5)　赤，青，黄，緑の４色から異なる２色を選ぶ方法は，全部で□通りです。

(6)　時速144kmで走っている電車があります。電車の長さは60mです。この電車が長さ300mの橋を渡り始めてから渡り終わるまでに□秒かかります。

(7)　右の〈**図１**〉のように２つの直角三角形を重ねたとき，㋐の角度は□度です。

(8)　右の〈**図２**〉のように半径６cmの同じ大きさの円が，それぞれの円の中心を通るように重なっています。▨の部分の面積は□cm^2です。

〈**図１**〉

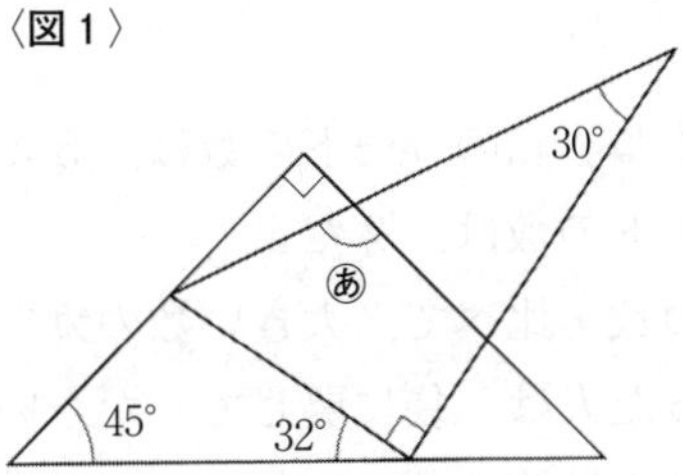

〈**図２**〉

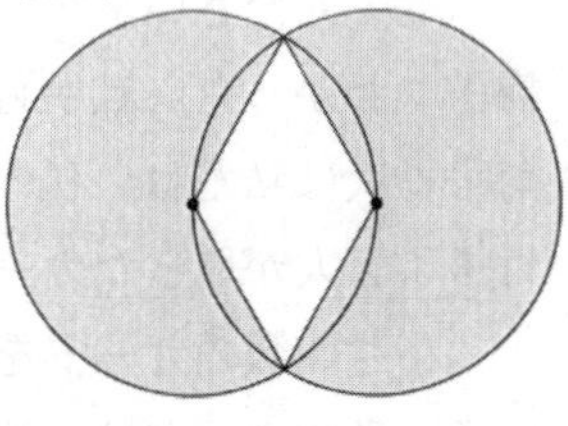

2　梅子さんの家は江戸時代から続く農家です。1990年から４つの畑で輪作をしています。その４つの畑では下の図のようにトマト，きゅうり，枝豆，さつまいもの４つの野菜を１年ごとに時計回りで作る場所を変えて，作っています。今後も輪作を続けるとき，次の問いに答えなさい。

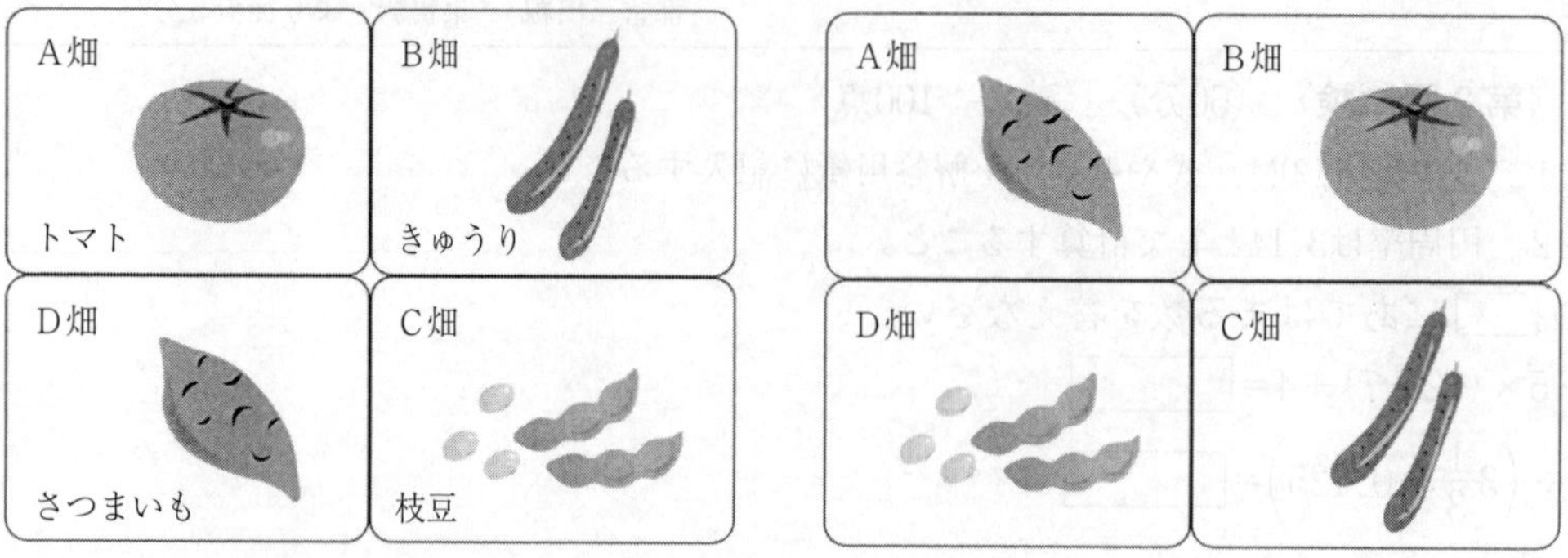

2022年　　　　　　2023年

(1)　2029年にＢの畑で作られている野菜の名前を答えなさい。

(2)　輪作を始めてからＤの畑でさつまいもが作られるのが15回目になる年を答えなさい。

3　３人の会話を読み，次の問いに答えなさい。

竹子：これから数あてゲームをします。袋の中に１から20までの数が書かれたカードが１枚ずつ入っています。梅子さん，菊《きく》子さん，この袋の中から１枚ずつカードを取って，その数を比べてください。

梅子：わかった。私から取るね。私のカードの数は，５だよ。

菊子：次は私だね。私のカードの数は，２だよ。

竹子：２人が取ったカードの数を比べて，大きい数のカードを取った人は，私に渡してください。小さい数のカードを取った人は，袋に戻してください。

梅子：私のカードは，竹子さんに渡せばいいね。

菊子：私のカードは，袋に戻すね。

竹子：このまま，１分間ゲームを続けます。よーい，スタート！

…………………………………………

竹子：ストップ！　今，袋の中にカードは３枚残っています。この３枚のカードの数を当ててください。ただし，ヒントとして一つだけ質問に答えます。

梅子：竹子さんが持っているカードの数の合計を教えてよ。

竹子：わかりました。私が持っているカードの数の合計は200です。

菊子：…ということは，３枚のカードの数の合計は［　あ　］だね。

梅子：そうすると，３枚のカードは［　い　］，［　う　］の２通りだね。

(1)　［あ］にあてはまる数を答えなさい。

(2)　［い］，［う］にあてはまる３つの数の組をそれぞれ答えなさい。

4　〈**図１**〉のような長方形の周上を，点Ａから一定の速さで点Ｂ，Ｃ，Ｄを通って点Ａまで動く点Ｐがあります。〈**図２**〉のグラフは，点Ｐが点Ａを出発してから点Ａにもどるまでの時間と，三角形DCPの面積との関係を表したものです。このとき，次の問いに答えなさい。

⑴　辺ABと辺BCの長さの比はいくつですか。最も簡単な整数の比で答えなさい。

⑵　点Ｐの動く速さは秒速何cmですか。

〈**図１**〉

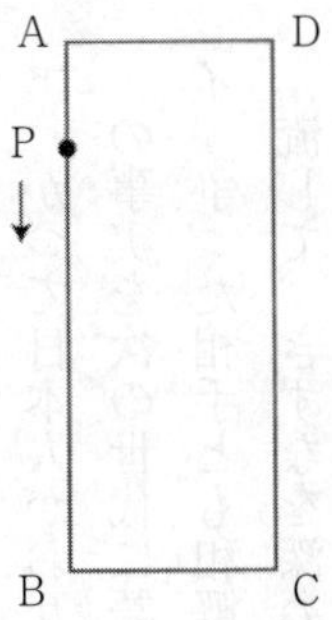

〈**図２**〉

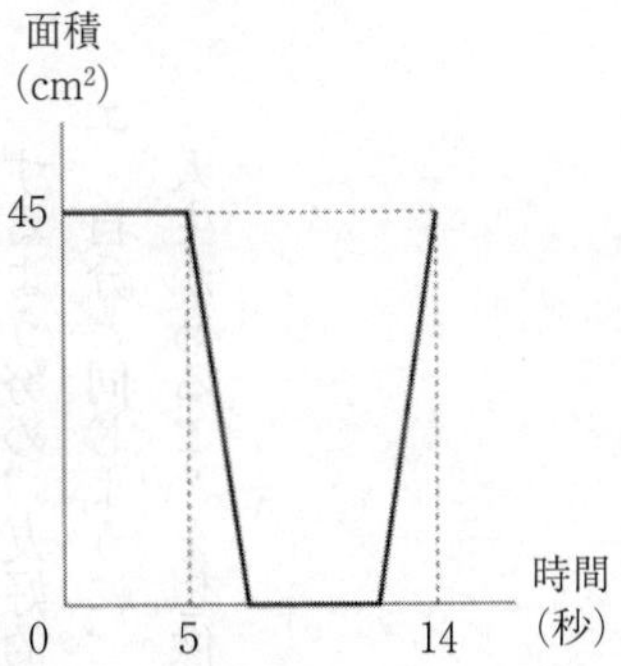

──**5**⑵，**6**⑵**は，式や考え方を解答用紙に書きなさい**──

5　１缶《かん》につき15Ｌのペンキが入った缶が何缶かあります。このペンキ１缶をすべて使うと60m^{2}の壁《かべ》をぬることができます。そのペンキを使って，ペンキ屋さんが家の壁をぬっています。１缶すべて使ったところで，家の壁の75％をぬることができました。このとき，次の問いに答えなさい。

⑴　家の壁の面積は何m^{2}ですか。

⑵　家の壁をすべてぬり終えたとき，開けた缶に残っているペンキの量は何Ｌですか。ただし，ペンキの缶は使い切るごとに新しい缶を１缶ずつ開けるものとします。

6　底面の半径が３cm，高さが15cmの円柱の形をしたコップに①<u>８cmの高さまで水を入れました</u>。そのあと，１辺が３cmの立方体の氷を５個入れて溶けるまで待ちました。氷は水より体積が10％大きいことが分かっています。コップの厚みは考えないものとして，次の問いに答えなさい。

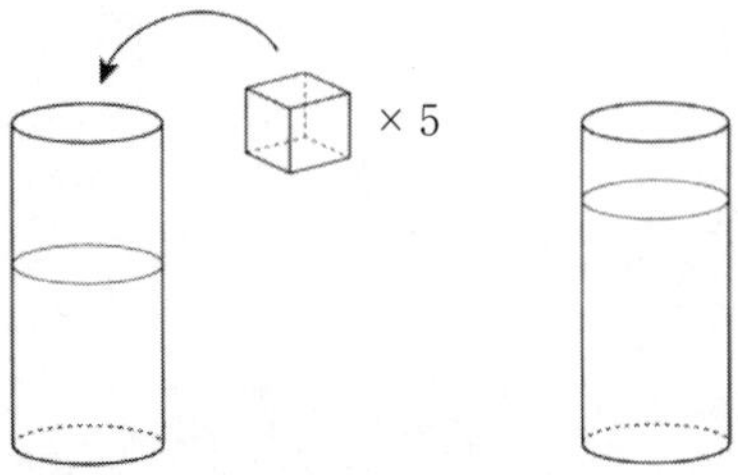

⑴　下線部①で入れた水の体積を答えなさい。

⑵　氷が溶けたあとのコップに入っている水の高さを四捨五入して$\frac{1}{10}$の位まで答えなさい。

(1)　「わたしたち」は、どのような過《あやま》ちを犯《おか》していたと筆者は考えていますか。最も適当なものを次の中から選び、記号で答えなさい。

ア　世界中で戦争が起きていることを嘆《なげ》きながら、気づかぬうちに自分も戦争に加わるという過ち。

イ　互《たが》いに憎《にく》み合い、傷つけ合うことによって、新たな憎しみや傷を生み出し続けてしまうという過ち。

ウ　自分のせいで傷ついたのに、すべて相手に責任があると思い込み、相手に罰《ばつ》を与えようとする過ち。

エ　相手を傷つけるだけでは気が済まず、相手の家族や友人も傷つけ、痛みを与えようとする過ち。

(2)　「きみたち」には、どのような人間になってほしいと筆者は願っていますか。最も適当なものを次の中から選び、記号で答えなさい。

ア　かつて日本人がお互いに助け合っていたことを忘れず、その事実を次の世代に語り継《つ》いでいけるような人間。

イ　争った相手とも和解し、彼らの家族や友人とも積極的に交流して、きずなを深め合っていくことのできる人間。

ウ　世界から戦争をなくすために、海外の人々の考え方を理解するよう努め、友好的な関係をきずくことのできる人間。

エ　自分と同じように、他人にもそれぞれ喜怒哀楽《きどあいらく》をかかえた人生があることを想像し、いたわりや許しの心をもてる人間。

エ　国もこれからのことを考えるのがせいいっぱいで、国民一人一人のことまで目が届かなかった。

問二　――線②「それは、すさまじいことでした」とありますが、当時の人々はどのような生活をしていたのでしょうか。最も適当な部分をこれより後の本文中から十字以内で探して、「……ような生活。」に続くよう、そのまま抜き出して答えなさい。

問三　――線③「わたしたちにとってさいわいだったことがあります」とありますが、「さいわいだったこと」とは何でしょうか。最も適当なものを次の中から選び、記号で答えなさい。

ア　日常生活の中にあるささやかな出来事《できごと》が、どれも私たちにとってかえがたいものであるとわかったということ。

イ　周囲の人からの温かいまなざしや優しさが、生きていく上で大切なものであるとしみじみ感じたこと。

ウ　食糧難に見まわれても、列車に乗りさえすれば、買い出しに出かけることができたということ。

エ　国民全体のくらし向きがよくなるにつれて、私たちの日常生活にゆとりが生まれたと実感したこと。

問四　――線④「どうやらそこに思いちがいがあったようです」とありますが、「そこ」の指示内容として最も適当なものを次の中から選び、記号で答えなさい。

ア　戦争後の苦しみから精神的に解放されれば、以前のようにおだやかに暮らすことができると信じ込《こ》んでいたこと。

イ　一人一人が経済的に自立すれば、誰かに頼らなくてもじゅうぶんに生きていけるはずであると信じ込んでいたこと。

ウ　戦争以前の生活に戻れば、私たちは苦しかった日々を忘れ、人に思いやりをもつことができると信じ込んでいたこと。

エ　物質的に恵《めぐ》まれた生活ができれば、私たちは以前の幸せな生活を取りもどすことができると信じ込んでいたこと。

問五　＝＝線「まるで」は直接どのことばにかかりますか。最も適当なものを次の中から選び、記号で答えなさい。

まるで　ア コンピュータが　イ 情報を　ウ 処理するように
エ なんの　オ 感情も入れずに

問六　――線⑤「知る力がおそまつになったとき」について、次の⑴・⑵の問いに答えなさい。

⑴　人々は、知る力がおそまつになると、他人をどのような存在として考えるようになってしまうのでしょうか。本文中から十字以内で探して、「～存在。」に続くよう、そのまま抜き出して答えなさい。

⑵　知る力がおそまつになると、他の国で起きる戦争に対してどのような考え方をするようになってしまうのでしょうか。本文中のことばを利用し、理由も含めて、「～という考え方。」に続くよう、二十五字以上三十五字以内で答えなさい。

問七　【あ】に入ることばとして最も適当なものを次の中から選び、記号で答えなさい。

ア　たしかに　イ　ただし
ウ　それでも　エ　しかも

問八　【い】には共通することばが入ります。適当なことばを次の中から選び、正しい形に直して答えなさい。

おう　きる　つける　のこす

問九　――線⑥「きみたちには、わたしたちとはちがう、もっと強い人間になってほしいのです」について、次の⑴・⑵の問いに答えなさい。

もするでしょう。

でも、こうしてやられたらやり返すということをたがいにくり返せば、争いはますますはげしくなり、二人そろって身も心もさらに深く傷つけ合ってしまうことになります。

そうなってしまっても、まだ争いをやめることができない。うらみがうらみを呼び、報復がいつまでも続く。おとなになっても人間はいつまでもおろかしいものですが、そんな戦争がこれまでも、そしていまも世界のあちらこちらで起こっています。

〈中略〉

C

【あ】、なぐられれば痛い。くやしいし、腹も立ちます。でも、相手に向かってこぶしをふりあげる前にすこしだけ思いめぐらしてみてほしいのです。

深い傷を【い】ているのはほんとうに自分だけなのか、と。相手もどこかに痛みをかかえているんじゃないだろうかと、考える一《いっ》瞬《しゅん》をつくってほしいのです。

自分の受けた傷の痛みしか感じられなければ、なぐってきた相手はただにくいだけの存在《そんざい》でしかありえません。その相手にも友人がいて家族がいて、笑ったり、かけ回って遊んだりする毎日があるなんて、まるで想像もできなくなってしまいます。

でも、どうか自分が受けた痛みのことだけで、きみの頭と心をいっぱいにしてしまわないでほしいのです。

ひょっとして相手もどこかに傷をかかえていて、それが痛んだから自分になぐりかかってきたんじゃないだろうかと、ふと立ち止まって考えてみてください。

相手が【い】ているその傷は、わたしが直接負わせたものではないかもしれないけれど、わたしのいったことやしたことがなにかの拍子《ひょうし》で引き金となって、傷がまた痛みだしたということだってあるかもしれないと、すこしだけ想像をめぐらしてみてはもらえないでしょうか。

「なぐられたときに、そんなふうに相手のことを思ってみるよゆうなんてないよ」

と、いまきみが思ったとしてもむりはありません。よりによって怒りが頂点に達しようとしているときに相手のことを思いやるというのは、ほんとうにできそうもないと思えるくらいむずかしいことです。

でも、わたしをふくめておとなたちは、やられたらそれを倍《ばい》にしてやり返すというくり返しを断《た》ち切れなかったがために、この世界から戦争をなくせないでいるのです。⑥きみたちには、わたしたちとはちがう、もっと強い人間になってほしいのです。

（日野原重明『十歳《さい》のきみへ―九十五歳のわたしから』）

（注１）家財…家にある家具や道具。
（注２）空襲…飛行機から爆弾などを落として攻撃《こうげき》すること。
（注３）だんらん…人々が集まり、楽しく語り合うこと。
（注４）センサー…感じとる力。

問一　――線①「そんなよゆうは、だれにもなかったのです」の説明として最も適当なものを次の中から選び、記号で答えなさい。

ア　戦争で受けた心とからだの傷があまりに深かったので、すぐには立ち直ることができなかった。

イ　衣食住に不自由していたので、困っている人がいても助けることなどとてもできなかった。

ウ　農作物を手に入れるために、列車に乗って農家の家まで買い出しに出かけることはできなかった。

そうして日ごとに、うしなうものよりも新しく得るもののほうがふえていき、だんだんくらし向きがよくなって、わたしたちのくらしにはすこしずつゆとりが生まれてきました。

それは、わたしたちが自分の子や孫《まご》たちのために望んだ生活でもありました。食べものや着るものに不自由しないゆたかさを手に入れさえすれば、戦争以前のおだやかな生活にもどれると、わたしたちは思っていたのです。

けれど、④どうやらそこに思いちがいがあったようです。

わたしたちは、つつましい生活のなかにある小さなしあわせをも実感できていたのに、ゆたかさを追い求めるようになってから、その（注４）センサーをにぶらせてしまいました。あれほどありがたいと感じていたものたちからありがたみが消えて、どれもみなそこにあることが当然だと思うようになってしまったのです。それとともに、ほかの人のことをおもんぱかる想像力もおとろえてしまいました。

おもんぱかって感じとる力がおとろえて、その代わりに、まるでコンピュータが情報を処理《しょり》するようになんの感情も入れずにものを見るようになったみたいだと、わたしは感じています。

さっきもお話ししたように「知る」という行為《こうい》は想像力や思いやる力を同時にはたらかせながら行うものです。けれど、いまわたしたちがしている「知る」のなかにはぬくもりがありません。ただ情報として処理しているだけです。

そうなると、どんなにたくさんのニュースをテレビや新聞で見聞きしても、見知らぬ人の話はどこまでも他人事《ひとごと》でしかありません。

「ほかの人の痛みは、その人の痛みであって、わたしにはまるで関係がない」

と思うことになれてしまえば、たとえば戦争も「ここ」にないかぎり、自分が解決に乗り出すべき問題として自覚《じかく》されることさえなくなってしまいます。

B

⑤知る力がおそまつになったとき、他人はどこまでも自分とは関係のない存在にしか見えなくなってしまいます。戦争を遠く離《はな》れたところから見ているときも、戦争の当事者になってしまったときも、自分のこと以外は理解しようとも知りたいとも思えなくなってしまいます。

想像力やおもんぱかる力のおとろえは、これからの世界にとって最大の危機かもしれないとわたしは案じています。そのことを、もっときみの日常に関係するような例をあげてお話ししてみましょう。

きみにも経験があるでしょうか。けんかというのは意外にささいなことをきっかけにして始まるものですが、いったんエスカレートしてしまうと、かんたんにはおさまらなくなってしまいます。だれかがあいだに入って、その場はけんかをやめさせることができたとしても、二人の心にわだかまりが残っていれば、いつまた衝突《しょうとつ》が再開されるかもしれません。戦争というのも、まったくこれと似ています。

暴力をふるわれれば痛い思いを味わいますが、痛いのは傷《きず》を受けたそのからだだけではありません。心もいっしょに深く傷ついてしまいます。すると、怒《いか》りがわっとあふれてきて、この痛みを相手にも同じだけ思い知らせてやらなければ気がおさまらないという衝《しょう》動《どう》にかられるのです。

暴力をふるわれたり、大切なものをうばわれたり、ひどいことばを浴びせられたりしたときに、その相手に思わず仕返しをしたくなることはきみにも経験があるでしょう。もちろん、わたしにもありました。自分だけが痛い目に合うなんて理に合わないと思うからですね。受けた傷が深ければ、相手への敵意はいっそうかきたてられつしかない「役割語」を作り出す話。

ウ　世界中の人々が、時と場合によって役割を交換《こうかん》しながら、「役割語」の価値を高めていく話。

エ　声色や語尾をさまざまに組み合わせ、誰が演じても自然に感じられる「役割語」の発明を続ける話。

問十七　――線⑪「それに言葉屋という外の人間が手を加えることには、とてもとても気をつけなければならないよ」とありますが、なぜ気をつけなければならないのですか。その理由として最も適当なものを次の中から選び、記号で答えなさい。

ア　言葉屋が他人の言葉に手を加え、力を与えることによって、その人が自分の言葉を選ぶことができなくなるから。

イ　言葉とは、あくまで本人の心から生まれるべきものなので、部外者の言葉屋が手を加えてよいことではないから。

ウ　言葉屋が言葉に手を加えすぎると、テレビを通して多くの人々に差別的な考えを植え付けることにつながるから。

エ　言葉のルールを言葉屋がすべて決めてしまうと、古くからあった美しい言葉が失われてしまう可能性があるから。

三　次のＡからＣの文章を読み、後の問いに答えなさい。

Ａ

終戦をむかえた六十年前、いまでは老人となった若いころのわたしたちはその多くが、家も（注1）家財《かざい》のいっさいも、そして家族のだれかれをもうしなっていました。

戦争が終わって、もう（注2）空襲《しゅう》におびえて過ごす日はなくなったけれども、その日からすぐに戦争以前のおだやかな生活が返ってくるわけではありませんでした。わたしたちの手には、もうなにも残っていなかったのです。

だれかが、たとえば国が、みんなに手をさしのべてくれるわけでもありませんでした。①そんなよゆうは、だれにもなかったのです。家も、食べものも、着るものも、なにもかもをうしなった状態で、とにかくわたしたちは生きていかなければなりませんでした。②それは、すさまじいことでした。

ただ、そのすさまじく苦しかった日々のなかにも、③わたしたちにとってさいわいだったことがあります。

それは、戦争でうしなうまでは「そこにあることがあたりまえ」だと思っていたもの、家族や、（注3）だんらんや、しあわせや、のんびりとした時間や、あたたかい食事や、けんかのできる兄弟姉妹や、人の情けや思いやりや、そのほか数えあげればいくらでもあるごくありふれたものが、じつはどれもかけがえのないものであったことに気づくことができた、ということです。

戦後の食糧難《しょくりょうなん》のときには、家族に食べさせるものをもとめて、わたしも列車に何時間もゆられて買い出しに出ました。

買い出し先の埼玉県のある農家の縁側《えんがわ》でいただいた、わずかばかりのつけものの、なんとおいしかったことでしょう。住んでいるかんきょうはちがっても、おたがいに苦しい生活を送る者同士であっただけに、その心づかいがわたしには身にしみてありがたく感じられました。

いのちにしがみつくようにして生きていく日々のなかで、人からなにかをいただくたびに、人の厚意《こうい》にふれるたびに、わたしたちはそのありがたさを実感しました。思いやりを示してくれる相手の気持ちの深さを思い、その人の置かれている状況《じょうきょう》をおしはかって、感謝の思いをいっそう深くしていたのです。

人々のうえにお日さまが照ることも、雨が大地をうるおすことも、夜が来てまた朝がめぐってくることも、みなありがたく感じていました。

エ　国民の意見を反映するテレビに少数派の人々が登場し、日本の代表として堂々と発言できるようになったから。

問十　～～線ⓑ「糸口」の意味として最も適当なものを次の中から選び、記号で答えなさい。

ア　見かた　イ　方法
ウ　きっかけ　エ　つながり

問十一　――線⑦「本人じゃ、ない」の意味として最も適当なものを次の中から選び、記号で答えなさい。

ア　自分の気持ちを表したはずの言葉が、自分とは関係のない他人によって演出されてしまう。
イ　テロップの作成者が作り出した言葉が、無限の演出方法によって、様々な形で広まってしまう。
ウ　何気なく口にした言葉が、テロップ作成者の力によって、驚《おどろ》くほどの進化をとげてしまう。
エ　自分になりすました他の誰かが発した言葉のせいで、自分のイメージが作られてしまう。

問十二　――線⑧「自らその役割を買って出て」の本文中の意味として最も適当なものを次の中から選び、記号で答えなさい。

ア　他人が期待するキャラクターを理解した上でその役割を自ら引き受けて
イ　自分が演じた以上のキャラクターを押しつけられることを快く承知《しょうち》して
ウ　他人にはできないキャラクターになろうと自ら工夫をし、努力もして
エ　自分が想像した以上のキャラクターに変身し、それに喜びを感じて

問十三　A に入ることばとして最も適当なものを次の中から選び、記号で答えなさい。

ア　人に役割を押しつける
イ　他人を完全に理解する
ウ　全員が同じ認識を持つ
エ　人を分類しようとする

問十四　B ・ C に入ることばとして最も適当なものをそれぞれ次の中から選び、記号で答えなさい。

B　ア　やさしく　イ　かたく
　　ウ　か細《ぼそ》く　エ　かん高く
C　ア　あう　イ　さす
　　ウ　つく　エ　みる

問十五　――線⑨「そういうめがねを持っておく」とはどうすることですか。最も適当なものを次の中から選び、記号で答えなさい。

ア　テレビの中に何か重要なことが隠されていると考えて、それを注意深く見きわめようとすること。
イ　テレビ番組が正確に情報を伝えているかどうか、私たち一人一人が確認しようと心がけること。
ウ　テレビを見るときに、現れた部分だけで物事を決めつけないように気をつけようと考えること。
エ　テレビの中の人間にも一人一人の個性があり、それぞれよいところを持っていると理解すること。

問十六　――線⑩「さっきの詠子の、言珠に役割語の力も加えるという話」とありますが、ここでいう「さっきの話」とはどのような話ですか。最も適当なものを次の中から選び、記号で答えなさい。

ア　自分の好きな役を自由に選びとって、演じることのできる「役割語」を言珠に入れる話。
イ　人が与えてくれた役割を自分なりにアレンジして、世界に一

ア　何もかも見透《す》かしているようす
イ　落ち着いていて静かなようす
ウ　激しさを内に秘《ひ》めているようす
エ　悲しみに打ちひしがれたようす

問三　[1]～[3]に入ることばの組み合わせとして正しいものを次の中から選び、記号で答えなさい。
ア　[1]しかし　[2]ところで　[3]それでは
イ　[1]そして　[2]だから　[3]しかし
ウ　[1]たしかに　[2]しかし　[3]だから
エ　[1]しかし　[2]そして　[3]だから

問四　――線③「おばあちゃんは一度、宙を見やると、すぐにまた視線をおろして、口をひらく」に見られるおばあちゃんの意識として最も適当なものを次の中から選び、記号で答えなさい。
ア　短い時間で考えをめぐらせ、それが間違っていないことを確かめてから詠子に伝えようとしている。
イ　何を話すべきか迷っているが、その迷いを気づかれないよう、詠子に向き合い伝えようとしている。
ウ　同じようなことが以前にあったのを思い出しながら、心を落ち着かせて話の続きに戻《もど》ろうとしている。
エ　何を話していたのか一瞬《いっしゅん》分からなくなってしまったため、話の内容をしっかり思い出そうとしている。

問五　〰〰線ⓐ「ごまんと」の意味として最も適当なものを次の中から選び、記号で答えなさい。
ア　なにもかも混ぜこぜに
イ　数え切れないほど多く
ウ　あちこち散らばって
エ　いやになるくらい次々と

問六　【あ】にはひらがな二文字、【い】には身体の一部を表す漢字一字を入れて、慣用表現を完成させなさい。

問七　――線④「また新章をはじめようと、声のトーンを変えた」とありますが、「新章をはじめる」とはどうすることですか。最も適当なものを次の中から選び、記号で答えなさい。
ア　詠子に何の話をしていたのかを思い出させるために、新しい視点《してん》をあたえようとすること。
イ　詠子が納得するような話を進めるために、今までしたことのないような質問を用意すること。
ウ　詠子の不安な気持ちに気づき、オネエ言葉の話題をいったんやめ、最初の話に戻すこと。
エ　詠子に気づきの機会を与え、思考の整理をさせるために、新たな話題を提供《ていきょう》すること。

問八　――線⑤「そんな詠子のとまどい」とありますが、何に気づいてとまどったのでしょうか。本文のことばを使って、「……ということに気づいた。」に続くよう、四十字以内で答えなさい。ただし、「イメージ」ということばを必ず用いること。

問九　――線⑥「日本は少しだけ変わってきたと言えるのかもしれない」とありますが、おばあちゃんはなぜそう言ったのでしょうか。その理由として最も適当なものを次の中から選び、記号で答えなさい。
ア　テレビの中で少数派の人たちが活躍することによって、誰もが生きやすい世の中を実現できたから。
イ　人々の差別意識がすっかりなくなったため、少数派であることを隠さずに生きていけるようになったから。
ウ　人々に大きな影響を与えているテレビに、少数派の人々が出演し、活躍《かつやく》する機会が増えてきたから。

「そういうことを、ひとつひとつの番組が（注13）逐一《ちくいち》伝えることは難しいけれど、私たちひとりひとりが⑨そういうめがねを持っておくことはできる。画面内に表示されているものは、確かにその番組に関わったひとりひとりの人間の作品だけれど、だからこそその作品には、作品からそぎ落とされた、『表示されていないもの』があるということも知っていないと、あとで痛い目を［ C ］。オネエキャラがテレビで活躍《かつやく》できるようになった今の社会に救われている人だっているかもしれないけれど、それによって、イメージの押《お》しつけや別のかたちの差別という新しい問題が生まれていることも、私たちは知っておかなければならないんだ。テレビの技術につくられた価値観《かちかん》のみを真実と（注14）あがめてしまうような社会は、大切なものをたくさん取りこぼしかねないからね」

おばあちゃんの言葉が少し止まって、生まれたその間の中に、おばあちゃんの知恵《ちえ》とやさしさが満ちる。それがいっぱいになったところで、おばあちゃんは改めて、口をひらいた。「だからね、詠子。⑩さっきの詠子の、言珠に役割語の力も加えるという話は、とてもすてきで、それを必要とする人はきっといるだろうけど、役割もキャラクターも、言葉と人にとても大きな影響を与えるものだからこそ、⑪それに言葉屋という外の人間が手を加えることには、とてもとても気をつけなければならないよ」

詠子はとても、とても真剣《しんけん》な顔でうなずく。

（久米絵美里『言葉屋⑦──（光）の追跡者《ついせきしゃ》たち──』）

（注１）ＳＮＳ…メールやＬＩＮＥなど、インターネット上で交流できるサービス。
（注２）ジャンル…分野、方面。
（注３）毒舌…手きびしい悪口や皮肉を言うこと。
（注４）偏見…かたよった考え方。
（注５）ヴィジュアルイメージ…目で見たものから受けるイメージ。
（注６）絶対的…他の何ものにもしばられないでそこにあるさま。
（注７）タブー…ふれてはならないと考えられていること。
（注８）性的マイノリティー…「同性愛者」「トランスジェンダー」「ゲイ」など、性別の意識や恋愛の対象者が多数派とちがっている人々。
（注９）フォント…ここでは、文字の形。
（注10）滑稽な…おもしろおかしい。
（注11）便宜上…最もよい方法ではないが、ひとまずそれで間に合わせること。
（注12）ＬＧＢＴ…性的マイノリティーの人々をまとめて呼んだことば。
（注13）逐一…そのたびごとに一つひとつ。
（注14）あがめて…うやまって。

問一　――線①「その骨格のパーツを組み立てていた詠子の思考の中の手に、おばあちゃんが横から、そっと手をそえた」に見られるおばあちゃんの気持ちとして最も適当なものを次の中から選び、記号で答えなさい。

ア　詠子が迷いとまどっているのを感じ、いつもそばにいる自分が詠子を支えてあげたいと思う気持ち。

イ　詠子の考え方がしっかりしていることに感心し、前に進むために背中を押してあげたいと思う気持ち。

ウ　詠子の考えがこり固まる前にさりげなくアドバイスして、いったん立ち止まらせようとする気持ち。

エ　詠子が間違《ちが》った方向に進もうとしているのを感じ、すぐさま誤りに気づかせようとする気持ち。

問二　――線②「凪をかかえたおばあちゃんの瞳」とありますが、どのようなようすですか。最も適当なものを次の中から選び、記号で答えなさい。

の言葉を言った本人じゃない」
⑦本人じゃ、ない。
その言葉に、詠子はどきりとする。

おばあちゃんの言葉は続く。

「オネエことばの場合、まるみをおびた大きな文字にショッキングピンクのような派手《はで》な色で、ハートマークをたくさんつけて、ぴょんとのびるアニメーションを入れたテロップを、よく見かけるね。それは聡明《そうめい》さや堅実《けんじつ》さというイメージからは遠く、コメディー要素《ようそ》の強い笑いの対象となるような演出だ。いや、演出方法だけじゃなく、そもそもテロップになるかならないかという問題もある。同じトーンで、女優と男優それぞれに好き、と言っても、女優の方へ言った言葉はテロップにされず、男優に言った方のみテロップに。それも今言ったような派手な演出でテロップにされたとしたら、番組を見ている人間にはどうしてもそちらの方が強く印象づく。そして、テロップだけの話にとどまらず、番組に出ている人たちの多くが、オネエキャラの人をイジリ、（注10）滑稽《こっけい》な存在に見せる。もちろんそうされない人も増えてきてはいるけれど、オネエキャラは現状《げんじょう》、番組の中でも外でも、本人が演じた以上のキャラクターをつけられていくことが、多くなってしまっているんだ」

それで詠子は思わず、自分の喉《のど》のあたりに手をやった。

この喉を通って出たはずの自分の言葉が、ふとある日、目にしたテレビで、思ってもみなかった色やフォントで発表されていたとしたら。

それは、少しこわい。

そんな詠子のおびえを感じとったのか、おばあちゃんの声が少しやわらかくなる。

「……もちろん、テレビに出ているようなタレントさんは、ある程度その覚悟ができているだろうし、⑧自らその役割を買って出て演じている人もいるのかもしれない。その上で私は、テロップの意義を否定《ひてい》しているわけじゃまったくないよ。テロップはあるべきだし、本来、とても楽しいものだ。ただ、多くの人間が目にするテレビというものの中で過度《かど》な演出が行われ続け、『オネエことばを話す人は、こうあるべきだ』という認識が社会に根づいてしまうことについては、気をつけなければならない。社会にいる人間全員が、テレビに出ているタレントと同じような力やキャラクターを持っているわけではないのと同じように、オネエと呼ばれる人たちだって、きっと同じだ。そもそもゲイ男性のすべてがオネエことばを話すわけではないし、オネエことばを話す人だって、誰もが毒舌でよき相談相手であるとはかぎらない。そもそもオネエことばを話す人がみんな、同性愛者なわけではないし、それよりもなによりも、オネエキャラだという理由だけで、テレビの中と同じように、日常生活でもその人たちのことをあたりまえのようにイジったり笑ったりしていいわけでは、決してないんだ。今は（注11）便宜上《べんぎじょう》、『オネエ』ということばをつかっているけれど、そう呼《よ》ばれることを不快に思う人もいるし、最近じゃ（注12）ＬＧＢＴという言葉もだいぶ世の中に浸透《しんとう》してきたけれど、その四つのどれにも当てはまらない人だっている。そう考えると、そもそも［　A　］こと自体が、不可能なことなのかもしれないね。個人は、どこまでいっても個人で、人間は誰もがひとりひとり、とても奥深《おくぶか》くて複雑だ」

その言葉に、詠子ははっとする。それからすぐに、はっとしてしまった自分にショックを受けた。おばあちゃんが言っていることは、とてもあたりまえのことのはずなのに、言われてはっとしてしまうほど、自分がそのことをきちんと意識できていなかったことに、自分で傷ついた。

そのことに気がついたのか、そこでおばあちゃんの声はさらに［　B　］なる。

あれ、そもそも、なんの話をしていたんだっけ。すると、おばあちゃんがそんな詠子の心情を悟《さと》ったように、④また新章《しんしょう》をはじめようと、声のトーンを変えた。

「と、オネエことばに対するイメージがだいたい出きったところで、詠子。今、話してきたイメージは、いったいどこから来たんだい？」

「え？」

「私の知るかぎり、詠子のまわりにオネエことばを話す人間はいなかったと思うのだけどね」

いたずらが成功した時のように、少しいじわるに瞳を光らせているおばあちゃんに、詠子はしどろもどろになる。

「え、えーっと、それは、その、テレビとかで見て……」

言いながら詠子は、あれ、と疑問に思う。

テレビとか、と続けてみようとしたけれど、考えてみれば今、オネエことばについて考えていた中で思い出していたものは、どれもテレビの映像《えいぞう》だ。小説や漫画《まんが》の中にだって、オネエことばを話す人はこれまでも出てきたけれど、やはり強い（注5）ヴィジュアルイメージと印《いん》象《しょう》深い声、全体のにぎやかなようすが、テレビのイメージをいちばん強いものにしていた。

おばあちゃんは、⑤そんな詠子のとまどいまでも仕組んでいたかのように、また大きくうなずく。

「そう、ネットの発達でテレビが昔ほど（注6）絶対的なメディアではなくなったとはいえ、やはりテレビが私たちに与《あた》える影響《えいきょう》はまだ大きい。そんなテレビに、それまでは（注7）タブーとされがちだった（注8）性的マイノリティーの人たちが堂々と出るようになり、なくてはならない存在として重宝《ちょうほう》されるようになったということは、時代が、社会が、少しだけ変わってきたという兆《きざ》しなのかもしれない」

確かに昔は、性的マイノリティー――同性愛者やトランスジェンダーなど、性別の意識や恋愛対象者が多数派とは異なる人たちは、そのことをもっと隠《かく》して生きていたと聞く。とある国では同性愛は病気とみなされ、「治療《ちりょう》」のために体がぼろぼろになるような薬を無理やり飲まされたり、法律で厳《きび》しく罰《ばっ》せられたりしていた時代もあったそうで、今でも、似たような政策《せいさく》をとっている国や地域は、少なからず世界に存在している。それを思うと、いまだに根強い差別意識がそこかこに散らかっているとはいえ、⑥日本は少しだけ変わってきたと言えるのかもしれない。

しかしおばあちゃんの話は、まだ終わっていない。

詠子はその意味を、覚悟《かくご》する。

案の定、おばあちゃんは続けた。

「しかし、その変化が『進化』と呼べるものなのかどうかはあやしい。変わってはきているけれど、それは本当に『良《よ》いこと』だけをもたらしているのか……。それを考えるⓑ糸口は多々《たた》あるけれど、そのひとつが、今、話に出ていたテレビだ。……詠子、テロップがなにかは、わかるね？」

詠子はうなずく。

演者《えんじゃ》の言葉を、文字に書き起こして画面上に表示したもの、だ。

「テロップは、聴覚《ちょうかく》障害者にとってとても必要で便利なものだけれど、それ以外にも、番組全体の雰囲気《ふんいき》や、番組内の人物のイメージをつくる力も持つ。文字の色や（注9）フォント、大きさ、効果音、アニメーション効果、ハートマークやびっくりマークをつけるかどうか、漢字にするのか、ひらがなカタカナにするのか。たとえば、『好き』という言葉ひとつにしたって、ひらがなにするのかカタカナにするのか漢字にするのかハートマークをつけるのか、その選択《せんたく》によって、イメージは大きく変わる。一言でテロップといっても、そこには無限《むげん》の演出方法があり、そして、だいたいの場合、そのテロップの作成者は、そ

[1]、まだ理想に追いついてはいないし、いくら追いかけても、時代だって動いて変わる。ずっと昔のままの姿じゃない。（注1）SNSやスマホをふくめたメディアの変化、男や女、博士や子どもという役割のあり方や内容だって、日々変化する。[2] 変化は、また新たなかたちのゆがみを生んで、ただまっすぐに走るだけでは、人が追いつけないところに行ってしまう。そうだね、その例のひとつが……」

③おばあちゃんは一度、宙《ちゅう》を見やると、すぐにまた視線《しせん》をおろして、口をひらく。

「オネエことば、かもしれない」

「オネエ、ことば？」

意外な（注2）ジャンルの登場に、詠子は目を見ひらく。

おばあちゃんは、うなずいた。

「さっきのばなちゃんの話には、男ことばと女ことばしか出てこなかったようだけれど、今の世の中……本当は何百、何千年も前からそうだったにちがいないけれど、性別というものは、必ずしも男と女のふたつだけではない。体と心の性別がちがう人もいれば、体に男性と女性の両方の特徴《とくちょう》がある人だっている。そもそも性別という意識がうすい人もいて、恋愛対象《れんあいたいしょう》者が誰《だれ》かということもふくめると、その組み合わせはⓐごまんとある。[3] 本来私たちはまず、男ことば、女ことばという名前と認識《にんしき》自体を変えていかなければならないのかもしれないね。と、それはさておきだ」

おばあちゃんは、前置きを前置きらしく切ると、話をもどす。

「オネエことば、と聞いて、詠子はどんな話し方を思い出す？」

「うーん……なんとかだわ、とか、なんとかよ、とか、えっと、女ことばみたいだけど、でも、自然なことばっていうより、それこそ小説とか劇に出てきそうな、つくった感じのことばで、でも、上品とかつつましいっていうよりも、もっと激《はげ》しくて、強くて……。（注3）毒舌《どくぜつ》のイメージもある」

詠子は少しためらってから、毒舌、という言葉をつけくわえる。そして、少し前に毒舌について考えたことがあることを思い出した。テレビでよく見かけるオネエキャラの人たちは、毒舌キャラであることも多く、それでオネエと毒舌というふたつが、詠子の中で強く結びついてしまっていたが、よく考えてみれば、それは（注4）偏見《へんけん》かもしれない。

しかし、おばあちゃんはうなずく。

「そうだね、ただ体が男性に見える人が、女ことばを話している、というだけでは、オネエことばは説明できない。きちんとした資料が残っているわけではないけれど、オネエことばは一九四〇年代後半には存在を確認できていて、そこから時代とともに進化しながら、ひとつの文化を築いてきた。『女性らしさ』を言葉に求めたところからはじまったオネエことばは、やがて女性からも独立し、ひとつの文化になったんだ。少し悪ぶったり、無責任を装《よそお》ったりしながらも、時にするどい指摘《してき》をするような、そんな役割を担《にな》うことを社会に期待される、ひとつの個性になったんだね。詠子が今言ったとおりの強い印象もあれば、人の話に寄りそって共感を表現する力も持つ、【あ】と鞭《むち》を兼《か》ね備《そな》えた、ひとつの魅力《みりょく》ある言葉になった」

おばあちゃんの言葉に、今度は詠子がうなずく。

テレビに出ているオネエキャラのタレントさんに、悩《なや》みを聞いてもらいたいという声は、詠子もクラスで聞いたことがある。毒をまきちらすだけでは得られないこの信頼《しんらい》は、もちろんそのタレントさん個人の人となりによるものが大きいにちがいないけれど、男ことばや女ことばでは得られないものなのかもしれなかった。

と、納得《なっとく》しかけたところで、詠子は【い】をかしげる。

二〇二二年度 十文字中学校

【国　語】〈第二回試験〉（五〇分）〈満点：一〇〇点〉

◎文中からそのまま抜《ぬ》き出して答える場合、句読点や記号は一字とすること。また、ふりがなのある漢字は、ふりがなをつけなくてもかまいません。

一　次の①～⑩の――線部について、漢字はその読みをひらがなで、カタカナは漢字に直して書きなさい。

①　長い**旅路**が始まろうとしている。
②　国王**夫妻**が日本にやってくる。
③　新たな知識を取り入れて**血肉**とする。
④　**湖面**に富士山がきれいに映っている。
⑤　事前に**告知**する。
⑥　**ジョウカ**町をのんびり歩く。
⑦　ほうれん草は**リョクオウ**色野菜だ。
⑧　横浜は、**ボウエキ**のさかんな都市だ。
⑨　**レンメイ**でコメントを発表する。
⑩　皆勤**ショウ**をもらった。

二　次の文章を読み、後の問いに答えなさい。

　主人公の詠子《えいこ》は中学二年生。おばあちゃんの雑貨屋を手伝っていますが、じつはこの店は、「言いたくても言えないことを『言葉にする勇気』」と、「言ってはいけない言葉を封《ふう》じこめる『口にしない勇気』」を提供《ていきょう》する【言葉屋】です。詠子はおばあちゃんのお店を手伝いながら、「言珠職人《ことだましょくにん》」になるための修業《しゅぎょう》をしています。この日は、おばあちゃんのお店で、親友の「ばなちゃん」といろいろ話していたのですが、詠子たちの話を耳にしたおばあちゃんがその話に興味を持ち、ばなちゃんが帰ったあとに、二人で「役割語」について話しています。

「……話し方って、本当、難《むずか》しいね。言葉っていうと、つい単語単位で考えちゃうけど、人について考える時は、声色《こわいろ》や語尾《ごび》もふくめて、全部が言葉になって、むしろそっちの方が、単語そのものよりもその人自身を表現するものになる時もある……。ばなちゃんが言ってた役割語って、やっぱり本や劇の中だけのものじゃないのかもしれない。本や劇ほどわかりやすくなかったとして、私たちはいつも、なにかの役割を演じながら話しているのかも。それを、ばなちゃんの言うとおり、誰《だれ》かに与《あた》えられた役じゃなくて、自分の選び取った役にできたら、世界中の人みんなが、いつも自分の好きな役を選べたら、いいな。……言珠《ことだま》に、そういう勇気もこめられないかな。つかう人を、その人が望む役に導けるような、勇気」

　おばあちゃんの言葉への返答としてはじまった詠子《えいこ》の言葉が、いつのまにか、内へ内へと向かい、詠子の思考の骨格《こっかく》になる。

　すると、①その骨格のパーツを組み立てていた詠子の思考の中の手に、おばあちゃんが横から、そっと手をそえた。

「それはすてきだけれど、とても難しいね、詠子」

　おばあちゃんの声は、詠子が投じた石が描《えが》く波紋《はもん》のかたちをすでに知っているかのようにおだやかで、それで詠子ははっと顔をあげる。

　すると、②凪《なぎ》をかかえたおばあちゃんの瞳《ひとみ》にぶつかった。

「個人が、話し方を自由に選べる時代に近づいてきた。私もばなちゃんの言うとおり、昔に比べれば確かに、近づきはしたと思う。

2022年度

十文字中学校 ▶解説と解答

算　数　＜第２回試験＞（50分）＜満点：100点＞

解　答

1 (1) 21　(2) $1\frac{1}{11}$　(3) 15　(4) 836円　(5) ６通り　(6) ９秒　(7) 107度　(8) 150.72cm²　2 (1) 枝豆　(2) 2046年　3 (1) 10　(2) １と２と７，１と３と６　4 (1) ５：２　(2) 秒速３cm　5 (1) 80m²　(2) 10L　6 (1) 226.08cm³　(2) 12.3cm

解　説

1 四則計算，逆算，割合，場合の数，通過算，角度，面積

(1) $42-5\times(12-7)+4=42-5\times5+4=42-25+4=17+4=21$

(2) $3.5\div\left(3\frac{1}{3}-0.125\right)=3\frac{1}{2}\div\left(\frac{10}{3}-\frac{1}{8}\right)=\frac{7}{2}\div\left(\frac{80}{24}-\frac{3}{24}\right)=\frac{7}{2}\div\frac{77}{24}=\frac{7}{2}\times\frac{24}{77}=\frac{12}{11}=1\frac{1}{11}$

(3) $98\div(\square-13)+51=100$より，$98\div(\square-13)=100-51=49$，$\square-13=98\div49=2$　よって，$\square=2+13=15$

(4) マスク２セットとそれぞれのラッピング代の合計は，$(150+200+30)\times2=760$(円)なので，消費税10％を加えた金額は，$760\times(1+0.1)=836$(円)である。

(5) ４色から異なる２色を選ぶ方法は，$\frac{4\times3}{2\times1}=6$（通り）ある。

(6) 下の図１より，橋を渡《わた》り始めてから渡り終わるまでに電車が進んだ距離《きょり》は，$300+60=360$(m)である。時速144kmは秒速，$144\times1000\div(60\times60)=40$(m)なので，このとき，かかった時間は，$360\div40=9$(秒)となる。

(7) 下の図２で，三角形の１つの外角はとなり合わない２つの内角の和と等しいから，㋑と㋒の角度の和は，$45+32=77$(度)である。また，㋑の角度は，$180-(90+30)=60$(度)なので，㋒の角度は，$77-60=17$(度)になる。よって，㋐の角度は，$90+17=107$(度)とわかる。

(8) 下の図３で，三角形AOPと三角形BOPは正三角形となるから，アとイの角度はそれぞれ，$60\times2=120$(度)になる。よって，かげをつけたおうぎ形１個の中心角は，$360-120=240$(度)なので，かげをつけた部分の面積は，$\left(6\times6\times3.14\times\frac{240}{360}\right)\times2=150.72$(cm²)と求められる。

図１

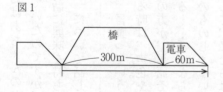

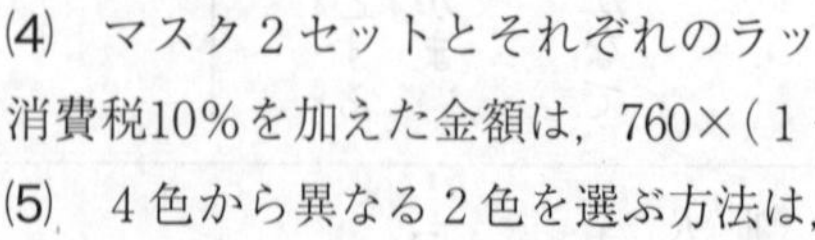

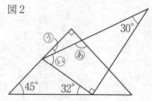

図２

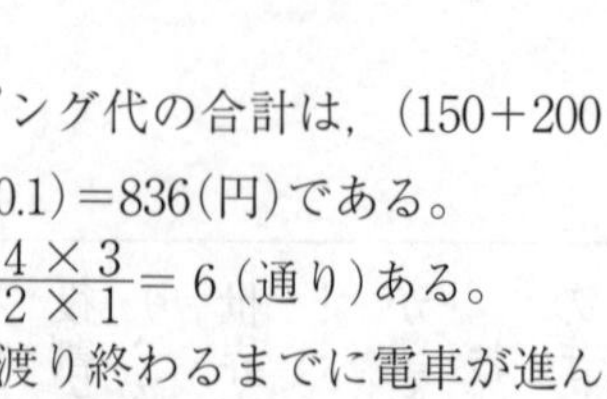

図３

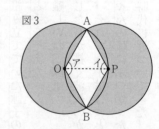

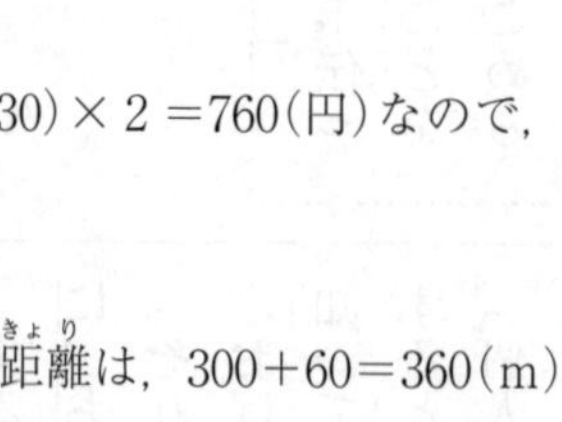

2 周期算

(1) Bの畑で１年ごとに作られる野菜は，2022年から，きゅうり→トマト→さつまいも→枝豆の４

種類のくり返しとなる。2029年は2022年から数えて，2029－2022＋１＝８(年目)の年だから，８÷４＝２より，Ｂの畑で2029年に作られる野菜は枝豆とわかる。

⑵　どの畑でもさつまいもは４年に１回作られるので，輪作を始めた1990年から2021年までの，2021－1990＋１＝32(年)では，32÷４＝８より，Ｄの畑でさつまいもが作られた年は８回ある。よって，Ｄの畑で2022年から数えてさつまいもが，15－８＝７(回目)に作られる年を答えればよい。その年は，2022年から，４×(７－１)＝24(年後)となるので，2022＋24＝2046(年)とわかる。

3　推理

⑴　１から20までの数の和は，(１＋20)×20÷２＝210だから，３枚のカードの数の合計は，210－200＝10とわかる。

⑵　１番小さい数の１は必ず残るので，３つの数の組は，(１，２，７)，(１，３，６)，(１，４，５)が考えられる。また，初めに梅子さんが５，菊子さんが２を取り，そのうち大きい方の５を竹子さんがもらったので，５は竹子さんが持っている。よって，３枚のカードは，１と２と７，または１と３と６である。

4　グラフ―図形上の点の移動，長さの比，速さ

⑴　問題文中のグラフより，辺ABを動いた時間は５秒である。また，１周するのにかかった時間は14秒で，辺AB，辺BCを動いた時間の合計はその半分だから，14÷２＝７(秒)とわかる。よって，辺BCを動いた時間は，７－５＝２(秒)となり，辺ABと辺BCの長さの比は動いた時間の比と同じなので，５：２である。

⑵　点Ｐの動く速さを秒速□cmとすると，辺ABと辺BCの長さはそれぞれ，(□×５)cm，(□×２)cmと表せる。よって，辺CDの長さも(□×５)cmなので，グラフより，底辺が(□×５)cm，高さが(□×２)cmの三角形の面積が45cm^2となる。すると，(□×５)×(□×２)÷２＝45という式が成り立つから，□×□＝45×２÷(５×２)＝９，３×３＝９より，□＝３(cm)とわかる。したがって，点Ｐの動く速さは秒速３cmである。

5　割合

⑴　家の壁《かべ》の75％が60m^2にあたるので，家の壁の面積は，60÷0.75＝80(m^2)になる。

⑵　１缶《かん》15Ｌで60m^2の壁をぬることができるから，80－60＝20(m^2)をぬるのに必要なペンキの量は，$15\times\frac{20}{60}$＝５(Ｌ)である。よって，開けた缶に残っているペンキの量は，15－５＝10(Ｌ)となる。

6　水の深さと体積

⑴　コップの底面積は，３×３×3.14＝９×3.14(cm^2)なので，８cmの高さまで入れた水の体積は，９×3.14×８＝226.08(cm^3)である。

⑵　５個の氷の体積の合計は，(３×３×３)×５＝135(cm^3)で，氷の体積は水の体積の，１＋0.1＝1.1(倍)だから，５個の氷が溶《と》けて水になったときの体積は，135÷1.1＝$\frac{1350}{11}$(cm^3)になる。そして，その溶けた水の高さは，$\frac{1350}{11}$÷(９×3.14)＝4.34…より，四捨五入して$\frac{1}{10}$の位まで求めると4.3cmとわかる。よって，コップに入っている水の高さは，８＋4.3＝12.3(cm)と求められる。

国語　＜第２回試験＞（50分）＜満点：100点＞

解答

一　①　たびじ　②　ふさい　③　けつにく　④　こめん　⑤　こくち　⑥～⑩　下記を参照のこと。　二　問１　ウ　問２　イ　問３　エ　問４　ア　問５　イ　問６　【あ】　あめ(と鞭)　【い】　首(をかしげる)　問７　エ　問８　(例)　オネエことばについて考えた中でイメージしていたものが，どれもテレビの映像だった(ということに気づいた。)　問９　ウ　問10　ウ　問11　ア　問12　ア　問13　エ　問14　B　ア　C　エ　問15　ウ　問16　ア　問17　イ　三　問１　イ　問２　いのちにしがみつく(ような生活。)　問３　ア　問４　エ　問５　ウ　問６　(1)　自分とは関係のない(存在。)　(2)　(例)　自分の国で起きた戦争ではないので，自ら解決に乗り出す必要はない(という考え方。)　問７　ア　問８　おっ(ている)　問９　(1)　イ　(2)　エ

●漢字の書き取り

一　⑥　城下(町)　⑦　緑黄(色)　⑧　貿易　⑨　連名　⑩　(皆勤)賞

解説

一　漢字の読みと書き取り

①　旅の道すじ。　②　夫と妻。　③　血と肉。「血肉とする」は，知識や経験を自分のものとして身につけること。　④　湖の表面。　⑤　通知すること。　⑥「城下町」は，城を中心に発達した町のこと。　⑦「緑黄色野菜」は，カロチンが一定量以上ふくまれる緑色や黄色の野菜。　⑧　外国との商品の取り引き。　⑨　複数の人が名前を並べて書くこと。　⑩「皆勤賞」は，欠席や遅刻や早退することなく出席した者に対する賞。

二　出典は久米絵美里《くめえみり》の『言葉屋⑦―(光)の追跡者《ついせきしゃ》たち』による。言珠《ことだま》職人になるために，おばあちゃんの「言葉屋」で修業《しゅぎょう》をしている詠子《えいこ》は，「役割語」についておばあちゃんと語り合う。

問１　「役割語」についての詠子の言葉は，「いつのまにか，内へ内へ」と向かっていき，詠子の思考の骨組みのようになっていったので，おばあちゃんは「それはすてきだけれど，とても難しいね」という言葉で，詠子の思考を少し立ち止まらせ，別の視点からも考えるように導こうとしたと考えられる。

問２　「凪《なぎ》」は，風がやんで波のない静かな海の状態。おばあちゃんの瞳《ひとみ》を凪にたとえることで，静かで落ち着いたようすを表している。

問３　1　昔に比べれば，「話し方を自由に選べる時代」に「近づきはしたと思う」が，「まだ理想に追いついてはいない」という文脈になる。よって，前のことがらを受けて，それに反する内容を述べるときに用いる「しかし」が入る。　2　「メディア」や「男や女，博士や子どもという役割のあり方や内容」も「日々変化する」し，そのうえ「変化は，また新たなかたちのゆがみ」を生む，という文脈になる。よって，前のことがらを受けて，さらにつけ加える意味を表す「そして」が入る。　3　ずっと昔から，性別は「必ずしも男と女のふたつだけ」ではなく，「恋愛《れんあい》対象者が誰《だれ》かということもふくめると，その組み合わせはごまんとある」ので，「私たちはまず，男ことば，女ことばという名前と認識《にんしき》自体を変えていかなければならないのかもしれない」という文脈に

なる。よって，前のことがらを原因・理由として，後にその結果をつなげるときに用いる「だから」が入る。

問4　「宙《ちゅう》を見やると」という表現から，おばあちゃんが何かを考えているようすが想像できる。おばあちゃんは，詠子にアドバイスするために「個人が，話し方を自由に選べる時代に近づいてきた」という視点から話をしてきたが，自分の考えを確認するために少し時間をとり，あらためて具体的な例として「オネエことば」について話し始めたものと考えられる。

問5　「ごまんと」は，非常にたくさんあるようす。

問6　**【あ】**「あめと鞭《むち》」は，甘《あま》い面ときびしい面の両方をそなえていることのたとえ。　**【い】**「首をかしげる」は，“疑問に思ったり納得《なっとく》がいかなかったりして首をかたむける”という意味。

問7　「トーン」は，声や音の調子。おばあちゃんは，オネエことばについてのイメージを語ってきたが，詠子が「そもそも，なんの話をしていたんだっけ」と思っていることに気づき，声の調子を変えて，オネエことばのイメージはどこから来たのかという新しい話題をもちかけたと考えられる。

問8　オネエことばのイメージは「いったいどこから来たんだい？」というおばあちゃんの予想外の質問に，詠子は「しどろもどろ」になってすぐには答えられなかった。そして，小説や漫画《まんが》にもオネエことばは出てくるけれど，思い出していたものはどれもテレビの映像で，「テレビのイメージ」が最も強かったということに詠子は気づき，とまどったのである。

問9　ぼう線⑥の前の部分から読み取る。昔は，「性的マイノリティー」の人たちは，自分たちのことを「隠《かく》して生きて」おり，テレビに出ることも「タブーとされがち」だった。しかし，今は人々に大きな影響《えいきょう》を与《あた》えるテレビに「性的マイノリティーの人たちが堂々と出る」ようになり，「なくてはならない存在として重宝《ちょうほう》される」ようになったと書かれている。

問10　「糸口」は，きっかけ，手がかり。

問11　テロップは，演者の言葉を文字にしたうえで「文字の色やフォント，大きさ，効果音，アニメーション効果」などで演出するものだが，その演出をしているのは「その言葉を言った本人」ではないため，本人の意図に沿わないこともあるということに，詠子は気がついたのである。

問12　「買って出」るとは，“自ら進んで引き受ける”という意味。「テレビに出ているようなタレントさん」の中には，他人の期待するような滑稽《こっけい》なキャラクターを理解して，その役割を自ら引き受けている人もいる，ということである。

問13　オネエことばを話す人は全て同じ考えを持っているわけではないし，最近では「LGBTという言葉もだいぶ世の中に浸透《しんとう》して」きたが「その四つのどれにも当てはまらない人」もいる。つまり，人をどこかに分類しようとすること自体が不可能なことではないかとおばあちゃんは話している。

問14　**B**　ぼう線⑧の前の文に「おばあちゃんの声が少しやわらかくなる」とあることに着目する。その言葉によって詠子が「自分で傷ついた」ことに「気がついた」ため，おばあちゃんはさらに声をやさしくしたと考えられる。　**C**　「痛い目をみる」は，“ひどい体験をする”という意味。

問15　テレビを見るときは，作品からそぎ落とされた「表示されていないもの」があるということや「イメージの押《お》しつけや別のかたちの差別」などもあるということを知っておかなければならないとおばあちゃんは言っている。つまり，見えている部分だけで判断しないように気をつけなければならないということなので，ウの内容が合う。

問16　冒頭《ぼうとう》の役割語について詠子が語っている部分に着目する。「誰かに与えられた役じゃなくて，自分の選び取った役」を演じられる「役割語」を「言珠」に入れられないか，ということをおばあちゃんに話している。

問17　テレビのテロップは，言葉を発した人以外の人によって演出されることにより，本人の意思とは異なるイメージが見る側に定着してしまうことがある。それと同じように，言葉屋という「外の人間」が役割語という言珠によって手を加えると，その人の本心と違《ちが》ってしまうと考えられる。言葉はその言葉を発する人の心から生まれるべきものなので，本人以外の人が手を加えるときは気をつけなければならないのだと，おばあちゃんは言っているのである。

三　**出典は日《ひ》野《の》原《はら》重明《しげあき》の『十歳《さい》のきみへ―九十五歳のわたしから』による。**戦後のつらい生活を体験した筆者が，若い人たちに向け，どのように生きていってほしいかということについて述べている。

問１　戦争が終わって「家も，食べものも，着るものも，なにもかもをうしなった状態」だったので，他者に「手をさしのべ」るような「よゆうは，だれにもなかった」のである。

問２　生活に必要な衣食住の全てが失われ，生きていくことさえ大変な状態を，ぼう線②の四段落後で筆者は「いのちにしがみつく」ようにして生きていく日々と表現している。

問３　直後の段落に注目する。戦争の前までは，「そこにあることがあたりまえ」で「ごくありふれたもの」と思っていた「家族や，だんらんや，しあわせや，のんびりとした時間や，あたたかい食事や，けんかのできる兄弟姉妹や，人の情けや思いやり」などが，「じつはどれもかけがえのないもの」だと気づけたことを，筆者は「さいわいだった」と述べている。

問４　「わたしたち」は，「ゆたかさを追い求めるようになってから」，「つつましい生活のなかにある小さなしあわせ」を実感できる「センサーをにぶらせて」しまったため，ありがたいと感じていたものからありがたみが消え，おだやかな生活のしあわせを感じ取ることができなくなってしまった。「ゆたかさを手に入れさえすれば，戦争以前のおだやかな生活にもどれる」という考えは思いちがいだったのである。

問５　「まるで」は，「ようだ」「みたいだ」のふくまれる文節にかかり，直ゆ表現として用いられる。「まるで」→「処理するよう」だとつながると意味が通る。

問６　⑴　ぼう線⑤の直後に「知る力がおそまつ」になると，「他人はどこまでも自分とは関係のない存在」にしか見えなくなると述べられている。　⑵　他人が自分とは関係のない存在になってしまうと，ほかの人の痛みを想像したり思いやったりすることができなくなる。ぼう線⑤の直前では，「戦争」も自分とは関係のないところで起こっているかぎり，「自分が解決に乗り出すべき問題として自覚」されなくなってしまうと述べられている。

問７　「なぐられれば痛い」し，「くやしいし，腹も」立つのは当然なので，「たしかに」が入る。

問８　「おう」は漢字で書くと「負う」となり，“傷を受ける”という意味。

問９　⑴　Ｂの部分に「やられたらやり返す」ということをたがいにくり返すことによって，「争いはますますはげしく」なり，「うらみがうらみを呼び，報復がいつまでも続く」とあることに着目する。「わたしをふくめておとなたち」は，怒《いか》りや憎《にく》しみにまかせて「やられたらそれを倍にしてやり返すというくり返しを断《た》ち切れなかった」ために「この世界から戦争をなくせないでいる」という過《あやま》ちを，筆者は反省している。　⑵　「やられたらやり返す」ということをくり返さないためには，「自分の受けた傷の痛み」だけを感じるのではなく，「相手もどこかに痛みをかかえている」るのではないかといったことや，相手にも友人や家族がいて，笑ったり喜んだりする毎日があるのではないかということを考えるのが大切だと筆者は述べている。相手も自分と同じ人間であることに思いをめぐらせ，相手を「思いやる」ことができる人間になってほしいという筆者の願いが読み取れるので，エが選べる。

2022年度　十文字中学校

〔電　話〕(03) 3918－0511
〔所在地〕〒170-0004　東京都豊島区北大塚1－10－33
〔交　通〕JR山手線－「巣鴨駅」,「大塚駅」より各徒歩5分,
都営三田線－「巣鴨駅」より徒歩5分

【思考力型理科系】〈思考力型試験〉(50分)〈満点：100点〉

〈編集部注：実物の入試問題では，図の大部分とグラフはカラー印刷です。〉

1　夏子さんは，毎朝家を出る直前に検温をして学校に登校しています。〈**表1**〉は，夏子さんの検温記録で，〈**図1**〉は検温に利用した体温計とその説明です。夏子さんとお母さんの会話文を読み，あとの問いに答えなさい。

夏子さん「ねえお母さん。検温記録を見ると2日目と4日目だけ少し体温が低いわ。」
お母さん「あら本当。何かあったかしら？」
夏子さん「いつも使っている電子体温計の電池が切れていたのはいつだっけ？」
お母さん「2日目よ。だから2日目だけ非接触《しょく》型体温計を使って検温したわね。」
夏子さん「そっか。」
お母さん「4日目は，ねぼうして朝ごはんを食べなかった日だわ。」
夏子さん「体温っていろんな原因で測定結果が変わってしまうのね。」
お母さん「健康管理のために体温を測定するなら，測り方だけでなく，朝ごはんの内容にも注目すべきよ。」
夏子さん「食事内容にも気をつかわなければならないのね。」

〈**表1**〉　夏子さんの検温記録

	1日目	2日目	3日目	4日目	5日目	6日目	7日目	**平均**
体温[℃]	36.3	35.9	36.3	35.9	36.2	36.2	36.3	□

■電子体温計

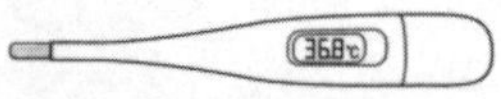

●すき間ができないようにわきをしっかりしめて検温してください。
●15秒間で測定部位の温度の上がり方を分析し，ブザー音とともに10分後の結果を予測表示します。
●測定を続けると実測検温に切り替わり10分後にブザーが鳴ります。
●測定可能な温度は，32.0～42.0℃です。

■非接触型体温計

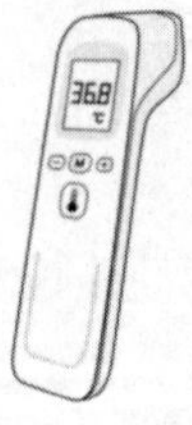

●手首の方が額と比べて検温精度が低いです(特に手首は低く計測される傾向にあります)。
●本器は，測定部位の表面温度を瞬《しゅん》時に測定し，体温を予測表示します。
●測定可能な温度は，35.0～42.0℃です。

〈**図1**〉　電子体温計と非接触型体温計

問1　〈**表1**〉の□にあてはまる数値を計算して答えなさい。なお，答えは小数第二位を四捨五入して小数第一位まで答えなさい。

2日目に非接触型体温計で額を検温した結果が低いことに疑問を感じた夏子さんは，インターネットで電子体温計と非接触型体温計について調べてみることにしました。すると，電子体温計と非接触型体温計を使った次のような実験が見つかりました。

〔**実験**〕

真冬にA～Eの５人が屋外を５分ほど散歩して25℃の室内に入った直後から10分経過するまでの体温を測定した。

測定方法は，電子体温計でわきの下，非接触型体温計で額を測定した。

ただし，電子体温計は入室してから10分間かけて実測検温を行い，非接触型体温計は入室してから０・３・５・７・10分後にそれぞれ測定を行った。〈**表２**〉は，その実験結果を示したものです。

〔**結果**〕

〈**表２**〉　電子体温計と非接触型体温計で検温した結果

	電子体温計の結果[℃]	非接触型体温計の結果[℃]				
		０分後	３分後	５分後	７分後	10分後
A	36.2	―	―	36.0	36.0	36.2
B	36.5	―	35.2	36.2	36.4	36.5
C	36.4	―	―	35.0	35.9	36.2
D	36.6	―	35.3	36.3	36.3	36.4
E	37.0	―	36.3	36.6	36.5	36.8

［注］　表中の―は測定できなかったことを示す。

問２　この実験から非接触型体温計について分かることとして，正しいものを次の(あ)～(う)の中から１つ選び，記号で答えなさい。

(あ)　非接触型体温計を使うとき，屋外から屋内への移動などの周囲の温度が大きく変化する場合は，同じ温度の場所で10分程度経過してから測定した方がよい。

(い)　非接触型体温計は，わきの下よりも低い温度が表示されるので，検温のために利用することはできない。

(う)　非接触型体温計は，額で検温すればどのようなときでも検温することができる。

次に夏子さんはお母さんとの会話から食品について調べることにしました。〈**図２**〉は食品の種類とグループ分けをまとめたものです。

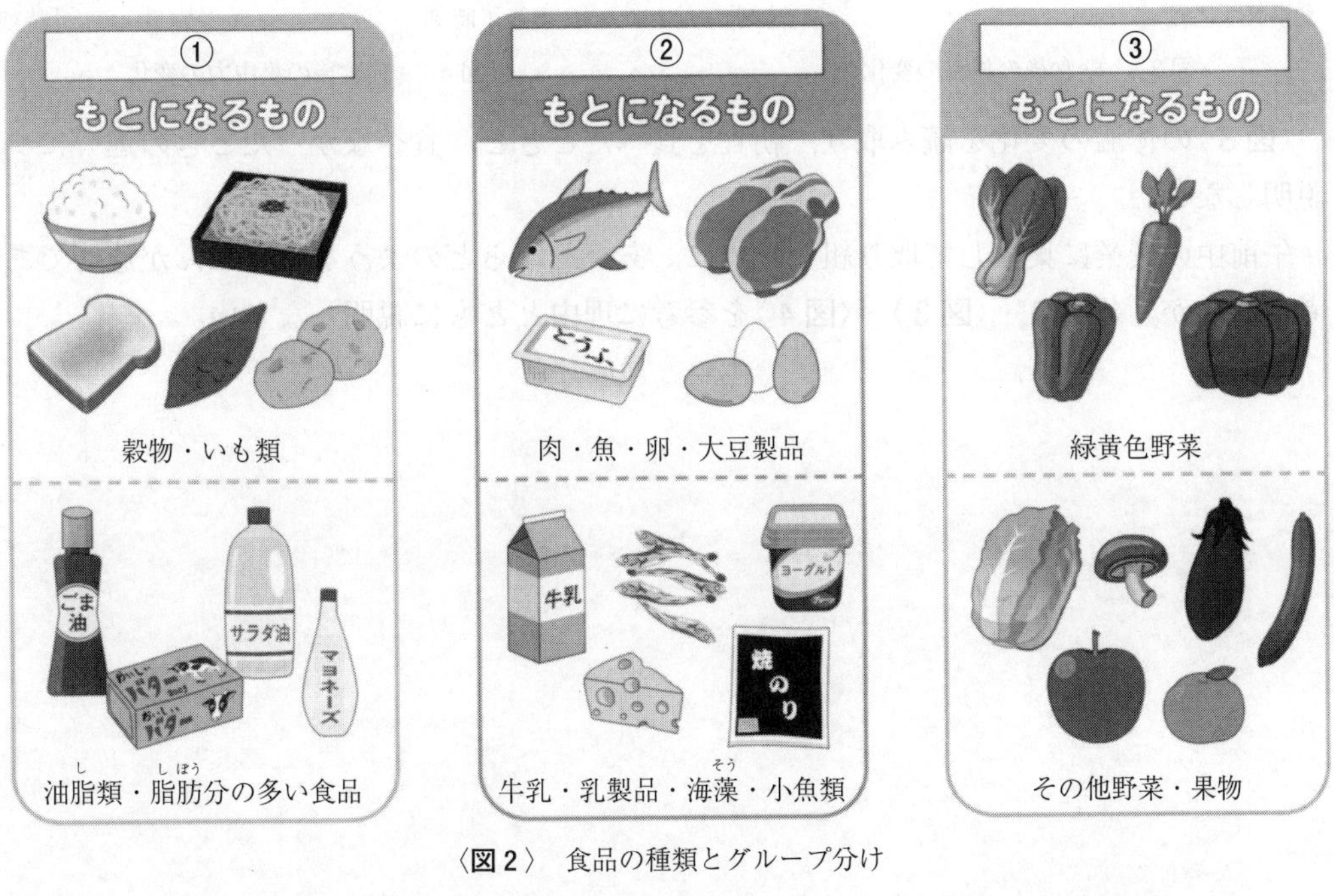

〈**図２**〉　食品の種類とグループ分け

問３　〈**図２**〉の①～③に適する語句の組み合わせとして正しいものを，次の(あ)～(え)の中から１つ選び，記号で答えなさい。

	①	②	③
(あ)	力や熱を発生させる	体をつくる	体の調子を整える
(い)	体の調子を整える	力や熱を発生させる	体をつくる
(う)	体をつくる	体の調子を整える	力や熱を発生させる
(え)	体の調子を整える	体をつくる	力や熱を発生させる

さらに，朝ごはんのもたらす効果について調べました。〈**図３**〉は，食事終了時刻の体温を０として，体温の変化を示したものです。〈**図４**〉は，食事終了時刻から集中力の変化を示したものです。

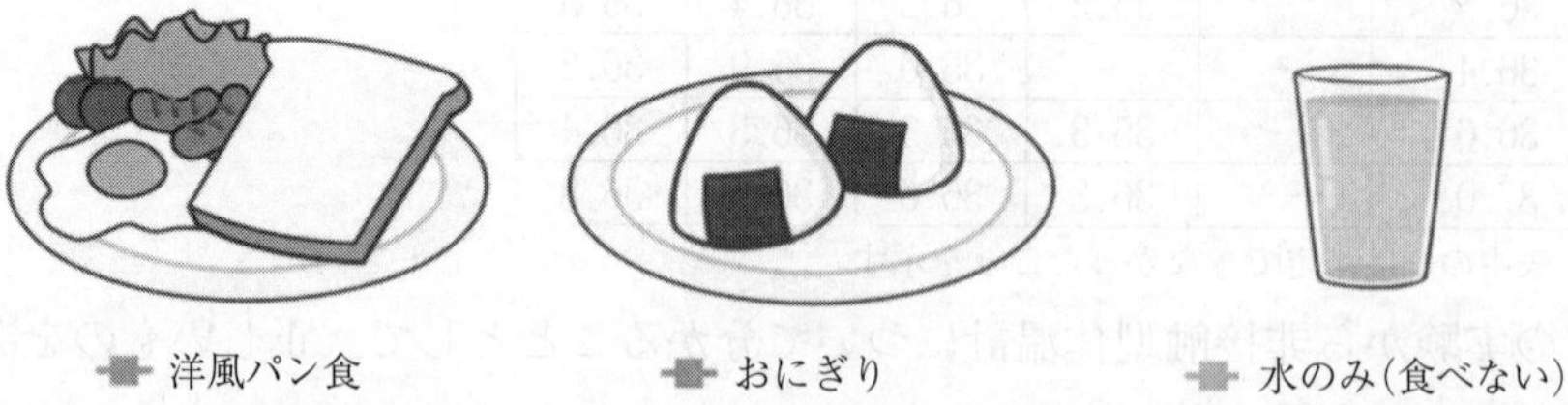

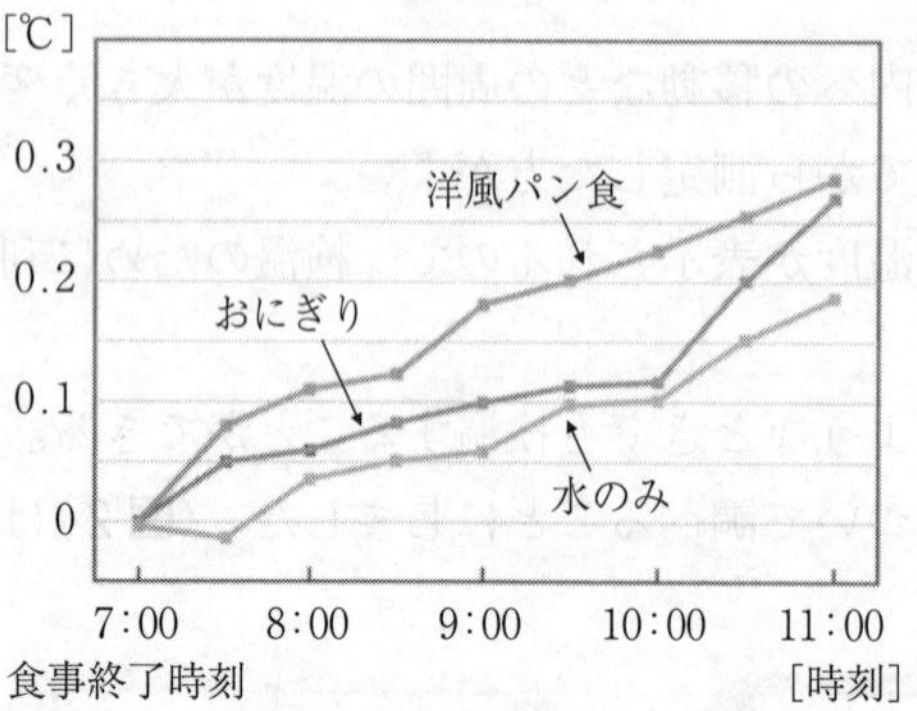

〈**図３**〉　朝食後の体温の変化

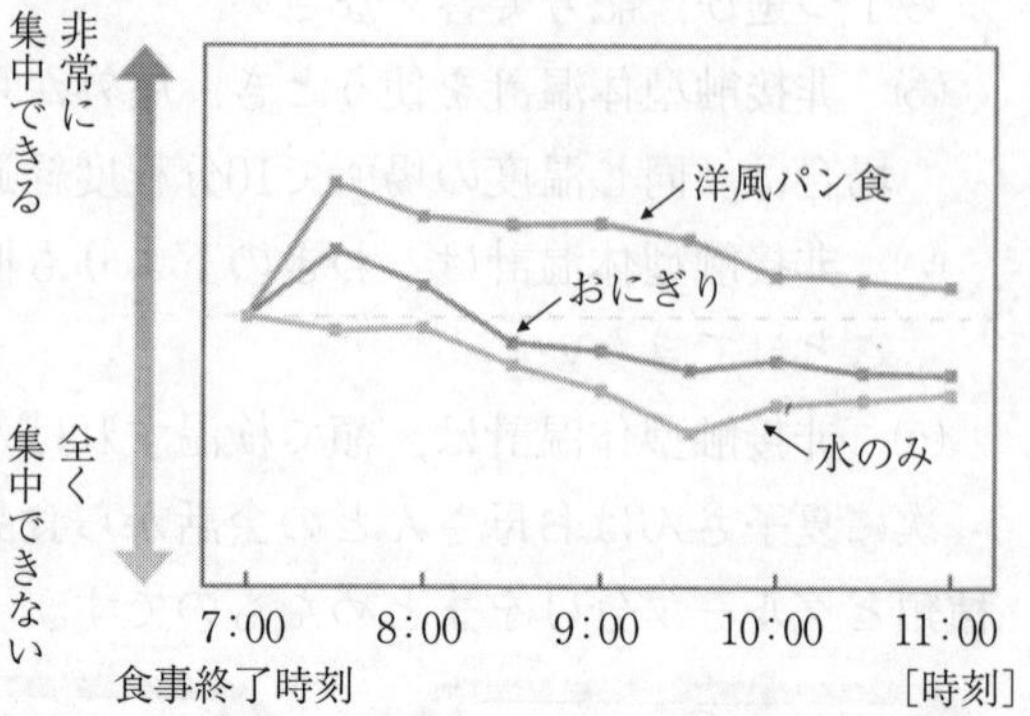

〈**図４**〉　朝食後の集中力の変化

問４　〈**図３**〉の体温の変化を読み取り，朝食を食べたときと，食べなかったときの違《ちが》いについて説明しなさい。

問５　午前中の授業に集中して取り組むために，あなたならどのような朝ごはんが適切であると考えますか。〈**図２**〉・〈**図３**〉・〈**図４**〉を参考に理由とともに説明しなさい。

2　ある日，夏子さんがテレビを見ていると，効率の良い部屋の換《かん》気方法についての番組が放送されていました。〈**図５**〉は番組で紹介された部屋の換気についてのまとめです。これを読み，あとの問いに答えなさい。

①　換《かん》気とは様々な方法を使って部屋の空気を入れかえることである。

②　換気をする場合，空気の通り道をつくることが大切で，特に対角線上の窓や扉《とびら》を開けると効率が良い。

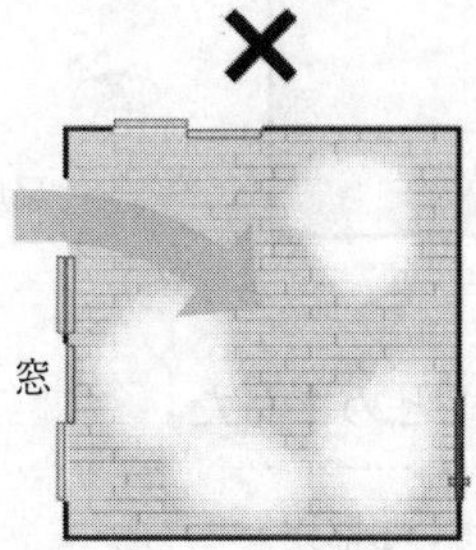

「窓が１つだけ開いている場合」

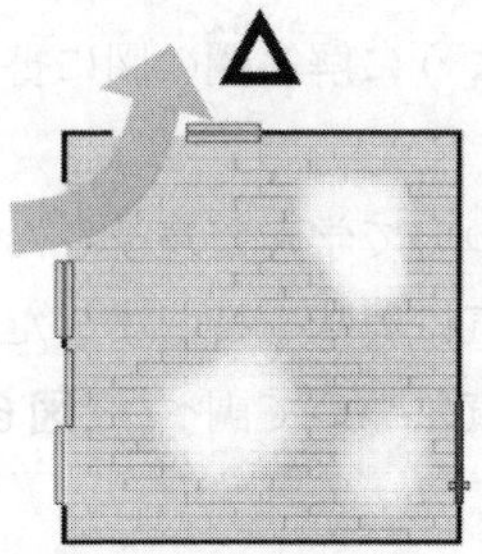
「近くの窓が２つだけ開いている場合」

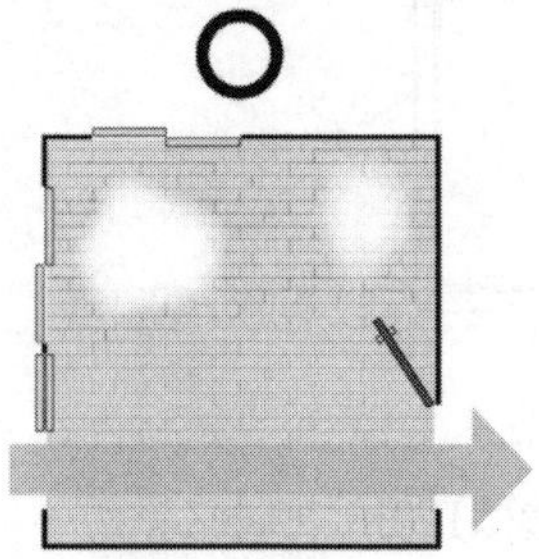
「直線上の窓と扉が
開いている場合」

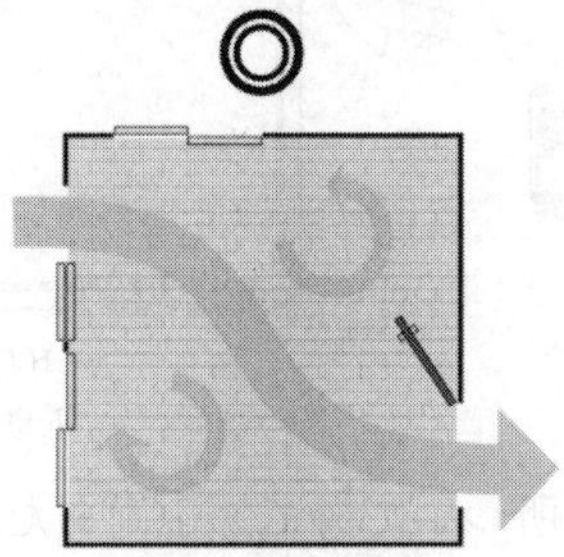
「対角線上の窓と扉が
開いている場合」

③　窓を開けても風があまり入ってこない場合は風が入ってくる窓や扉をせまく，出ていく所を広く開けるとより効率の良い換気ができる。

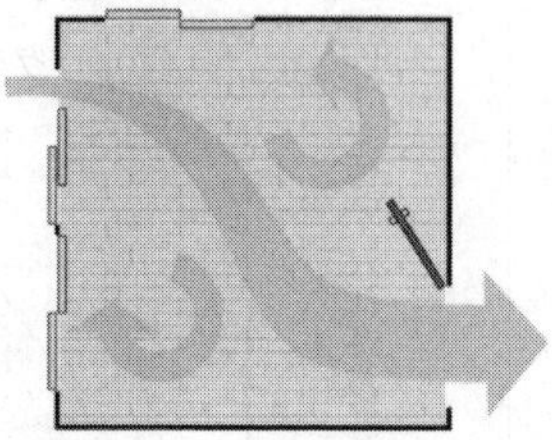

④　窓がない部屋は扇《せん》風機などで空気の通り道を作り，中の空気を外に出すと換気ができる。

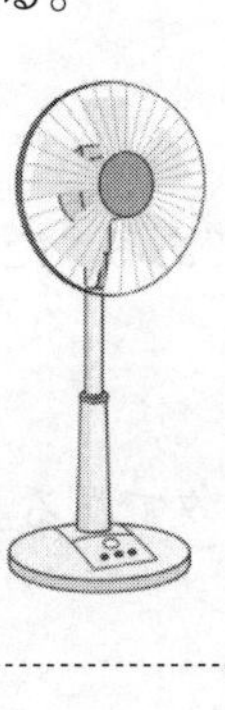

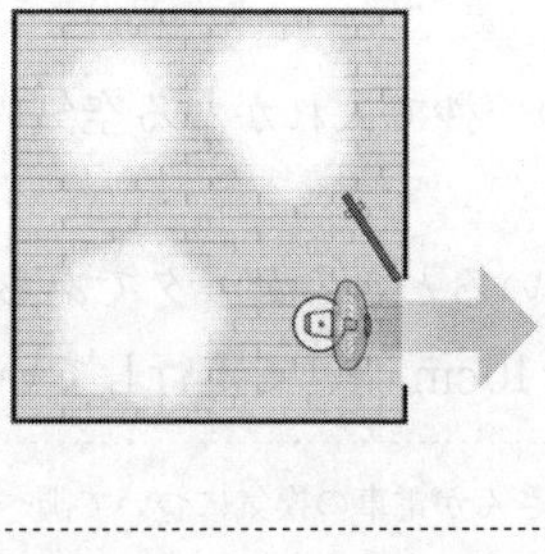

〈**図５**〉　番組で紹介された部屋の換気についてのまとめ

問６　〈**図５**〉の③と**関係のないもの**を，次の(あ)～(え)の中から１つ選び，記号で答えなさい。

(あ)　ホースの出口をつまむと水が勢いよく飛び出した。

(い)　川幅《はば》が広いところよりせまいところの方が水の流れが速くなっていた。

(う)　口を開けたときよりもすぼめたときの方が息が勢いよく出た。

(え)　窓を小さく開けたときよりも大きく開けたときの方が外の音がよく聞こえた。

問７　夏子さんは２台の扇風機を使い，窓のない部屋の換気をしようとして扉の近くに１台置きました。効率良く換気するためには，もう１台をどこに置けばよいですか。〈**図５**〉を参考にして，扇風機の記号を位置と向きが分かるように解答欄《らん》の図に書きいれなさい。

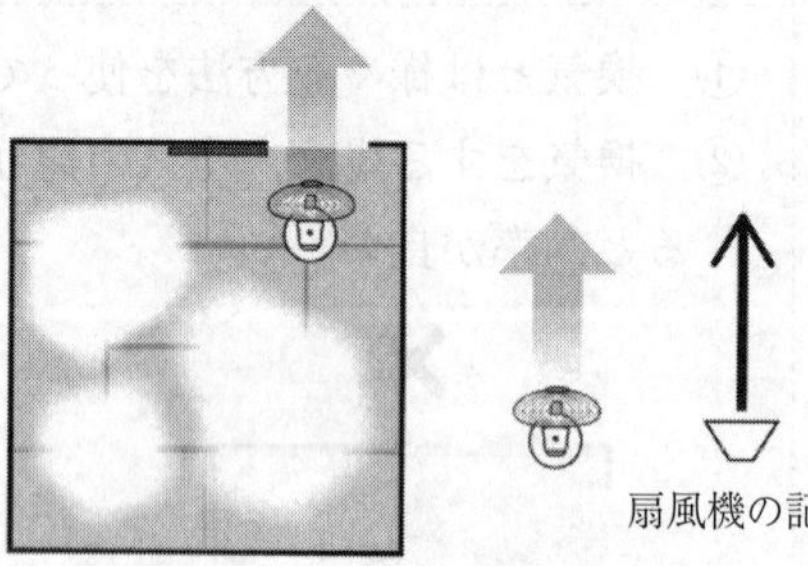

扇風機の記号

番組を見て，部屋の換気について学んだ夏子さんは，動き続けている電車の換気に興味を持ちました。

夏子さんは早速，電車の換気について調べ，〈**図６**〉のようにまとめました。

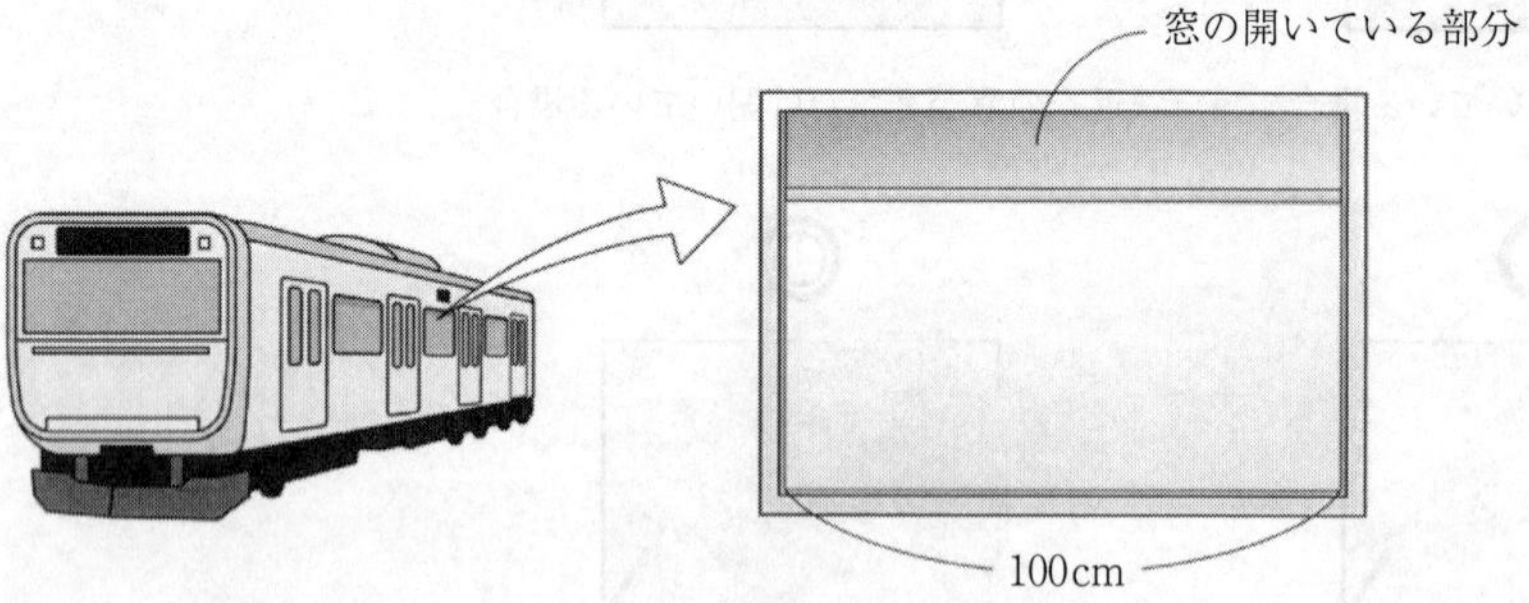

電車１両　　電車の窓

・電車１両には窓が６か所ついていて，１両あたりの体積は120m^{3}である。

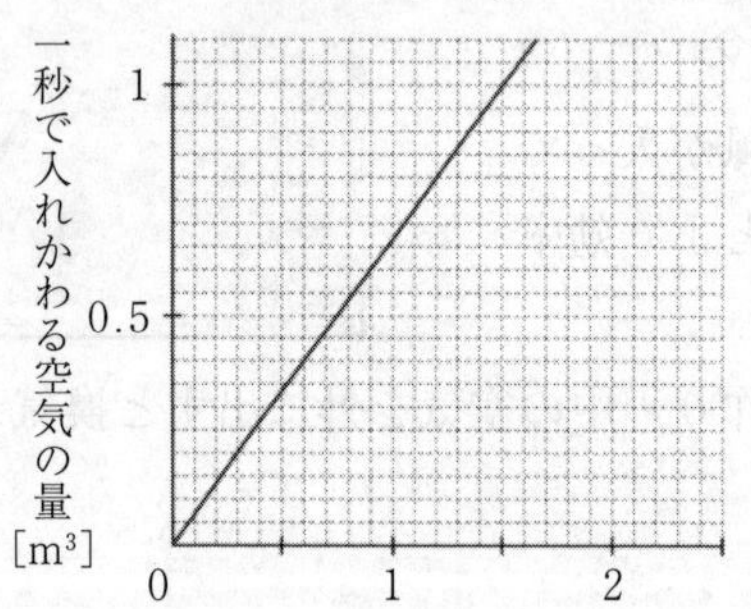

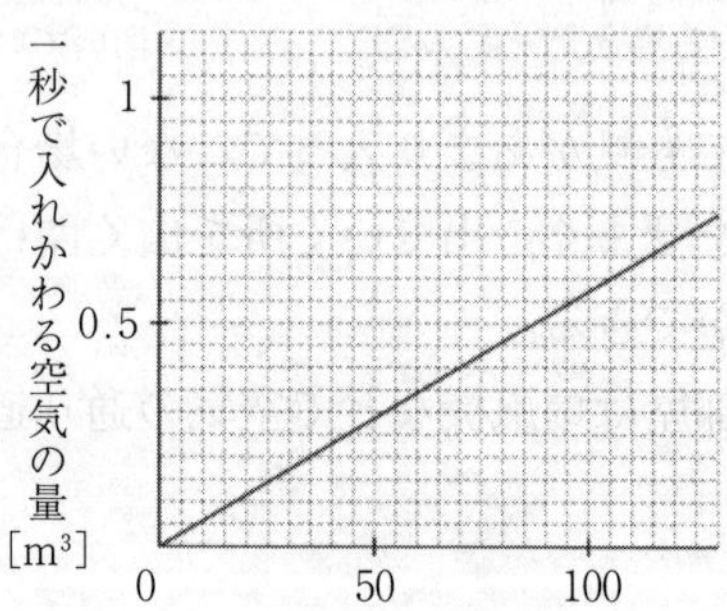

・**グラフ**①，②は電車１両あたりの一秒で入れかわる空気の量のデータである。ただし，乗客は乗っていないものとする。

・**グラフ**①は時速70kmで走行しているときのデータである。

・**グラフ**②は電車１両の全ての窓を10cm開けて走行しているときのデータである。

〈**図６**〉　夏子さんが電車の換気について調べたこと

問８　〈**図６**〉の**グラフ**①，②から電車１両あたりの一秒で入れかわる空気の量について分かることを説明しなさい。

問９　夏子さんは〈**図６**〉を参考にして，電車の換気について考えてみることにしました。次の問いに答えなさい。ただし，電車１両には窓が６か所ついていて，全て10cm 開いているものとします。

(1)　電車１両あたりの窓の開いている部分の総面積が何cm^2になるか計算しなさい。

(2)　電車が時速70km で走行しているとき，電車１両分の空気が入れかわるのに何秒かかりますか。計算して答えなさい。

次に夏子さんは，実際に走行している電車内の換気について調べました。調べた結果，乗客が乗っているいないに関わらず，換気の効率は変わらないことが分かりました。

問10　なぜ走行中の電車内の換気の効率は，乗客のいるいないに関係しないのか。理由とともにあなたの考えを答えなさい。

3　次の夏子さんとお母さんの会話文を読み，あとの問いに答えなさい。

お母さん「最近は手指のアルコール消毒が習慣になっているけれど，消毒してすぐに手を火に近づけるのはとても危険なのよ。」

夏子さん「知ってるわ。この前，手をアルコール消毒してからガスコンロに近づいたら引火したというニュースを見たわ。でもなぜ引火したのかしら？」

お母さん「それなら家にあるアルコール消毒液のラベルを見たら，何かわかるかもしれないわよ。」

夏子さん「ラベルに書かれているエタノールという物質に火をつけると，青白い炎を上げて燃えるって聞いたことがあるわ。」

お母さん「その通りよ。エタノールは，アルコールの種類の１つで，消毒液の他にもお酒やみりん，しょう油などにも含《ふく》まれているのよ。」

夏子さん「消毒液にも調味料にも同じエタノールが入っているなんて不思議だわ。」

効　　能：手指・皮ふの洗浄《じょう》・消毒
成　　分：エタノール79%　精製水　グリセリン
　　　　　ヒアルロン酸ナトリウム　乳酸ナトリウム
使用上の注意：火気の近くでは使用しない。
　　　　　肌《はだ》に合わないときは使用をやめる。
　　　　　［　あ　］
内 容 量：200mL

〈図７〉　アルコール消毒液のラベル

問11　〈**図７**〉は，アルコール消毒液のラベルを表したものです。［ あ ］に当てはまる一般的な使用上の注意点を１つあげ答えなさい。

問12　夏子さんが使っているアルコール消毒液は200mL 入りで100回分の消毒ができます。夏子さんがこの消毒液を一日に５回使った場合，一日に何ｇのエタノールを使うことになるか，〈**図７**〉の成分に注目して計算しなさい。ただし，このアルコール消毒液１mL の重さは１ｇとします。

夏子さんは，お母さんが言っていた「みりんにエタノールが含まれている」というのが本当かどうか確かめるため，翌日学校で次のような実験を行いました。

〔**実験**〕

〈**図8**〉のように，丸底フラスコにみりん100mLと沸とう石を入れ，ガスバーナーで火の大きさを変えずにおだやかに加熱し，１分ごとに温度を記録した。

加熱の途中に出てきた液体を２mLずつ２本の試験管に集めた。

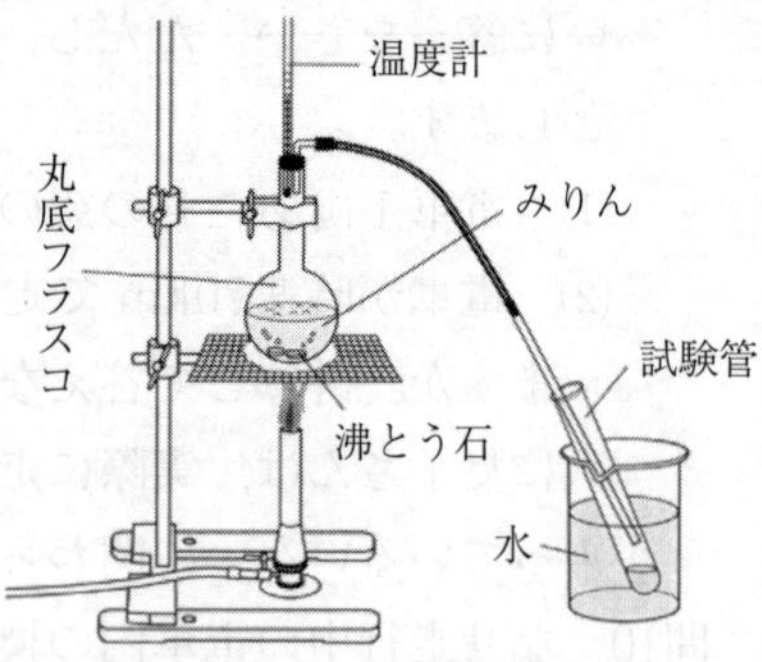

〈**図8**〉　実験装置

〔**結果**〕

〈**加熱時間と温度**〉

時間［分］	0	1	2	3	4	5	6	7	8	9	10	11	12	13	14	15
温度［℃］	23.0	34.8	48.2	59.6	78.0	78.2	78.4	78.5	78.8	82.4	90.7	96.8	98.0	98.2	98.4	98.5

〈**気が付いたこと**〉

・１本目に集めた液体…加熱してから４分～９分の間に集まった。つんと鼻をさすようなにおいがした。

・２本目に集めた液体…加熱してから10分～15分の間に集まった。ややつんとするにおいがしたが，１本目よりはきついにおいではなかった。

問13　夏子さんは，ガスバーナーに火をつけましたが，先生に「ガスバーナーの炎が大きくて赤いので，小さくしてから青い炎にしなさい。」と言われました。夏子さんは，この後どのような操作をすれば先生の指示通りにできるでしょうか。

「**ねじA**」「**ねじB**」「**アの方向**」「**イの方向**」の言葉を使って操作手順を説明しなさい。

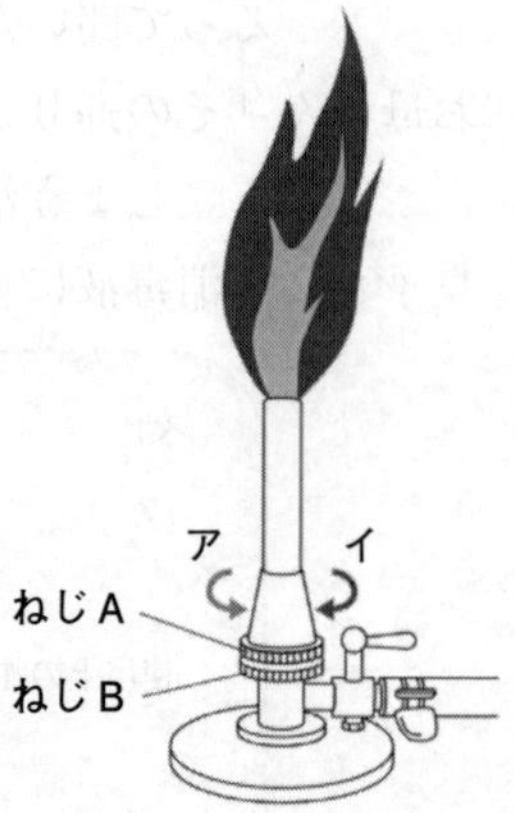

問14　〔**結果**〕の〈**加熱時間と温度**〉をもとに，この実験における15分間の温度変化を解答欄《らん》にグラフで表しなさい。

問15　〈**図9**〉は，水とエタノールを別々に加熱したときの加熱時間と温度変化を示したものです。問14のグラフと〈**図9**〉をもとに，この実験からみりんにエタノールが含まれているかどうか，あなたの考えをその理由とともに説明しなさい。

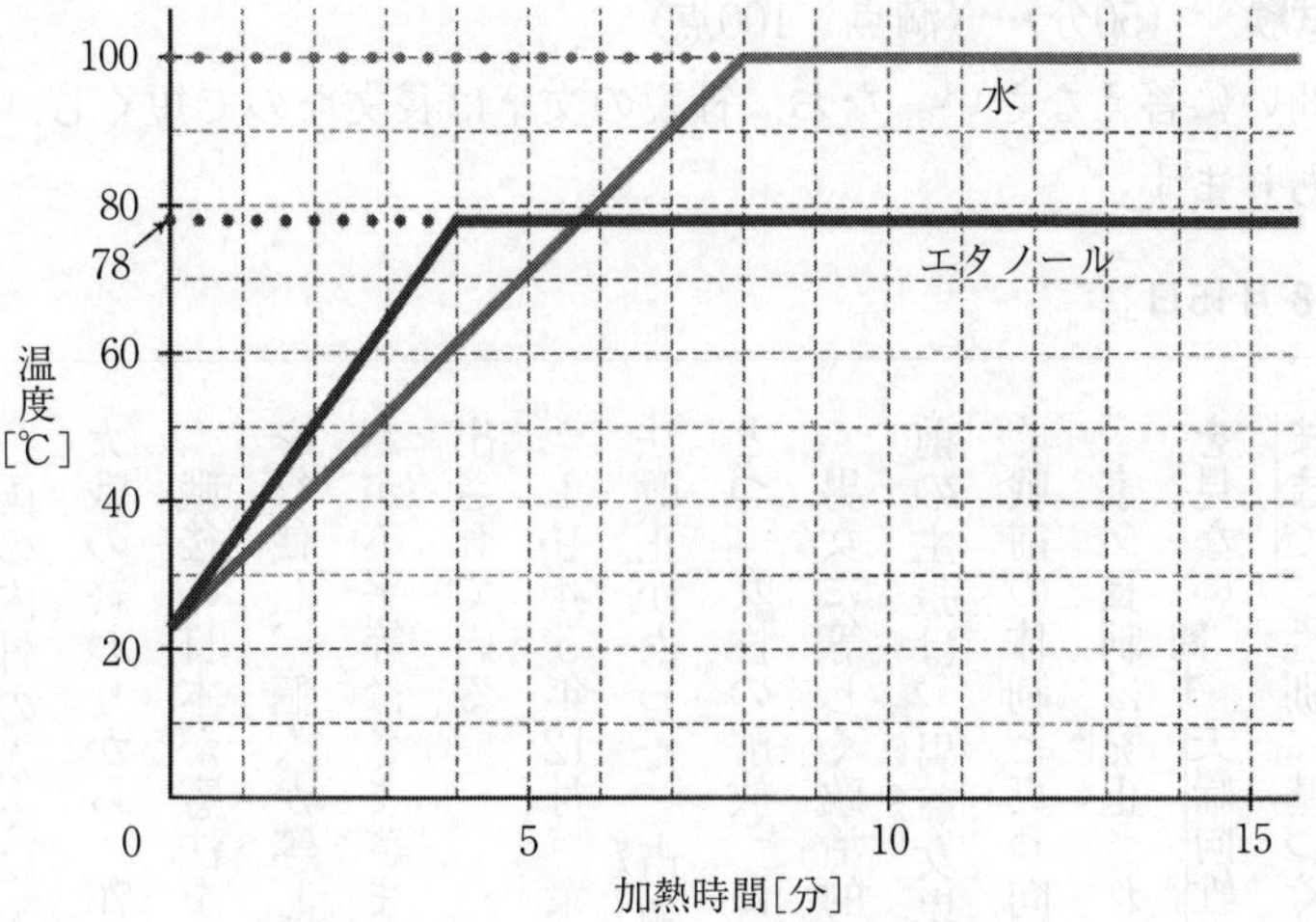

〈**図９**〉　水とエタノールの加熱時間と温度変化

【思考力型社会系】　〈思考力型試験〉　(50分)　〈満点：100点〉

1　下の社説を読んであとの問いに答えなさい。なお，社説の文章は長文なので短くし，わかりやすく変えているところもあります。

［朝日新聞　社説　令和３年８月15日］

国の内外の人々に大きな苦難をもたらした第２次大戦の終わりから、76年になる。

戦後の日本が憲法を手にめざしたのは、国民が主権を行使し、個人が等しく尊重される社会の実現だった。だが不平等はさまざまな形で残り、新たな矛盾《むじゅん》も生み出されている。

１９４５年12月、衆議院での女性の参政権を認める法改正があった。占領軍《せんりょうぐん》による民主化５大政策のひとつ「女性の解放」にそうものだった。

「男女に等しく政治的な権利を」という今では当たり前の主張は、男尊女卑《だんそんじょひ》の家《か》父長的《ふちょうてき》家族制に基礎《きそ》をおく戦前の体制と真っ向から対立するものだった。

家父長制は廃止《はいし》されても、それに由来し、世界に類を見ない **問１** 夫婦同姓《せい》を強制する法律はひきつがれたままだ。性別に基づく役割分業論も、ことあるごとに姿を現す。

男女の問題に限らない。社会的な地位、障害の有無、性的指向《しこう》、民族の違いなどによる不平等や格差《かくさ》が歴然《れきぜん》とある。

問２ コロナ禍《か》はその現実をうきぼりにした。**例えば**
……

問１　現在，日本では「日本人同士が結婚《けっこん》をする時，夫または妻の氏(姓)にしなくてはいけない」という法律があります。これについて，下の［**資料１**］〜［**資料３**］を参考にしてあなたの考えを200字程度で書きなさい。

問２　**例えば**に続く文章を考えて，150字程度で書きなさい。

［**資料１**］

最高裁判所は，令和３年６月23日に民法750条の「夫婦は婚姻《こんいん》の際に定めるところに従い夫または妻の氏を称《しょう》する」は合憲であり，夫婦別姓は認められないとした。

［**資料２**］　**婚姻届には，夫の姓，妻の姓のどちらを用いたか**

	夫の姓(%)	妻の姓(%)
1975年	98.8	1.2
1990年	97.7	2.3
2005年	96.3	3.7
2012年	96.2	3.8
2015年	96.0	4.0

厚生労働省「平成28年度人口動態統計特殊報告【婚姻に関する統計】の概況」

［資料３］ **夫婦別姓についてどう考えているか**

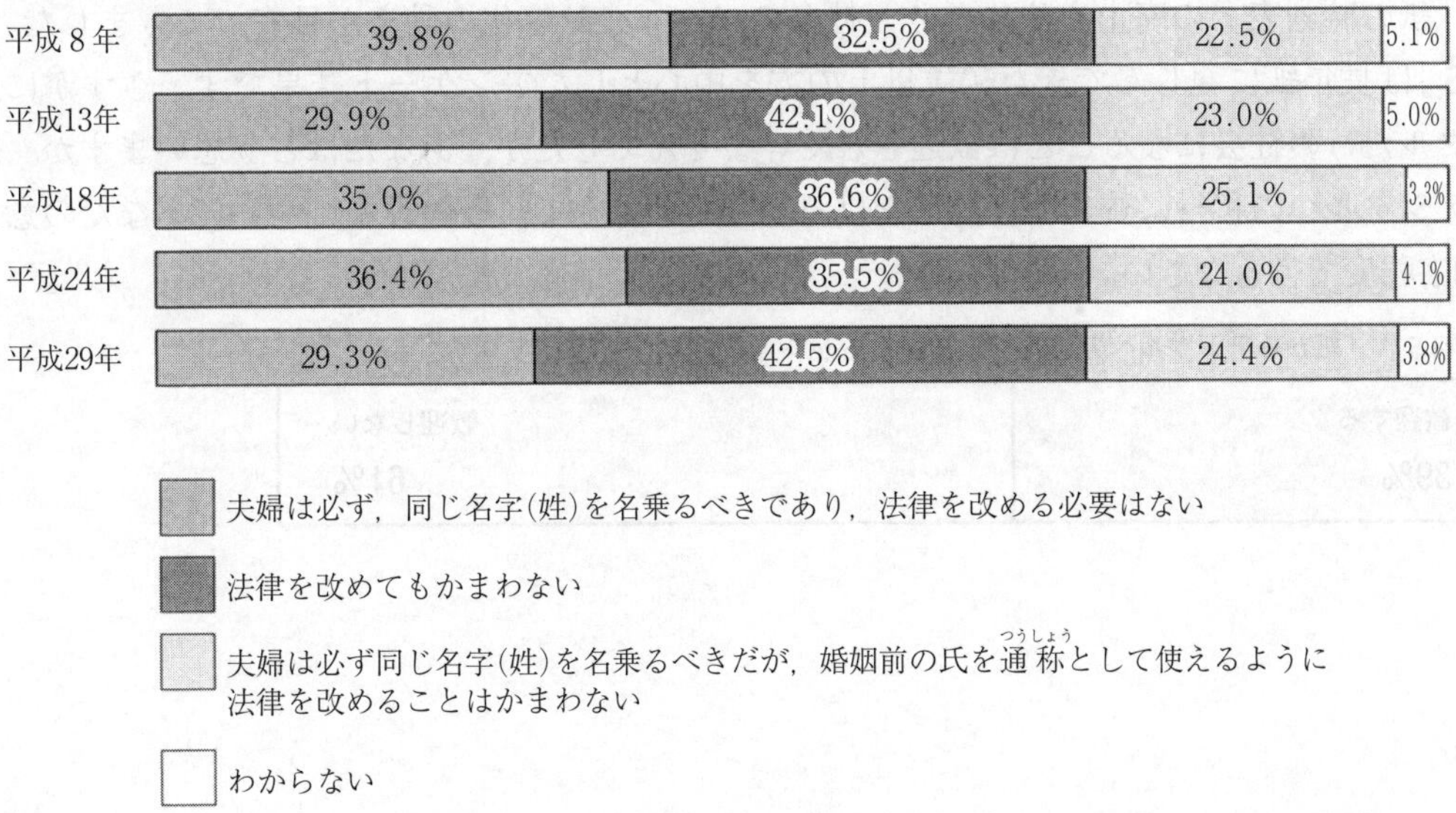
平成８年 39.8% 32.5% 22.5% 5.1%
平成13年 29.9% 42.1% 23.0% 5.0%
平成18年 35.0% 36.6% 25.1% 3.3%
平成24年 36.4% 35.5% 24.0% 4.1%
平成29年 29.3% 42.5% 24.4% 3.8%
夫婦は必ず，同じ名字(姓)を名乗るべきであり，法律を改める必要はない
法律を改めてもかまわない
夫婦は必ず同じ名字(姓)を名乗るべきだが，婚姻前の氏を通称《つうしょう》として使えるように法律を改めることはかまわない
わからない

法務省「平成29年度選択的夫婦別氏制度に関する調査結果の推移(総数比較)」

2 ［資料４］は新型コロナウイルスが流行した2020年４月１日から2021年３月31日までの主な企《き》業《ぎょう》の決算状況《じょうきょう》を表しています。利益の多かった企業と，利益を出すことができずに赤字になってしまった企業と，明暗が二極化したことが特徴《とくちょう》です。

［資料４］を参考にして，新型コロナウイルスの流行が企業にどのような影響《えいきょう》を与《あた》えたのか，200字程度で書きなさい。

［資料４］ **主な企業の※1決算状況**

		業種	※2純損益
増収	ソフトバンクグループ	情報・通信	4兆9879億円
	トヨタ自動車	輸送用機器	2兆2452億円
	ソニーグループ	電気機器	1兆1717億円
	任天堂	その他製品	4803億円
	東京エレクトロン	電気機器	2429億円
	村田製作所	電気機器	2370億円
	富士通	電気機器	2027億円
	ヤマダホールディングス	電気機器	517億円
	日清食品ホールディングス	食料品	408億円
減収	JR東日本	陸運業	▼5779億円
	JR西日本	陸運業	▼2332億円
	ANAホールディングス	空運航空事業	▼4046億円
	日本航空	空運航空事業	▼2866億円
	住友商事	卸《おろし》売業	▼1530億円
	オリエンタルランド	サービス業	▼541億円
	三越伊勢丹ホールディングス	小売業	▼410億円

※１：2021年３月期。▼は赤字。
※２：純損益とは，一定期間における総収益と総費用との差額のことです。

3　一部の銀行が新規口座で「紙の預金通帳」の発行に手数料をとったり，航空会社や鉄道会社が「紙の時刻表」の廃止《はいし》を決めたり，社会のペーパーレス化の動きが目立ってきました。[**資料５**]は長年紙に親しんできた50歳《さい》以上の方を中心としたアンケート結果です。さすがに，デジタルだけの社会になることは歓迎《かんげい》されていませんでしたが，あなたはどう思いますか。紙からデジタルへの移行に賛成か反対かをはっきりさせた上で，その理由についてあなたの意見を200字程度で書きなさい。

［資料５］「紙からデジタルへの移行」を歓迎するか

歓迎する	歓迎しない
39%	61%

2022年度

十文字中学校 ▶解　答

※　編集上の都合により，思考力型試験の解説は省略させていただきました。

思考力型理科系　＜思考力型試験＞（50分）＜満点：100点＞

解　答

1 **問1**　36.2　**問2**　(あ)　**問3**　(あ)　**問4**　(例)　どちらも11時にかけて体温は上昇するが，朝食を食べた場合の方がより高い温度を維持しながら上昇し，約0.3℃変化するのに対し，水のみの場合は朝食を食べたときよりも低い温度を維持しながら上昇し，約0.2℃変化する。

問5　(例)　図3と図4より，体温が高い方が集中力の低下がゆるやかなことが読み取れる。また，最も体温・集中力が高くなった洋風パン食は図2の3つの食品グループのうち力や熱を発生させるもとになるもの以外の食品も含まれていることから，食品グループのバランスのとれた朝食が適切であると考えられる。

2 **問6**　(え)　**問7**　右の図1　**問8**　(例)　グラフ①からは，電車の速さが一定でも窓を開ければ開けるほど，より空気が入れかわることがわかる。また，グラフ②からは電車の窓の開いている部分の総面積が変わらなくても速ければ速いほど空気が入れかわることがわかる。そしていずれも比例関係が成り立っている。　**問9**　(1)　$6000cm^2$　(2)　300秒

図1

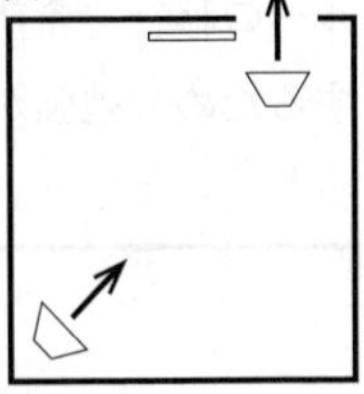

問10　(例)　乗客が乗ることによって，空気の流れは悪くなると考えられるが，換気すべき空気の体積はその分少なくなる。そのため，結果的には換気効率は変化しないと考えられる。

3 **問11**　(例)　目や口に入れない。　**問12**　7.9g

問13　(例)　ねじBをイの方向に回してから，ねじAをアの方向に回す。　**問14**　右の図2　**問15**　(例)　図9から，エタノールが沸とうする温度は78℃であり，この実験では4分～8分の温度が約78℃で一定になっているので，みりんにはエタノールが含まれているといえる。

図2

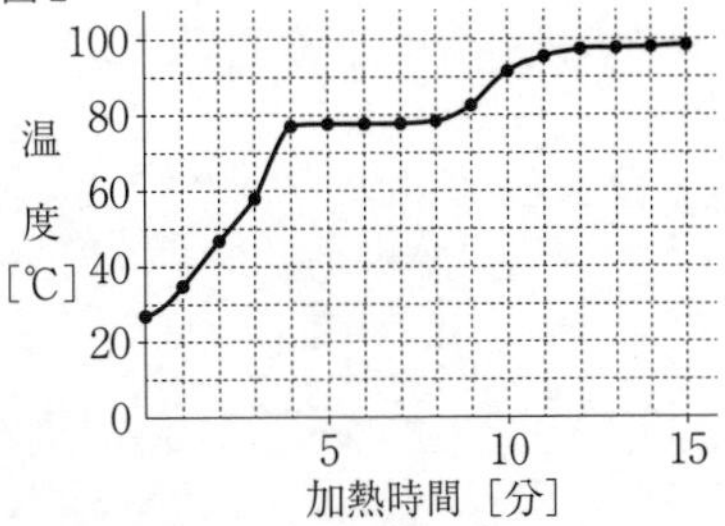

思考力型社会系　＜思考力型試験＞（50分）＜満点：100点＞

解　答

1 **問1**　(例)　資料1からは最高裁判所が夫婦別姓は認められないという判決を出したことが，資料2からは婚姻時には女性が改姓する夫婦が2015年でも96％と大半であることがわかるとおり，家父長制が廃止された現代でも，男尊女卑の風潮は残っている。だが資料3では，夫婦同姓を定

めた法律を改めてもかまわないと考える人の割合が平成29年では最も多いことから，女性の社会進出が進む時代の流れに合わせて，少なくとも仕事上で不利にならないようにする法律改正は必要ではないかと思う。　**問２**　（例）　業績悪化を受けて，人件費を減らすなどの目的で，非正規労働者が解雇されたり，時短勤務を命じられたりするケースが相次ぎ，収入面で大きな不利益をこうむった。働く女性の半数以上は非正規労働者であるため，コロナ禍による経済的な不利益をこうむったのは女性が多かった。特に，貧困の割合が高いとされるシングルマザー家庭への影響は深刻である。

2 （例）　新型コロナウイルスの感染拡大を予防するために，外出をひかえることや，三密を避けることなどが求められた。この影響として，資料４からは，家で快適に作業したり過ごしたりするための電気機器や，ゲームなどの物やサービスを売る企業，人と接することなく移動できる自家用車などを販売する企業の利益が上がり，反対に，鉄道や航空といった交通に関連した企業，テーマパーク，デパートなど外出時に訪れる施設を運営する企業の利益が下がったことが読み取れる。

3 （例）　紙からデジタルへの移行に私は賛成である。紙を減らすことができれば，紙をつくることによって生まれる環境への負担を減らすことができると考えるからだ。しかし，資料５からわかるように，50歳以上の人の約６割が紙からデジタルへの移行を歓迎していないので，デジタルへの移行を希望しない人には，これまで通り，紙でのサービスを続けたり，デジタル化に対応するための勉強ができる教室を用意したりして，少しずつ環境に負担をかけない社会を実現できるといいと思う。

2022年度　十 文 字 中 学 校

〔電　話〕 (03) 3918－０５１１
〔所在地〕 〒170-0004　東京都豊島区北大塚１―10―33
〔交　通〕 JR山手線―「巣鴨駅」,「大塚駅」より各徒歩５分,
都営三田線―「巣鴨駅」より徒歩５分

【算　数】 〈得意型試験〉 (50分) 〈満点：100点〉

〔注意〕 1．**5**(2), **6**(2)は，式や考え方を解答用紙に記入すること。
2．円周率は3.14として計算すること。

1　次の□にあてはまる数を答えなさい。

(1)　$14-12\div(10-2\times4)=$ □

(2)　$\left(1\frac{2}{3}-\frac{5}{6}\right)\times3\div0.5=$ □

(3)　$23+7\times(385-$ □ $)+4=2022$

(4)　$\frac{3}{4}$時間で$\frac{2}{3}$ m^3の水をためることのできるポンプがあります。このポンプで１時間あたりにためることのできる水の量は□ m^3です。

(5)　ある２日間の最高気温の平均は29度で，１日目の最高気温は２日目の最高気温よりも４度高いです。１日目の最高気温は□度です。

(6)　今年，ある３姉妹の年齢《ねんれい》の合計は22才で，お母さんは38才です。□年後に，３姉妹の年齢の合計がお母さんの年齢と同じになります。

(7)　下の図の３つの円の半径はすべて６cmです。▒の部分の面積は□ cm^2です。

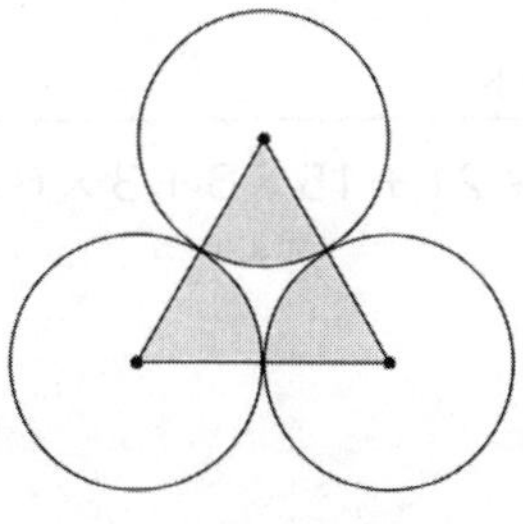

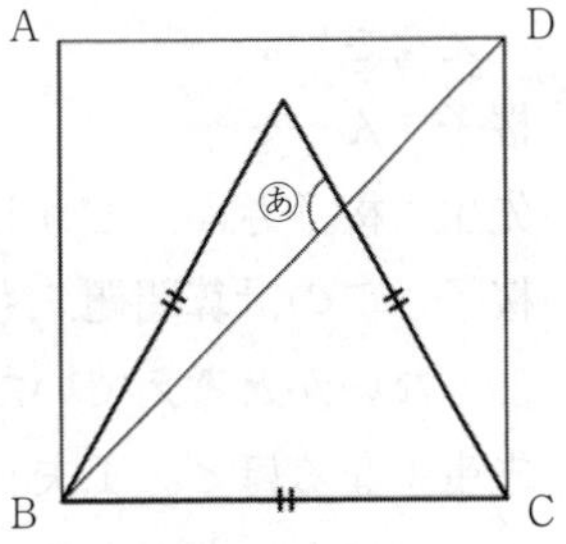

(8)　右の図の四角形ABCDは正方形です。ⓐの角の大きさは□度です。

2　同じ長さのマッチ棒を使って，正方形を組み合わせた図形を作ります。このとき，次の問いに答えなさい。

(1)　〈**図１**〉のように，マッチ棒を並べると，４本のマッチ棒で１個の正方形が作れます。７本のマッチ棒で２個の正方形が作れます。10本のマッチ棒で３個の正方形が作れます。32本のマッチ棒があるとき，正方形は最大で何個作れますか。

〈**図１**〉

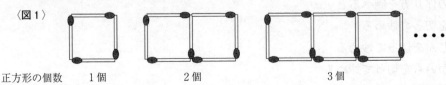

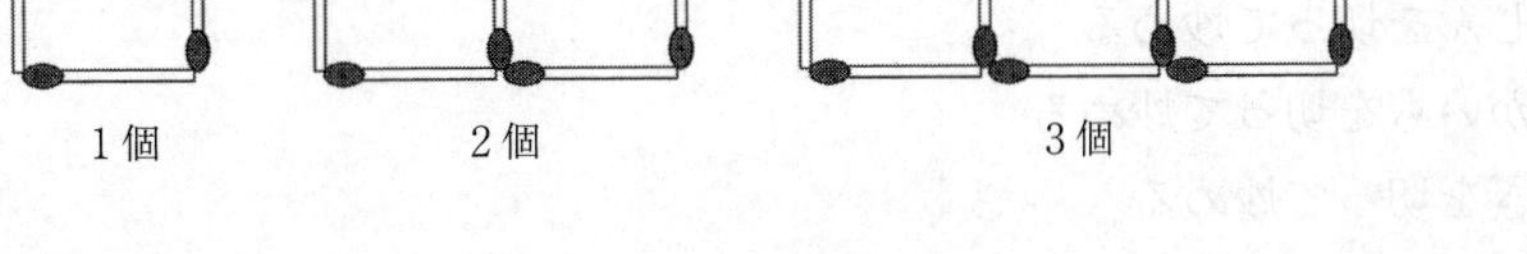

正方形の個数　　１個　　２個　　３個

(2)　〈**図２**〉のように，マッチ棒を並べます。７段目まで作るには何本のマッチ棒が必要ですか。

〈**図２**〉

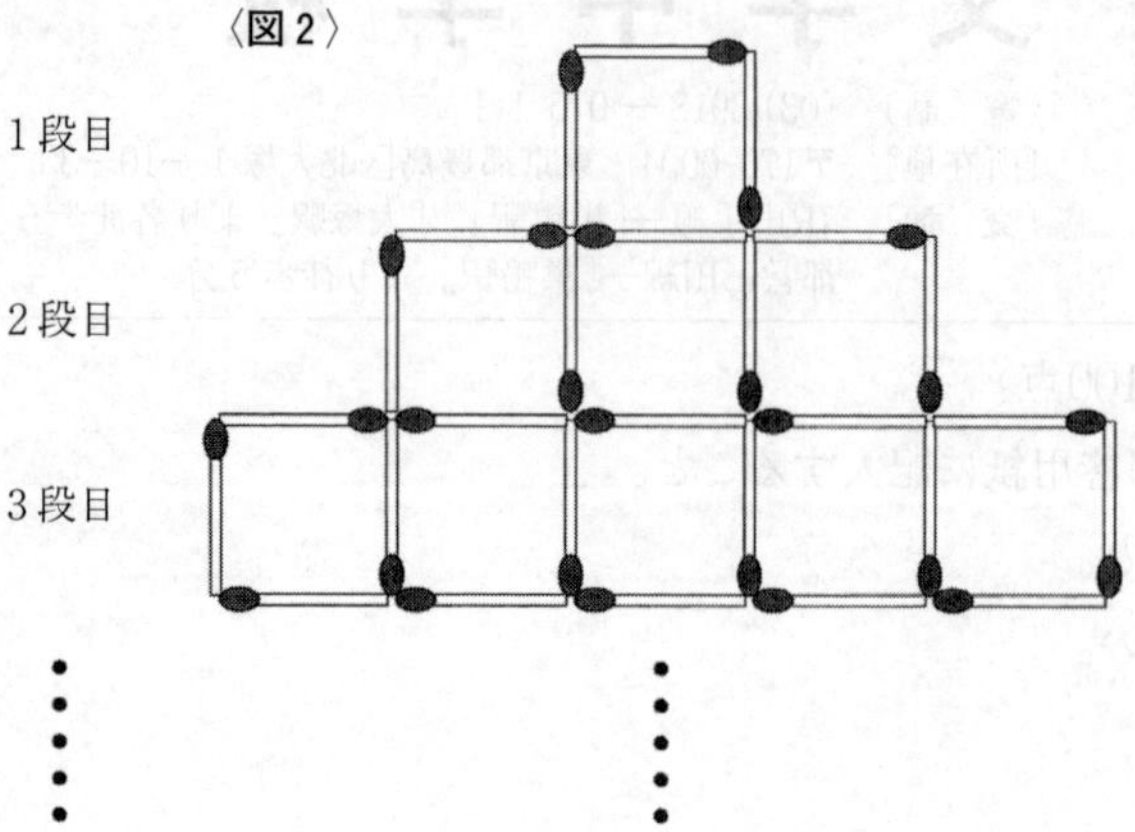

3　右の図のように，三角柱を上から$\frac{1}{3}$のところで四角形ABCDと平行になるように切り取りました。このとき，次の問いに答えなさい。

(1)　この立体の体積は何cm^3ですか。

(2)　この立体の表面積は何cm^2ですか。ただし，表面積とは立体のすべての面の面積の和です。

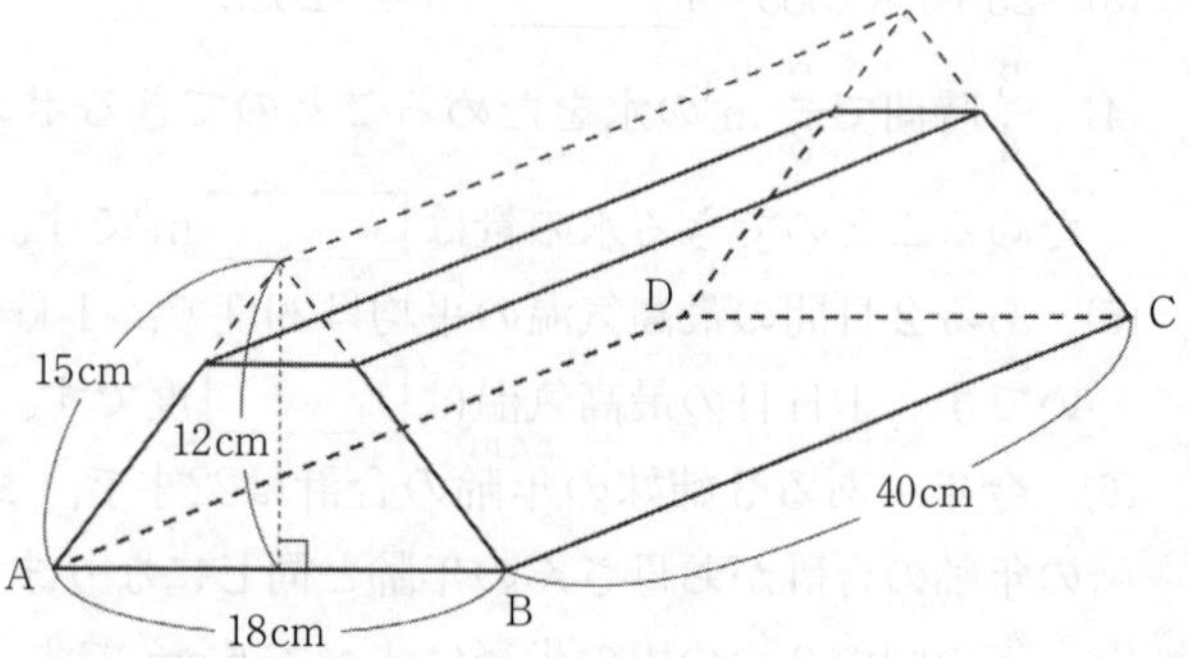

4　次の桜子さんと先生の会話を読み，下の問いに答えなさい。

桜子さんのノート

$3\times8+3\times21+15\times3+3\times6=$

桜子：ん〜〜〜

先生：桜子さん，どうしたの？

桜子：この計算問題，もっと簡単に計算できる方法がないかと考えていたところです。

先生：なるほど。工夫しないで計算すると答えはいくつになったのかな？

桜子：［　ア　］です。

先生：正解！　ところで，桜子さんはカレーを作ったことがある？

桜子：母が作るときに手伝ったことはありますよ……
　　でも，先生，その質問とこの計算問題にどのような関係があるのですか？

先生：まぁまぁ，あせらずに。だまされたと思って聞いてみて。
　　カレーの作り方を調べると……

1．お肉を切って炒《いた》める

2．にんじんを切って炒める

3．じゃがいもを切って炒める

4．玉ねぎを切って炒める

という順番だよね。この通りにお母さんは作っているかな？

桜子：その順番では作っていません。ひとつひとつ切って炒めるのではなく，全部の具材を切ってから炒めていました。

先生：そうだね。その方が簡単だよね。その方法を図に表してみよう。

例えば，『お肉』を『切って』，『炒める』ことを [お 肉] × [切 る] × [炒める] と表すと，カレーの作り方は，

1．[お 肉] × [切 る] × [炒める]
2．[にんじん] × [切 る] × [炒める]
3．[じゃがいも] × [切 る] × [炒める]
4．[玉ねぎ] × [切 る] × [炒める]

のようになるね。でも，お母さんの作り方は，ひとつひとつの具材を切って炒めるのではなく，

([お 肉] + [にんじん] + [じゃがいも] + [玉ねぎ]) × [切 る] × [炒める]

のように，具材全部を切ってから炒める。この方が作りやすいからだよね。

桜子：なんとなくわかります。でも，これが前の計算と，どのように関係しているのかわかりません。

先生：では，例題をやってみましょう。

$4\times7+6\times7$ という計算の場合，どちらも7をかけているよね。つまり，7を料理の場合の [切 る] × [炒める] に置き換《か》えると4と6は最初にまとめて，$(4+6)\times7$ というように計算すれば良いということですね。

桜子：なるほど！ そうすると，前の計算は [イ] という計算式になりますか？

先生：その通り！ これで簡単に求められるようになったかな？

桜子：はい！ [イ] の式の(　)の中を計算すると [ウ] になり，簡単に求められました。

先生：実は，これは中学校で習う「因数分解《いんすうぶんかい》」という計算方法なんだ。料理は因数分解と似ているんだよ。

(1) [ア] にあてはまる数字を答えなさい。

(2) [イ] にあてはまる計算式を先生の例題を参考に答えなさい。また，[ウ] にあてはまる数字を答えなさい。

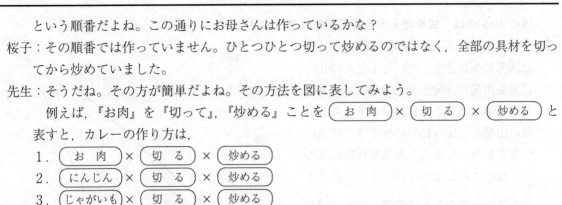

――5(2)，6(2)は，式や考え方を解答用紙に書きなさい――

5 竹子さんは弟と，家から1.5km離《はな》れた図書館へ行きました。竹子さんは10時に家を出発し，分速60mの速さで歩きました。弟は竹子さんが出発してから５分後に出発し，10時15分に竹子さんに追いつきました。しかし，弟は忘れ物に気づき，竹子さんに追いついてすぐ，竹子さんを追いかけた $1\frac{2}{3}$ 倍の速さで家に戻《もど》りました。弟は家に着いてすぐ，戻った時と同じ速度で竹子さんを追いかけましたが，竹子さんの方が先に図書館へ着いたため，待たせてしまいました。上の図は，時刻と道のりの関係を表したものです。このとき，次の問いに答えなさい。

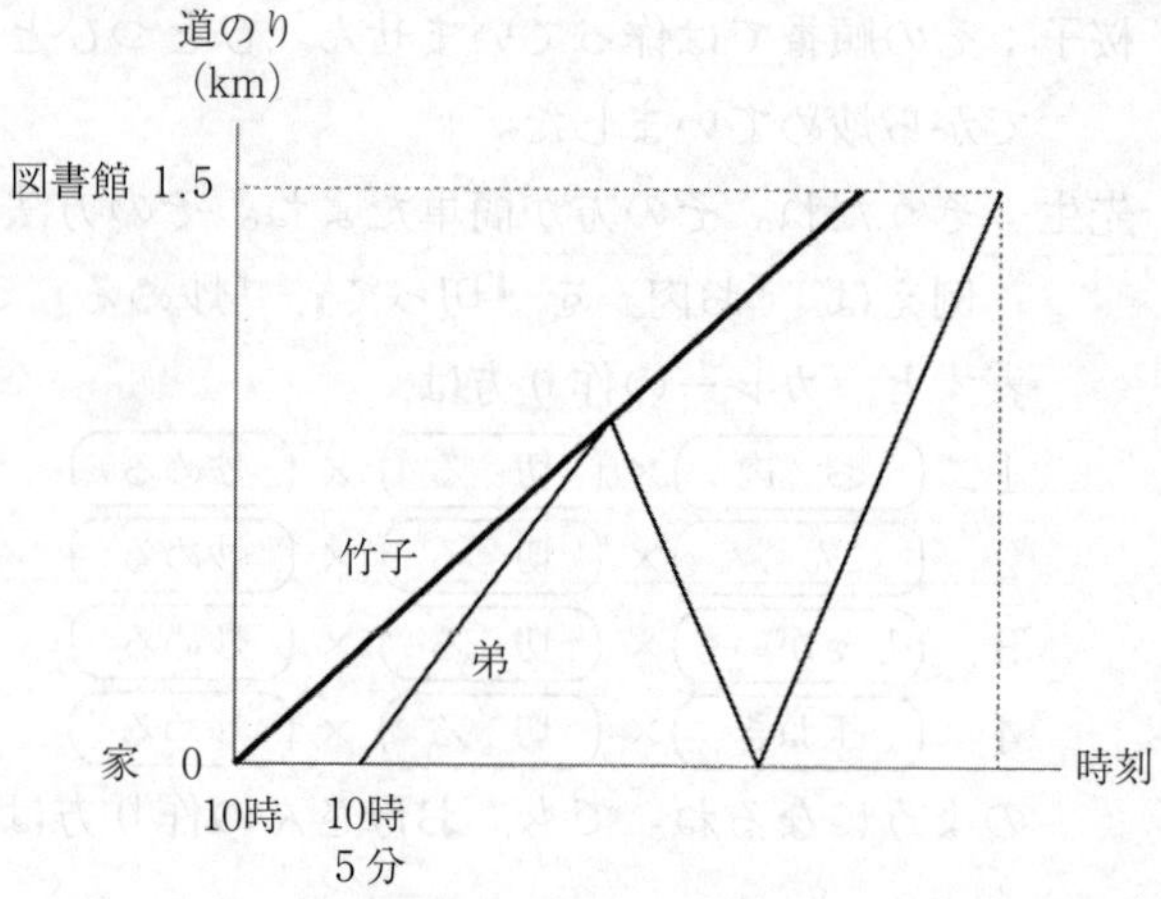

(1) 弟が竹子さんに追いついた地点は家から何mですか。

(2) 竹子さんが図書館で弟を待った時間は何分間ですか。ただし，弟は図書館に着いてすぐ竹子さんに会いました。

6 右の図のように，半径が12cmの円の円周を12等分し，印をつけました。このとき，次の問いに答えなさい。

(1) ㋐の角度は何度ですか。

(2) ▒ の部分の面積は何cm^2ですか。

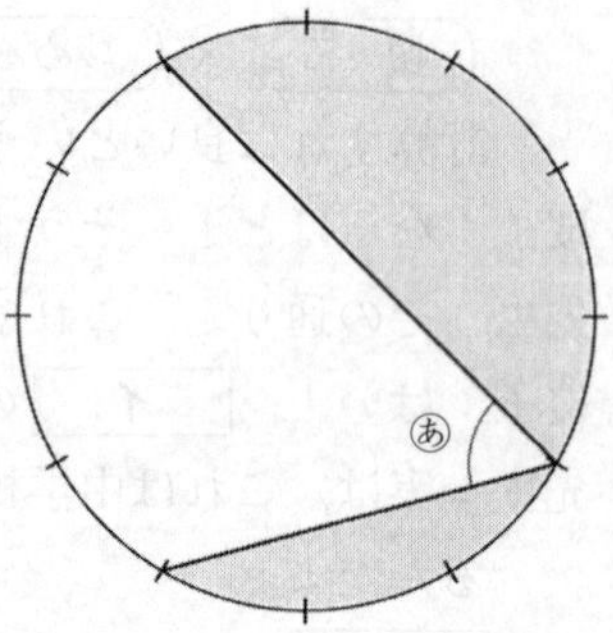

【英　語】〈得意型試験〉（50分）〈満点：100点〉

1　For each word choose the underlined letter that has a **different** sound from the others. Then write the number of your choice.

1．［1．medical　2．message　3．meter　4．menu］
2．［1．line　2．life　3．light　4．lift］
3．［1．date　2．face　3．cake　4．panic］
4．［1．long　2．love　3．luck　4．lunch］
5．［1．they　2．seventh　3．theater　4．thin］

2　Choose the five words where the accent is on the **second** syllable. Then write the numbers of your choices.

1．choc-o-late　2．con-tin-ue　3．dif-fer-ent
4．ef-fort　5．sur-round-ing　6．sud-den-ly
7．ma-chine　8．o-rig-i-nal　9．pho-to-graph
10. pop-u-la-tion　11. mem-o-ry　12. fac-to-ry
13. tech-nol-o-gy　14. un-der-stand　15. in-jure

3　Choose the correct word to complete the sentence.

1．This car is too (　　) for me to buy.
(ア) wrong　(イ) useful　(ウ) careful　(エ) expensive

2．A：How are you going to (　　) your holidays, Lucy ?
B：I'm going to go hiking with my family.
(ア) spend　(イ) hold　(ウ) pass　(エ) decide

3．I think one of the causes of the accident was his (　　) of experience.
(ア) lack　(イ) fault　(ウ) effort　(エ) power

4．I'm very happy to hear the news (　　) you will marry next year.
(ア) what　(イ) which　(ウ) about　(エ) that

5．A：Do you know the girl's name ?
B：Her name is Miho. I've met her once (　　).
(ア) ago　(イ) time　(ウ) before　(エ) old

6．A：Will your team win the next baseball game ?
B：Yes, I'm (　　) we can win it.
(ア) afraid　(イ) sure　(ウ) strong　(エ) tight

7．Our new school building is (　　) construction. It will be finished by next summer.
(ア) among　(イ) over　(ウ) under　(エ) into

4　Solve the math problems.

1．Jane and Beth were training for a race. The first week they ran 5km, but for the next two weeks they ran 2km more than the *previous week. How far did they run in total ?

2. A recycling company recycles broken smartphones. The company buys each smartphone for $1.20. The fixed cost of running the recycling machine is $300 per day. If the company sells the recycled material from each phone for $4.20, how many smartphones must be recycled every day in order to *break even ?

3. School begins at 8:15 a.m. It takes you ten minutes to eat breakfast, twenty-five minutes to do your hair and brush your teeth, five minutes to get dressed, and forty minutes to get to school. By what time must you **leave** in order to arrive at school on time ?

[notes] previous 前の break even 損得無しになる

5 [A]～[E]の空所に入る最も適切なものを，あとのア～オの中から1つずつ選び，記号で答えなさい。ただし，同じ記号は2度使えません。

Yumi : Hi Satoshi, long time no see. Did you have a good vacation ?

Satoshi : Yes, I did. I went to Hokkaido. Have you ever been ?

Yumi : [A] Where did you go ?

Satoshi : I went there, too, but I also went to a town west of Sapporo called Otaru.

Yumi : Oh, I've heard of there. It's famous for its *canal, isn't it ?

Satoshi : That's right ! While I was there, I learned some interesting things about the town. Did you know it was once the main city in all of Hokkaido ?

Yumi : Really ? [B]

Satoshi : It is now, but until the 1950s, Otaru was the *financial center of Hokkaido, and its largest *port. It has even been an important town since before Japanese people moved to the island. The name comes from the *Ainu* word meaning "river running through the sandy beach."

Yumi : That's really interesting ! Is there still a nice sandy beach ?

Satoshi : There are some beaches in the area, but Otaru was transformed during the *Meiji* era into a port city. [C]

Yumi : What did they export to other parts of Japan ?

Satoshi : [D] I found it strange that around 90% of the fish was turned into *fertilizer.

Yumi : Since Sapporo is the largest city in Hokkaido now, I guess that means it is now the financial center. [E]

Satoshi : Well, as you said before, it's famous for the canal. Millions of tourists visit the town each year to see the canal, as well as many old *Meiji* era buildings which have been maintained. The harbour area is listed as an important *Hokkaido heritage site.

[notes] canal 運河 financial center 財政の中心地 port 港
fertilizer 肥料 Hokkaido heritage site 北海道遺産

ア. So the beach was replaced with a port for shipping.

イ. Mainly coal and herring, a type of fish.

ウ. What is Otaru known for today ?

エ. I went to Sapporo with my family a couple of years ago.

オ. I thought Sapporo was the largest city north of Tokyo.

6 Read the passage and answer the question.

The First Nation people of Canada *migrated from Siberia to North America during the last Ice Age, starting around 50,000 years ago. They crossed over a land bridge formed from ice and snow. It is believed they entered North America while pursuing animals such as *mammoths.

As the Ice Age ended and the snow and ice melted, the First Nation people spread out across all of the Americas. Until 500 years ago when Europeans arrived in the Americas, all people in both North and South America came from one group of people.

Unlike many *civilizations in the old world, First Nation groups never developed writing. They passed down the history of their people through oral traditions. One such story has been passed down among those in western Canada. It's a legend of a great *tsunami* in 1700 AD which destroyed entire villages. People in Japan wrote about the same *tsunami* during the Edo era.

Today there are 630 First Nation communities and 50 *Indigenous languages in Canada alone. The largest group is the *Cree*, which includes around 350,000 people. Another major group are the *Inuit*. They live in *the Arctic and are known for their impressive *igloo* homes, which are made of ice. One *trait that most groups share is their non-material societies. They believe their lives *are enriched not by what they have, but by what they give away. We can learn a lot from the First Nations of Canada and other parts of the Americas.

［notes］ migrated 移住した　mammoths マンモス　civilizations 文明
Indigenous 固有の，土着の　the Arctic 北極地方　trait 特徴
are enriched 豊かになる

For each of the following sentences, write T if it is true and F if it is false.

1. The First Nation people went to the Americas after the last Ice Age ended.

2. All people in the Americas today have the same ancestors.

3. The First Nation people didn't write down any stories.

4. The *Cree* are the largest Indigenous group in Canada.

5. All *Inuit* people live in wood houses.

7 Read the passage and answer the questions.

In the summer of 2021, Japan hosted the Olympic Games. The 2020 event was the 32nd Summer Olympics, but while the first modern Olympic Games were held in Athens, Greece, in 1896, the Olympic Games are actually much older. The very first Olympic Games were held over two thousand years ago in Greece.

The *ancient Olympic Games were a part of a religious festival in ancient Greece. They were held from the 8th century BC to the 4th century AD. Every four years, Greek people travelled to Olympia, a town in southern Greece, to honour the god *Zeus*, the father of the Greek gods and goddesses. The athletes were all male. At first, only people nearby competed in the games, ①(　　) as it gained in popularity, people came from areas as far away as present-day Spain and Turkey. Even during times of war, an "Olympic *Truce" was *enacted so that athletes could travel to the games safely.

The first Olympic Games began in 776 BC. At first there was only one foot race, which was 600 feet (about 180 metres) long, from one end of the event area to the other. They called this race a stadion, which is where the word ②stadium comes from. The first thirteen games only had one race, but more events were ③add as time went on. Some of them included wrestling, boxing, horse racing, and even a competition for trumpeters.

Today, a popular Olympic event is the marathon, but while there was a long-distance race during the ancient Olympic Games, the marathon was not an event in ancient times. The longest race in ancient times was the *dolichos*, where competitors did twenty to twenty-four *laps around the stadium. What we know of as a marathon today comes not from games, ④(　　) from war. In 490 BC, a man named *Pheidippides* ran from the town of Marathon in eastern Greece to Sparta, a distance of 240 km, to ask for help in defending against a *Persian invasion. Marathons today are a distance of 42.195 km, which is the distance from Marathon to Athens, the capital of Greece.

While the Olympic Games in Tokyo did not allow spectators ⑤watch events, it is still nice that ⑥they were held. In both ancient times and today, the Olympic Games have promoted peace and understanding, and brought people of different cultures together.

［notes］ ancient　古代の　　truce　休戦協定　　enacted　制定された
laps　周　　Persian invasion　ペルシアの侵略

問１　空所①④に共通して入る１語を選び，記号で答えなさい。

ア．so　　イ．and　　ウ．but　　エ．or

問２　下線部②のstadiumという語の説明になるように，下のア，イに言葉（英語または日本語）を入れなさい。

stadiumという語は（　ア　）という語に由来する。その語の本来の意味は，約180mの（　イ　）のことであった。

問３　下線部③のadd，⑤のwatchを適切な形に直しなさい。（１語とは限りません。）

問４　下線部⑥のtheyが指すものを文中の英語で答えなさい。

問５　次の(A)～(E)に関して，本文の内容に一致する場合はＴ，一致しない場合はＦの記号を使って答えなさい。

(A)　最古のオリンピックは1896年にギリシャのアテネで開催された。

(B)　古代オリンピックは宗教的なお祭りで，多くの男女がアスリートとして参加した。

(C)　古代オリンピックに参加するために，遠方の国から参加する人もいたが，戦争が起きているときは安全を確保するため競技は中止となった。

(D) 古代オリンピックにはマラソンという競技は無く，最長のレースはスタジアムの周りを20〜24周走るものだった。

(E) マラソンという語は，古代の都市の名前に由来する。

8 Read the passage and summarize in Japanese in **100 to 120 characters.**

There is a worldwide climate *crisis right now. Because of the burning of *fossil fuels over the last two hundred years, rising levels of carbon dioxide (CO_2) in the atmosphere is leading to global warming and climate change. Many governments around the world are taking steps to reduce carbon *emissions, but it is important for the people of the world to do their part as well.

An *institute in the UK suggests nine ways in which we can help the earth. One is to reduce our *consumption and waste. It is a good idea to avoid using single-use items such as plastic bags, cups, and spoons. We should also only buy clothing that we are willing to wear for a long time.

Another thing we can do is to walk or bicycle if our *destination is close enough. Walking and bicycling doesn't burn any fossil fuels, and it is good exercise, too !

[notes] crisis 危機　fossil fuels (石油などの)化石燃料　emissions 放出
institute 研究所　consumption 消費　destination 目的地

(2) ――線A「当時の人々も、大半は泣く泣く命令に従ったんじゃないかな」とありますが、当時はどのような社会だったのでしょうか。〔本文〕から十一字で探し、「～社会」に続くよう、最初と最後の三字ずつで答えなさい。

(3) ――線B「同調圧力」のここでの意味として最も適当なものを次の中から選び、記号で答えなさい。

ア あめとむちをちらつかせながら、命令に従わせようとすること。

イ 味方についてくれたと思った人が、とつぜん手のひらを返すこと。

ウ 無言のうちに、まわりと同じ行動を取るよう強制されること。

エ 一人だけ力を持つことがないよう、おたがいをきびしく見張ること。

(4) ――線C「Aさんは、自分の中にリーダーを持っていたんだね」とありますが、自分の中にリーダーを持つためには、何が必要なのでしょうか。〔本文〕から八字で探し、「～こと」に続くよう、そのまま抜き出して答えなさい。

イ　自分の本心ではないのに、おせじを言ったり歯の浮《う》くようなことばを使ってしまったあとに、そんな自分がいやになってしまうこと。

ウ　ほんとうは群れに加わりたいのに加わることができず、指をくわえて待っているうちにチャンスを逃《のが》してしまい、後悔《こうかい》すること。

エ　一匹狼《いっぴきおおかみ》でいたいという気持ちと、群れに加わりたいという気持ちの間で揺《ゆ》れ動いている、優柔《ゆうじゅう》不断な自分を許せないと思うこと。

問五　――線⑤「そのひと」とは誰のことですか。最も適当なものを次の中から選び、記号で答えなさい。

ア　ほかならぬ自分自身

イ　味方してくれる友人や家族

ウ　よきアドバイスをくれる大人

エ　これまで自分が生きてきた歴史

問六　次にある〔先生と生徒たちの会話文〕を読み、後の問いに答えなさい。なお(1)～(4)にある〔本文〕とは、12ページから15ページに書かれた問題文を指《さ》しています。

鈴木先生：ごくふつうの暮らしをしていたAさんは、戦時中の軍《ぐん》隊《たい》という環境《かんきょう》の中、捕虜《ほりょ》を殺すよう命じられます。人を殺さないと心に決めていたAさんは、上官の命令に従わなかったために罰《ばつ》を受けました。当時の世の中と、このときAさんが取った行動についてどう思いますか。

梅沢さん：Aさんは、たとえ自分が代わりに殺されたとしても、勇気を出して上官に「やめろ」と言い、捕虜を救うべきだったと思います。

松村さん：でも、私たちも、もし同じ状況《じょうきょう》に立たされたら、ほんとうにそんなふうに行動できるかな。私だったら、上官の命令に従ってしまったかもしれない。A当時の人々も、大半は泣く泣く命令に従ったんじゃないかな。

桜井さん：その捕虜を助けてあげる方法はなかったのかな。上官も人間だから、話し合えば分かってくれたかもしれない。

松村さん：心に痛みを感じながら、命令に従った人も多かったと思うよ。戦争中で、しかも軍隊という組織の中で、B同調圧力に耐えられなかった人はたくさんいたんじゃないかな。

梅沢さん：Aさんの行動のなかで、納得《なっとく》がいかないと思うことがあります。それは、いったんは上官の命令に従ったことです。間違《まちが》っていると思うならば自分の考えを主張して、堂々と上官に反論すべきだったのではないでしょうか。

竹山さん：誰でも[1]としてふるまえるわけじゃないよ。

松村さん：自由に意見を言える今の時代と違い、当時はB同調圧力がとても強く、命令に従わない場合は命を落とすこともあったらしいよ。その場ではなにもしなかったように見えるけど、Aさんは、極限的な状況の中で、心の声に耳をすませて、自分が人間として超えてはいけない一線を必死で守ったんだと思う。

桜井さん：「それ以上はやるな」という声だね。ここでは「[2]」と心に決めたということだよね。CAさんは、自分の中にリーダーを持っていたんだね」

鈴木先生：戦時中だったからこそ、それはいっそう難しく、同時に、この上なく尊いことだと言えますね。

(1)　[1]には漢字二字の、[2]には五字以内のことばをそれぞれ〔本文〕から探し、抜き出して答えなさい。

うことになったらどうしようと考えた末、「殺人現場に出る、しかし殺さない」と決心していた。で、命令に従わなかったAさんは、蹴《け》られたり（注6）銃床《じゅうしょう》で突《つ》かれたりし、もう一人、命令に従わなかった初年兵――この方は（注7）禅僧《ぜんそう》だったのだそうです――と二人、その晩（注8）軍靴《ぐんか》を口にくわえさせられ、犬のように四《よ》つん這《ば》いになって雪のなかを這《は》い回るように命ぜられたのだそうです。犬にも劣《おと》る、という意味で。

〈中略〉

Aさんは英雄《えいゆう》じゃない。英雄だったら、そこでこんなことはやめろと叫《さけ》び、その中国人を助けて、でもその場で本人が銃殺刑《じゅうさつけい》になったかもしれない。Aさんはそれはできなかった。言われた通り、その場には出た。でも、それ以上はしなかった。ここまではする。でもそれ以上はしない。これ以上はしてはいけない。やってしまったら、そこであなたのなかの「自分」ということの連続性が切れてしまう。それは魂《たましい》の存続の危機。「それ以上はやるな」。おそらくこれは、Aさんのなかのリーダーの声。ギリギリで発せられた魂の声。

そういう声と会話するためには、批判精神を持ち、埋もれている魂を掘り起こしてリーダーとして機能させないといけない。そのためには、まずは自分自身で考える、ということが大切です。

（梨木香歩《なしきかほ》『ほんとうのリーダーのみつけかた』）

（注1）一匹狼…集団に属さず、たった一人で生きていくことのたとえ。
（注2）卑屈…自分を見くだして、ひねくれた態度を取ること。
（注3）葛藤…対立するものの間で思い悩むこと。
（注4）いわんや…ましてや。
（注5）頻繁…しばしば行われること。
（注6）銃床…銃身（弾が出るところ）をささえる木製の部分。
（注7）禅僧…禅宗（仏教のひとつ）の僧。
（注8）軍靴…軍人がはく靴のこと。じょうぶに作られている。

問一 ――線①「みな、彼女を刺激《しげき》しないように接していた」とありますが、「刺激しないように」と同じ意味のことばを次の中から選び、記号で答えなさい。

ア あたりさわりなく
イ 細心の注意を払《はら》って
ウ はれ物にさわるように
エ とりつくしまもなく

問二 ――線②「母親のそれまでの不安と悲しみ」の説明として最も適当なものを次の中から選び、記号で答えなさい。

ア サリバン先生が努力すればするほど娘の状態はますます悪くなるのではないか、という不安と悲しみ。
イ 我《わ》が子が日常生活におけるささいなことをおろそかにして恥《はじ》をかくのではないか、という不安と悲しみ。
ウ 娘とうまくいかなくなることによってサリバン先生が傷つくのではないか、という不安と悲しみ。
エ 我が子が誰《だれ》とも心を通わせることができないまま一生を終えるのではないか、という不安と悲しみ。

問三 ――線③「今まで獣《けもの》の世界にいた我が子」とありますが、ここでいう「獣の世界」と同じ意味の表現を本文中から二十五字前後で探し、最初と最後の五字を抜き出して答えなさい。

問四 ――線④「そういう自己嫌悪《じこけんお》」の内容として最も適当なものを次の中から選び、記号で答えなさい。

ア 人より上位に立とうとしてつい見栄《みえ》を張ってしまったあとに、心にもない振《ふ》る舞《ま》いをした自分自身に嫌気《いやけ》がさしてしまうこと。

ん大切にしないといけないのは、そしてある意味で、いちばん見栄《みえ》を張らないといけないのは、いいかっこしないといけないのは、じつは、他人の目ではなく、この、自分のなかの目です。

　さて、ここから大切なことです。

　そのとき、ああ、やってしまったよーとか、しようがないなあ、とか、ためいきついているひとはだれ？

　だれよりもあなたの事情をよく知っている。両親よりも、友だちよりも、(注4)いわんや先生たちよりもあなたのことをすべて知っている。あなたが、そういうことをせざるをえなかった、あなたの人生の歴史についてもだれよりも知っている。しかも、あなたの味方。いつだって、あなたの側に立って考えてくれている。

　そう。あなたの、ほんとうのリーダーは、⑤そのひとなんです。

　それはさっき私が言った、「自分のなかの目」、でもあります。同じひとです。そのひとにぴったりついていけばいい。

　自分のなかの、埋《う》もれているリーダーを掘《ほ》り起こす、という作業。それは、あなたと、あなた自身のリーダーを一つの群れにしてしまう作業です。チーム・自分。こんな最強の群れはない。これ以上にあなたを安定させるリーダーはいない。これは、個人、ということです。

　そして、群れというのは本来、そういう個人が一人ひとりの考えで集まってできるものであるべきだと思っています。個人的な群れ、社会的な群れ、様ざまな群れがありますが、それに所属《しょぞく》する前に、個人として存在すること。盲目的《もうもくてき》に相手に自分を明け渡《わた》さず、考えることができる個人。

　じゃあ、どうやったら個人でいつづけられるか。自分のなかに自分のリーダーを掘り起こすって、どうやって？

　一つには、自分でも受け容《い》れ難《がた》いことをやってしまったとき、ああ、やっちゃったよーとか、自分を客観視する癖《くせ》をつけることです。批判《ひはん》する力をつける。様ざまに批判する力をつけるなかで、自分自身にももちろん、批判する目を向ける。批判って、難癖《なんくせ》をつけるとか、文句ばかり言う、ということとは違《ちが》います。正しい批判精神を失った社会は、暴走していきます。批判することは、もっとよくなるはずだと、理想を持っているからできること。社会を愛する気持ちと反対のものではないのです。客観的な目を持つ。つまり、そういう視点から自分をも見つめる。筋肉《きんにく》のようなものをつける。その目は自分をよく見ているから、自分にできないような無理な要求はしない。ちょっと頑張ったらできるはず、という線が引ける。(注5)頻繁《ひんぱん》にそういうことをしているうちに、それはできます。それを意識するということがつまり、今言うところの、掘り起こす、という意味。そしてその目が、あなたのリーダー的役割をするものになる。

　次は、そういうリーダーを持っている、と思われるひとの話です。

　第二次世界大戦では、多くの人が兵士として戦地に向かいました。当時京都に住んでいて、家族がパン屋さんだったAさんも、その一人でした。Aさんは、戦地で上官（上司の軍人）から、捕虜《ほりょ》（捕らえられた敵国の人）の中国人を殺すよう命じられましたが、Aさんは命令に従わず、もう一人の初年兵《しょねんへい》とともに上官から暴力をふるわれた上に、罰を受けました。筆者は、知り合いの人を通してその話を聞いたのです。

　でも、今回わかったのは、このようなことでした。Aさんは命令が下《くだ》ったとき、その場を動かなかった。前の晩、Aさんは、もしそういいうことになります。見た人もいるかもしれませんし、話には聞いたこともあるかもしれません。この映画の印象《いんしょう》的な場面は、なんと言っても、耳が聞こえず、目も見えず、口もきけないヘレンが、サリバン先生と出会い、最後にものには名まえがある、ということを理解するところです。ウォーターと言おうとして、ウォ、ウォ、と言い出すところです。そこもほんとうに感動的なのですが、今回、べつのことがとても印象に残りました。

サリバンさんと出会う前の彼女《かのじょ》は、だれともコミュニケーションがとれない、閉ざされた世界にいたわけですから、まるで動物と同じで、いえ、動物も、群れのなかでマナーのようなものを教わって、そのなかのルールに従って行動するけれども、彼女は、そういう、人と生きる上でのルールのようなものを教わることができなかった。自分の思うようにならないとかんしゃくを起こして手が付けられなくなるので、①みな、彼女を刺激《しげき》しないように接していた。食事のときに椅子《いす》に座《すわ》らないのはもちろん、歩き回って好き勝手にだれかの皿から手づかみで好きなものを取って食べるようなことをしていた。彼女に対する愛情と哀《あわ》れみと諦《あきら》めが、結局彼女をだめにするんだと言って、サリバン女史《じょし》は、二人きりで食堂にこもり、何時間もの凄《すさ》まじい取っ組み合いの末、とうとう彼女に椅子に座ってスプーンを持たせ、ナプキンをたたむことをさせるのに成功した。はらはらしながら外で待っていた母親は、彼女がナプキンをたたんだ、と聞いて、感動のあまり涙《なみだ》ぐみます。あの子が、ナプキンを、たたんだ、と、何回か繰《く》り返し口にします。ここもほんとうに感動的でした。②母親のそれまでの不安と悲しみまで一度に押《お》し寄せ、ああ、このひとは、たった一人で社会を相手に我《わ》が子を守ろうと頑張《がんば》ってきたのだな、とわかるのです。ナプキンをたたむなんて、言ってみれば、どうでもいいようなことです。けれど、③今まで獣《けもの》の世界にいた我が子が、ここで、自分たちの群れに帰ってきた、そんな感動が、伝わってくるんですね。群れの一員としてやっていけるかもしれない、という微《かす》かな光が見えた瞬間《しゅんかん》でした。群れに入れない、入れる、それがこんなに絶望と希望を与《あた》えるものだということ。理屈《りくつ》ではなく、人間の本能のようなところで、それは生死を分けるようなものなのでしょう。個人の主義主張とは関係なく、それは、もう、どうしようもなく。

ですから、みなさんのなかで、（注1）一匹狼《いっぴきおおかみ》でやっていけない自分、仲間に入れてもらおうと（注2）卑屈《ひくつ》になる自分、ということに嫌気《いやけ》がさしているひとがいたとしたら、仲間に入れてもらいたいと思う気持ちは、あたりまえのことなのだと伝えたいです。それは、私たちの本能なのだから、と。

問題は、それが自分のほんとうに入りたい「群れ」や仲間でないのに、そういう人間の本能に急《せ》かされて、犬が上位の犬の機嫌をとろうとしてお腹を見せてひっくり返るような行動をとってしまうときの、自己嫌悪《じこけんお》感、ですね。

まず言えるのは、生きるってそういう（注3）葛藤《かっとう》の連続ってこと。心から思っている言葉でないこと、相手を褒《ほ》めるときも、自分がそう思っていたらいいんだけれど、思ってもないのに、つい、相手の機嫌をとるようなことを言ってしまったり、やってしまったときの問題。

④そういう自己嫌悪に陥《おちい》ってしまったら、それは若い頃《ころ》はありがちなことなので、ああ、やっちゃったよー、しようがないなあ、って、心のなかでためいきをついていればいいのです。まあ、しかたがないです。

でも、それはだれにもわからない。それがわかっているのは、あなたしかいません。あなたのなかで、自分を見ている目がある。いちば

問八　――線⑦「でもいまはよかったと思ってる」とありますが、なぜよかったと思ったのですか。その理由として最も適当なものを次の中から選び、記号で答えなさい。
ア　朔と走ることで、朔の努力する姿を目《ま》のあたりにし、自分が励《はげ》まされたから。
イ　朔と同じ苦しみを味わうことで、朔の気持ちに寄り添《そ》うことができたから。
ウ　朔の伴走をすることによって、自分自身の心と向き合うことができたから。
エ　朔が自分を伴走者に選んでくれたおかげで、自分も走る楽しみを知ったから。

問九　[Ⅰ]に入ることばを本文中から探し、五字以内で抜き出して答えなさい。

問十　――線⑧「孤独《こどく》で、自由だ」の意味として最も適当なものを次の中から選び、記号で答えなさい。
ア　たった一人で走らなければならないが、誰にもじゃまされることはない。
イ　誰も分かってはくれないが、自分が努力していると実感することができる。
ウ　一人ぼっちであるように見えるが、じつは多くの人が見守ってくれている。
エ　誰も手を差し伸《の》べてはくれないが、自分の意志さえあれば走ることができる。

問十一　「[Ⅱ]」には、どのようなことばが入るでしょうか。前の「だけど、逆だよ」を参考にして二十五字以内で答えなさい。

問十二　――線⑨「見えるわけではない。でも、たしかにその光景が朔の中に広がっていく」とありますが、この場面が表しているものは何ですか。最も適当なものを次の中から選び、記号で答えなさい。
ア　心の中にあったわだかまりやつかえが取れ、ランナーとしても兄弟としても、新と新たな関係を築くことができそうだというすがすがしさを感じている。
イ　自分の身に降りかかった不幸は消すことができないが、新と走ることを通して、これから新しい幸せを見つけて前向きに生きていこうという決意が芽ばえている。
ウ　いつまで一緒に走ることができるかは分からないが、新が二《に》人三脚《にんさんきゃく》で進もうと言ってくれたことを信じて、未来へ向かっていこうという希望が生まれている。
エ　新としっかり話し合うことによって、初めての大会を前にした緊張感が走る意欲に変わり、優勝する可能性も生まれたことに対する期待が高まっている。

問十三　――線⑩「ロープを軽く握《にぎ》り直す」とありますが、このときの朔の決意として最も適当なものを次の中から選び、記号で答えなさい。
ア　今後は自分だけの力で走り、新には頼《たよ》らず生きていこう。
イ　これからは、自分のゴールを目指《めざ》して新とともに走ろう。
ウ　このレースが終わったら、新の本心をたしかめよう。
エ　二人で走る最後のレースなので、ベストをつくそう。

問十四　この文章には、たびたび「ロープ」が出てきますが、「ロープ」は何を表しているでしょうか。十字前後で答えなさい。

三

次の文章を読み、後の問いに答えなさい。

先日、ひさしぶりでヘレン・ケラーの映画『奇跡《きせき》の人』を見ました。一九六二年公開の映画ですから、今から五十三年以上前に作られたときの朔の心理として最も適当なものを次の中から選び、記号で答えなさい。

ア　隠し通していた自分の弱みをさらけ出そうと決心した。

イ　自分の本心を新に見抜《ぬ》かれていたと気づき、どきっとした。

ウ　ごまかし続け、隠《かく》し通していた自分の気持ちがふいに目ざめた。

エ　スタートの時刻《じこく》が近づくにつれ、緊張《きんちょう》が高まってきた。

問二　――線②「ゴールが見えない。いや、見えるわけがないのだ」とありますが、なぜ朔にはゴールが見えないのでしょうか。その理由として最も適当なものを次の中から選び、記号で答えなさい。

ア　自分の努力ではなく、新の力を借りて順位を上げようとしていたから。

イ　マラソンを始めたきっかけが、走りたいという気持ちではなかったから。

ウ　自分が思い通りに走れないことを、新のせいにしようとしていたから。

エ　実際にはまったく努力していないのに、努力しているふりをしていたから。

問三　――線③「朔はオレのために」とありますが、新が言おうとしたのはどのようなことですか。最も適当なものを次の中から選び、記号で答えなさい。

ア　朔は、走る姿を新に見せて、努力は必ず報われるのだ、と気づかせようとした。

イ　朔は、もともと苦手だった陸上競技を始め、新の夢を二人でかなえようとした。

ウ　朔は、二人で陸上競技をすることにより、新に罪《つみ》の意識を感じさせようとした。

エ　朔は、新に自分の伴走をさせることによって、走る喜びをよみがえらせようとした。

問四　――線④「時計の針が逆回転した」とありますが、どうなったのでしょうか。最も適当なものを次の中から選び、記号で答えなさい。

ア　新を責めたくなるような気持ちがふたたび芽ばえた。

イ　一人では何もできなかったころの自分に逆戻《もど》りした。

ウ　何ひとつ不自由なかった子どものころを思い出した。

エ　身のまわりのことが、またできなくなってしまった。

問五　[ア]・[イ]に入ることばとして適当なものをそれぞれ次の[　]の中から選び、正しい形に直して答えなさい。

つく　みる　できる　まわす　かえす

問六　――線⑤「走ることへの渇望《かつぼう》を煽《あお》ってやりたい」とありますが、このときの朔の気持ちとして最も適当なものを次の中から選び、記号で答えなさい。

ア　走るのが自分にとってどれほど苦しいことか、新に思い知らせたい。

イ　朔のために走らねばならない運命を、新にずっと背負わせたい。

ウ　朔自身がこれまで味わってきた苦労を、新にも味わわせたい。

エ　したいことが思うようにできない苦しみを、新にも実感させたい。

問七　――線⑥「『おしまいにする』」とありますが、ここではどうすることですか。「～こと。」に続くように、二十字以上二十五字以内で答えなさい。

も同じだ。ふたりで走っていても、伴走者が支えるわけじゃない。手を引くわけでも、背中を押すわけでも、代わりに走るわけでもない。

ふたりで走っていても、それは変わらない。

走ることはやっぱり孤独だ。

⑧孤独で、自由だ。

「行こう」

「オレは」

「最後ならそれでもいいよ。だけど、ここで棄権《きけん》するとか言うなよな」

新は朔の腕をつかんで、スタートゲートへ足を向けた。

にぎやかな音楽が響《ひび》いている。（注6）曇天《どんてん》の下、ゲート前は数百人のランナーたちがひしめき、からだを動かしたり談笑《だんしょう》したりしながらスタートを待っている。

朔の背中に手を当ててインコース側に立つと、何列か前に内村の姿が見えた。その背中を新はじっと見た。

あの人も一度は走ることをやめた人だ。あきらめて、自分で断ち切ったのに、それでもまた走っている。オレも同じだ。

「オレ、やっぱり走ることが好きだ」

黙《だま》ったまま朔は小さく頷《うなず》いた。

頬《ほお》に日差《ひざ》しがあたり、朔は空を見上げた。

「前に朔、言っただろ、『新はいろんなものを見せてくれる』って。あれ嬉《うれ》しかった。オレ、ずっと朔の役に立ちたかったから」

新のことばを聞きながら、朔はそっと目を閉じた。

白く靄《もや》のかかったような薄曇《うすぐも》りの空から、一筋《ひとすじ》光がこぼれる。

「だけど、逆だよ」

朔はぴくりと肩を揺らした。

「　Ⅱ　」

驚いたように朔は新のほうに顔を向けた。

「オレ、走りたい。走るよ、逃げないで走る。で、強くなる」

――三十秒前です。

マイクの音が響いた。話し声や笑い声でにぎわっていたグラウンドが静かになった。

「強くなって、また朔とも走る。走りたい」

朔はこみ上げてきたものをこらえるように、もう一度空を見上げた。

重たい雲をこじあけるようにして、空が青く広がる。

⑨見えるわけではない。

でも、たしかにその光景が朔の中に広がっていく。

大きく息をつき、一度頷いて朔は正面を向いた。

⑩ロープを軽く握り直す。

――イチニツイテ

一瞬《いっしゅん》の静寂《せいじゃく》のあと（注7）号砲《ごうほう》が鳴った。

（いとうみく『朔《さく》と新《あき》』）

（注1）コーティング…表面を他のものでおおうこと。
（注2）偽善者…うわべを飾って、正しい人のように見せかけること。
（注3）欺瞞…うそをついてだますこと。
（注4）梓…朔と新の幼なじみ。朔に好意を持っている。
（注5）幻滅…がっかりしていやになること。
（注6）曇天…どんよりと曇った空。
（注7）号砲…レースのスタートを知らせる合図。

問一　――線①「朔の内側が鈍《にぶ》く音を立てた」とありますが、このとそれでも、病院のベッドの上でも家を離《はな》れてからも、もしもと同じことが頭をよぎった。

新のせいにするなんてどうかしている。そんなことを思うなんて、頭がおかしくなったんじゃないかと自分を疑った。でも、頭ではわかっているはずなのに、気持ちがついていかなかった。どうしても、もしもと考え、それをあわててかき消して、また同じことを繰《く》り返した。

時間とともに、身のまわりのことがひとつひとつできるようになり、視力に頼《たよ》らず暮らしていくすべを覚えていった。もしも、ということばが頭をもたげることもほとんどなくなった。これなら家に戻《もど》っても、家族の荷物にならず生活できる。新と会っても感情が揺《ゆ》れることはない。そう思って帰ったのに、(注4)梓《あずさ》から新が陸上をやめたことを聞いたとき、④時計の針が逆回転した。

あのとき、新がやめた理由を梓に問いながら、朔には察《さっ》しが［ア］ていた。

オレが視力を失った代わりに、新は陸上をやめた——。

そういうことを考えるやつだとわかっていた。だけどそれは、裏を［イ］ば単に楽になろうとしているだけのことではないのか？　大切なものを手放し、失うことで、同じ痛みを負ったつもりになっている。

そんな弟を、あのとき激しく嫌悪《けんお》した。

新を走らせる。走らせて、⑤走ることへの渇望《かつぼう》を煽《あお》ってやりたい。失うことの、奪《うば》われることの苦しさはそんなものではない。それを味わわせたい——。

だけど、わかっていなかったのはオレだ。

オレは、新の苦しみをわかっていなかった。わかろうとしなかった。

⑥「おしまいにする」

「はっ？」

「もう新とは走らない」

「なに言ってんの？」

「……勝手なこと言ってるのはわかってる。けど、ごめん。これ以上、自分に(注5)幻滅《げんめつ》したくない」

新は朔が手にしているロープを握《にぎ》った。

「きっかけなんて、どうでもいいじゃん。神様じゃないんだ、人間なんだからいろいろ思うだろ。オレが朔なら、どうなってたかわかんないよ。まわりに当たり散らして、壊《こわ》して、傷つけて、自分の中にこもって、なにもできなかったんじゃないかって思う。朔が思ったことはあたりまえのことだよ」

一気に言うと、新は大きく息をついた。

「それに、朔、それずっと続かなかっただろ」

朔の顔がぴくりと動いた。

「わかるよ、毎日一緒に走ってきたんだから。伴走頼まれたとき、オレ、マジでいやだった。⑦でもいまはよかったと思ってる。朔が言ってくれなかったら、オレはいまだってきっと、朔からも［Ｉ］からも逃げてたと思う」

「だからそれは」

ううん、と新は首を振った。

「伴走引き受けてからも、ずっと朔のために走ってるんだって自分に言い訳して、ごまかしてた。それで納得《なっとく》しようとしてた。でも、たぶん違った。伴走者としては間違ってるし、オレは失格かもしれないけど、やっぱりオレは、オレのために走ってた。朔と走ることは朔のためじゃなくてオレのためだった」

新はロープを握り直した。走ることは、孤独《こどく》だ。どんなに苦しくても、辛《つら》くても、誰《だれ》かに助けてもらえるものではない。走れなくなったらその場に立ち止まり、倒《たお》れ込《こ》むだけだ。それはブラインドマラソン

「でもみんな、ゴールを目指してる。そこは一緒《いっしょ》だよ」

どくっ。
①朔の内側が鈍《にぶ》く音を立てた。
……ゴール。

「朔?」

朔の腕《うで》に新は肘《ひじ》を当てた。

「どうした? 腹でも痛い? もしかして緊張《きんちょう》してきたとか?」

ふたりの横を、スタートゲートに向かうランナーたちが追い越《こ》していく。

……ゴール。

朔は薄《うす》く唇《くちびる》を開いた。

オレは、どのゴールを目指しているんだろう。目指してきたのだろう。
②ゴールが見えない。いや、見えるわけがないのだと朔は唇を噛《か》んだ。
そんなことは、とっくにわかっていた。だって、最初から間違った方向へ向かって駆《か》け出していたんだから。そのことに気づきながら、ずっと気づかないふりをしてきた。自分の内にあるものを、きれいなことばで(注1)コーティングして、正当化した。自分が傷つかないよう、汚《よご》れないよう、気づかないふりをしているうちに、それは都合《つごう》よく自分の意識《いしき》から消えていった。

朔は喉《のど》に手を当てて、息を吸った。喉の奥《おく》が小さく震《ふる》える。

だけど、このまま気づかないふりをして、新を縛《しば》って、その先になにがあるんだろう。

あるのは、たぶん、きっと、後悔《こうかい》だ。

「ごめん」

「え、なに?」

朔は浅く息をした。

「いつか新、言っただろ、オレのこと(注2)偽善者《ぎぜんしゃ》だって」

「はっ?」

「あれ正しいよ。オレ、新が陸上やめたこと知ったとき、腹が立った」

どうしてそんなに腹を立てたのか、あのときは朔にもわからなかった。考えようともしなかった。ただ無性《むしょう》に、猛烈《もうれつ》に腹が立った。

「オレがブラインドマラソンを始めたのは、おまえを走らせようと思ったからだよ」

「そんなことわかってたよ。③朔はオレのために」

「違う」ことばを断《た》ち、もう一度「違う」と朔はくり返した。

「そう思わせただけ。ただの(注3)欺瞞《ぎまん》だ」

新の目がぐっと見開いた。

「オレは、新が思ってるようないい兄貴でもないし、人のことを思いやったりできる人間でもない。嫉妬《しっと》も後悔もするし、恨《うら》んだりもする。新のことだって」

「いいよ! いいよ、そんなこと言わなくて。ていうかなんで言うんだよ、しかもいまってなんだよ」

「いまだから」

いまじゃなかったらオレは話せていない。

また気づかないふりをしてしまう。逃《に》げてしまう――。

「意味わかんねんだけど」

新の声がかすれた。

「おまえに伴走を頼《たの》んだのは、オレのそばにいて、オレと一緒に走ることで、新が苦しむことがわかっていたからだ」

新を傷《きず》つけてやりたかった。失明したのは新のせいじゃない。事故だった。ただ運が悪かっただけだ。頭ではわかっていたつもりだった。

二〇二二年度 十文字中学校

【国語】〈得意型試験〉（五〇分）〈満点：一〇〇点〉

◎文中からそのまま抜《ぬ》き出して答える場合、句読点や記号は一字とすること。また、ふりがなのある漢字は、ふりがなをつけなくてもかまいません。

一 次の①～⑩の――線部について、漢字はその読みをひらがなで、カタカナは漢字に直して書きなさい。

① 皮革製品を売る店で定期入れを買った。
② 海の方から汽笛が聞こえる。
③ 提出された案について、賛同を得た。
④ 強敵を退けて全国大会に出場した。
⑤ リンゴの実が赤みを帯びてきた。
⑥ 銀行にお金をアズける。
⑦ 夜空に人工エイセイが光る。
⑧ 昨年の秋に衆議院のセンキョが行われた。
⑨ ジシャクを使って実験する。
⑩ 環境《かんきょう》問題についてトウロンする。

二 次の文章を読み、後の問いに答えなさい。

兄の朔《さく》はブラインドマラソン（視覚障《しかくしょう》がい者のマラソン）のランナー、弟の新《あき》はその伴走《ばんそう》者である。二人はかつて夜行バスに乗り、事故に巻き込まれた。新は軽傷だったが、朔は重傷を負って視力を失ってしまった。新は、自分の都合でバスの便を変更《こう》したことに責任を感じ、大好きだった陸上をやめてしまった。一方、朔がブラインドマラソンを始め、新に自分の伴走者となるよう頼んだ。

次の文章は、朔と新が初めてブラインドマラソンの大会に臨《のぞ》み、スタートを待っている場面である。


いつの間にか開会式は終わって、会場には軽快な音楽が流れている。なんとなく祭りのような華《はな》やいだ空気を感じながら朔は呼吸を整えた。

「そろそろ並んでおこうか」

新に促《うなが》されてスタートゲートへ足を向けた。

「あ、境野《さかの》さんたちだ。ずいぶん前のほうにいる」新が踵《かかと》をあげた。

「秋田さんは、早めに準備しておきたいタイプなんだろうな」

「そういえば、待ち合わせも時間よりずいぶん早くに来てたし」

「アップを始めるのも早かった」

朔はそう言って、ふっと笑《え》みをこぼした。

「境野さんって、そういうところをちゃんと押《お》さえてくんだよ」

「……な、朔は境野さんが目指してることって聞いたことある？」

「ん？」

「伴走者としてってやつ」

いや、とかぶりを振《ふ》ると、新は口角《こうかく》をあげた。

「伴走したランナーが、また次も走りたいと思えるレースをすること、だって」

「ああ、うん」

「目標タイムで走ることでも、順位でも、完走することでもない」

「境野さんらしいね。でもそうだよな、走る目的も、理由も、ひとりひとり違《ちが》う」

そう言った朔の横顔を見て、新はにっと笑った。

2022年度

十文字中学校 ▶解　答

※　編集上の都合により，得意型試験の解説は省略させていただきました。

算　数　＜得意型試験＞（50分）＜満点：100点＞

解　答

[1] (1)　8　(2)　5　(3)　100　(4)　$\frac{8}{9}m^3$　(5)　31度　(6)　8年後　(7)　$56.52cm^2$　(8)　105度　[2] (1)　10個　(2)　118本　[3] (1)　$3840cm^3$　(2)　$1952cm^2$　[4] (1)　150　(2)　**イ**　（8＋21＋15＋6）×3　**ウ**　50　[5] (1)　900m　(2)　6分間　[6] (1)　60度　(2)　$193.44cm^2$

英　語　＜得意型試験＞（50分）＜満点：100点＞

解　答

[1] **1**　3　**2**　4　**3**　4　**4**　1　**5**　1　[2] 2，5，7，8，13　[3] **1**　(エ)　**2**　(ア)　**3**　(ア)　**4**　(エ)　**5**　(ウ)　**6**　(イ)　**7**　(ウ)　[4] **1**　21(km)　**2**　100(台)　**3**　7(:)35(am)　[5] **A**　エ　**B**　オ　**C**　ア　**D**　イ　**E**　ウ　[6] **1**　F　**2**　F　**3**　T　**4**　T　**5**　F　[7] **問1**　ウ　**問2**　**ア**　stadion(スタディオン)　**イ**　レース(徒競走，race，フットレース)　**問3**　③　added　⑤　to watch　**問4**　the Olympic Games (in Tokyo)　**問5**　(A)　F　(B)　F　(C)　F　(D)　T　(E)　T　[8]（例）　過去200年の化石燃料の使用はCO_2を増大させ，温暖化や気候変動という世界規模の危機を引き起こしている。各国政府の対策だけでなく，プラスチック製品や衣類の使い捨てを避け，徒歩や自転車で移動するなどの個人の関わりも重要である。

国　語　＜得意型試験＞（50分）＜満点：100点＞

解　答

[一] ①　ひかく　②　きてき　③　さんどう　④　しりぞ(けて)　⑤　お(びて)　⑥〜⑩　下記を参照のこと。　[二] **問1**　ウ　**問2**　イ　**問3**　エ　**問4**　ア　**問5**　**ア**　つい(て)　**イ**　かえせ(ば)　**問6**　エ　**問7**　(例)　新を苦しめるために伴走させるのを，もうやめる(こと。)　**問8**　ウ　**問9**　走ること(からも)　**問10**　エ　**問11**　(例)　朔は，オレに見えなかったものをたくさん見せてくれた(。)　**問12**　ア　**問13**　イ　**問14**

(例) 朔と新の心をつなぐきずな(。)　三 問1 ウ　問2 エ　問3 だれともコ〜された世界　問4 イ　問5 ア　問6 (1) 1 英雄　2 殺さない　(2) 正しい〜失った(社会)　(3) ウ　(4) 自分自身で考える(こと。)

●漢字の書き取り

一 ⑥ 預(ける)　⑦ 衛星　⑧ 選挙　⑨ 磁石　⑩ 討論

Memo

Memo

2025年度用

中学スーパー過去問

■編集人 声の教育社・編集部
■発行所 株式会社 声の教育社
〒162-0814 東京都新宿区新小川町8-15
☎03-5261-5061㈹ FAX03-5261-5062
https://www.koenokyoikusha.co.jp

本書の内容についての一切の責任は当社にあります。内容・解説・解答・その他は当社ホームページよりお問い合わせ下さい。

よくある解答用紙のご質問

01

実物のサイズにできない

拡大率にしたがってコピーすると，「解答欄」が実物大になります。配点などを含むため，用紙は実物よりも大きくなることがあります。

02

A3用紙に収まらない

拡大率164％以上の解答用紙は実物のサイズ（「出題傾向＆対策」をご覧ください）が大きいために，A 3に収まらない場合があります。

03

拡大率が書かれていない

複数ページにわたる解答用紙は，いずれかのページに拡大率を記載しています。どこにも表記がない場合は，正確な拡大率が不明です。

04

1ページに2つある

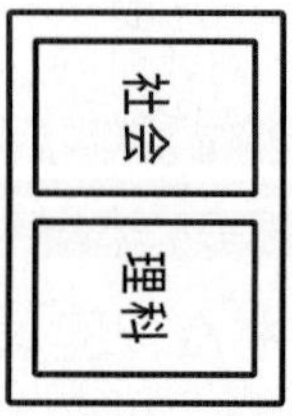

1ページに2つ解答用紙が掲載されている場合は，正確な拡大率が不明です。ほかの試験回の同じ教科をご参考になさってください。

十文字中学校

【別冊】入試問題解答用紙編

解答用紙は本体からていねいに抜きとり、別冊としてご使用ください。

※　実際の解答欄の大きさで練習するには、指定の倍率で拡大コピーしてください。なお、ページの上下に小社作成の見出しや配点を記載しているため、コピー後の用紙サイズが実物の解答用紙と異なる場合があります。

●入試結果表

— は非公表

年度	回	項目	国語	算数	社会	理科	２科合計	４科合計	２科合格	４科合格
2024	第１回	配点(満点)	100	100	50	50	200	300	最高点	最高点
		合格者平均点	—	—	—	—	—	—	167	247
		受験者平均点	59.8	52.4	39.4	30.6	112.2	182.2	最低点	最低点
		キミの得点							100	150
	第２回	配点(満点)	100	100			200		最高点	
		合格者平均点	—	—			—		188	
		受験者平均点	63.1	63.1			126.2		最低点	
		キミの得点							103	

年度	回	項目	国語	算数	社会	理科	２科合計	４科合計	２科合格	４科合格
2023	第１回	配点(満点)	100	100	50	50	200	300	最高点	最高点
		合格者平均点	—	—	—	—	—	—	184	281
		受験者平均点	64.7	67.0	35.1	29.1	131.7	195.9	最低点	最低点
		キミの得点							111	179
	第２回	配点(満点)	100	100			200		最高点	
		合格者平均点	—	—			—		174	
		受験者平均点	70.7	51.4			122.1		最低点	
		キミの得点							109	

年度	回	項目	社会系	理科系			２科合計	２科合格
2023	思考力型	配点(満点)	100	100			200	最高点
		合格者平均点	—	—			—	—
		受験者平均点	—	—			—	最低点
		キミの得点						—

年度	回	項目	算数	英語	国語		２科合格	１科合格
2023	得意型	配点(満点)	100	100	100		最高点	最高点
		合格者平均点	—	—	—		国算—国英—算英—	算 100　国 88　英 80
		受験者平均点	71.8	52.3	61.5		最低点	最低点
		キミの得点					国算—国英—算英—	算—　国—　英—

年度	回	項目	国語	算数	社会	理科	２科合計	４科合計	２科合格	４科合格
2022	第１回	配点(満点)	100	100	50	50	200	300	最高点	最高点
		合格者平均点	72.4	68.7	37.8	30.2	141.1	209.1	190	255
		受験者平均点	—	—	—	—	—	—	最低点	最低点
		キミの得点							110	175
	第２回	配点(満点)	100	100			200		最高点	
		合格者平均点	63.9	65.3			129.2		178	
		受験者平均点	—	—			—		最低点	
		キミの得点							100	

〔参考〕満点(合格者最低点)　2022 年：思考力型２科 200(125)　　得意型 100(算 50・英 非公表・国 55)

※　表中のデータは学校公表のものです。ただし、２科合計・４科合計は各教科の平均点を合計したものなので、目安としてご覧ください。

声の教育社

２０２４年度　十文字中学校

算数解答用紙　第１回

番号	
氏名	

評点
/100

（注）この解答用紙は実物を縮小してあります。Ｂ５→Ａ３(163%)に拡大コピーすると、ほぼ実物大の解答欄になります。

5(2)，6(2)は，式や考え方を書きなさい。

5
(1)
(2)
答え　cm

6
(1)　cm^3
(2)
答え　秒

2
(1)　3点　回
　　2点　回
(2)　回

3
(1)　あ　枚
(2)　い　g
　　う　個
　　え　mL

4
(1)
(2)

1
(1)
(2)
(3)
(4)
(5)　分
(6)　円
(7)　度
(8)　cm^2

〔算　数〕100点(学校配点)

1　各６点×８　2　各５点×２　3　各６点×２＜(2)は完答＞　4〜6　各５点×６

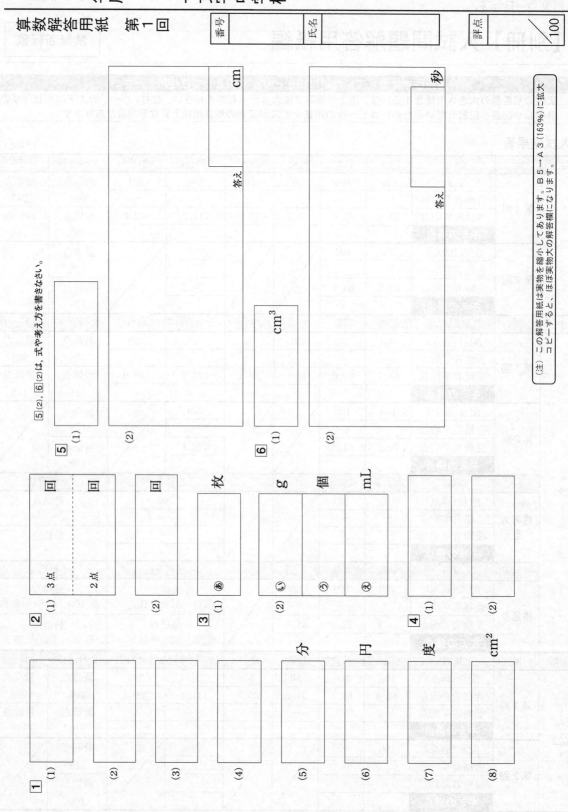

２０２４年度　十文字中学校

社会解答用紙　第１回

番号		氏名		評点	/50

（注）この解答用紙は実物を縮小してあります。169%拡大コピーをすると、ほぼ実物大の解答欄になります。

1

問1	問2	問3	問4
問5	問6	問7	問8
問9	問10	問11	問12
問13（7）	（8）	（9）	

2

問1　政治	問2
問3　の戦い	問4
問5（10・15・20字目の目盛り付き記入欄）	
問6	問7
問8	問9

3

問	①	②	③	④

4

問1	問2	問3
問4	問5	
問6		

5

問1	問2	問3
問4	問5	
問6		

［社　会］50点(学校配点)

1 問１～問９　各１点×9　問10　２点　問11～問13　各１点×5　2 問１　２点　問２　１点　問３～問５　各２点×3　問6，問７　各１点×2　問８　２点　問９　１点　3 各１点×4　4 問1，問２　各１点×2　問３　２点　問4，問５　各１点×2　問６　２点　5 問１　２点　問２～問５　各１点×4　問６　２点

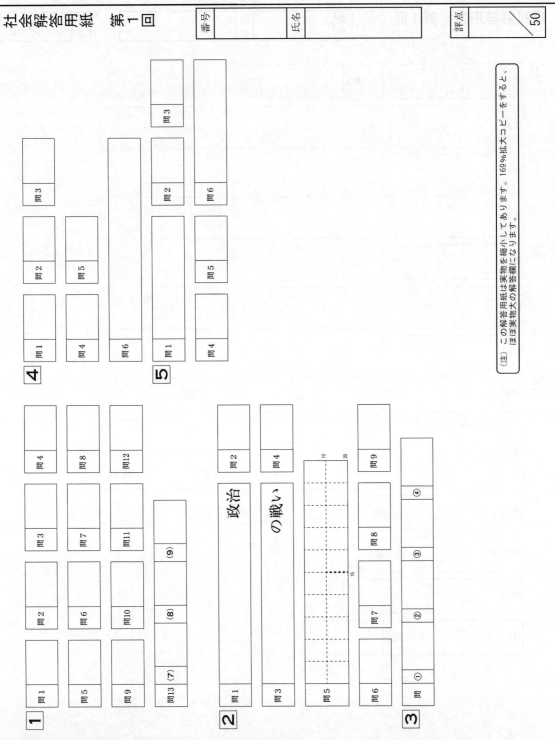

２０２４年度　十文字中学校

理科解答用紙　第１回

番号		氏名		評点	／50

1

問1

問2

問3

問4

問5

2

問6

問7

問8

問9

3

問10

問11　①　②

問12

問13　考えた過程

答え　枚目

4

問14　座

問15　A　B

問16

問17

問18

（注）この解答用紙は実物を縮小してあります。Ｂ５→Ａ３（163%）に拡大コピーすると、ほぼ実物大の解答欄になります。

〔理　科〕50点（学校配点）

1　問1，問2　各2点×2　問3　3点　問4　2点＜完答＞　問5　5点　2　問6，問7　各2点×2　問8，問9　各3点×2＜問9は完答＞　3　問10〜問12　各2点×4　問13　4点　4　問14　3点　問15　各2点×2　問16　3点　問17，問18　各2点×2

２０２４年度　十文字中学校

国語解答用紙　第一回

番号　　氏名　　評点　/100

一

問一　ⓐ ソウダン　ⓑ タイコウ　ⓒ 束　ⓓ イタ(い)　ⓔ 待　合

問二

問三

問四　あ　い

問五

問六　さっきさえ謝らなければ、［　　　　　］のに、と後悔する気持ち。

問七

問八　［　　　　　］ということ。

問九

問十

問十一　［　　　　　］こと。

問十二

問十三

二

問一　ⓐ 日課　ⓑ タズ(ね)　ⓒ 厳命　ⓓ ソウゾウ(的な)　ⓔ 自(ら)

問二

問三　あ　い

問四

問五

問六

問七

問八　A　B　C

問九　前途［　　］

問十

問十一　〔1〕［　　］〜［　　］から。　〔2〕［　　　　］　〔3〕

（注）この解答用紙は実物を縮小してあります。172％拡大コピーをすると、ほぼ実物大の解答欄になります。

〔国　語〕100点(学校配点)

一 問1　各2点×5　問2　3点　問3, 問4　各2点×3　問5　3点　問6　5点　問7　3点　問8　4点　問9, 問10　各3点×2　問11　5点　問12, 問13　各3点×2　二 問1　各2点×5　問2　3点　問3　各2点×2　問4～問7　各3点×4　問8, 問9　各2点×4　問10, 問11　各3点×4

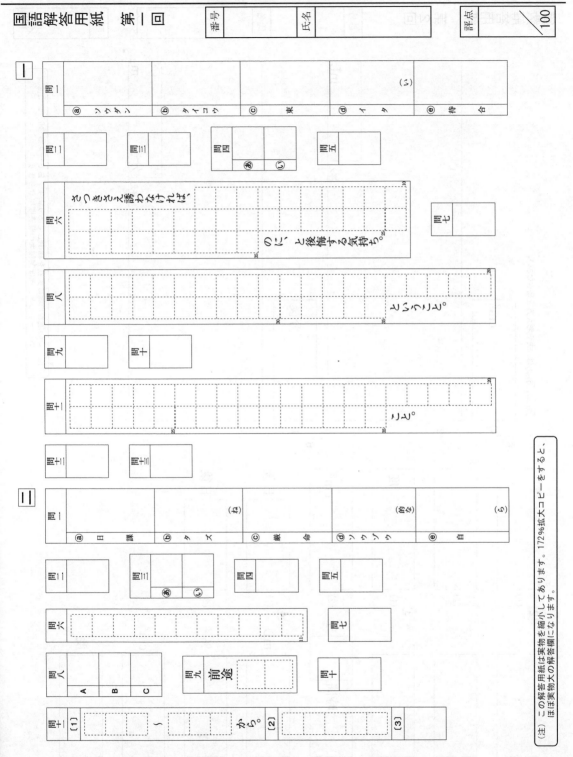

2024年度　十文字中学校

算数解答用紙　第2回

番号		氏名		評点	/100

1
(1)
(2)
(3)
(4) 時間 分
(5) mL
(6) %
(7) cm^2
(8) 度

2
(1)
(2)

3
(1) 度
(2) cm^2

4
(1) 日後
(2) 日後

5(2)，6(2)は，式や考え方を書きなさい。

5
(1) cm^2
(2)
答え mL

6
(1) 分後
(2)
答え 分速 m

（注）この解答用紙は実物を縮小してあります。Ｂ５→Ａ３（163%）に拡大コピーすると、ほぼ実物大の解答欄になります。

［算　数］100点(学校配点)

1，2 各６点×10　3～6 各５点×８

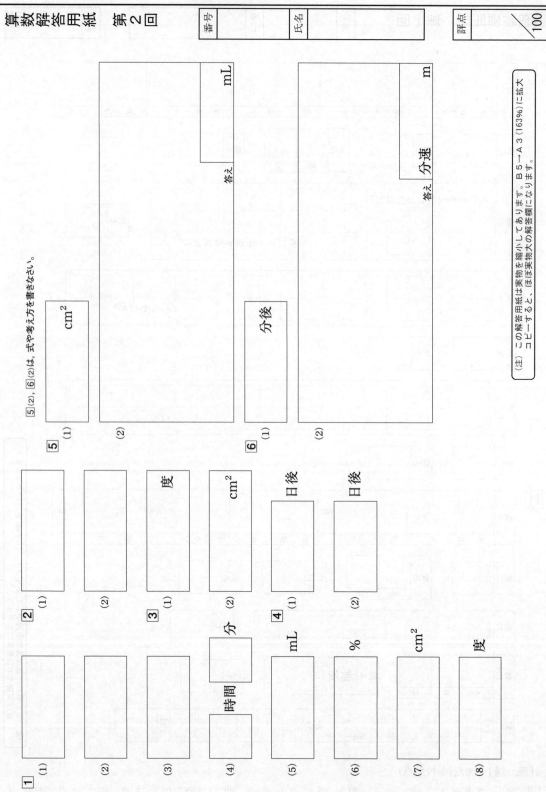

２０２４年度　十文字中学校

国語解答用紙　第一回

番号		氏名		評点	/100

一

① オンダン
② ゴキュウ
③ センモン
④ カンゴ
⑤ ヤブ（れる）
⑥ 養蚕
⑦ 幕末
⑧ 車窓
⑨ 敬（う）
⑩ 保（つ）

二

問一　ⓐ　ⓑ　ⓒ

問二

問三

問四

問五　状況

問六

問七

問八

問九　〜　こと

問十

問十一

問十二

三

問一　ⓐ　ⓑ　ⓒ

問二　1　2

問三

問四　(1)　こと　(2)　〜

問五

問六

問七

問八

問九　(1)　(2)

（注）この解答用紙は実物を縮小してあります。Ｂ５→Ａ３(163%)に拡大コピーすると、ほぼ実物大の解答欄になります。

〔国　語〕100点(学校配点)

一　各２点×10　二　問１　各２点×３　問２〜問４　各３点×３　問５　６点　問６〜問12　各３点×７　三　問１，問２　各２点×５　問３　６点　問４〜問８　各３点×６　問９　各２点×２

2023年度　十文字中学校

算数解答用紙　第1回

番号　　氏名　　評点　／100

1

(1)

(2)

(3)

(4) %

(5) 歳

(6) 通り

(7) 度

(8) cm^3

2

(1) cm

(2) cm^2

3

(1) 分速　m

(2)

4

(1) ▲ = ▲

(2) 個

5(2), 6(2)は，式や考え方を書きなさい。

5

(1)

(2)

答え　個

6

(1) 時間　分

(2)

答え　時間　分

（注）この解答用紙は実物を縮小してあります。Ｂ５→Ａ３（163%）に拡大コピーすると，ほぼ実物大の解答欄になります。

〔算　数〕100点（学校配点）

1　各５点×８　2～6　各６点×10

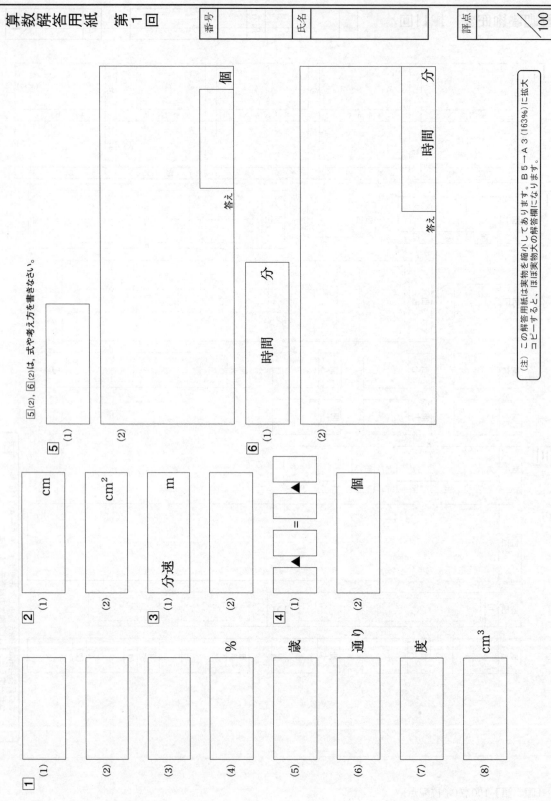

2023年度 十文字中学校

社会解答用紙 第1回

番号		氏名		評点	/50

1

問1 問2 問3
問4 問5 問6
問7 問8 問9
問10 問11 問12
問13 問14 問15

2

問1 ○ 問2
問3 問4 問5
問6 問7
問8 ○ 6 14 20

3

問1
問2 ○→○→○→○
問3 問4

4

問1 問2
問3

5

問1 問2 (1) (2)
問3 問4 県
問5 問6 問7

（注） この解答用紙は実物を縮小してあります。B５→A３（163%）に拡大コピーすると、ほぼ実物大の解答欄になります。

〔社　会〕50点(学校配点)

1 問1 1点 問2 2点 問3～問15 各1点×13 2 問1, 問2 各2点×2 問3～問7 各1点×5 問8 3点 3 問1, 問2 各2点×2＜問2は完答＞ 問3, 問4 各1点×2 4 問1, 問2 各2点×2 問3 1点 5 問1～問3 各1点×4 問4～問6 各2点×3 問7 1点

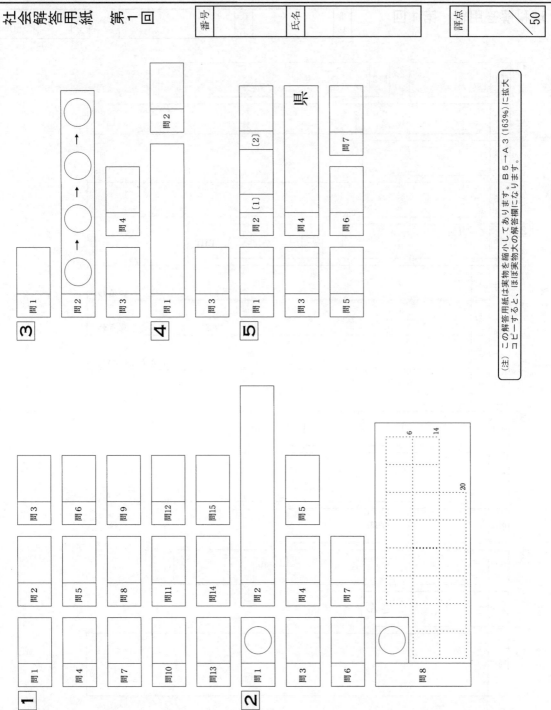

２０２３年度　　十文字中学校

理科解答用紙　第１回

番号		氏名		評点	／50

1

問１

問２

問３

問４

問５

2

問６

問７　cm^3

問８
①　いるわ。
②　からだと思うわ。
③　したらよいのね。
④

3

問９　℃　時

問10

問11

問12

問13

4

問14

問15

問16　さん

問17

（注）この解答用紙は実物を縮小してあります。Ｂ５→Ａ３（163％）に拡大コピーすると、ほぼ実物大の解答欄になります。

〔理　科〕50点（学校配点）

1　問１〜問４　各２点×5＜問２は各２点×2＞　問５　３点　2　問６，問７　各２点×2＜問６は完答＞　問８　①〜③　各２点×3　④　３点　3　問９，問10　各２点×3　問11　３点　問12，問13　各２点×2　4　問14　３点　問15，問16　各２点×2　問17　４点

二〇二三年度　十文字中学校

国語解答用紙　第一回

番号　　氏名　　評点　／100

一

問一　あ マ（ったなし）　い 脳裏　う サ（めちゃう）　え サイバン　お 破（った）
か 都合　き ニガ（い）　く クチョウ　け 気味　こ 効（き）

問二　ａ　ｂ

問三

問四　Ａ　Ｂ

問五

問六

問七　a　b

問八

問九

問十

問十一

問十二

問十三　（30・40）

問十四　（20）

二

問一　ａ　ｂ

問二

問三

問四　Ⅰ　Ⅱ

問五　〜　という考え方。

問六

問七　〜　をすること。

問八　1　2

問九

問十　（15）開発してきたこと。

問十一

問十二

問十三

（注）この解答用紙は実物を縮小してあります。167％拡大コピーをすると、ほぼ実物大の解答欄になります。

〔国　語〕100点（学校配点）

□一 問1〜問5　各2点×16　問6　3点　問7　各2点×2　問8〜問12　各3点×5　問13　5点　問14　3点　□二 問1〜問4　各2点×6　問5〜問7　各3点×3　問8，問9　各2点×3　問10　4点　問11　3点　問12，問13　各2点×2

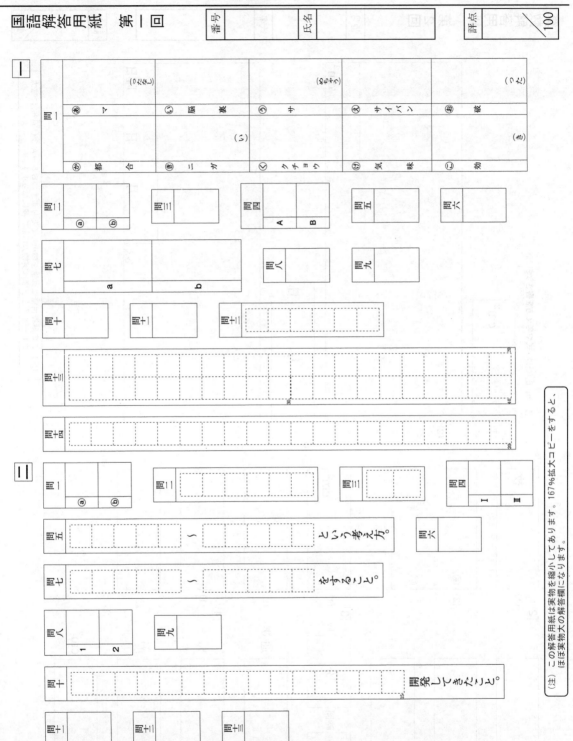

2023年度 十文字中学校

算数解答用紙 第2回

番号　　氏名

評点 ／100

1

(1)

(2)

(3)

(4) 時間 分 秒

(5) 通り

(6) %

(7) 度

(8) cm²

2

(1) 枚

(2) ㋐ ㋑

3

(1) cm³

(2)

4

(1)

(2)

5(2)，6(2)は，式や考え方を書きなさい。

5

(1) cm²

(2)

答え cm²

6

(1) 月 日

(2)

答え 月 日 曜日

（注） この解答用紙は実物を縮小してあります。Ｂ５→Ａ３(163%)に拡大コピーすると、ほぼ実物大の解答欄になります。

［算　数］100点(学校配点)

1，2　各６点×10＜2の(2)は完答＞　3～6　各５点×８

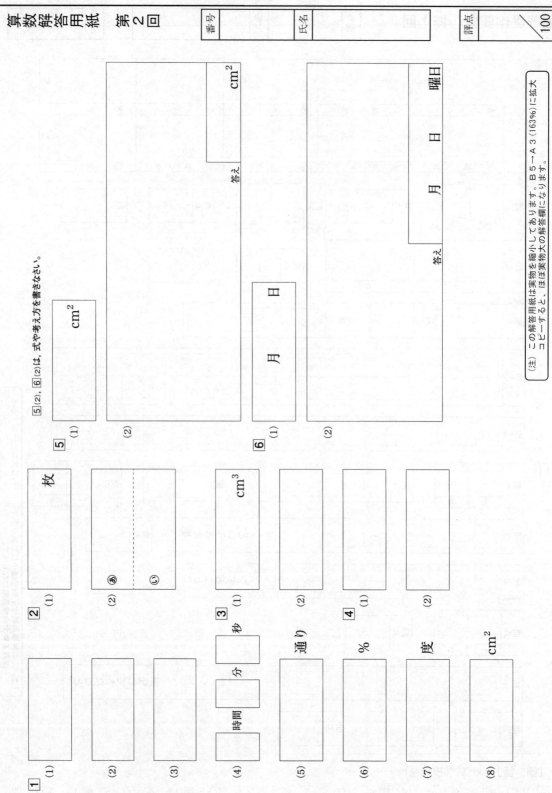

二〇二三年度　十文字中学校

国語解答用紙　第二回

番号		氏名		評点	/100

一

①	②	③	④	⑤
河原	頭角	読破	要	方便

⑥	⑦	⑧	⑨	⑩
シアン	ロウ	ロクオン	ソクメン	ソウコ

二

問一

問二　という話。

問三

問四

問五　あ　い

問六

問七　A　B

問八

問九

問十

問十一

問十二

問十三

問十四

問十五

三

問一

問二　あ　い

問三

問四　生き物。

問五

問六

問七

問八　こと。

問九

（注）この解答用紙は実物を縮小してあります。B５→A３（163%）に拡大コピーすると、ほぼ実物大の解答欄になります。

〔国　語〕100点（学校配点）

一　各２点×10　二　問１　３点　問２　４点　問３，問４　各３点×２　問５　各２点×２　問６　３点　問７　各２点×２　問８～問15　各３点×８　三　問１　３点　問２　各２点×２　問３　３点　問４　４点　問５～問９　各３点×６

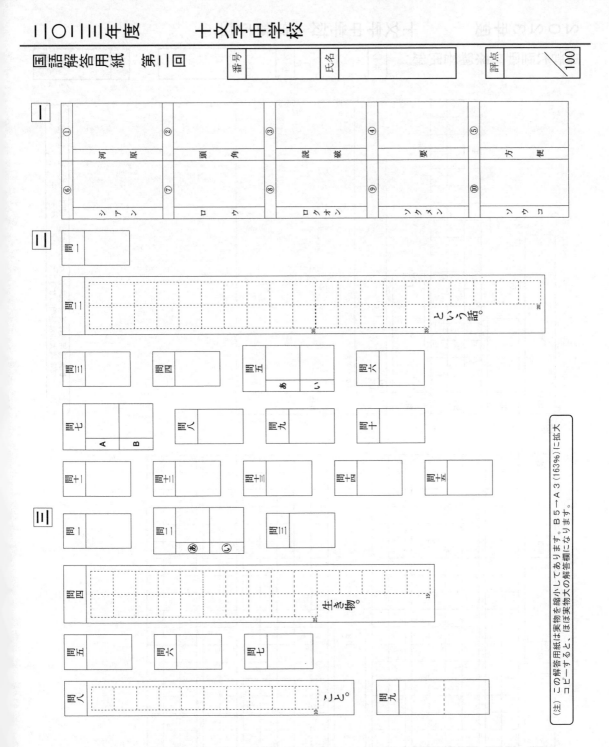

2023年度　十文字中学校　思考力型

思考力型理科系解答用紙

番号		氏名		評点	/100

1

問1	問2	問3	問4	問5
		倍		

2

問6	問7	問8	問9	問10
	ha			

3

問11	問12	問13	問14	問15
			L	選んだ目標 あなたの考え

（注）この解答用紙は実物を縮小してあります。175％拡大コピーをすると、ほぼ実物大の解答欄になります。

〔思考力型理科系〕100点（学校配点）

1　問1　6点＜完答＞　問2　5点　問3　7点　問4　6点　問5　10点　2　問6，問7　各6点×2　問8　8点　問9　6点　問10　8点　3　問11，問12　各5点×2＜問11は完答＞　問13，問14　各6点×2　問15　10点

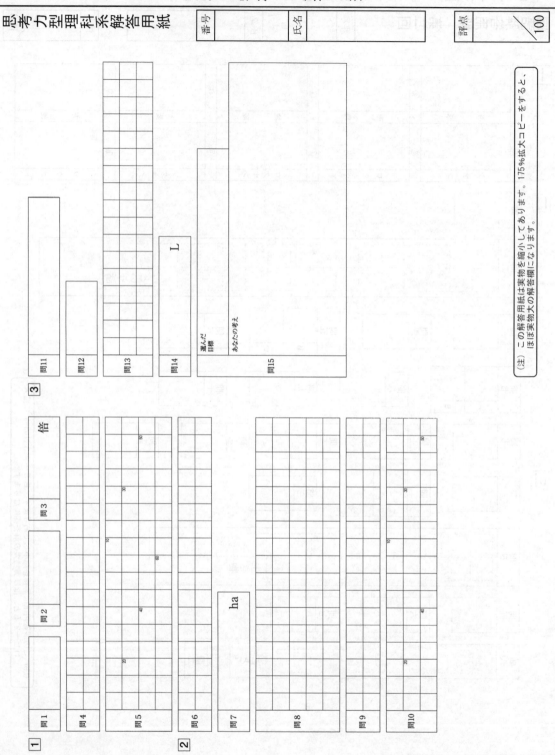

思考力型社会系解答用紙

番号		氏名		評点	／100

1 ［問１］ 駅　［問２］ A　B　C

［問３］

2 賛成 ・ 反対　番号

3 ［問１］ あ （　　　）歳　い （　　　）歳

［問２］

① 賛成 ・ 反対

② 賛成 ・ 反対

（注）この解答用紙は実物を縮小してあります。172％拡大コピーすると、ほぼ実物大の解答欄になります。

〔思考力型社会系〕100点(推定配点)

1 問１，問２　各５点×４　問３　25点　2 25点　3 問１　各５点×２　問２　各10点×２

２０２３年度　十文字中学校

算数解答用紙　得意型

番号

氏名

評点　／100

5(2)，6(2)は，式や考え方を書きなさい。

5

(1)　cm

(2)

答え　分　秒

6

(1)　毎分　m

(2)

答え　分　秒後

2

(1)　cm^3

(2)　cm^2

3

(1)

(2)

4

(1)

(2)

1

(1)

(2)

(3)

(4)　円

(5)　通り

(6)　m

(7)　度

(8)　m^2

（注）この解答用紙は実物を縮小してあります。Ｂ５→Ａ３（163%）に拡大コピーすると、ほぼ実物大の解答欄になります。

〔算　数〕100点(学校配点)

1，2　各６点×10　3～6　各５点×８

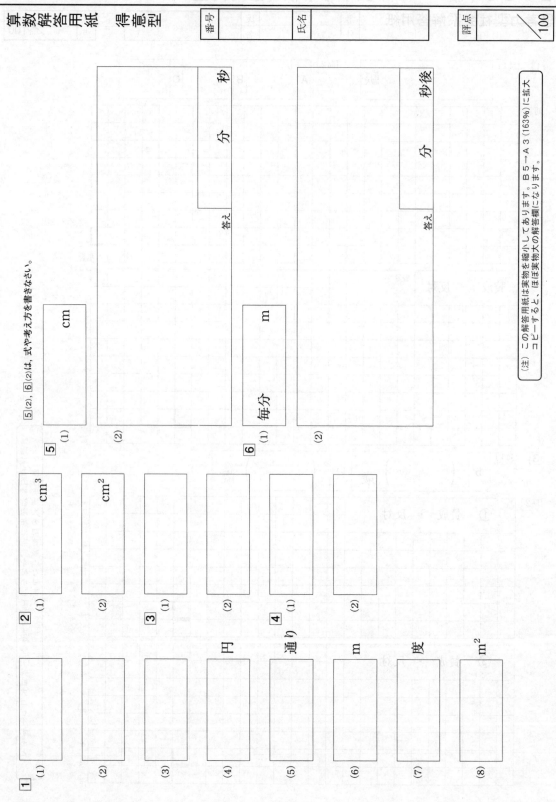

２０２３年度　　十文字中学校

英語解答用紙　得意型

番号		氏名		評点	／100

1

1	2	3	4	5

2

3

1	2	3	4	5	6	7

4

1	2	3
______ in	: ______ a.m.	$ ______

5

A	B	C	D	E

6

1	2	3	4	5

7

問1	①

問2	②

問3	③

問4	④	⑥

問5	⑤

問6	(A)	(B)	(C)	(D)	(E)

8

100

120

（注）この解答用紙は実物を縮小してあります。Ｂ５→Ｂ４(141%)に拡大コピーすると、ほぼ実物大の解答欄になります。

〔英　語〕100点(学校配点)

1, 2 各１点×10　3 各２点×7　4～6 各３点×13　7 各２点×11　8 15点

二〇二三年度　十文字中学校

国語解答用紙　得意型

番号		氏名		評点	/100

一

① 初版	⑥ サイケツ
② 和（やかな）	⑦ イチモク
③ 給湯（器）	⑧ ヨウモウ
④ 青菜	⑨ テンネン
⑤ 寒気	⑩ ミツ

二

問一

問二　（て）

問三

問四

問五

問六

問七

問八

問九

問十　～

問十一

問十二

問十三　という思い。

問十四　ⓑ　ⓒ

問十五

問十六

三

問一

問二　1　2

問三

問四

問五

問六　A　B

問七

問八

問九　ア　によって、イ　こと。

（注）この解答用紙は実物を縮小してあります。B５→A３（163％）に拡大コピーすると、ほぼ実物大の解答欄になります。

〔国　語〕100点（学校配点）

一　各２点×10　二　問１　３点　問２　２点　問３～問10　各３点×８　問11　２点　問12　３点　問13　４点　問14　各２点×２　問15，問16　各３点×２　三　問１～問５　各３点×６　問６　各２点×２　問７，問８　各３点×２　問９　４点

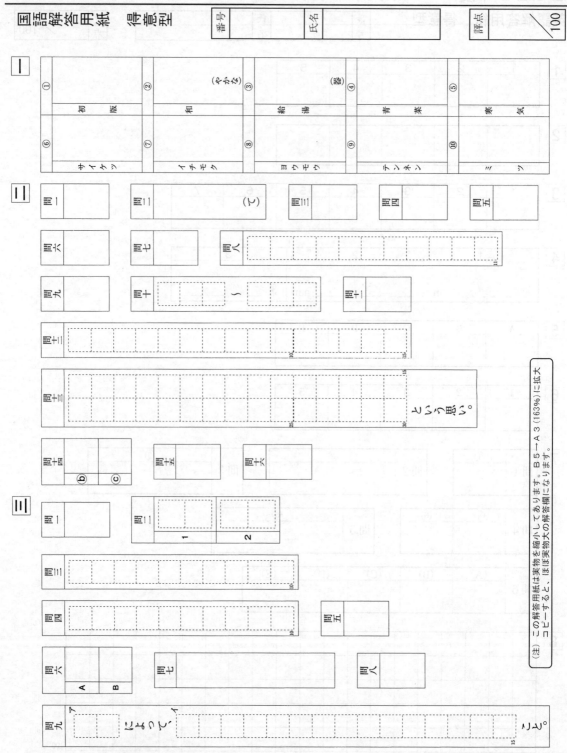

2022年度 十文字中学校

算数解答用紙 第1回

番号		氏名		評点	/100

1
(1)
(2)
(3)
(4) 通り
(5) 度
(6) %
(7) cm^2
(8) cm^3

2
(1) 番目
(2) 人

3
(1) 点
(2) 点

4
(1) 食
(2) %

5(2), 6(2)は，式や考え方を書きなさい。

5
(1) m
(2) 答え m

6
(1) cm
(2) 答え cm^2

（注）この解答用紙は実物を縮小してあります。B5→A3（163%）に拡大コピーすると、ほぼ実物大の解答欄になります。

［算　数］100点（学校配点）

1 各5点×8　2～6 各6点×10

２０２２年度　十文字中学校

社会解答用紙　第１回

番号　　氏名　　評点　／50

1　問1　問2　問3　問4　問5　問6　問7　問8　問9

2　問1　問2　問3　問4　問5　問6

3　問1　問2　問3　問4　問5　問6　問7

4　問1　問2　問3　問4　問5　問6　問7 (1) (2)

5　問

6　問1　問2　問3　問4　問5

問6　生命に関わる職業であるため、国が発行した［　　　］のある人しか医師になることができない。

7　問1　問2　月　日　問3　問4　問5　問6

（注）この解答用紙は実物を縮小してあります。167%拡大コピーをすると、ほぼ実物大の解答欄になります。

〔社　会〕50点(学校配点)

1　各1点×9　2　問1　2点　問2～問6　各1点×5　3　問1　2点　問2～問7　各1点×6　4　各1点×8　5　2点　6　問1　1点　問2　2点　問3～問5　各1点×3　問6　2点　7　問1　1点　問2　2点　問3～問5　各1点×3　問6　2点

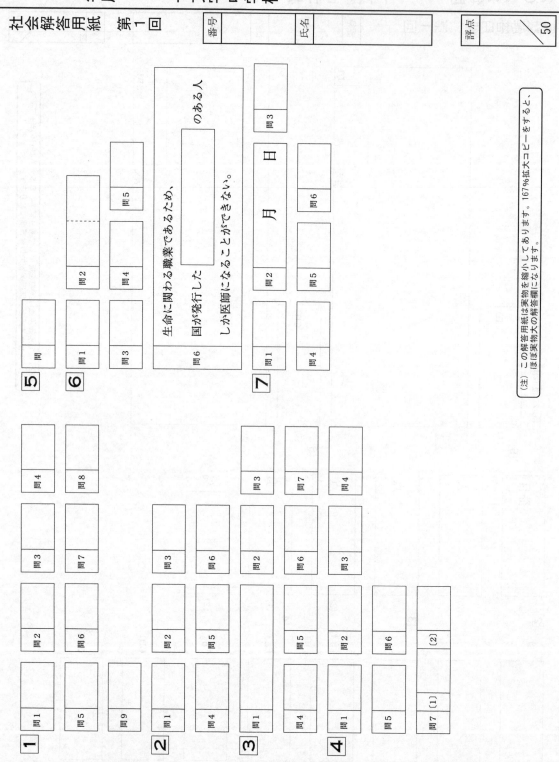

２０２２年度　十文字中学校

理科解答用紙　第１回

番号 | 氏名 | 評点 ／50

1

問1

問2

問3 ℃

問4

問5

2

問6 酸性の水よう液 | アルカリ性の水よう液

問7 方法 | 結果

問8 アルミニウムをとかす性質をもつ水よう液 | 気体の名前 | 記号

問9

問10 mL

3

問11

問12 1 | 2

問13

問14

問15

4

問16

問17 A g | B g

問18

問19 考えた過程 | 答え g

（注）この解答用紙は実物を縮小してあります。Ｂ５→Ａ３（163％）に拡大コピーすると、ほぼ実物大の解答欄になります。

〔理　科〕50点(学校配点)

1 問１，問２　各２点×２　問３　３点　問４　２点　問５　３点　2 問６　各１点×２　問７　方法…１点，結果…２点　問８　各１点×３　問９，問10　各２点×２　3 問11　２点　問12　各１点×２　問13　３点　問14　各２点×２　問15　３点　4 問16～問18　各２点×４　問19　４点

二〇二二年度　十文字中学校

国語解答用紙　第一回

番号　　氏名　　評点 ／100

一

① 刻 (む)　② 賄　③ 厳格　④ 運賃　⑤ 至急

⑥ オノレ　⑦ シュウキョウ　⑧ ナミキ　⑨ シオ　⑩ ケントウ

二

問一　問二　問三

問四　問五　問六

問七 という事情　問八

問九　問十　問十一

問十二 B C D　問十三　問十四

三

問一 (1) (2) (3)　問二 A B　問三

問四　問五　問六 C D E

問七 意　到　問八 な状態

問九 ～

問十

（注）この解答用紙は実物を縮小してあります。B５→A３(163%)に拡大コピーすると、ほぼ実物大の解答欄になります。

〔国　語〕100点(学校配点)

一　各２点×10　二　問１，問２　各２点×２　問３　３点　問４，問５　各２点×２　問６　３点　問７　４点　問８　３点　問９，問10　各２点×２　問11　４点　問12，問13　各２点×４　問14　３点　三　問１～問３　各２点×６　問４　４点　問５　３点　問６，問７　各２点×４　問８，問９　各４点×２　問10　５点

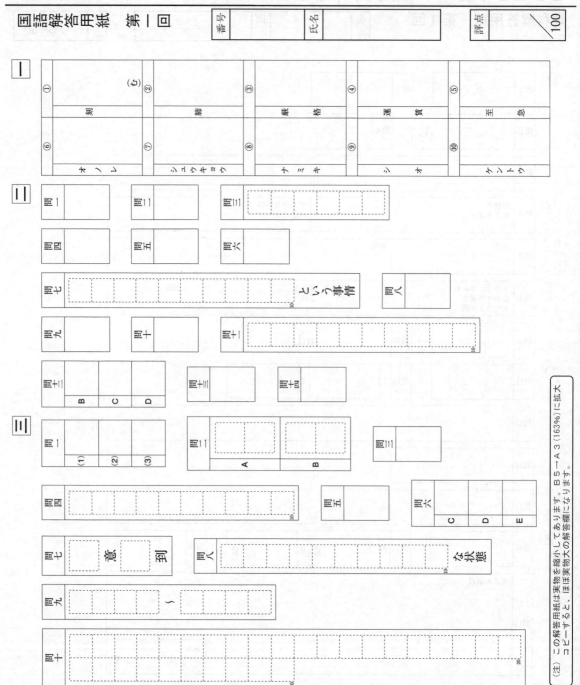

2022年度　十文字中学校

算数解答用紙　第2回

番号		氏名		評点	/100

1
(1)
(2)
(3)
(4) 円
(5) 通り
(6) 秒
(7) 度
(8) cm^2

2
(1)
(2) 年

3
(1) あ
(2) い　と　と
う　と　と

4
(1) ：
(2) 秒速　cm

5(2)，6(2)は，式や考え方を書きなさい。

5
(1) m^2
(2)
答え　L

6
(1) cm^3
(2)
答え　cm

（注）この解答用紙は実物を縮小してあります。B５→A３(163%)に拡大コピーすると、ほぼ実物大の解答欄になります。

〔算　数〕100点(学校配点)

1　各５点×８　2～6　各６点×10＜3の(2)は完答＞

二〇二三年度　十文字中学校

国語解答用紙　第一回

番号　　氏名　　評点 /100

一

① 旅路　② 夫妻　③ 血肉　④ 湖面　⑤ 告知

⑥ ジョウカ(町)　⑦ リョクオウ(色)　⑧ ボウエキ　⑨ レンメイ　⑩ (皆勤)シヨウ

二

問一　問二　問三　問四　問五

問六 【あ】　と鞭《むち》 【い】　をかしげる

問七

問八　ということに気づいた。

問九　問十　問十一　問十二　問十三

問十四 B　C

問十五　問十六　問十七

三

問一

問二　ような生活。

問三　問四　問五

問六 (1)　存在。

(2)　という考え方。

問七

問八　ている

問九 (1)　(2)

(注) この解答用紙は実物を縮小してあります。B5→A3 (163%) に拡大コピーすると、ほぼ実物大の解答欄になります。

〔国　語〕100点(学校配点)

一 各2点×10　二 問1　3点　問2, 問3　各2点×2　問4　3点　問5, 問6　各2点×3　問7　3点　問8　4点　問9　3点　問10　2点　問11～問13　各3点×3　問14　各2点×2　問15～問17　各3点×3　三 問1～問4　各3点×4　問5　2点　問6　(1)　2点　(2)　4点　問7, 問8　各2点×2　問9　各3点×2

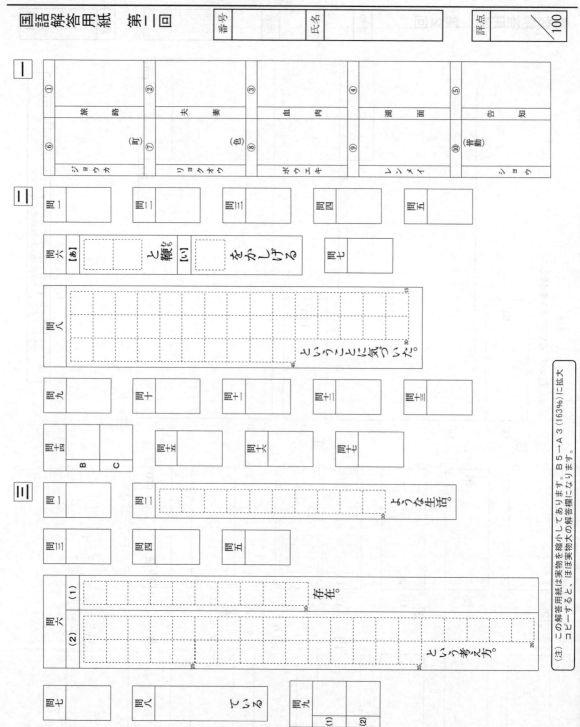

２０２２年度　十文字中学校　思考力型

思考力型理科系解答用紙

番号		氏名		評点	/100

1

問1

問2

問3

問4

問5

2

問6

問7

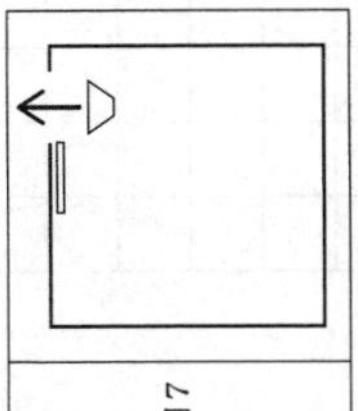

問8

問9　(1)　cm^2　(2)　秒

問10

3

問11

問12　g

問13

問14

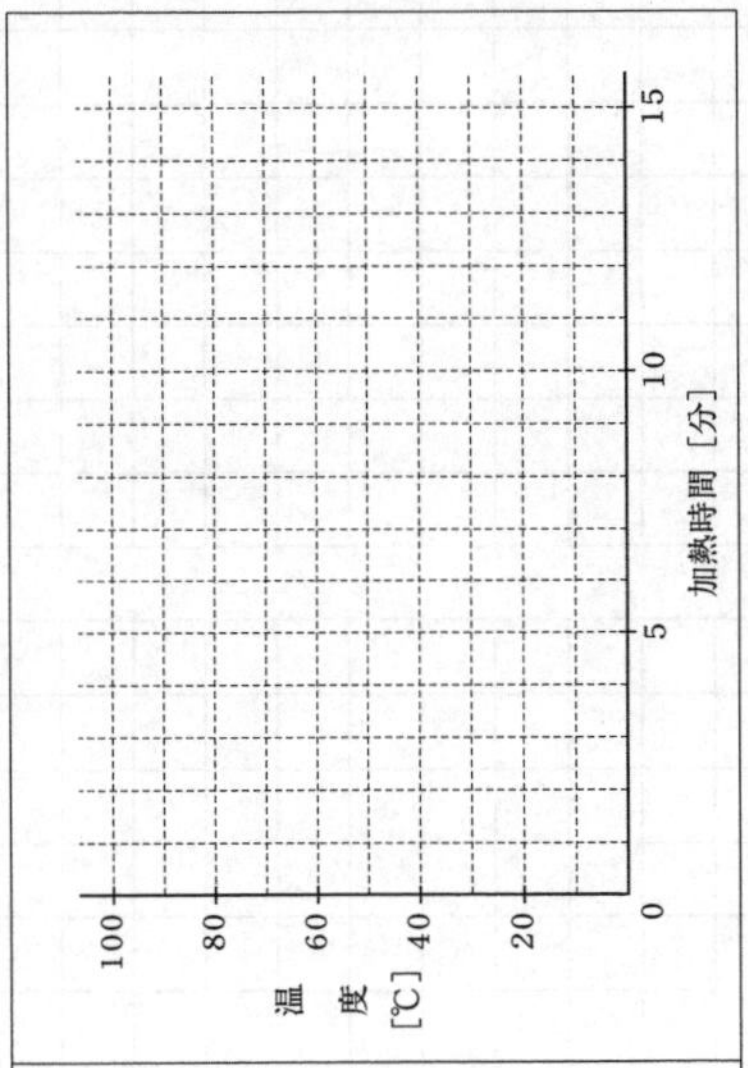

問15

（注）この解答用紙は実物を縮小してあります。172%拡大コピーをすると、ほぼ実物大の解答欄になります。

〔思考力型理科系〕100点(学校配点)

1　問1～問3　各5点×3　問4　8点　問5　10点　2　問6，問7　各5点×2　問8　8点　問9，問10　各5点×3　3　問11～問14　各6点×4　問15　10点

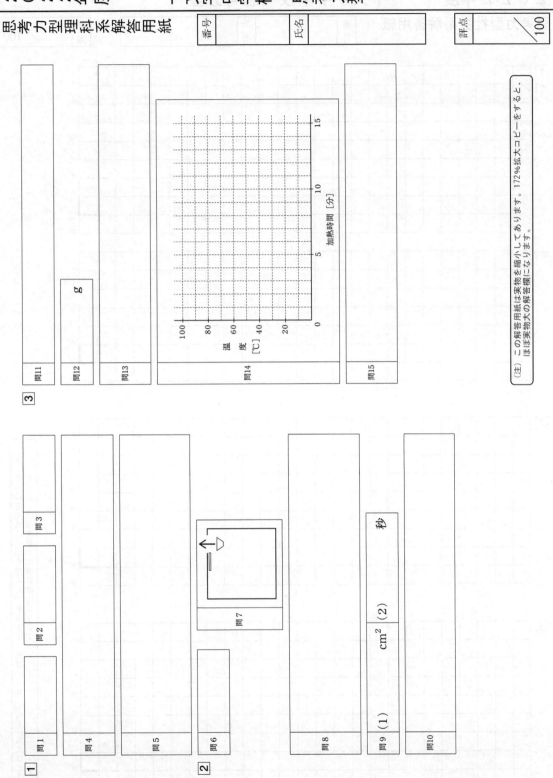

２０２２年度　十文字中学校　思考力型

思考力型社会系解答用紙

番号		氏名		評点	／100

1

問1

問2

2

3

（注）この解答用紙は実物を縮小してあります。B5→A3（163%）に拡大コピーすると、ほぼ実物大の解答欄になります。

〔思考力型社会系〕100点(学校配点)

1～3　各25点×4

2022年度　十文字中学校

算数解答用紙　得意型

番号		氏名		評点	/100

5(2)，6(2)は，式や考え方を書きなさい。

1

(1)

(2)

(3)

(4) m^3

(5) 度

(6) 年後

(7) cm^2

(8) 度

2

(1) 個

(2) 本

3

(1) cm^3

(2) cm^2

4

(1)

(2) イ　ウ

5

(1) m

(2) 答え　分間

6

(1) 度

(2) 答え　cm^2

(注) この解答用紙は実物を縮小してあります。B５→A３（163%）に拡大コピーすると、ほぼ実物大の解答欄になります。

〔算　数〕100点(学校配点)

1　各５点×８　2～6　各６点×10＜4の(2)は完答＞

２０２２年度　十文字中学校

英語解答用紙　得意型

番号　　氏名　　評点　／100

1

1	2	3	4	5

2

3

1	2	3	4	5	6	7

4

1	2	3
km	台	： am

5

A	B	C	D	E

6

1	2	3	4	5

7

問1　①　④

問2　ア　イ

問3　③　⑤

問4　⑥

問5　(A)　(B)　(C)　(D)　(E)

8

100

120

〔英　語〕100点(学校配点)

1, 2　各1点×10　3　各2点×7　4～6　各3点×13　7　各2点×11　8　15点

二〇二二年度　十文字中学校

国語解答用紙　得意型

番号　　氏名　　評点　／100

一

① 皮革　② 汽笛　③ 賛同　④ 退(けて)　⑤ 帯(びて)

⑥ アズ(ける)　⑦ エイセイ　⑧ センキョ　⑨ ジシャク　⑩ トウロン

二

問一　問二　問三　問四

問五　ア(て)　イ(ば)

問六

問七　……こと。

問八

問九　……からも

問十

問十一　……。

問十二

問十三

問十四　……。

三

問一　問二

問三　～

問四　問五

問六　(1) 1　2　(2) ～ 社会　(3)　(4) ……こと。

〔国　語〕100点(学校配点)

一　各2点×10　二　問1～問4　各3点×4　問5　各2点×2　問6　3点　問7　5点　問8～問10　各3点×3　問11　5点　問12～問14　各4点×3　三　各3点×10

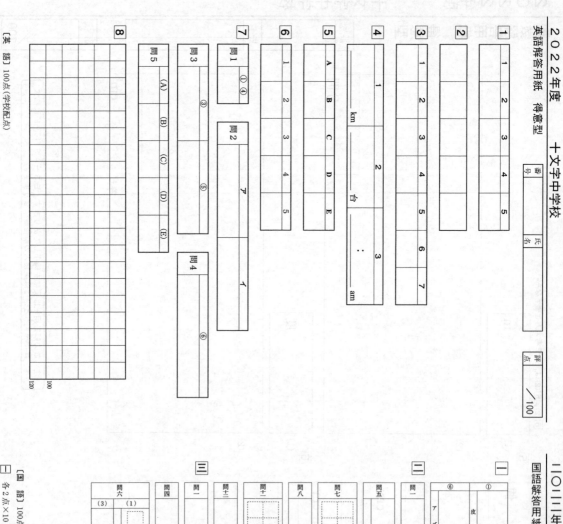

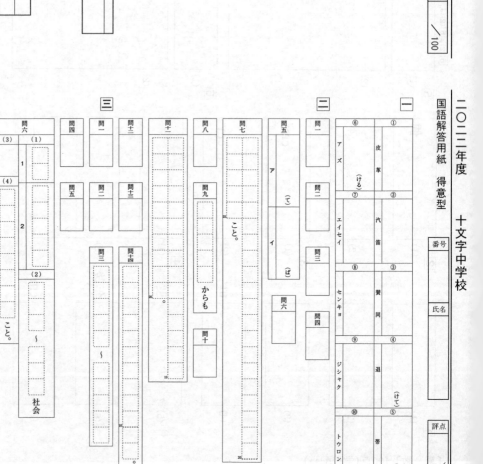